上海话俗语系列

上海俗语图说

汪仲贤 / 文　许晓霞 / 图

主编 / 钱乃荣　黄晓彦

上海大学出版社

图书在版编目(CIP)数据

上海俗语图说/汪仲贤文;许晓霞图.—上海：上海大学出版社,2015.8
（上海话俗语系列/钱乃荣,黄晓彦主编）
ISBN 978－7－5671－1795－2

Ⅰ.①上… Ⅱ.①汪…②许… Ⅲ.①吴语-俗语-上海市 Ⅳ.①H173

中国版本图书馆 CIP 数据核字(2015)第 166001 号

责任编辑　黄晓彦
封面设计　张天志

上海俗语图说

汪仲贤/文　许晓霞/图
上海大学出版社出版发行
（上海市上大路99号　邮政编码200444）
（http://www.press.shu.edu.cn　发行热线 021-66135112）
出版人：郭纯生
＊
上海教育出版社经营有限公司排版
上海上大印刷有限公司印刷　各地新华书店经销
开本787×960　1/16　印张32.5　插页2　字数601 000
2015年9月第1版　2015年9月第1次印刷

ISBN 978－7－5671－1795－2/H・312　定价：44.00元

前　言

　　上海话又称沪语,是吴语的代表方言,是上海本土文化的重要根基,承载着上海这座城市的历史回音、文化血脉、时代记忆。上海话是最早接受了近现代世界文明洗礼的,又汇聚了江南文化风俗的大方言,尤其在民间活跃的思维中不断创造出的大量极具海派特色的民间俗语,这些鲜活的上海话俗语,对社会生活有极大的概括力,有着深厚的文化积淀。

　　这次我们从20世纪30至40年代上海出版的小报中,囊括了当年以连载形式发表标于"上海俗语"总纲下的诠释文字,这些被当年小报上文人称作"上海俗语"的语词,是广博多彩的上海话俗语中的一小部分,反映的是上海这座大都市的方言、社会的一角面貌。

　　1932年由汪仲贤撰文、许晓霞绘图的《上海俗语图说》最早在上海小报上连载,首开把上海话的一些坊间俚言俗语以"俗语图说"连载的形式。这些俗语和漫画展现了当时上海的风土人情和上海人生百态之一部分,可谓上海"浮世绘"之一角风景。之后效颦者颇多,各种小报上洋场作家不断对上海话的一些俗语进行演绎诠释。

　　这些"上海俗语"总纲下的诠释文字,其中连载比较完整的作品有十部:《上海俗语图说》《上海俗语图说续集》(汪仲贤文、许晓霞图),《洋泾浜图说》(李阿毛文、董天野图),《上海新俗语图说》(尉迟梦文、陈青如图),《上海闲话新篇》(姜太公文),《新语林》(浅草文),《海派俗语图解》(萧萧文、江郎图),《舞场俗语图解》(亚凯文、徐润图),《舞场术语图解》(尤金文、佩卿图),《骂人辞典》(之明文)。

　　这些作品合计约190万字,共有1150多篇上海话俗语文章,插图800多幅,内容大多秉持"俗语图说"的形式,文图俱佳。根据上述作品的具体情况,现整理出版取名为《上海俗语图说》《上海俗语图说续集》《洋泾浜图说》《上海话俗语新编》《海派俗语图解》五部作品,其中前三部独立成编,后两部为作品汇编。

　　这次整理出版这些上海话俗语,本着尊重历史再现历史的原则,尽可能保持原来作品的历史面貌。主要特色如下:

　　一是全面交代了各部作品的来源,做到有典可查,便于后来者深入研究,同时对于作者也尽可能加以介绍。

二是对早年出版过的作品进行比对考证，如1935年版的《上海俗语图说》，其中两篇文章不是汪仲贤撰文，重新整理出版时进行了说明以防"以讹传讹"；对文章发表时的变化过程也进行了说明，以有助于全面反映当时的时代背景及其发表真相。

三是完全按照文章当时刊发顺序编排，真实再现作品历史风貌及作者创作心路历程。对于个别篇目只有标题而没有正文的或序号跳跃的均加以注明。值得一提的是1935年版的《上海俗语图说》一书，文中涉及前面交代的内容会以"见第×篇"表述，因未按刊发顺序编排，无法找到相关内容。本次重新整理出版，完全按照刊发顺序编排，再现历史真貌。

四是除对明显错字做了更正外，语言风格、用字、标点符号等都一并按旧。对一些看不清楚的字，用"囗"符号标注。对于现今在普通话用字中作为异体字取消，但在上海方言中含义或用法不同的字，仍以原字面貌出现，如"睏、搨、捱"等字。有的字是当年的通用写法，也一应如旧，如"帐目、服贴、陪笑、搁楼、如雷灌耳"。有的词条在原文中有不同写法，均不作改动，如"小瘪三""小毕三"，"出风头""出锋头"，"吃牌头""吃排头"，"搅七廿三""搅七拈三"。如此则有助于了解当时的语言文字变迁，且对于语言、民俗、文化、社会等各界研究亦具有重要的文献价值。

五是把竖排繁体字改为横排简体字，书前加了目录，还配以上海话俗语篇目笔画索引方便查找，使得新版不仅具有一定的文献历史价值，更适合社会广大读者阅读。

这次整理出版的"上海话俗语系列"中的文章，原载于20世纪三四十年代，表现了当年上海小报文笔流畅活泼的语言风格，且反映了上海下层社会的种种文化和生活面貌，在解说中不时流露出对社会中的丑恶现象的不满，所暴露的事实对我们了解分析当年社会面貌具有深刻的认识作用。但也有作者在有些诠释中较多涉及社会的阴暗面，有些词语不免粗俗。这些缺陷，相信读者自能鉴别。还要说明的是，作者在诠释上海话俗语中，带有故事性，故对有的词语的介绍不一定是此词语的出典来历，使用的上海方言用字也未必都准确。

钱乃荣　黄晓彦
2015年7月22日

出 版 说 明

在中国各地的方言中,上海话是最早接受了近现代世界文明洗礼的、又汇聚了江南文化风俗的大方言,尤其是不断创新的大量极具海派特色的民间俗语,是鲜活生动的,对社会生活有极大概括力,早在民国时期就有作家在上海小报上连载诠释。由汪仲贤撰文、许晓霞绘图的《上海俗语图说》就是对上海方言进行详细介绍的最早的一本专门著作。

一、《上海俗语图说》一书的来龙去脉

《上海俗语图说》一书最早由上海社会出版社1935年6月出版,收录上海话俗语240篇,插图多达240幅,图文并茂,生动有趣,介绍相关的上海俗语和风俗。之后苏州力行出版社1948年再版,名为《上海俗语图说正集》。解放后虽多次再版,均以1935年版本为底本。

作者汪仲贤(1888—1937),原名汪效曾,又名优游,安徽婺源(今属江西)人,作家。早年在上海民立中学读书,后求学江南水师学堂,毕业后弃海军而演文明戏。1905年起先后组织业余新剧团体文友会、开明演剧会等,饰角登台,清末民初活跃在上海剧坛。辛亥革命时期参加职业新剧团体。1910年底,参加由任天知发起,聚集欧阳予倩、陈大悲等优秀戏剧人才的,我国第一个职业性的新剧团"进化团",演出所谓"天知派新剧",创造了中国现代话剧早期的创作与演出模式。"五四"时期与茅盾等组织成立了现代文学史上第一个话剧团体"民众戏剧社",并出版《戏剧》月刊,还积极从事新型小报的编辑和撰述。有影响的作品如《我的俳优生活》《倒灶室笔谈》《恼人春色》等。

"汪君文笔畅达,海内知名,且旅沪多年,对于海上风俗人情,无不了若指掌"。汪仲贤和许晓霞关于上海话俗语的文章最早是在《社会日报》上连载的,这些俗语和漫画展现了当时上海的风土人情和上海民众的人生百态,可谓是一幅上海"浮世绘"。文章刊出后颇受欢迎,报纸销量大增,上海社会出版社于1935年出版了《上海俗语图说》单行本。

二、重新整理出版的《上海俗语图说》一书的资料来源

重新整理出版的《上海俗语图说》,资料来源采用早年汪仲贤、许晓霞在《社会日报》及《社会周报》刊发的上海话俗语文章,从而全面真实地展现汪仲贤、许晓霞

"上海俗语图说"作品的全貌。资料来源主要包括：

1.《社会日报》连载的《沪语新辞典图说》

汪仲贤和许晓霞两位首开"俗语图说"形式先河，两人在《社会日报》的"社会新史"的专题下，于民国廿一年十一月廿八日至民国廿二年三月卅一日刊发连载《沪语新辞典图说》，对上海方言进行详细介绍，计57篇上海话俗语文章。

2.《社会日报》连载的《上海俗语图说》

民国廿二年四月二日开始，《沪语新辞典图说》改名《上海俗语图说》，继续在《社会日报》连载至民国廿四年六月十八日，篇目序号顺延，连续刊发计184篇上海话俗语文章（其中有两篇篇目相同）。因受广大读者欢迎，报人胡雄飞便策划发行了单行本《上海俗语图说》，1935年由上海社会出版社出版，内容囊括连载刊发的《沪语新辞典图说》和《上海俗语图说》的所有内容。

3.《社会周报》连载的《上海流行的俗语》

报人胡雄飞又邀请汪仲贤在《社会周报》上另辟专栏，于民国廿三年四月十二日至民国廿三年九月十二日刊发连载《上海流行的俗语》，计18篇上海话俗语文章。后这些篇目又作为《上海俗语图说》内容在《社会日报》连续刊发，但发表的顺序不同。

三、重新整理出版的《上海俗语图说》特色

这次本社重新整理出版的《上海俗语图说》与上海社会出版社1935年版本相比，其特色及至意义主要体现在如下几个方面：

1. 全面交代了《上海俗语图说》的来龙去脉

资料来源显示，在《社会日报》刊发连载的《沪语新辞典图说》《上海俗语图说》，以及在《社会周报》刊发连载的《上海流行的俗语》都是上海社会出版社1935年出版的《上海俗语图说》一书的前身，更重要的是几乎很少人知道还有部分内容以《上海流行的俗语》为名在《社会周报》首次刊发，且其内容较《社会日报》刊发的相关内容要早至少半年。

2. 真实再现了《上海俗语图说》的历史风貌

尊重历史再现历史，是出版工作的重要原则。本次重新整理出版特别重视这一原则。

一是完全按照当时上海话俗语文章刊发顺序编排。1935年版的《上海俗语图说》一书，与上海话俗语在《社会日报》的刊发连载顺序编排是不同的，如第一至第八篇文章顺序就有多篇与刊发顺序不同；篇目"牵丝攀藤"有两篇内容不同的文章，1935年出版单行本时以先后顺序编排在一起，实际上第二篇较第一篇要晚一年半。尤其值得一提的是，文中涉及前面交代的内容会以"见第×篇"表述，因未按

刊发顺序编排，无法找到相关内容。本次重新整理出版，完全按照刊发原顺序编排，真实再现当时历史风貌。

二是与早年出版过的作品进行了比对，对不实之处进行了更正说明。1935年版的《上海俗语图说》中，有篇题为"么二""长三"的两篇文章实际由漱六山房张春帆先生客串，而1935年版本没有交代。此次重新整理出版按照原貌真实再现，以防"以讹传讹"。另外，1935年版本中的"捞横塘""棺材里伸手"两篇文章，在《社会日报》刊发时是以"捞横塘与棺材里伸手"一篇为名的，但考虑到上海话俗语篇目形式的一致原则，这次重新整理出版时依然以两篇呈现，但对早期的事实作了交代说明。

三是对部分文章在发表时的变化过程进行了说明。在《社会周报》连续刊发的《上海流行的俗语》，"本由丁悚先生绘图，兹因丁先生笔政过忙，改请许晓霞先生担任。其中"黄熟梅子""跟屁头""滚钉板"三篇文章的插图由丁悚先生绘制，其余插图由许晓霞先生绘制。之后这些篇目又作为《上海俗语图说》内容在《社会日报》连续刊发，插图均为许晓霞先生绘制，然发表时顺序不同。

3. 兼有较高的文献历史价值

此书本次重新整理出版，除对明显错字做了更正外，对无法辨识的部分文字用"□"加以标示，真实地再现文章的原来的语言文法及时代历史风貌，以有助于了解当时的语言文字变迁，且对于语言、民俗、文化、社会等各界研究亦具有重要的文献价值。

考虑到时代的变化，本次重新出版整理，把竖排繁体字改为横排简体字，书前加了目录，还配以上海话俗语篇目笔画索引以便查找，使得新版不仅具有一定的文献历史价值，更适合社会广大读者阅读。

汪仲贤在《社会日报》刊发连载《沪语新辞典图说》《上海俗语图说》以后，又继续在《社会日报》上刊发连载《上海俗语图说续集》，编者也予以编辑成书首次出版，见"上海话俗语系列"之二。

编 者

2015年6月30日

目 录*

沪语新辞典图说

一 那摩温 …………… 3	一七 小先生 …………… 33
二 白蚂蚁 …………… 5	一八 么二 ……………… 35
三 走脚路 …………… 7	一九 长三 ……………… 37
四 洋盘 ……………… 9	二〇 十三点 …………… 39
五 点大蜡烛 ………… 11	二一 明星 ……………… 41
六 脚碰脚 …………… 13	二二 解板 ……………… 43
七 陆稿荐 …………… 14	二三 开方子 …………… 45
八 放白鸽 …………… 15	二四 白板对煞 ………… 47
九 烂香蕉 …………… 17	二五 皇后 ……………… 49
一〇 花瓶 …………… 19	二六 拆姘头 …………… 51
一一 大人物 ………… 21	二七 燕子窠 …………… 53
一二 无线电 ………… 23	二八 揩油 ……………… 55
一三 斩咸肉 ………… 25	二九 拖车 ……………… 57
一四 桂花 …………… 27	三〇 小皮夹子 ………… 59
一五 剥猪猡 ………… 29	三一 两头大 …………… 61
一六 开房间 ………… 31	三二 吹牛皮 …………… 63

* 编者注：所有篇目完全按照当时刊发连载顺序编排。

三三	老蟹	65	四六	老头子	91
三四	滚蛋	67	四七	野鸡	93
三五	仙人跳	69	四八	拍马屁	95
三六	赶猪猡	71	四九	孵豆芽	97
三七	郎中	73	五〇	拉黄牛	99
三八	扒灰	75	五一	黄包车	101
三九	吊膀子	77	五二	捉蟋蟀	103
四〇	老枪	79	五三	蜡烛小开	105
四一	吃血	81	五四	拆白党	107
四二	瘪三	83	五五	板面孔	109
四三	姊妹淘	85	五六	拉皮条	111
四四	拖油瓶	87	五七	华容道	113
四五	出锋头	89			

上海俗语图说

五八	跳老虫	117	七三	打印子钱	146
五九	么六夜饭	119	七四	磨镜子	148
六〇	皮郎头	120	七五	猪头三	150
六一	抛顶躬	122	七六	鸭屎臭	152
六二	瓣臭猪头	124	七七	劈把	154
六三	镶边	126	七八	红头阿三	156
六四	粢饭团	128	七九	十三块六角	158
六五	肉弄堂	130	八〇	掮钢叉	160
六六	赤老	132	八一	人家人	162
六七	快马	134	八二	放生意	164
六八	雌老虎	136	八三	搭壳子	166
六九	摆堆老	138	八四	垃圾马车	168
七〇	淴浴	140	八五	种荷花	170
七一	电灯泡	142	八六	烂浮尸	172
七二	放鹞子	144	八七	碰和台	174

八八	三光	176
八九	三脚猫	178
九〇	打弹子	180
九一	小房子	182
九二	打图书	184
九三	鬼迷张天师	186
九四	戳壁脚	188
九五	过期票子	190
九六	打花会	192
九七	关亡讨口气	194
九八	外国火腿	196
九九	着棋	198
一〇〇	勿要面孔	200
一〇一	开天窗	202
一〇二	郎德山	205
一〇三	起码人	207
一〇四	装笋头	209
一〇五	叫化子吃死蟹	211
一〇六	顶山头	213
一〇七	领港	215
一〇八	一塌糊涂	217
一〇九	地鳖虫	219
一一〇	放野火	221
一一一	夏侯惇	223
一一二	寡老	225
一一三	老爷	227
一一四	吃豆腐	229
一一五	吃排头	231
一一六	捐木梢	233
一一七	打秋风	235
一一八	养小鬼	237
一一九	撬照会	239
一二〇	黑漆板凳	241
一二一	搭架子	243
一二二	板板六十四	245
一二三	掉枪花	247
一二四	吞土皮	249
一二五	眼眼调碰得着	251
一二六	文旦壳子	253
一二七	放笼	255
一二八	樱桃	257
一二九	死人额角头	259
一三〇	掼纱帽	261
一三一	邱六桥	263
一三二	黑吃黑	265
一三三	跌囚牢	267
一三四	小扇子	269
一三五	触煤头	271
一三六	三只手	273
一三七	干血痨	275
一三八	藏黄鱼	277
一三九	捧角	279
一四〇	敲竹杠	281
一四一	朝阳麻子	283
一四二	翻戏	285
一四三	娘舅家	287
一四四	天晓得	289
一四五	蹩脚生	291
一四六	吃斗	293
一四七	活招牌	295
一四八	驼子跌跟斗	297
一四九	扛皮	300

一五〇	吹横箫	302
一五一	自扳砖头自压脚	304
一五二	打回票	306
一五三	抖乱	308
一五四	曲死	310
一五五	白虎	312
一五六	叉鱼头	314
一五七	穿扇面	316
一五八	出后门	318
一五九	老虎党	320
一六〇	老虎头上拍苍蝇	322
一六一	坍台	324
一六二	饭桶	326
一六三	偷鸡勿着蚀把米	328
一六四	翘辫子	330
一六五	电车路	332
一六六	牵丝攀藤	334
一六七	狗皮倒灶	336
一六八	吃五梅花	338
一六九	雪茄烟	340
一七〇	识相	342
一七一	捞锡箔灰	344
一七二	黄三河阵	346
一七三	杨树头	348
一七四	牛奶棚	350
一七五	酥桃子	352
一七六	死蛇迸	354
一七七	崇明人阿爹	356
一七八	鬼操皮	358
一七九	叫句子	360
一八〇	跑弄堂	362

一八一	把脉	364
一八二	吃精麻子	366
一八三	药水铃	368
一八四	仙人碰仙人	370
一八五	白脚花狸猫	372
一八六	马马虎虎	374
一八七	陌生人吊孝	376
一八八	玉皇大帝	378
一八九	过桥拔桥	380
一九〇	谢谢一家门	382
一九一	脱底棺材	384
一九二	乱嗅大麦头	387
一九三	阴阳怪气	389
一九四	卖羊三千	391
一九五	勿杀头	393
一九六	捞横塘	396
	棺材里伸手	398
一九七	拆空老寿星	400
一九八	胡桃肉	402
一九九	卖面孔	404
二〇〇	老调	406
二〇一	如意算盘	408
二〇二	牛牵马绷	410
二〇三	鬼头关刀	412
二〇四	吊人中	414
二〇五	吃屎忠臣	416
二〇六	对百筋	418
二〇七	一只袜	420
二〇八	尖头把戏	422
二〇九	海外大奇谈	424
二一〇	额角头	426

二一一 定头货 …………… 429	二二六 呒手洒锣 …………… 463
二一二 急令牌 …………… 431	二二七 唱滩簧 …………… 465
二一三 豁边 …………… 434	二二八 背娘舅 …………… 468
二一四 吼狮 …………… 436	二二九 黄绿 …………… 471
二一五 零碎伯伯 …………… 438	二三〇 勒杀吊死 …………… 474
二一六 牵丝攀藤 …………… 440	二三一 打朋 …………… 477
二一七 黄熟梅子 …………… 443	二三二 卖麻糕 …………… 480
二一八 勿领盆 …………… 445	二三三 一对大拉酥 …………… 482
二一九 摆拆字摊 …………… 447	二三四 阿木林 …………… 484
二二〇 横竖横 …………… 449	二三五 泰山 …………… 487
二二一 滚钉板 …………… 452	二三六 象牙肥皂 …………… 489
二二二 跟屁头 …………… 454	二三七 鸭脚手 …………… 491
二二三 卖野人头 …………… 457	二三八 捏鼻头做梦 …………… 493
二二四 纣王 …………… 459	二三九 一窝蜂 …………… 495
二二五 私裤子 …………… 461	二四〇 辣底蹦 …………… 497

上海流行的俗语

附录一 作品篇目 …………… 501　　附录二 丁悚插图 …………… 502

附　篇目笔画索引 ……………………………………………… 503

汪仲贤/文　许晓霞/图

沪语新辞典图说

　　民国洋场作家汪仲贤和漫画家许晓霞两位,首开"俗语图说"形式先河。两人在"社会新史"的专题下,于《社会日报》上刊发连载《沪语新辞典图说》,对上海方言进行了详细介绍,计57篇上海话俗语文章(民国廿一年十一月廿八日至民国廿二年三月卅一日)。其中"么二""长三"两篇文章由潄六山房张春帆先生客串,特此说明。

　　采用"一条俗语,一段故事,一幅漫画"的形式,篇中俗语有典故可寻,并具故事情节;漫画夸张生动,形象地展示俗语内涵。这些俗语和漫画展现了当时上海的风土人情和上海民众的人生百态,可谓是一幅上海"浮世绘"。自刊发就深受广大读者欢迎。

一 那摩温

上海是一个特别区域,一切行政习惯,都与世界各地不同。这特区之所以能存在于世间,就根据那几条《洋泾浜章程》,所以"洋泾浜"三字,是与上海历史最有关系的地名。

因为上海是一个特别区,所以样样东西都带几分特别色彩言语是沟通人类意见的工具,除非是哑巴,人生不可以一日无此君。而特区之所以形成,就为了华洋杂处的缘故,既然杂处,就不能不通言语。但是中国话,洋人不懂,洋人说话,中国人不懂。华洋之间,欲交换意见,不能不特备一种特别言语,专在特区通行。而那时既无英语专修学校,又无留学生教授英文,只得用口授的方法,传播了一种特别洋话,叫做"洋泾浜话",表示这种言语是专在洋泾浜一带应付洋人的。

"洋泾浜话"是从英语转译出来的,但是真正的英国人到了上海,也要从师学习几个月"洋泾浜话",才能与中国人通话。这洋泾浜话的特别也可想见了。正像说笑话一样:"你说的外国话,外国人都听不懂的。"

所以外国人把"洋泾浜话"叫做"鸽子英文"Pigeon English。

"那摩温"是"洋泾浜话"之一,Number One 的译音,原意是"第一"。但在洋泾浜话文中,却有许多别解,例如:"洋行里的那摩温",意谓洋行首席,用以代表大班。又如:"寡老照会那摩温",是说女子的面孔好看。"格党麻子那摩温",是说此人真不错。

"那摩温"三字,样样加得上去,已变成一切赞美的总形容词了,如果要将这字编入字典便有两种注解:

（一）首席。

（二）盖世无双。

在《华英初阶》尚未输入上海以前，上海人学英语，有一种洋泾浜歌诀，念背更是流利，待我顺便背几句出来，以博阅者一笑。

来是"康姆"去是"谷"，廿四铜钿"吞的福"，是叫"也司"，勿叫"拿"，如此如此"沙咸鱼沙"So and so，真崭实货"佛立谷"，靴叫"蒲脱"，鞋叫"靴"，洋行买办"江摆度"，小火轮叫"司汀巴"，"翘梯翘梯"请吃茶，"雪堂雪堂"请侬坐，烘山芋叫"扑铁秃"，东洋车子"力克靴"，打屁股叫"班蒲曲"，混账王八"蛋风炉"，"拿摩温"先生是阿大，跑街先生"杀老夫"，"麦克麦克"钞票多，"毕的生司"当票多，红头阿三"开泼度"Keep door，自家兄弟"勃拉茶"，爷是"发茶"娘"卖茶"，丈人阿伯"发音落"。

注意：洋泾浜歌诀，须带甬音，始能合韵。

二　白蚂蚁

蚂蚁的颜色，人人知道是红黑混合的棕色，即使在博物院里，也未见过白色的蚂蚁。但在上海社会里，却时常看见白蚂蚁的行踪，这不一定是上海的特产，不过上海的产量比别处格外丰富罢了。

据博物君子说："白蚂蚁常产生于人家屋梁庭柱间，他们的公馆，建设在木头深处，以后就在里面传种接代，殖民地愈拓愈广，凡有木料的地方，他们都能占领，在占领区内，建筑公路，开辟得四通八达，不使交通上有一点障碍。"

他们的食料，就是土产木屑，用不着到外面来运洋米，或美麦，进去充粮草，尽能在暗中秘密工作，所以房屋被他们侵蚀空了，住在里面的人还是不知不觉。

他们的工作很精巧细致，能将合抱大的栋梁，吃得单剩外面一层薄皮，肉眼看了，依旧完好如故，人家不识内中巧妙，还是欢天喜地的住在屋里，不幸起了一阵狂风，华堂大厦，看似坚固，竟比豆腐架子还要轻飘，霎时梁崩栋折，就会坍成一片平地，屋主压死在里面，到了黄泉路上还是一个糊涂鬼。古人说："蜂虿有毒"，确是不错，白蚂蚁虽是小东西，却有"拆人家"的力量，所以大家见了他，都有些"谈蚁色变"。

白蚂蚁既有拆人家的本领，世俗便利用他来做一种专营拐卖人口事业的代名词，俗语又叫他们"蚁媒"。

做蚁媒的以妇人居多，男人多半不很出面，只在暗中奔走活动；因为妇人容易取信于人，即使破案，也能减等判罪。

男人中白蚂蚁圈套者，以经济人为多，大概因为辛勤半世，手里略有积蓄，急于要想娶妻成家，或因中年丧妻，家务无人料理，要想娶一个续弦，只要吐出一点口风,自有人来做媒,或托邻居介绍,或走二房东门路,你要何等样人物,他们夹袋里都有存货,任凭挑选;未进门的时候,事事省俭,件件迁就,但等女人娶了进来,那就是白蚂蚁钻进了正梁,非把全部房屋蛀空不可了。

　　白蚂蚁兼营进出口两项生意,以上所述,是出口生意。至于进口货色,专从诱拐乡间贫苦妇女中得来,也有夫妇间偶生口角,妻子赌气出外,中途遇见蚁党,将她骗了去,留养三五日就能转卖出去,本人被卖了还莫名其妙。他们的术语,叫做"开条子"。

　　近年来上海工厂发达,内地小家妇女,都想到上海来谋生,蚁媒利用时机,很容易到乡间去拐骗;拐来的货品,也须经过一番挑选,呆笨的就转卖到上海附近,不怕她们翻腔;乖觉的,便贩到大连、福建等远处去发卖。每年受白蚂蚁之骗而陷入黑暗地狱的女子真不知有多少,报纸所载破案寻获的,不过千万分之一而已。他们这种离人骨肉的罪恶,真是擢发难数!

　　他们不但引诱青年妇女,还兼营拐骗小孩的买卖,十六岁以下的孩子,无论男女,他们都要拐骗,拐了去都贩到厦门、福州一带去销售。这班东西,近年来更为活跃,我住在法租界辣斐德路一带,时常听得人家走失小孩,邻居有一个养子,已经十三岁了,去年走失,至今杳无消息。大概也被白蚂蚁衔去了?

三 走脚路

以脚走路,谓之"脚走路"可也。脚因走路而生,谓之"走路脚"亦可也。今不曰"脚走路",不曰"走路脚",乃曰"走脚路",何也?我诚不解斯语之由来?

客闻吾言,喟然哂之曰:"脚路之为用大矣!无脚路何以发财?无脚路何以做官?汝自无脚路可走耳,乃走投无路,日趋穷蹙,去瘪三麻子几希,奈何犹不识脚路耶!"

余曰:"恕余愚昧,诚不识脚路为何物?先生识之,则请进而教之,用以启迪后生,若能容我略参脚路之秘,俾叩官财之门,则吾虽穷,脱破棉裤质之以酬君,亦所愿也。"

客曰:"小子听之,脚路之路,非京沪铁路之路,非沪杭国道之路,而大于贯通欧亚二洲西比利亚铁道之路,妙于山阴道上之路,捷于终南山中之路,盛于上海大马之路,盖脚路者,实世界神秘简捷之路也!当今之世,欲发其财者,必先做其官,欲做其官者,必由脚路而入,一经斯路,实较考试院之做官证书扎硬千万倍也。"

问曰:"然则脚路何由而达?搭六路电车乎?呼胶皮之车乎?雇黄色汽车乎?抑乘航空之飞机乎?"

客曰:"欲走脚路,必削尖尔头,钻之钻之,无孔不入,无路不通;但宜慎之,所谓脚路,必傍大人之胖,循序钻进,庶无误入歧途之病。"

问曰:"我阅走脚路之图,人由高跟皮鞋之下钻入,岂御斯鞋者,亦属大脚胖之流耶?"

客曰:"子何见之不广也!摩登脚路,以高跟下之径为最捷,彼阔人之八行书,犹不逮其万一;惟高跟之下多迷津,不易得门而入耳!一旦摸索得门,缘而入之,其中豁然开朗,头头是道,四通八达,无非脚路也;斗大金印,洋钿钞票,堆积如山,一如江上清风,山间明月,取之不尽,用之不竭,无需乎代价。"

问曰:"高跟为妇人所御,出入妇人脚路,不其秽乎?"

客狂笑曰:"迂哉!迂哉!何其不达也!人为哺乳动物,汝出自秽门,而恶秽门,何如勿出门为愈也。昔者老子,亦恶母门之秽,舍正道而勿由,另辟蹊径,出诸母腋,千古以下,一人而已,子何人斯,敢言其秽;富而可求也,虽以吾削尖之头,出入于众妙之门,我亦甘之,况高跟之下哉!况高跟之下哉!"

客言已,拂袖而去,余为之悯然久之。思之重思之,世有穷困似余之人,欲觊御高跟皮鞋之脚且不可得,更何从得脚下之路而走之耶?是以终其身不识脚路为何物,其走投无路也宜矣!

四 洋盘

"花了瘟生钱,还做阿木林"。这就是上海人所公认的"洋盘"了。

要知洋盘的来历,应先懂得"盘"字的意义。

交易所每天有"开盘""收盘"的行情。商店大减价,也叫"大放盘"。这个盘字,并不是碗盏盘碟之盘,乃是"算盘"之盘。"开盘"就是开始营业,"收盘",就是收市打烊。旧式商店每晨开了排门以后的第一件大事,就是举起算盘来,呎呎呎的摇上几摇,这就是表示"开盘"了;每晚结账完毕,也要摇摇算盘,就是表示收盘。

后来这盘字渐渐的变成"价额"的意义,譬如说:"某种货物定什么价额",也可以说是"定什么盘子"。大放盘就是大大的放削价码,所以又叫做"大削码"。

从前商店营业,并无一定价额,虽然门口标着"真不二价"的金字招牌,实际上还是可以七折八扣的;顾客进门,店员先向他上下身打量一遍,再听他说话的口音,如果是客边人,就称他是"客盘",货物的盘价,未免就要开得大些了。

在三十年以前,中国戏馆的戏单上都标明着"洋人加倍"四个大字。那时候不但是戏馆如此,无论什么生意,遇到了洋人,都要带些竹杠性质,与洋人交易,暗中高抬价额,这种"暗盘"就叫做"洋盘"。客地人初到上海,无商业道德的商店或游戏场中,往往也拿待洋人的手段去对付客人,只要说一声"洋盘",则一切代价都要照洋人一样计算了。

现在"洋盘"二字已成了一切"外行"的代名词,对于任何事物的门外汉,都能称作"洋盘"。有时候还转一个弯,将盘字当作碟子解释,洋盘便变做"大菜盆子"了。

洋盘之在上海,现在已成凤毛麟角了。别说久住在上海的人,都变成"老鬼",就是刚到上海来的人,也都"门槛"精透,决不会再做"洋盘",花冤枉钱;因此,一般人都说上海市面近来十分枯,便是因为没有"洋盘"可照"牌头"的缘故。

但是在倡门中,"洋盘"却还未曾绝迹,不然生意浪的几位姑娘,单靠出几个局,做几个花头,不将喝西北风去?还有什么生路吗?正因"洋盘"死不完,可以开开"条斧",以资挹注呢!原来"洋盘"见了姑娘,终是"色迷迷"的,而且在姑娘面上花几个钱,也都是情愿的。虽然,他花钱也有他的目的,不过"洋盘"用钱,总不会用在刀口上,只是白花,别想可以达到目的;于是,他愈肯花钱,便愈可显见他是"洋盘"了。而生意浪也在大大地预备欢迎着这种人呢!你想花了钱,还要做"洋盘",岂不冤而又冤吗?

"洋盘"既然肯花钱,不问钱之该花不该花,总是花个莫名其妙,所以他的钱,决不放在袋里的,至少也是把钱袋倒拎着。而在娼门中对于这种人,便又称之为"洋钿摆在盘里响",盖言其不把钱放在心上,亦即洋盘之别称也。

五 点大蜡烛

"洞房花烛夜",是人生一世最快乐而又最重要的一个节目,尤其是女子,把一对花烛看得特别重要。

"我们是拜天拜地的花烛夫妻",女子逢到尴尬时候,常用这句话来骄人,表示她与男人同床共枕,好像已向内政部注过册,领到过专利许可证,与一般姘头、搭角自有家鸭、野鸡之别。

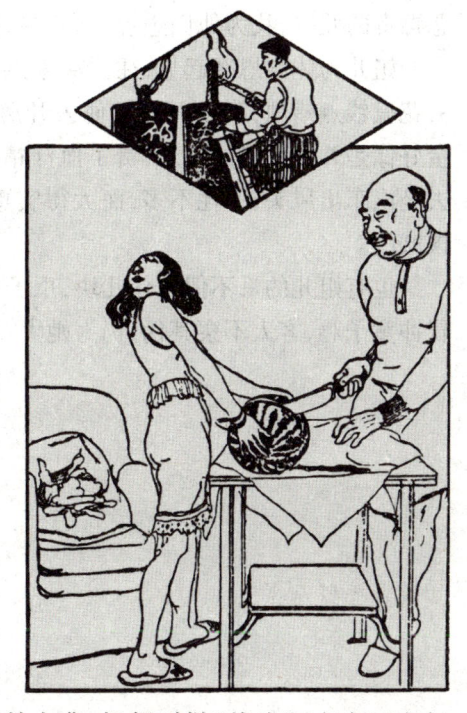

女子不幸堕入了妓院,如果也是死心眼地抱着"从一而终"的顽固思想,那就不成其为"吃生意浪饭"了。妓女做的虽是人尽可夫的生意,但在不曾逢到第一号丈夫以前,免不得也要过一重"处女关"。

良家女过处女关,要拜天地,要点花烛,甚至于要争坐花轿,妓女渡过此关,当然无人肯陪她拜天地,但花烛却不能不点一对。于是"点大蜡烛",便成了妓院中的过关大典,扬帮叫做"梳头",老实不客气的说,那就是"开苞"。

"鸨儿爱钞,姐儿爱标"。这是普天下妓院的公例,而钞与标之不能两全,也是普天下嫖客同具的缺憾。妓女的点大蜡烛,鸨儿视为惟一利薮,这一下斧头砍下去力量决不在程咬金之下,决不是空心的标致大老官所能招架,所以行开苞大典,只能让之于大腹便便的"恶而蛮"了。

"恶而蛮"是最惹厌的东西,姐儿岂能甘心受他们的压迫,实逼处此,也只得吹灭灯火,咬紧牙关,闭紧眼睛,坚忍苦痛,一任"恶而蛮"的蛮干罢了!因此,便造成妓女们一种普通的迷信,都说"开苞客人永远不会要好的"。

其实,这却是反因为果,因为花了钞票来点大蜡烛的阔客,多半是鸨儿的爱人,姐儿心里原不欢喜他,经过了一夜皮肉之亲,更增了几许恶感,复发现了他种种丑态,明天在枕头上再复看他一眼,又被他的胡茬刺痛嫩皮肤,越看越惹气,越想越无趣,嘴里还不得不敷衍,心里却恨不得他立刻得了夹阴伤寒,走出大门就翘辫子。

初次破瓜的女子,即使两相爱好也不懂得一点情趣,这已经是味同嚼蜡了,何况在金钱压迫之下,由鸨母威逼她而来,你鼓着十二分勇气对她,她撅起了嘴唇,甚至含着一泡眼泪,扮足了孤孀面孔对着你,这真是天地间最乏味最不仁的事情;而竟有许多富而淫的"恶而蛮",专爱在此中寻乐趣,花了昧心钱,还被女子在背后恶恶毒毒的咒骂,我为他们想想,真有些犯不着呵!

姐儿为体恤恩客起见,往往在未点大蜡烛之前,先与他订好了密约,由恶而蛮去花瘟钱点蜡烛,第二天便与他去开房间真个销魂,这就叫做"挨城门"。那恶而蛮好像是开辟马路的小工,费了血汗精神,筑成一道平坦大道,却让别人到马路上去坐汽车出风头,所耗不多,而大得实惠。所以门槛精的嫖客,都不愿点蜡烛而愿挨城门。

也有姐儿的瓜不但破作几块,瓜子也被装入稻香村的罐头了,却仍在客人面前冒冲童子鸡,客人不察其伪,仍为她大点蜡烛,那更是天字号的大冤桶咧!

六 | 脚碰脚

俗语说："十只指头伸出来有长短"，那末，一百个人的"脚膀"陈列在一起，当然要有大小、长短、粗细、肥瘦、强弱之不同了。

两脚相逢，尺寸悬殊，矮脚虎当然要被长脚将军吃瘪；小蹄膀终敌不住大脚膀的压迫；如果两脚势均力敌，不分高下，白相人的口号便喊作"脚碰脚"。

"脚碰脚"，表示自家人，南京人叫作"窝里鸡"，凡属同窝之鸡，决不肯以脚碰脚，以免弄得两败俱伤，大家都变作一翘一拐的铁拐李。

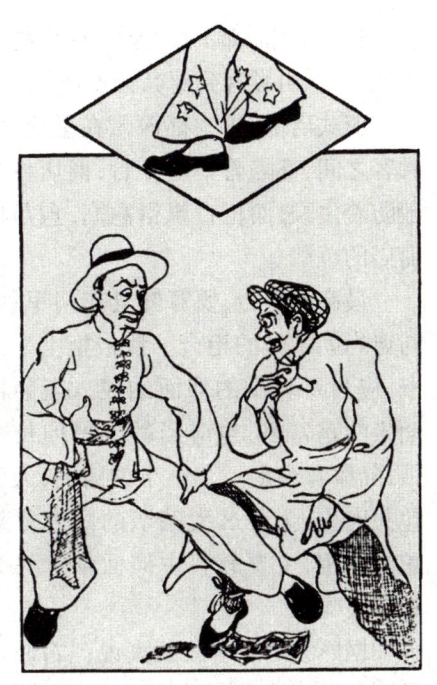

"脚碰脚生意"，是商店伙计阿谀顾客之辞，一方面表示这票买卖是"当差戏"；同时又尊重对方是懂门槛的行家，所以顾客都乐意受脚碰脚的麻醉，其实还是被人家做了手脚去。

不但买东西如此，在任何社会里，都有人借了脚碰脚的好听名词去欺骗别人，所以上海人又有一句俗语，叫做"走路缠错脚膀"，脚膀生在自己身体下部，被蚊虫叮了一口，尚且觉得痛痒相关，何况脚膀被别人缠错了去，自己竟毫无知觉，这就是白相人的"颜色"了！

脚力相等的人，到了无可奈何的时候，也只得脚碰脚的碰上一碰。连年国内政治舞台上的大亨，为了争权夺利，接二连三的斗狠劲，这也是脚碰脚；脚力不济的人，往往容易被人打倒，他们自己跌了筋斗不算，还连累小百姓做他们脚底下的牺牲品，整个的国家被他们碰得四分五裂，外国大力士站在城头上看相杀，但等他们碰得筋疲力尽的时候，便伸出又长又粗的大毛腿来，对他们来一个金刚扫地，少不得都要踢翻脚碰脚的朋友呵！我劝你们留些脚劲，少碰几碰罢！

脚碰脚，最容易碰出血来，识时务的上海人，都不肯轻碰。这样看来，上海人倒比当国的大亨懂得大体，还不肯做"不识相"的事。

七 陆稿荐

新式商店,都不设柜台,将货物陈列在玻璃厨内,由顾客到厨旁任意选择。

旧式店铺,货物都深藏在里面,店伙与顾客之间,都隔着一道柜台;商店像防盗贼般防着主顾,而柜台筑得愈高,愈足以显得商店的尊严。

最高的柜台,要算知县衙门里钱粮柜,与典当朝奉坐的柜台。钱粮柜上坐的是老爷,应当要教小的仰面纳税。当铺柜台上面坐的是富翁,也应当教贫民伸长脖子取钱,陆稿荐只是一个小小的肉铺,人家掏腰包买肉吃,为什么大砧墩的高度竟超过钱粮当铺柜,也要教买主仰面奉承那大块头的屠夫呢?

据熟悉肉庄掌故的人说:"古时肉铺砧墩原与普通商店柜台一样高低,因为有一次几个买肉的人,围集在砧旁拣精择肥,他们动手去争肉,适被屠夫一刀下去,砍断了几个指头,差些闹成人命,于是肉庄同行公议,将砧墩加高,使买肉的人望不见斩肉,免得再肇祸端。"

别的商店,除掉字号招牌以外,还要标明所售何物,如药材店,须标"丸散膏丹",棺材店须标"圆心血板";惟有陆稿荐只要一看三字招牌,人家非但不会缠夹作鱼行米店,并且还不会误认作咸肉庄,一望而知是卖鲜猪肉的地方。

旧时肉铺,还有什么浦五房、老三珍等市招,近年来新开的肉庄,却无一家不是陆稿荐,陆稿荐三字,原是专名,现在竟变成普通名词哩。

陆稿荐三字,在上海又变成了一句骂人的俗话,骂人陆稿荐,意思就是"此人是陆稿荐里的货色",陆稿荐里的货色,除了猪猡还有别的什么呢?

八 放白鸽

鸽子天生一对火眼金睛,目光特别锐利,又天赋一个灵敏的小头脑,记忆力特别坚强。养鸽子的人家,只要在鸽棚旁边立一面小小的旗帜,被他们看熟在眼里,就深印在脑际,永远不会忘记了。

上海城隍庙东园茶馆里,从前有一个鸽会,每逢三六九为会期,凡是养鸽子的人,都带了鸽子到此处去赛会;他们来的时候,将鸽子装在六角式网笼内,赛会已毕,便开笼放鸽,鸽子先在天空翱翔一周,以后便分南北东西,大家觅着归途,自回主人家去了,主人刚出庙门,鸽子早已到棚里了。最奇怪的,是张三李四的鸽子,同时放在天空,却能不相混杂的各归洞府,从来不会迷失路途。所以我们只听见有人抱了烟囱叫活人的灵魂,不听见有人在屋顶上敲脚炉盖寻飞失的鸽子。

近来外国的鸽子,本领格外大了,他们能在千里之外,传递消息,速率更为惊人,乘自由车送快信的邮差都被他们吃瘪,可惜他们不识阿拉伯数的门牌,否则邮政局定会开除邮差,改用邮鸽,免得常常要求加薪而起罢工风潮,因为鸽子是不要穿衣吃饭的。

鸽子放了出去,不久自会飞回老家,所以上海地方,便借他来形容一种骗术,倒也十分确切。

荡妇勾串蚁媒,觅得瘟生一头,甜言蜜语,伪称从良,身价衣饰,俱已到手,嫁过去不到几天,便席卷所有,远走高飞,害得瘟生一场欢喜,人财两空,这样的组织,在上海地方,就叫做"放白鸽"。

上海的鸟类,除了老鸦野鸡以外,还有这一只白鸽;这几种鸟并且都是雌的,老鸨之狠,野鸡之毒,是大家都知道的,惟有白鸽,上口滋味奇鲜,只须等吃到肚里,毒性发作,才觉得腹痛;惟其事前只当她是鸾凤,不见她举翮飞去,决不知道是白鸽。所以白鸽之害,实比老鸨、野鸡更烈,想发恔的光棍汉子,要当心呵!

九 烂香蕉

这一张画,上面画着一只香蕉,围绕着七八头苍蝇,表示这香蕉已腐烂了。下面画着一位撩裤子先生的背形,墙上画着一只小五车,暗示此地不可小便,而这位先生大概是尿急了,顾不得小五车的咒骂,还在它旁边撩开裤裆来;小五车旁有一张招贴,只看见一个大"白"字,不知是戏园演《白蛇传》或《白牡丹》的海报呢?还是化装公司贴的白玉霜广告?地下放着一只鸟笼,笼子里装着一只八哥,鸟头探在笼外。

这一张推背图式的画,我推详了半天,还是莫名其妙,竟不懂这只烂香蕉与撒尿先生发生何种关系?墙上贴的白字招贴,固然不识发售何种商品?而地下的八哥笼子,尤其不懂含着什么神秘作用了。

我不认识许大画家,无从向他直接请教,只得请胡先生去转问。过了一天,答复来了,我听了不禁哑然失笑,现在直书出来,转告阅者诸君。

"这张画非常神妙,"胡先生说:"画中人虽以屁股对着人家,我们却能看出他的前形来。"

我听了他的话,将画翻过来,同时,却是一张白纸,在日光里一照,小五车与鸟笼搬到右首来了,那人还是没有面目。

胡先生笑道:"你太笨了,所谓正面,乃是用暗示的方法,要你自己去想像而得。你看小五车表示此地是禁止小便的地方,而其人仍旧面墙,撩裤,张腿而立,裤子裆里还淋漓下注,则此人的正面定是赤裸裸地露着下体了。上面的烂香蕉,是此人身体某部的放大象形;其人用额角顶住了墙头,表示他忍着十分痛苦,若问他什么痛苦?则人类小便处的感觉最为灵敏,请看香蕉图的首端已烂成黑色了,他怎么不痛！墙上的招贴是指示他解除痛苦的途径，'白'字下还藏着一个'浊'字。"

"地下的鸟笼又是什么意思呢？难道此人，还有闲情逸致托着鸟笼去游街吗？"

"这又是一种象形，香蕉溃烂，经不起磨擦，走路时不得不用手将裤裆提空，形态确与'拎鸟笼'相仿。笼里的鸟不是八哥，也不是秀眼和黄头，却是画眉鸟；因为画眉笼子是不托的，非拎在手里不可，他所以要提空裤裆，就为腾出地位来，好让画眉鸟在笼内自由翱翔。鸟头探在笼外，暗示其人正在撒溺。"

我常常听说人家"拎鸟笼"，不懂什么意思，经胡先生的解释，我才恍然明白，原来如此！

这种病，有人替他起了一个冠冕堂皇的名词，叫做"英雄病"，我却不懂是什么意思了。

一〇 花　瓶

"儿女纷陈似鼎彝。"

有一位达观的诗人,(名字记不得了)好像吟过这样一句诗。

鼎彝是古董,如果是汤盘周鼎等东西,不但无价可估,简直是国宝了。不过古董的价值虽贵,究其实际,却一点用处没有,既不能盛物件,又不好派用场,只能陈列在堂前做高等装饰品;有了他们,好像是比较富丽些,没有也毫无关系。那位诗人将他们比作儿女,虽说是胸怀旷达,其实也是十分伤心的话。他的观念,适与李济深的"有子万事足"处于相反的地位。

花瓶的性质,也与鼎彝相仿,只能供在桌子上当装饰品,除了插花以外,毫无别的用途。因为花瓶无用,于是就有人用来讥讽机关中的女职员。

现在是高唱女子经济独立的时候,欲求女子经济独立,应先提倡女子职业,女子只有生理不同,其他种种,与男子毫无分别,男子能做的事,女子非但都能担任,并且她们心细如发,思虑周到,有几种职业或许还能胜过男子呢!现在国家机关尽量容纳女子做职员,确具远大目光,凡有志改革社会者,都非常钦佩。而一般思想落伍的人,不知居心何在?竟用花瓶绰号去污蔑一切女职员,这真是可笑亦复可恨的事呵!

有人说:"女子有办事能力的,果属不少,但是每天打扮得花枝招展,专到办公室里去摆样的,也不乏其人;'花瓶'也者,专指此辈而言,她们不是高级官长的小阿姨,便是阔人举荐来的亲属,大半来头比秦琼的黄骠马更大;她们来任事的目的,不在博区区官俸,(这几个钱给她们去烫头发都不够)却在借此觅一个新贵做如意郎君。许多风流活剧,都是这班蜜斯们表演出来的。加以花瓶雅篆,实属当之无愧。"

花瓶真是件尴尬东西,虽说无用,却要陈列在高等地位,几曾见人家将花瓶与痰盂并列在地下,一任人们的唾辱;厨房间里的瓶类虽多,花瓶当然不能与油瓶醋瓶为伍,要想安置在写字台上,既不能盛墨水,又不能装浆糊,实在无可安插,只得高高地供在天然几上,插几朵鲜花在内,让阃室的臭男子伸长了脖子,嗅嗅香气,餐餐秀色,譬如叫了几个长期的堂差,大家拓拓眼药,倒也呒啥!

一一 大人物

镇守山门的四大金刚,可以算"其大莫匹"了。但他们只能终身坐在冷庙里,偶尔热闹几天,须受烟醺烛烤,弄得头昏脑涨,平常更是忍饥耐冻,喝西北风过日子,香筒里难得有人布施几文,都被和尚连底倒去,他们得不到一点实惠;纵然有两位魔家弟兄,一年到头穷凶极恶的做嘴脸给和尚看,那般刁滑的秃驴低了脖子走过,只装不看见,也自奈何不得。四金刚身体虽大,弱点就在不能到社会上来活动,真成了两双夯货,所以要被人笑他们"大而无当"。

敢与四金刚一比身坯的要算大出丧前面的一对开路神了。他们不像四金刚似的终身呆瞪瞪站在冷庙里,他们能借了阔人的"死力",到热闹街市上来活动,他们能巍巍然的在上海马路上出锋头,乡下人望之俨然,不胜惶悚,急忙对他们脱帽鞠躬,尊称他们一声"大人物"。所以上海有一句俗语,叫做"乡下人不识开路神",即指大人物而言。

开路神虽然伟大,可惜肚子里空空如也,没有一点存货,出丧完毕,眼看他们被小瘪三将全身披挂剥光,里面只剩几根瘦骨,比烧鸭壳子更要空虚,这时候应该回去"孵豆芽"了,却还要摇摇摆摆的在大街上出乖露丑,别人看了都代他们这一对大拉苏喊一声"阿要难为情"!

大人物的腹中,原不必要有什么心肝,开路神腹空如洗,尚不足为病,只是他的活动力太迟钝了,所以终其身不能脱小瘪三的驱使,只好吓吓乡下人而已;不像常树德生了一双长腿,还有美国人来觅他去卖外国野人头。行动呆头呆脑的开路神,除了为死人"排炮"以外,竟毫无别的销路。

现代社会的真正大人物,衣服里面的包藏,是否与开路神相同,只因我无缘在浴堂里遇见他们，又不曾眼见他们被小瘪三剥过猪猡，所以无从猜测；但就他们的外貌而论，实比开路神高明得多咧。

你瞧图上的大人物罢，他有慑服民众的皮蛋眼睛，有不怕铜臭的大蒜鼻子，有善对新闻记者吹牛皮的血盆大口，有专听马屁声的顺风耳，有增加威严的短髭，有棺材里伸出来的长手，有见了倭寇向后转的滑脚，四面有舅老爷丫姑爷等僚属包围，有鹰犬式的军队保护，这是何等威风呵！即使相如再世，只怕再也写不出第二篇大人赋了。

一二 无线电

电是万物所具的一种感应力,有阴电阳电之分,当物体静止时,阴阳电互得均势,大家没有表示,如受了外界作用,而失其均势,少不得要发作起来。这发作的就是电,电既发作,必定要吸引异性电来调剂,才能恢复静止原状。发作时的力量大而且速,不达到阴阳调和目的是不肯罢休的,如果中间有物拦阻,不惜任何破坏,那就要触电了。

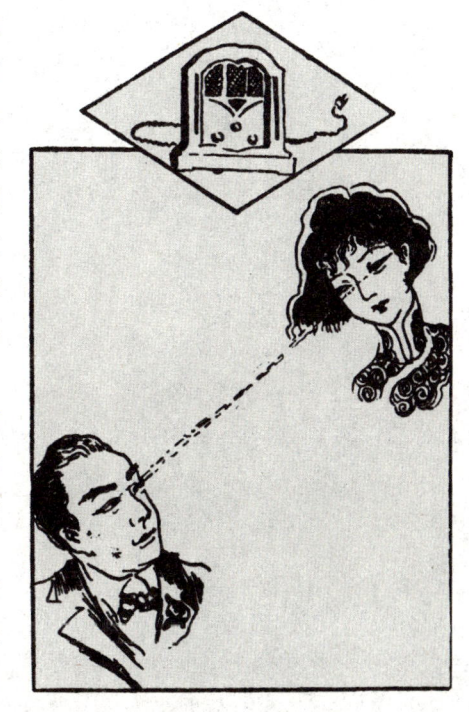

人类也是物体之一,人身上当然有电的,男性生阳电,女性生阴电,这又是当然的事实。一对眸子,就是人类的电气厂,一切电流,都要从此中发出。

眸子中的电,与别种物体的电稍有不同,别种电是发了性再去吸引异性,人类眸子的电,乃见了异性然后发作,他的吸引力也比较和缓,须慢慢地逐渐接近;当两性电流互相吸引的时候,也还不致于毁物伤人。

人类的电,大半是阳性先发,阴性初接受时,往往阴阳怪气。如果两性有了感应,阴电便会发出一种天笑,(《神异》经:不雨而电,谓之天笑。)以示接受;以后便连连放射电流不已,直到阳性把阴性吸引到怀中,两体化成一体为止。

人家说:"男女互相目成,谓之打无线电。"我独以为不然,男女发电,明明有两条视线互相接触,怎么说是无线电呢?不过这两条线,究有多少长度?却只有男女的自己心里有数,就是请了工程师来也无从测量。

男女二人的电流,无论接触得如何剧烈,也不曾像空中雷电那样隆隆发声,即使有声,也不过吃吃的微笑,至于像夏天闪电那般光芒射人,那是更不会有了。因为男女互通电流是瞒第三者的事,如果被人觉察,脸上难免赤化,电流也许中断;有时候还怕别处电台故意播送恶劣节目,从中捣乱,使他们阴阳永不能调和,凡家中装有无线电收音机的朋友,都知道这个弊病。

只要两性感应,随时随地皆能发电,不过真空管的寿命有限,如漫无限制的播送节目,只恐灯丝烧断,那就完完大吉了!还有避电器装得不灵,遇到天电剧烈的时候,也许把你的收音机击毁,那是更危险了。爱打无线电的朋友还是见机为妙。

一三 斩咸肉

马路上常有不三不四的时髦女子往来巡回,你如对她行一个注目礼,她就会对你回眸一笑,你与她道几声对白,她便会有意无意地答你几句;走了一程,已到她家门口,她右手推门,左手向你招着,你跟她进去,这个如花美眷,你就能暂时占有,无需媒妁,但能破钞,当时就能结成佳偶。这种女子,多于过江之鲫,上海人谓之"淌排",言其在路上淌来淌去,颇像浮于水面之无主木排。你如爱她,不妨略施勾引,她顺着水势便淌到你身边来了,此之谓"捞淌排"。

"淌排"是具有流动性的,须别人用手去捞了,她才能淌过来就你。另有一种女子,藏在家里,等客人上门去就她们,一经看对,立刻就能解决性的苦闷,这就叫做"咸肉"。她们的"性的出张所",叫做"咸肉庄",到咸肉庄去发泄性欲,就叫做"斩咸肉"。

"咸肉"命名之由来,浅薄如我,莫测高深,须请浸润在咸肉卤中的屠夫来讲解,始能头头是道,纤细无遗,屠夫尝作"十三号"小说,读者皆知其三折肱于此道。请他来注释,一般肉食之流者闻之,一定要垂涎三尺咧!

依鄙见猜度,食肉自以新鲜为贵,加过盐的咸肉,非但失却肉的真味,并且多少总还带些臭气,非胃口好的朋友,终有些不敢承教。"咸肉"命名或有此暗示。

又据人说:"咸肉虽不清鲜,却耐贮藏,旅馆携作路菜,最为相宜,整块煮熟后带在身旁,随时可以取用,割下一块,送到嘴里就吃,便利极了。上海是活码头,出门人最多,'咸肉庄'就为便利旅客而设。"

我认这个解释,颇有理由,但看"咸肉"营业跟着上海旅馆事业,一同突飞猛进,近年来大有压倒长三么二之势,就能证明这个观察的确不误了。

因为斩"咸肉"的人越来越多,几块"坐庄肉"不敷分配,肉庄上,更能像另拆碗菜似地,到外面去召集许多"走肉"来;此中不但是小家碧玉为谋生计而来,还杂有不少名媛闺秀、皇后明星,或指名可索,或乘兴自来,一经选中,定价须较普通咸肉昂贵数倍,人家便称她们为"家香"肉,此肉品质特异,色香味三字占全,寻常肉庄,向不设备,非至高等庄上求之不可得,客如外貌猥琐,亦不愿牺牲其色相云。人言如此,是否可信,还须质诸屠夫。

一四 桂 花

"月中金粟,天外飘香"。桂花是何等名贵的植物,香气比玫瑰更清幽,诗人比作仙客幽人。并且树本高大,叶能耐寒,经霜不凋,足与松柏并称贞坚;就是不开花结子,地位也不在枫榆杉栗之下。而在上海人眼中看来,桂花竟不如榛荆樗栎,用他来做一切丑恶卑劣的代名词,这是什么缘故呢?

桂花名词的发明,还是十年左右的事,十年以前从来没有听人说过。桂花二字的由来,是发生在三五个名妓身上,此事述来很趣,据说信而有证,我且记他出来,也许是采风俗史者所乐闻的。

在十二三年前,有一群时髦妓女,各挟其恩相好,叙集在小房子里窝心,(因为那时候还不通行开房间)笑傲谑浪,直至半

夜,大家都觉得饿了,便在附近天津馆里叫几样菜来充饥,还叫了几碗肉丝蛋炒饭,却炒得其咸无比,各人尝了一筷,连忙吐了出来,后来问那送菜的天津人:

"这是什么东西?"

"这叫木樨饭,你呐。"送菜人回答。

"木樨饭就是桂花饭呵!"一个妓女翻译出来了。

"你们开的是桂花店吗?所以专卖这种桂花饭给人家吃。"

"这送菜的人天天也吃桂花饭,所以变成桂花人了。"

"我明天请你们再吃桂花饭罢。"

"我们也要变成桂花人了。"

"你的话也带几分桂里桂气的。"

"吃蛋炒饭",原是一句骂人吃屎的话,因为蛋炒饭的色彩与屎色仿佛。自从

这次吃了蛋炒饭后,在这个集团里的男女,便都用桂花来代替蛋炒饭了。以后复扩而充之,凡是丑恶的东西,都称之为桂花。

不多几时,由妓女社会传流到嫖客社会,而汽车夫乌师界之桂花教育得之尤早。近年来则中流以上的先生们,居然也有桂花不离口的了。

还有一说,桂花是"贵货"的讹音,发源于一个江北大亨,以贵货代表贱货,是一种反语。

一五 剥猪猡

天气冷了,爱虚面子的上海人,身上不穿皮袍,也要裹一件大衣,御寒气还在其次,"绷场面"更觉要紧。善于投机的匪类,便在这个时期中,潜伏在冷街僻巷,专伺过客惠临,遇有夜半归家的主顾到来,二三同党,一拥而出,先搜财物,后剥衣裳,一声"识相",四散奔逃。这种掠夺的方式,上海的专门名辞叫做"剥猪猡"。

被剥的人,损失了衣帽财物不算,还要捐一个猪猡的头衔回来,可算是大触霉头。据个中人云:猪猡还分几种,穿皮衣的谓之"带毛猪",无毛的谓之"白皮猪",皮大衣之内还有皮袍的谓之"双料猪",财物丰富的谓之"肥猪",兼获金表的谓之"玲珑猪",既无毛又无钱的谓之"瘟猪",他们把剥人家的皮衣当作刮猪毛,这许多都是可以意会的象形名辞。

剥猪猡确比拿了手枪闯入人家去抢劫,且方法简捷而稳妥,到人家去抢,既多危险,所获未必超过于此;因为上海人家,空场面的居多,所谓"身上穿得绸披披,屋里常无夜饭米"。全部财产,都架在身上,登门搜劫,如遇主人公出,未免有"入宝山而空手回"之虞;何况伺守要路,一夜能连剥多猪,拔准苗头下手,每人剥下大衣皮袍各一,足典五六十金。若捞得几张花花钞票,一只金表,再捋下一两只足赤金戒,如此猪猡,连剥三头,则一夜收入,真比当一名简任官还要写意。

杀猪屠夫,大半在天气暴冷之夜出现,因为此时大衣皮袍刚正上身,变卖起来不致损失过大,到了春天,衣服已穿得破旧,剥将下来,徽州朝奉看不入眼。一样冒险,未免不大合算,此辈也就放下屠刀,另营生计去了。

我们欲免猪猡之危,最妙莫如不要宵行,如不得已而必须出门时,亦以不穿重裘,不多带钱钞为是;即使蒙屠夫光顾,只消缩头暂装"呆猪",就无危险,好在近来大家正提倡无抵抗主义,束手待剥,损失无几,也许因你忍耐得有道理,国家赐下褒奖,也就将损失捞回来了。

一六 开房间

从前妓女留髡,皆在其妆阁,后来英租界禁娼,不到两三年,重行开禁,租界当局为顾全面子起见,新开妓院须改称书寓,吃花酒,出堂差,碰和,都一律照旧,就是不许留客住夜,表示重兴后的书寓已不是卖淫的娼妓了。

在书寓复兴的初期,妓女嫖客都以为禁止住夜,无非官样文章,不惜以身试法,谁知巡捕房居然严厉执行,时派探捕去查房间,酒阑灯灺之后,销金帐里,常常会捉出许多交颈鸳鸯来。在五六年前,报纸上还时常看见这种风流官司,发现近年来已渐渐的绝迹了。不是妓女当真会把性机关像抗日会查获的劣货一般封存起来,永远不许出卖,实因嫖客已发明了避免禁令的方法,不必亲自到妓院里去工作,可以叫妓女出来移樽就教,临时的阳台随时择定一家大旅馆,一个电话摇到生意浪,爱人儿就会得得得地上门来了。这就叫做"开房间"。

妓院里不许男女同宿,旅馆里倒可以真个销魂,这的确有些矛盾得可笑。租界上的事,讲的都是外国理性,用中国人的头脑来解释,原是不可通的。如果组织不是这样特别,也就不足以称为名副其实的特别市了。

近年来,新开的许多大饭店,房间的布置真有比妓女妆阁更富丽的。真正的旅客,偶尔出门,小住数日,原用不着睡这般考究的房间,限于经济的平民阶级,更不敢去问津了。看来许多贵族式的房间,都是为妓女留客而设的吗?

能在家里留客时代的妓女,往往以与客人开房间为不名誉事,洁身自好的妓女,连栈房堂差都不肯出。谁知时风转变,开房间竟成了"落相好"的必由之路,难怪几个时代落伍的老妓,也要叹气说世风不古咧!

开房间的风气开后,"淌排"竟大为方便,她们猎获了瘟生,就往旅馆里一送,自己固定的香巢都不必筑,只要身上光鲜,就能出去放生意,连至少限度的一副被褥两个枕头都不须设备了。不过台基事业却大受打击,因为开房间原不限定妓女,请看报纸奸案中女主角的口供,哪一个不是在旅馆房间里做的把戏。

一七 小先生

"先生"是一种尊称。

《礼记》:"从于先生,不越路而与人言。注:先生,老人教学者也。"这是称教师为先生。

《论语》:"先生馔,注:先生谓父兄也。"这是称父兄为先生。

《孟子》:"先生将何之?注:尊老之曰先生。"这是称年老的人为先生。

《韩诗外传》:"古者知道者曰先生,犹言先醒也。"这是称有道之人为先生。

先生的注解虽有种种不同,但为尊崇别人的称呼,乃是确切无疑的了,恕我腹俭翻遍了古典,却找不出一个被人称为先生的女子来,那末上海妓女之称先生,真可以算得旷古未有的奇称了。

据老嫖客说:昔者上海长三妓女,以"卖嘴不卖身"为标榜,妓女悬牌,悉称"书寓",表明她们是专靠唱书为生的,所以院中龟鸨称她们为"唱书先生",后因四字称呼殊嫌乾鞑,遂将"唱书"免去,简称"先生",一直传流至今。

堂子先生,种类不一,先生之上,更添头衔,以资区别;点过大蜡烛者,谓之大先生,这个大字,下得神妙,非关年纪身材,盖别有所指也。于是与大先生相对的,少不得还有一个"小先生"了。

小先生是堂子里最名贵的东西,譬如蚶子,这是小巧玲珑的宁蚶,大家都爱尝鲜,与大而无当的毛蚶,自是不同。所以先生皆喜以小自炫,尽有参与过多次扩大会议的先生犹在人前自诩其小,于是有人在先生之上,替她们加了一个滑稽头衔,叫做"尖先生"。

这个尖字,取得十分促刻,使人一望而知是"上小下大"的象形。她们好像衮衮诸公一样,嘴里尽管说得仁义道德,事实上所表现的,却都是男盗女娼的行为。

一八 么二

敬 告

本报所刊《沪语新辞典图说》,由许晓霞先生绘图,并请汪仲贤先生撰述文字,汪君文笔畅达,海内知名,且旅沪多年,对于海上风俗人情,无不了若指掌,所述各节,如数家珍,深为读者所欢迎,兹因第十八十九两章,关于北里事迹,汪君因久未走马观花,恐有隔膜之处,未允叙述,乃商恳漱六山房张春帆先生客串两期,以下仍由汪君担任。张君曾摆九尾龟倡门小说蜚声于时,今兹所述,尤见精彩,尚乞读者注意。

么二堂子里的菊花山,是在青楼中占据一种历史价值的东西,所以长三堂子用不着大院子,么二堂子,却必须有一个大院子的。平时这大院子上盖着棚,一到菊花季里,就用几百盆菊花,高高低低的叠起来,叠成了一座菊花山,又用蓝色或绿色的纸,糊出许多山石,和菊花相掩映,倒也很有意思。在这菊花山时期之内,么二堂子里的生意,格外来得发达,大家都要去看看菊花山,再赏识赏识这班人物。平常客人吃酒,都在妓女的房间里,到得菊花山堆了起来,大家都在菊花山下摆酒请客,而且一班阔客,素来不肯在么二堂子里吃酒,以为是一件很不好意思的事。一到了菊花山,在菊花山下摆酒,非但不算坍台,而且风头出足,有时还要先期预定,才可以挨次补缺,真是"移茶与吃酒齐来,人面共菊花相映"。五十年来,这种风气未尝改变,这是么二堂子的风头时代。

么二是次于长三一等的妓女,为什么叫他么二呢?是移茶一元,出局二元,所以谓之么二。我们如到么二堂子去赏鉴赏鉴，就有许多妓女走出来见客，点中那一个，就把茶移到他房间里去，装上一档干湿，给洋一元。这就叫作"移茶"。长三出局，本来是每局三元，到现在恰只有一元。然而么二的出局，直到如今，还要两元。至于住夜，是算一个双局，所以须洋四元，连移茶一元，下脚一元，共是六元，这就叫作"六跌倒"。住过一夜之后第二天再住，就只两元，不必再算双局，所以他们说"滥污长三板么二"。的确他们的规矩，是板板六十四，牢不可破的。

这一幅画中，就是么二堂子的菊花山，有三个客人来叫移茶，一班妓女就一哄而出，惟恐客人点不中他，所以大家在那里争喊着"点唔！点唔！"目挑眉语，烟视媚行，这也是她们的格外巴结。

三个客人，都有点急色相，有的笑嘻嘻张开了一张嘴，合不拢来，有的口中的唾沫，都险些要滴下来，有的看得出神，嘴都歪了过去，但都没有留意到楼上还有两个出色的妓女，在那里朝着他们做媚眼，卖风头。

么二堂子的规矩，不是大家都要出来见客的么？怎么这两个人又躲在楼上不下来？这大约两个人都是最红的脚色，全堂子的台柱，所以乌龟老鸨，也就马马虎虎，不好合他顶真。咳！如今的年头儿，岂特堂子里难逃此例，就是各机关的重要人物，也何尝不是如此呢！

一九 长 三

长三是三十二张牙牌里的一张,这个特别名词,是专门在上海、苏州通行的,若换了个异乡的阿木林,恐怕非但不知道是一种妓女的名称,而且打起天九来,还要拿一张梅花来打你的长三呢!

这个长三却是上海的高等妓女,不是梅花可以打得着的。从前的妓女,最高等的是书寓,必须能唱整套的曲子,还要带着说白,才可以挂书寓的牌子,卖嘴不卖身,不能住夜的。长三次于书寓一等,牌子上只能写某某人寓,不能写书寓的,这却可以叫局,可以住夜,叫一个局是三块钱,住一夜也是三块钱。叫局的谓之堂局,住夜的谓之住局。因为叫局住夜,都是三块钱,所以起了他一个名目,叫作长三。这是四十年前的规矩,到了后来,书寓同长三差不多合而为一,没有长三、书寓的分别,所以就用长三来代表这些高等妓女。

从前长三出局,都坐轿子,清倌人是坐在龟奴的肩头上,没有轿子坐的。现在都改了有电灯的包车,而且妓女出局,包车上只坐一个人的,绝无仅有,总是两个人坐在一车。这张画里也是两个人同坐一车,一个妓女回过头来,好像和后头的嫖客或者瘟生做眉做眼,卖弄风骚。拉包车的龟奴,恰又一面拉车,一面也回头过来和包车上的做手阿姨做眉做眼。包车后面画着两个鸡心,不是白的,而是黑的,女子们纯洁的爱情之心,都是洁白无瑕的,妓女们的爱情之心,如何能纯洁白无瑕,自然一颗芳心之外,蒙着许多乌云也似的黑幕。最触目惊心的,便是车后的号码六〇六三个字,一班瘟生阿木林满眼里只看见妓女的一身香艳,满面春情,心上早已浑淘淘的了,哪里还看得见他们的两颗黑心,同三个六〇六的字。

结果,这班妓女未免做了六〇六的介绍所,瘟生阿木林一定要打上几针六〇六。

拉包车的朋友,为什么要和做手阿姨眉来眼去,这却我们不知道。不过一等的红倌人,妍自己家里相帮的,也不能说没有,何况是做手娘姨呢!

可是话要说回来了,长三上的倌人们,总不至于人人是六〇六的介绍所,这是在下敢担保的。但是诸位先生要叫在下担保长三倌人个个都是保险机,而不是六〇六介绍所,在下就敬谢不敏。

二〇 十三点

　　"一粒骰子掷七点",是为"出色",只因一粒四方骰子只有六个平面,每掷一次,只有一个平面呈现在上面。么二三四五六,最大的色子是六点,万不能掷出七点来,"出色"就是出了色子的范围。

　　上海还有一句关于点子的俗语,叫做"十三点"。此语风行尚不到十年,起先我听了,还以为是将"出色"的隐语加了一倍,变成"两粒骰子掷十三点",意思还与"出色"一样,后来才知道"十三点"已另有新的涵义。

　　"癡"字的俗写是"痴",痴字的笔划算起来恰巧十三划,十三点就是代表十三划,暗射这个痴字,指人十三点,就是说他乃是一个疯癫的大傻子。

　　有人说:"十三点乃指骨牌的么五与么六,两只骨牌合起来恰巧是十三点;意思是么五么六的形状都像蜡烛扦子,而且是一高一矮,不能配对。盖以此譬喻疯疯癫癫的朋友,好话不听,只配拿蜡烛给他们插进去。"

　　在十三点没有发明以前,上海却流行两句歇后语,都是暗射痴意的。

　　"落梁老",最为通行,大家都知道是痴子,其实这是很勉强的。原来"落梁老鼠",也是一句俗语,鼠与痴声音相仿,便借来利用了。

　　"原来如"也与"落梁老"一样,是借"此"的音来代表痴字,这种歇后语,殊觉太不高明。

　　现在十三点风行一时,别的隐语都打倒了。而社会上"十三点式气"的分子也越来越多了。

　　十三点不限定,男界中有之,即女界里也大有其人,凡人稍微有些反常的态度,人皆目之为十三点式,大家便将他们戏弄一场,当做寻开心的资料了。

十三点式的人,都半带些神经质的,在交际社会里往往被人轻视取笑。其实十三点倒是最忠实的朋友,因为上海是一个极端虚伪的社会,朋友见面,都戴着假面具,不肯以真相示人,以致尔虞我诈,奸伪百出,善于掉枪花的人都自认为乖巧,肯说老实话的人反被人讥笑"十三点",怪不得道学家要唉声叹气,大呼"人心不古"咧!

十三点心地坦白,口没遮拦,一条直肠,从咽喉直通屎孔,正似宁波路到徐家汇一样,由霞飞路直达到底,中间毫无转弯曲折。黑旋风李大哥的脾气,看见宋江假仁假义,就要老实不客气的当面开销,这是何等豪爽痛快,在崇虚的社会里偏要笑他是十三点,真是气数!

我爱十三点,因为十三点的性情率直,但是也有一种冒牌十三点,假装疯癫,欺骗朋友,自私自利的事做得比乖人还要精明,逢到尴尬的时候,就伪充十三点来掩饰,这就是盗用板斧商标的李鬼了。我劝诸位,不必厌恶李逵,须要慎防李鬼,见了十三点请先辨别真假。

二一　明　星

晴夜仰望天空，但见璀璨闪烁，排列着几千万颗明星，天文家为便于认识起见，将天空的星分成若干星座，每颗星又按照我人所见的光度，分为等级，最亮的谓之一等星，五等以下的星，肉眼已不能见，非用仪器观测不可。

西人往往用星来恭维人，如称人为金星，就是说他光芒远照，人人皆能认识的意思。以前无论何界的伟大人物，皆以星座尊之，后来复通行于戏剧界，星座也者，等于中国剧场之"台柱"。电影盛行后，沿用剧场旧习，仍以星座尊称影片中之名角。

外国新名词传入中国初次进口的时候，大家以为时髦，竞为引用，过了三五年，这名辞用得烂了，便成为社会压弃的东西，人人听了都会摇头，以后便连这种事业的信誉都破坏了。这种例子举不胜举，恕我也不便细述。

外国电影的星座流传到中原以后，我们便将他译成"明星"，星上加了一个明字的头衔，格外见得亮晶晶的光辉。外国电影明星拍几部名片，有了相当成绩，才能博得明星的荣誉，明星到了中国便大减价强卖了，片子尚未公映，主角已成明星，扮一个"像大式"的临时演员，居然也以明星自命，中国电影界真出锋头，银幕上的人物，个个是星，而且没有一颗星是"暗的"。

明星头上再加一个女字，更觉得锋头十足，凡属女子，不必研究艺术，但能在银幕上露一两个镜头的脸，就可以终身荣任女明星的尊衔。因为尊衔得来容易，所以中国女明星像南京的臭虫一样多。

女明星不必到商标局注册，毋须向内政部领执照，上至社会之花，大家闺秀，学校高材生，下至长三么二，咸肉淌排，野鸡老鸨，只要摇身一变，霎时都成明星。制

造明星只须经过数小时工程,制作工作报告如次:

  一、拔眉——将天生眉毛拔去十分之七,仅留绝细的一道,这是最难熬的第一关,如不能忍耐痛苦,就不配做女明星。其实这与妓女点大蜡烛一样,"不吃苦中苦,难为人上人",既要做明星,吃些小苦头不算什么。

  二、烫发——拔了眉毛,就走进理发店,请高等技师,将头发烫成特别式样,蓬头鬼式,刺毛团式,落水鬼式,乱柴窠式,鸭屁股式,夜叉小鬼式,文旦壳式,大蒜头式,……一切奇形怪状由你拣中。不过烫发也要当心,从前已有明星为此牺牲了宝贵的生命。

  三、新装——从前的妓女是新装发明者,一切时髦装束,都由妓界提倡,然后流行到普通社会。现在这发明新装的职务,已由妓女界转移到明星界手中去了,因为影片的宣传力无远不届,片子所到之处,新装就有流传的可能,妓女对此,未免愧色,锋头就完全被明星抢去了。明星装的特点,要在肉感丰富,所谓肉感就是肌肉露出的部分愈多愈美,穿了单衣服遇到大冬天,却不许叫饶,这种耐冻的功夫练就了,大可以到冰天雪地里去打东洋人。

  外国的演员成了星座以后,光辉不易磨灭,中国的明星全靠公司老板的广告捧场,光度忽明忽暗,有时候竟会终身堕落,流为"陨星",这就与天空中明暗不定的"变星"一样了。譬如"土司空"(星名西名 MIRA)有时大放光明为一等星,有时候暗成六等星,中国明星的地位不筑在艺术基础上,大半都是"变星"之类。

二二 解 板

上海的翻戏党,手段精巧,组织严密,使阿木林在不知不觉之中堕入他们的奸计。

翻戏组织成党,就同组成一个戏班一般复杂,凡属党员,须经过一番选择,然后支配职务,外貌忠厚的,宜于扮作"假屈死",肥头胖耳的,宜于扮作官僚或大老板;獐头鼠目的,宜于扮作仆役下人。一经乔装改扮,无不惟妙惟肖。这种骗局,以诱人赌博为最多,术语叫作"假扮","解板"就是"假扮"的谐音。

近年来解板二字已成了局赌的专门名词,旧名词叫做"抬轿子"。盖言受骗者坐在桌上,三面都被赌徒包围,正像坐暖轿一样由轿夫们抬东抬西,自己毫无知觉,轿夫一搭一挡,行动步骤一致,管教将阿木林抬到人穷财尽之路,他们才肯息足放他下轿。

坐轿子免劳举足,比较的总算舒服,现在轿子变成了"板",这就与浙江路里的山轿一样,两块木板,一双轿杠,用绳连络,就算轿子;人坐轿中,一板安置屁股,一板聊为搁脚,四面都无依傍,高耸耸的坐在上面,已觉大不写意,万一轿夫失足,跌翻了一个筋斗,左右都是危岩深壑,从板轿上撞将下来,即使侥幸保全性命,也要跌得鼻歪嘴肿,坐板轿真不是生意经呵!

有人说:"解板"不是"假扮"的谐声,另有别解可寻,所谓"板"者,一即指坐轿人的囊贮而言,他原是整的一块大材,一个人的力量不易携取,乃集合几个同伴,将他细细的解剖,分成几块薄片,方能轻而易举,人各小片,带回去派用场。至于被解的板呢,当然全部分散,永无还原之日,就是剩余的木屑,也被工匠拿去充作一货(头钱)了。

"解板"的种类不一,专门名词尤不胜举,翻天印,倒脱靴,捞浮尸,抽棺材,夺护头,抢杠,挖角,传代,接风……此中名目繁多,恕我既未动手"解"过别人,自身又未做过被解的"板",不敢混冲假内行,不说也罢。

二三 开方子

医生开药方,须按病理,对症下药,一张方子,十几种药味,每味皆有特殊效用,调和成剂,煎汤服下,到了病人肚子里,或者去攻,或者去补,各药分头工作,就会把病魔驱走。医生看病,最难是诊断,断定他是什么病症以后,拟方更须郑重考虑,偶一不慎,就有性命出入,庸医杀人,药方就是证据,所以"开方子"确非易事。

妓院里碰和吃酒,都有定价,这是硬碰硬的交易。刮皮大少做几个花头,白兰地、茄立克、鸦片烟,拼命的狂抽烂吸,取几块钱脚下,不够花费,难免要大蚀其本。如果妓女专靠花头,只好去喝西北风,她们的最大收入,还是要靠"抄小货",又叫"砍斧头"。

妓女运斧如风,劈头砍下去,宛如屠夫解牛,管教客人服服贴贴、情情愿愿地掏腰包。这种工夫确也不在程咬金、黑旋风之下。妓女的斧头,或许比铁牛的板斧、程咬金的三斧头更厉害;他们的阔斧到处,脑浆迸裂,血肉横飞叫人死得非常痛快;她们的斧头砍来,却是软绵绵、酸溜溜、痒徐徐、寒簌簌的,魔力直达人心肺,教人欲仙欲死,说不出的难熬!

她们的斧头何以会如此厉害?原来在斧头未砍之先,经过精密的设计,周详的布置,审情察势,度德量力,预料斧头下去,管教难以招架。这样的砍斧头,她们把嫖客当作病人,自己比作医生,对嫖客说的一套鬼话,比作一张药方,全出的把戏就叫作"开方子"。

医生的药方,须诊察病人的体质,然后下药。妓女的方子,也须审视嫖客的力量,然后开方。身体弱的痨病鬼,下了重量的虎狼药,只怕就要翘辫子。徒有其表的空心大老官,砍了重量的斧头,只怕就要"断轿杠"。是以方子,须三思而后开之。

甘草是医生药料中"百有份"之要品,"米汤"乃妓女药方中"万难少"之仙丹,一张方子,用米汤十斤亦不嫌其多,稠笃笃地米汤灌将下去,不论嫖客患的热病寒症,包管立见奇效。米汤以外,再须审察病情,另加药味,若嫖客害的是硬性病,宜由硿拓拓的眼泪以化之;软性病,宜用酸溜溜的醋质以激之;而两者之中,皆宜用甜蜜蜜的糖浆做药引,取其容易上口。

未开方子以前,须先借因头,以作发端,或假装病痛,或愁眉紧蹙,或故意骂人,或暗地啜泣,嫖客见之,定要询问根源,复须羞怯怯地不肯明言,等他再三相逼,才不得已而吞吞吐吐地说将出来,嫖客一拍胸脯,方子已收功效。

此项药方,千变万化,实比雷允上六神丸的秘方更要神秘。有时候须利用阿姨小阿媛等,在旁一吹一唱,一搭一挡,才能开成一张妙方;此方预先秘密调制,像演戏似地,经过一番编排,方可实施到嫖客身上去,排演的时候,处处顾虑到家,不露漏洞,不使脱节,此之谓"合药"。

也有人见了时髦妓女,魂灵不附身体,骨头轻成四两,自愿竭力报效,鞠躬尽瘁,死而后已。这种人惟恐妓女不合他们的药,看见药方,明知苦水,也能饮而甘之。他们名为阔客,实则瘟生,是以又当别论。

医生用重药,可以吓退病家。妓女用重方,也能吓走"己所不欲"的嫖客。最重的方子,是洋房、钻戒、汽车等等。也有蹩脚先生,向客人开一双丝袜、两条手绢的方子,这等于走方郎中的"草头方",方子虽开,未免有些凄惨了!

二四 白板对煞

麻将牌每样四张,有了一对,须再凑上一张,方能成副。如果四张牌分执在两家手里,两家皆不肯牺牲拆对,大家不能碰出,进死在手里,那时这副牌,永远不会和的了。所以打麻将的格言上有"宁拆对子不拆搭","双碰不如一嵌",就是怕与人家"对煞"。

麻将牌上雕刻了各种不同的花样,打牌的人替他们取了许多绰号,如九筒叫大麻皮,一筒叫大屁股,二筒叫眼镜,七索叫乌龟,一索五索叫男女生殖器,中风叫蜡烛扦子,西风叫风箱。凡此种种绰号,都觉得不大雅致,惟有那四张白板,只因他们面白无须,绝无瘢斑毛疵,便赐了一个"小白脸"。"鸨儿爱钞,姐儿爱标",已成妓院中的公例。小白脸是妓女最爱的人物,老鸨最反对的是女妓做恩客,妓女却没有一个不爱做恩客的,所谓恩客也者,须小白脸才有当选的资格,对于"恶面蛮"的客人,却无恩可言。

一百三十六张麻将牌中已有四张小白脸,平均扯起来,每三十四张牌中有一张小白脸,依此推算中国四万万人口内,当有一千三百万(强)个小白脸。上海人口的密度为中国冠,其中的小白脸总有几十万个,而妓女的总数不过数千;小白脸溢出妓女几百倍,恩客做不胜做,取舍之间,就要大费斟酌了。

因为小白脸在上海市面上过剩的缘故,妓女不愁无恩客可做,独愁恩客太多,恨不能将肉体幻作多数化身,去应付一切小白脸,怎奈孙悟空已成正果,不肯到红尘中来传授分身秘术,遇到万难对付的时候,只得任他们一对对的"白板"直张僵的"对煞"。

白板对煞的当口,如果一个是财貌双全的小白脸,一个是有财无貌或有貌无财的客人，那就牺牲后者，迁就前者，可无问题发生。最讨厌的是两方铢两悉称，轩轾难分，鱼与熊掌，皆我所欲，两雄不能并立，造成对峙之势，大家相持不下，中间的女性难免就要轧扁头咧！

有经验的妓女，决不怕白板对煞，有时候且能运用手腕，将四张白板完全抓在手里，成了一个"暗杠"；在一个通宵里，能把暗杠敷衍得头头是道，然此非手段灵敏、功夫到家者不办，玩得一个不得法，也许要吃人家一副"辣子"。

每副麻将牌里，照例有八张白板，四张入局为战士，四张剔出做预备队，惟有福建人打麻将，却把八张白板扫数加入战团，将他们当"花"一般利用，拿到一张算四和，拿到四张加一代，白板的性质根本改变，白板成对且不可能，更谈不到对煞，这种的赌法，颇有些像自由女郎的恋爱运动，抓进一张白板，就能将他派用场，永远不会有对煞的恐慌，何怪福建式的白板要风行一时咧！

二五 皇后

男女两性同为要吃饭拉屎的人,地位当然相同,男人要受教育,女人也要受同等教育;怎奈中国素来有重男轻女的习俗,男子须"学而时习之",女子不妨"无才便是德",男女不平,莫甚于此。

近年来风气大开,国内不但有为女子特设的学堂,并且大学堂里也能容纳女子进去求学,大家同在一间课堂里听讲,打破男女界限,使女子也有受高深教育的机会。欲求男女平等,先使知识平等,女子有了学问,当然也能服务社会,与男子做同等的事业,改革家庭社会,此为初步,谁也不敢非议。

女子千里负笈,不能不寄宿学校,他们读书能与男生同堂,睡觉却不可不"男女有别"啰。因为中国的习俗,极端轻视女子,物极必反,近来的风尚,就变成极端尊崇女性,学校当局也为提倡女子教育起见,款待女生总比男生格外道地周到。所以学校里的女生宿舍,总比男宿舍的地位优越。女子富有爱美的天性,中国的教育难免带几分贵族式,女学生都是有产阶级的小姐们,她们不但善于装饰身体各部分,尤擅布置卧室,她们把寄宿舍安排得像高楼上的闺阁一样,男宿舍里的毛头小伙子,远远望见她们的妆阁,宛如海上仙山,可望而不可及,心里未免要起"春色恼人眠不得"的绮思。

男生回到自己宿舍里,觉得有些相形见绌,同时嫉妒之心,也就油然而生,"身无彩凤双飞翼",可恨校规严厉,自身既不能飞入女宿舍,又无御沟红叶借通情愫,于是就将女宿舍比作禁卫森严的"皇宫",这句话里却含着无限怨恨并有酸溜溜的意思在内。

皇宫里的主人当然是"皇后",不过宫里的皇后只许有一个,而女生的数目很多,必须推举一位容貌美丽的人出来领袖群芳,这位被推举的女学生,就算是校中之"皇后"了。

　　皇后的头衔,却不是轻易所能获得的,她的姿容、仪态、装饰三者(功课不妨除外)都要冠绝一时,方能压倒群芳,受人拥戴,否则难免要革命起风潮。而拥戴皇后的人,却不是她的同性,而为校中的男同学。这虽是一种私谥,但在皇位尚未册封以前,许多有被选资格的漂亮密斯们,少不得要受男同学的评头品足,这情形颇像三笑里的"点秋香",毛头小伙子都以"洋装唐伯虎"自居。

　　学校里既有皇后,何以独无"皇帝"呢?据我的推测,大概男生的面皮总比较厚些,心有所思,便形诸于口,或笔诸于书,所以他们选定了皇后,立刻宣传出来,甚至于作一篇古香古色的册封诏书登在壁报上,当然容易使人知道。女生既受同等教育,自有选举自由,也许她们在宫里秘密选举男生为皇帝,竞争情形或不在许多唐伯虎之下,只是她们难为情公布,东宫以外的人不容易知道罢了。

　　皇后是全校的灵魂,多数男同学都要去追逐她,能够见到她的一颦一笑,都引为无上荣幸,自以为有做皇帝的资格了;万一遭了她的白眼,讨了一场没趣回来,便像失却了魂灵一样懊丧,比考试卷子吃了"大汤团"还要难为情。

　　这是潮流所趋的事,凡男女同学的学校里,都有这样现状,如果有人讥他们封建思想太深,那就是不识时务的东西了。

二六 拆姘头

男女未经过结婚仪式,便勾搭在一起,实行同居,正式工作,当然不能算妻,但亦未便称妾,旧俗无以名之,号曰"姘头",亦称"搭脚",摩登新名词,则美其名曰"自由恋爱",较之姘头、搭脚冠冕堂皇多矣。

男女自由结合,名曰姘头搭脚,实则都不曾触到中央痒处。姘头的命名,或许是将两个人的脑袋姘在一处之意,人的脑袋上既无浆糊,又无胶水,缺乏粘质,暂时接触便想将两头姘作一头,宜乎其不能持久。

姘头刚轧的时候,新名词叫做"初恋时期",双方皆为名誉关系,瞒人惟恐不密,他们偷偷摸摸的开房间,租小房子,买洋风炉,办脚桶家生,甚至于生儿育女,做过了一番大事业,而在至亲好友面前,却瞒得水泄不通;即使被妻党中人侦查出了证据,还是要赖得干干净净。一旦姘头轧厌了,双方拆开以后,却又恐别人不知,逢人告诉不算,有时还要登报声明呢。

男女恋爱,最难是第一次"落水",和最后一次的"叫开"。上海习惯则不然,轧姘头只有一重难关,结交的时候,是非常容易的,陌路萧郎,中间只消有"皮条客人"轻轻的一拉,在三数小时内,双方的恋爱,就能用急火煎煮成熟。所以对于落水一关,并无困难可言,倒是脱离恋爱关系,反有许多麻烦发生,这就是所谓"拆姘头"关了。

轧姘头不须证人,拆姘头却要请律师签字,这还是近年来新闻的风气,在中国律师业务尚不十分发达以前,拆姘头的交涉都是茶会上流氓专利的生意,姘头轧得不舒服了,小房子里谈判决裂,双方各要占全面子夹里,互相争执不肯让步,事到其间,只得将被窝里的秘密,摊到茶馆里的台面上去,公开演讲;那时男女方各显神通，约好了许多红眉毛绿眼睛的白相弟兄,大家恣意丑诋,一言不合,耳光随之,众家英雄,互斗狠劲,也许打得落花流水,然后再拆姘头。

近来拆姘头生意,已由茶会转到大律师的事务所中去了。但是也有拆姘头的人,怕经了律师的手,动不动就要登报声明,或许对方不肯示弱,也去请了律师,预备与你弄僵,那是少不得要公堂相见,促刻的新闻记者,也许会把你的情书照片,和盘托出,闹得满城风雨,啼笑皆非,哲学家李石岑先生的拆姘头就是一个榜样。所以门槛精的老拆姘头者,还是信任阿流的手腕来得干脆机密,因此,茶会上的拆姘头交易,倒也不见寂寞。

男女恋爱,应精神结合,才能历久不变。仅以两性的"头"姘合在一起,好像造屋,基础筑得不固,经不起几场风雨,就要坍台,是以君子相戒少轧姘头,免讨拆姘头之无趣也。

二七 燕子窠

燕子的身材比鸽子小几倍,而他小头脑里的记忆力却也不输鸽子,今年在檐头搭了一个窠,招一双燕子来住过了几月,明年春风一起,檐前不必立标识,贴召租,燕子燕孙仍旧会寻到门上来,衔泥添土,修理旧巢,呢呢喃喃似为故主报道:"春来也。"

燕窠形成以后,燕子飞来飞去,看似甚忙,实则终日翱翔窠旁,盘旋不离左右,其恋窠情热,为任何鸟类所不及。于是上海人就将燕子窠比作私自供人吸食鸦片的馆舍。

鸦片烟真是一个奇怪东西,未进土行以前是什么模样,我不知道,从土行里卖出来,我晓得是生的原料,经过了煎炒熬煮,数小时的火候,挑在缸里,据说还是生烟,在烟灯上细细的烧烤,烟浆变成了烟泡,有人将他吞服下肚,仍旧说他吞的是生烟;烟泡吸入烟斗,从斗里挖出来的烟灰,这东西还是生的,仍能还锅重煮,煮好的依旧是生烟。世界上的物质,只有鸦片烟是永远烧不熟的,这不是奇怪东西吗?

人不吃饭是要死的,不吸鸦片却仍能生存。但是吃饭的人偶尔少吃一餐,未必就会唤救命;吸烟的人如果缺了一顿,立刻就显原形,眼泪鼻涕,呵欠冷汗,四路夹攻,管教垂头丧气,缩作一团。日子抽久了,好好的人,会变作一只猴子。

因为吸鸦片烟比吃饭更其重要,所以烟鬼之恋烟灯,比饭桶之恋饭碗,尤为急切。燕子离不远燕巢,烟鬼离不开烟窟,正似苍蝇在新鲜粪四围飞舞迥绕一样,烟窟之所以有燕子窠的别号,原因也就此。

在燕子窠里抽惯烟的人,家里虽有好烟也抽不过瘾了;据说窠里群贤毕至,少长咸集,谈天说地,话古道今,横七竖八,瞎三话四。点心水果,川流不息;大餐小吃,一呼就到。在窠里躺着,眼睛一霎,不知东方已白,"窠里乾坤大,灯旁日月长",大有此间乐不思蜀之概。拿破仑以法兰西为爱妻,烟同志以燕窠为家庭。林和靖妻梅子鹤,瘾君子妻灯妾枪子烟泡,若论至情,古人实不敌今烟鬼之恳挚。

  妓院里有久嫖成龟的阔少,在燕子窠里"久抽",也能晋升烟伙计;我们走进窠门,见有鸠形鹄面、耸肩缩头、鹑衣百结、一开口都是谭派嗓子的人出来招呼客人,他们以前都是"榻上客",就因依恋燕窠,盘踞不去,把全部精神财产,统通吸进烟斗,化作烟灰,起先是借榻暂住,以后驱之不去,现在便被老板可怜他无家可归,收容他在窠里当一名烟伙计,每天供给他一碗"笼头水",也能将就过瘾咧。这种以身殉窠的阔少,可算是窠中的大忠臣,上海地方真不知有多少呵!

二八 揩 油

徽州朝奉,富而啬,好绷场面,日进青菜豆腐,而悬猪油少许于墙角,餐后,揩油于唇,立大门前告人曰:"我家今天吃猪油炖酱。"

这个笑话是唱滩簧编出来的,徽州朝奉就是揩油的祖师。

江湖好汉称钱财为油水,老大得了油水,老二向他分肥,便说:"让小兄弟也揩一点油。"

机器锈了便不会动,须在关关节节揩足了油,才能恢复工作。人也是一部机器,资本家要劳动者加紧工作,也要加足了油才肯努力,人需要的油就是"大拉"。

油是极粘的东西,油与他物接触,总是被人家多少揩了些去,自己决沾不到别人半点光;譬如未干的油漆,路人经过都要揩些在衣服上,被几十个人揩过,薄薄的一层油漆,就会揩得精光。

乡下房屋的门窗上,每年要新抹一遍桐油,当主人买了整桶的油回来,自己尚未抹用,左邻右舍都提了钉鞋雨靴来,要求主人先揩一点油。更有吃精朋友穿了油衣,倚靠在新抹油的门户上,与人谈笑,实行他们的揩油主义。

揩油原是占小便宜的意思,上海人嘴里的揩油,却成了营私舞弊的专名了,他们把银钱的质地当作油类一样,都是粘性的东西,银钱在手里经过一回,多少总要粘几个下来,一笔整钱经过了几只手,就会变作鸡零狗碎的尾数。

营私舞弊,都是偷偷摸摸的事,惟有上海电车上的揩油,却是堂堂皇皇说明白了来的,当你将铜元交给卖票人手里的时节,她对你笑嘻嘻地说一声"对不住!"这就是表示他要揩油了。

对于电车卖票揩油问题,有人以为这是帮助他人犯罪,绝对不能容他们揩油,付了钱应该要索取票子,如果人人纵容他们揩油,电车公司收入减少,定要加价,还是加在乘客头上。也有人说:"他揩的是外国人的油,与乘客无干,大家都是中国人,乐得让他赚几文。"

我以为给他揩了几个铜板的油去,还能换一副笑脸来看看,换一句道谢的话来听听,倒也值得,老爷们刮了我们的油去,还要做嘴脸给我们看,高兴起来更把我们打得落花流水;两相比较,还是愿意被电车上揩油呢!我更希望一切官家机关里的公务人员,都能像电车卖票一样的揩电,那末他们对于小百姓就不会拿出"像煞有介事"的嘴脸来了。

揩油在妓女社会里还有一个别解,"老三揩油去了",这就是说她性交去。所以揩油在某种交际场中是秽亵语,说出来要吃白眼的,识趣的朋友须要留神。

二九 拖 车

西洋留学生说:"贵中国的风俗,真虚伪得可笑,道学家当人面要说男女授受不亲,背后就会窃玉偷香,偷看起女人来,恨不得将眼睛钉到女人肉里去。西洋人交际公开,心爱的女子,不论她已嫁未嫁,当着大众就可以搂过来跳舞。不像中国人,嘴里说得仁义道德,不能接触女子,然而不触着皮肤则已,一度握手,就会开口约女人去开房间。"

又据提倡交际舞的人说:"两性间隔离得愈远,则罪恶愈多。禁锢在高楼上的闺阁千金,最容易害相思病,就因为她难得与男子见面,偶然见了异性,就会发生种种幻想。德国提倡裸体运动,男女一丝不挂,照样礼尚往来,大家把异性的下部器官看惯在眼里,也就与耳目口鼻一样平常,所谓见怪不怪,其怪自败。男女在大庭广众之下搂抱跳舞,也是此意。借此使男女有正当交际的机会,反可以减少偷偷摸摸的罪恶。"

偷偷摸摸去触女人的乳峰,鬼鬼祟祟地去嗅女人的头发,被女人知道了是要吃耳光,倒不如去学会了跳舞,就能爽爽快快的,将女人搂过来温存一下,虽然亲的是隔两重单薄衣衫的肌肤,过屠门而大嚼,慰情聊胜于无,总比两眼白瞪瞪地远瞧实惠得多。因此中国的风气大开,跳舞场也跟着大开特开了。

上海市上应时代的需求,设立了几十百所跳舞速成传习所,但是因为要学时髦而去当数星期学生,似乎不很合算,于是性急朋友就发明了更简捷的学舞法,就是直接到舞场里去,紧紧搂抱着舞女,由她拖东拖西的乱舞,自己像乡下人跳鬼似的瞎跳,这样的拖了几回,跳舞就会速成,虽说买票的费用不资,学期却比传习所里缩短了许多。

当他被拖的时候,身体像一个木偶,行动毫无主权,正似电车后面的"拖车",虽然名义上也叫做电车,但车上不接电线,又无驾驶机,快慢进退,须凭车头作主,他只有几个轮子,能跟着活动,其余部分,都是死的。车头驶下黄浦江,他只得跟着投河,车头撞进店家,他也只得拖累闯祸。跳舞场里的练习生,两腿像拖车的轮盘,双臂像拖车的钩搭,其余部分也都是死的。所以将他们比作"拖车",倒也形容绝倒!

拖车选择舞女,须要挑那身体十分强健的,才能有力气拖带着行动,如果单选面孔标致,身体弱不禁风的对手方,只怕她的电力不足,拖不动蛮牛似的一头,那就电车龙头难免要被拖车反拖,一个不留神,亨白郎还要打翻哩!

三〇 小皮夹子

从前上海生活程度尚低，每人出门，身边带七八个小角子，就足够一天的消费了，如果要看夜戏、吃宵夜等特别费用，则添带大洋一元，也就可以充阔客咧。

那时候，铜板尚未流行，三四十个有孔零钱，足抵五分大洋。铜钱的大小厚薄不一律，小角子和鹅眼钱杂放在一起，往往容易混用出去，所以铜钱都放在手巾包或褡裢袋里，小角子便放在一种西洋货的小皮夹里。

小皮夹子容量不多，放在袋里并不讨厌，而里面所贮的现洋，又足够普通人的一日防身经费，所以大家都很乐用，每人袋里都有一个小皮夹子，那时可算是小皮夹子的全盛时代。

这东西分明是钱袋，何以称他为皮夹子呢？原来他的形状像蚌壳一样，开口的地方镶着两条铜边，边缘中间有两粒小铜钮，钮颈略向左右拗曲，用手指轻轻一按，铜钮就夹住了；铜边很是嗑缝，不扭开铜钮，袋里的银钱决不会漏出来，而袋身又是用柔革制成的，所以俗语都叫他皮夹子。

最简单的皮夹子，里面也分两层，就是袋里还有一个复袋，复袋的制作和外袋一样，也有铜钮扣住，外层能贮大洋一二元，复袋能容毛钱十数枚，这是最小的皮夹子，较大的里面有复袋三四以至七八个不等。

从前原有人将蚌壳来象征女性生殖器，"老蚌生珠"的古语，就含有几分不入调的意味。后来看见皮夹子的形状，比蚌尤为逼肖，并且摸在手里，柔软有肉，从身边刚掬出来的时候，更觉暖烘烘的，不像蚌壳那样坚硬冰冷，皮夹内部层次井然，重门叠户，用时皆能全部开放，指头可以直触袋底，这又是蚌壳所万难企及的事。所以当时的想发恹朋友,便用皮夹子来代替蚌壳了,老皮夹子代表老蚌,小皮夹子即黄毛丫头而言。

近年来生活程度日高,倒空皮夹子里的现钱,不够与朋友吃一餐高等点心。皮夹子的胃口太小,渐归淘汰,尤其是小皮夹子,不能吸收一叠叠的钞票,久已不见有人掏出来了。实用的小皮夹子已踪迹杳然,而代名词却能流传千古,至今小皮夹子尚在上海人两爿嘴唇里和着馋涎滑进滑出,小皮夹子亦足以自豪矣。

市上的小皮夹子虽已绝迹,而上海时髦女子手里却人人挟着一个书包式的东西,虽不是完全皮制的,人家却仍旧叫它们皮夹子,这种大皮夹子里,贮藏丰富,包罗万象,比从前的小皮夹子至少要大十几倍,有人说:"这是上海女性表示胃口特别放大了。"其实可以说是暗示上海市的小皮夹子,已随时代进化都变作大皮夹子哩!这就为上海皮夹子的沧桑。

三一 两头大

"愿在天上做只鸟,嬲到人家做个小。"上海滩上的女人,有这样挂在嘴上的两句俗语。

天上的鸟,虽不能享受坐汽车,吃大菜,看夜戏,住洋房,戴金钢钻……的幸福,但她们无拘无束,十分自由。人家的小,就是小老婆的简称,她们虽能享受物质的幸福,但是要受种种不平等的待遇,所以有"愿做鸟,莫做小"的俗语,有志气的小姐们,都把此语当作格言。

一样是老婆,一样与男人同床共枕、生儿育女,何以小老婆便要被人轻视?她对于嫡亲丈夫,要跟着下人尊称他"老爷",与她同等地位的大老婆,要尊称"太太",自己养了儿子叫起她来,好好的"娘"上也要加一个"姨"字;其余如"见礼",要对丈夫和

丈夫的妻子磕头,礼服不许穿红裙,住的房间要称"侧室",养的儿子要称"庶出"。种种不幸的待遇,都加在她身上,地位竟比丫头高不了多少,亲戚朋友都对她"另眼看待",有种种说不出的难堪。

一个栗子只能顶一个壳,小老婆之所以被人歧视,就因为她要占顶已有栗子的壳。其实并不是她自己要硬顶进去,实因栗子的贪心不足,已经顶住了一个壳,还嫌此壳不硬,定要重顶一个新壳上去,多的甚至于一个栗子顶了七八五十六重壳。壳是被动的,不责栗子,反而责壳,为壳者未免也太冤枉!难怪冷锅子沸爆出来的热栗子,壳都爆得四分五裂,只剩赤裸裸的光身汉栗子了。

世界人口,男女各占一半,一夫配一妻,公平交易,老少无欺,是为天下大道之理,男人不应该娶小老婆,正与女人不许要"小老公"一样,所以文明国的法律,不

许男人娶两个老婆,或女人嫁两个老公,否则,就要犯法吃官司。

中国向来是多妻制度的国家,古时为人民表率的帝王,就是多妻主义的领袖,什么三宫六院,七十二嫔妃,一个栗子顶了几百个壳,也不嫌累赘。民间的风流才子,常闹什么十美团圆的把戏,播为千古美谈,看得毛头小伙子馋涎流到脚背,这些都是大悖乎人道的事。

所谓"两头大"者,据说是徽州朝奉发明的,他们离乡千里,带家眷出门,既属不便,特地赶回家去养儿子,路上来往要费一两月路程,只能三年五载回乡一次,旅居客地,何以慰情,只得就地另娶一房家眷,良家小姐不肯做"小",就定了个新名义叫做"两头大",言明乡妻决不出门,客妻永不还乡,两妻如参商二宿,终身无相见之日,那就永无打翻醋罐之虞,不妨双方各大其大,是为真崭实货之"两头大"。

登徒子之流,见两头大之可以取巧利用,家中有一个黄脸婆子,还要娶一个如花美眷,而女方不愿为妾,乃借兼祧出嗣等名义将她娶了回来,这一个说是"先进山门为大",那一个又说是"后来者居上",他介"两大"之间,自己少不得就降为"小老公"例。

图上的仙人担,表示两头一样大小轻重,举起来如果有丝毫偏欹,那就要打翻了。

石担两头越大,份量越重,在这生活程度随着十几层楼的房子一同升高的时代,"一头大"尚且要拔山扛鼎之力,才能勉强举它一举,何况"两头大",非要一等大力士来举她们不可了;如果力不胜任的痨病鬼,也想去举一举"两头大",只怕就要"当场出彩",浑身贴伤膏药哩!

三二 吹牛皮

牛皮吹得气球一般大,外貌混混沌沌,好像十分充实,只要遇见一个促狭鬼,在气球面上刺穿针眼大的一个小孔,气球就要走气,本来是海阔天空,渺视一切,牛皮泄了气,立刻就会"瘪的",从云端里落到地面上来,那就不容他自己作主,无论阳泥沟、臭茅厕,都要请他息足,事到其间,反要怨自己以前不该将牛皮吹得过分大了,以致弄得浑身是臭,这就叫做"自大为臭"。大概仓颉的时代,已经有牛皮大王了,所以他造这个字出来臭臭他们。

上海人说大话叫做"吹牛皮",牛皮空空洞洞,其大无匹,如果再用人工拼命抽送,大大的"放空气"进去,那就更大更空了。佛曰:"四大皆空",许是参牛皮禅,比喻经所不载,大约是遗漏了。近代的政治家,在有所举动之前,往往遣爪牙先在各报"大放空气",这就是吹牛皮的别名。

牛皮虽常在大人先生嘴里吹进吹出,但吹牛皮三字写在纸面上,未免不大高雅,定要修到德隆望重的吴稚晖先生那样身份,那末在"尸"字下再加一个"穴"字,就不致于招人指摘了。平常人写字,深恐有关风化,都用同音的"皮"字来代替,更有小心翼翼的执笔朋友,把牛皮二字连在一起都不敢写,用"鼠牛比"来代替"吹牛皮",真可谓穷思极想了!

"请你画一张吹牛皮的图出来",画家遇到这样一位主顾,只怕艺术叛徒也无办法。惟有我们的许先生真会掉枪花,他画了一匹大牛,一只老鼠,再添两只手作相比之势,就表示出"鼠牛比"的意思出来了。

鼠牛比的解释,是形容说大话的人,他们能把老鼠说得像牛一般大;肥大的牛,重量有逾几千斤者,鼠的身量不过三四两,两件东西用比例法算起来,约为一与万

沪语新辞典图说

之比,这股子吹劲,也就不算小也!

现代的人生学,吹牛皮也是一种必修科目,能直接自吹的场合,则尽量自吹,势有所不能,则用旁敲侧击的方式以吹之。最妙是集合几个同志互相鼓吹,直吹到各各腾身九霄云外,而永不罢吹。人死以后,还有讣文上的最后一吹。

吹牛皮有百利而无一弊,所以现代的组织,无论士农工商、三教九流,都要设立一个宣传部。宣传部者,牛皮出张所也;请翻阅日报,上至国际联盟的各国要人谈话,下至拍卖行分类广告,无一语不暗藏宣传作用,即无一语不含牛皮性质。所以新闻纸,就是变相的"杀牛公司",也有些像无线电的扩大放音机,本来是吱吱的老鼠,我们听时却成了黄牛叫了,这就是鼠牛比。

前年中国出过一位大牛皮家梁作友,居然对政府要人大吹牛皮,要人们竟会上他的当,对他非常恭敬。他说愿将三千万私资捐给政府使用,结果,连一只铜板都掏不出来,反使政府倒贴了几百元招待费。这位先生以〇与三千万比,这个比数有无限大,一等大算学家都算不出来,白破了鼠牛比的记录,可算是中国空前的大牛皮家。现代的新职业有宣传员、宣传部长等行当,将来宣传同业设立了公所,应当奉梁作友为业祖。

三三 老 蟹

上海人是用蟹来代表女性,称年纪轻的小姑娘为"小蟹",称年老的太太们为"老蟹",却没有介乎老小之间的"中蟹"。

将女人比蟹,乃下流人的口吻,上等社会中人决不会说这样荒唐话。因为这句话实在有些"勿入调",非但当了女人的面说,要惹太太们生气,就是在朋友淘里谈话,偶然嘴里落了一只蟹出来,也会被人在背后批评一句"不入流坯"。

蟹,起过秋风,就要褪壳,卸下旧甲,重换新壳,嫩蟹就变为老蟹。

凡是动物,都有御侮的武器,如牛羊之角,虎豹之牙爪,毒蛇之齿,螳螂之臂,蜂虿之尾,凡此皆天赋利器,用来抵抗异族的侵掠,才能竞存于世界,蟹的自卫武器,就是那一对大螯,螯能开合,像剪刀一样,但剪刀口是光的,螯口却另生缺齿。像机器匠用的夹钳一样,夹住了东西,死也不肯放松,脆弱的鱼虾,一夹就成两段,然后慢慢的钳送到嘴里去咀嚼。据宁波人说:"海里的梭子青蟹,最喜欢夹海参,在海滩上常能看见软绵绵的海参,被青蟹夹住了当点心吃。"

蟹比女人,大概是随"阿拉"同时输入上海人的口中,意思就为蟹螯之善夹海参,借此形容女性的器官,这是一句非常秽亵的话,所以上流人,都不愿挂在嘴上。

上海的女人,最善装饰背形,马路上看见的好娘娘,从背后看去,都像十七八岁的大小姐,头发梳得十分光滑,身段装成异常婀娜,等她掉过脸来再看时,管教人吃了一吓,原来后形与面孔往往相差三代以上——面孔可以做后形的祖母。

站在路灯底下的野鸡,老远望去,皮肤都像吹弹得破的,急色的朋友,极易被她们勾引得去,等到明天在太阳光下复看一遍,面孔上布满了电车道,头发稀秃,齿牙

沪语新辞典图说 | 65

摇落,残脂剩粉,像面条般嵌在皱纹里,此时大呼"上了老蟹的当",已经来不及了!

老蟹大约是专指冒冲童子鸡的老妖怪而言?规规矩矩、正正经经的老太太,谁也不敢叫她们是蟹,如果犯了,少不得要吃了巴掌回来,初学上海话的朋友要当心点。

三四 | 滚　蛋

蛋,全体浑圆,绝无棱角,放在光滑的平面上,就会骨碌碌地打盘旋,这就叫做"滚蛋"。

蛋,是中国人借来骂人的东西,如"混蛋"、"王八蛋"、"兔蛋"、"鳖蛋",……之类。尤其是"王八蛋",无论穷乡僻邑的人民,一旦交运,做了个芝麻绿豆官,就要学会几句蓝青官话,而第一句学会的,定是"混帐王八"。所以"王八蛋"是从前的"官骂",是现在的"国骂",因为"官话"已改名为"国语"了,"官骂"当然也要改称为"国骂"。

动物中以人类为最高贵,其次是兽类,再其次是禽类,骂人"扁毛畜生"即指鸡鸭鹅雉之属,似较"直毛"的犬羊牛马等更低一级。蛋为扁毛所出,骂人为蛋者即言其尚未变成扁毛畜生也,比骂人鸡鸭尤为恶毒。若在蛋上再加头衔,如"王八蛋""鳖蛋"等等,那简直是将人降为戴甲水族的子孙了,无怪被骂的人要直跳起来。(北京人称龟为王八)

单纯的骂人"滚蛋",尚未指明是何种禽类所下的种子,还是十分客气的骂。譬如龙凤,虽然也是畜生,人类却借重它们来做恭维别人的东西,即使遇见专制时代的皇帝,你当面骂他是龙是凤,他也决不会生气的。滚蛋之蛋,也许是龙凤之卵,那是被骂的人将来竟有做诸葛亮、庞统的希望,可与"卧龙""凤雏"媲美,这分明最恭维人了,挨骂朋友,大可以不必生气。

商店里主东辞歇伙计,别名也叫做"滚蛋"。这大概是一个象形名词,因为旧式的商店伙计,都要住宿在店铺中,上生意的时候要捐一副铺盖进门,店主东希望他巴结做买卖,好替店里赚钱,所以命学徒们帮着他捐铺盖进去,待他十分客气,等到歇生意时,铺盖已无人代他捎了,只得亲自动手。但因铺盖沉重,伙计力不能举,只能慢慢地在地下推动,人随铺盖一同滚了出去,铺盖圆兜兜的很像一个蛋,所以叫作"滚蛋"。

店主东送滚蛋的伙计出门时,脸上虽是笑嘻嘻地向他作揖,嘴里对他很客气地说:"再会!再会!"心里却恨不得他滚得快些,因为从此可以省下一客包饭来了。

近年来,上海商业极呈不景气现象,失业的量数突增,但见蛋形的铺盖在路上纷纷打滚,有的滚蛋以后,无可谋生,甚至于投黄浦,开旅馆自杀,报上时时有这种新闻发现。这真是社会上的隐忧,大家应该想法子将这许多蛋儿放稳,勿使他们滚破才好。

"滚奶娘格蛋",言其人之娘,不能生产,仅能孵蛋,而又善滚,连人的兄弟姊妹一齐被骂在内,应该是极恶毒的话,不懂许多唱独脚戏的滑稽大家何以赏识及此?每爱用"滚奶娘格蛋"一语做每段滑稽话的尾声,实有些大不雅听。

三五 仙人跳

阿木林初到上海,就有老上海向他再三告诫道:

"上海马路上站的野鸡,都是有毒的,须要远远地避开她们;你若上了她们的钩子,与她们一亲近,回来就要烂掉鼻子的。"

阿木林受了朋友的警告,便牢记在心,走在路上遇见野鸡,连忙远避三舍,正眼也不敢瞧她们,他总算学着了乖咧,自信今世决不会上野鸡的当。

他避野鸡似避蛇蝎,闲来无事,只到影戏馆里坐坐,游戏场中走走。他又听人说,游戏场里的女子,也有许多野鸡混杂在内,但很容易辨别,凡是野鸡身后,都有一个江北老太婆若即若离地跟着,他留心一看,果然有许多漂亮姑娘的身后,都有凸肚子的高奶奶,跟在远远的监视着。吓得他不敢在她们近边逗留,生怕被她们勾引了去。

他拣了一个清静的场子,坐下来听台上的滩簧,忽然一阵香风吹过,来了一位摩登小姑娘,似有意似无意的一屁股在他旁边的空椅上坐了下来。他没有看女人的面孔,先对她四周视察了一遍,并没有凸肚子的老奶奶押解着。

他偷偷瞄了一眼,但见那女郎截发时装,打扮得十分雅淡,却也不十分华丽,手里还拿了一个纸包,大概是刚买来的。他从下身看到她的上身,但见她脸部的轮廓像鸡蛋,尖尖的下脖,弯弯的眉毛,水汪汪的眼睛,高高的鼻梁,乌油油的头发,小小的嘴巴,不敷脂粉,一笑两个酒涡儿,似这般绝色美女,世间哪里去寻,分明是天上的"仙人"。

仙人很是端庄,木林想叫她掉过头来,她眼里竟像没有看见男人一般,阿木林未免扫兴。心想:这是人家小姐,搭讪头要吃耳光的,他只得快快地走开了。

他到影戏场里,坐得不多一会,忽然仙人也来了,在暗中摸索,踏了他一脚,她连忙赔礼,他连说不妨,两个人就此搭起讪头来,他以为与仙人有仙缘,才能这样凑巧。

仙人说:"家住静安寺路,因丈夫出门,偶尔出来买东西消遣,家里管得很严,马上就要回去。"

木林怕她胆小,送她回去,走到半路,请她去吃大菜,她也不很严拒;他借了几分酒意,请她到旅馆里去坐坐,她说要打电话去关照一声,木林就挟了仙人欲仙欲死去了。

睡到床上,被头尚未窝热,忽然房门上像擂鼓般敲起来,仙人拔关,迎了三四个梢长大汉进来,为首的先将仙人打了两记嘴巴,又将阿木林从被窝里赤条条地拖出来,请他吃了"一顿皮榔头",然后问他"为什么勾引良家妇女?"

仙人呜呜咽咽地说道:"都是这猪头三骗我来的。"

阿木林有口难分,为保全颜面起见,只得尽其所有孝敬他们。如果不够,还要留一张借据和伏辩给他们。

阿木林逃出重围,去告诉老上海,老上海笑道:"你遇见的仙人会跳的,这是上海的特产,名堂叫作'仙人跳',你总算被她跳上了。"

三六 赶猪猡

上海人光起火来，开口就骂人家"猪猡"。其实爱骂人家猪猡的上海人，他本身就时时刻刻有做猪猡的危险。

像这几日的大冷天，你穿了双套头皮货出门，如果坐不起汽车，而又搭不着电车，那是走在路上难免要碰着"马路英雄"，将你剥得像田鸡一只，结果还要被人家骂一声"猪猡"。

这是特种猪猡，代价当然要费得大些，还有普通猪猡，捐一个头衔那就很便易，足下走在路上，遇见一个鸠形鹄面的穷朋友，对你尊称几声"大少爷"，你看他可怜，掏一个铜板给他老兄，你就捐了一个猪猡的头衔回来。

因为上海沿路乞钱的花郎，别名叫做"叮霸"，又叫做"赶猪猡"，他们自认是牧豕奴，把施舍铜板的慈善家当作"猪猡"。

晚上到热闹马路上去兜一转，定能遇见很多的"叮霸朋友"，每一段路都有一两个驻扎着，他们的管辖权分得极清，叮着猪猡要钱，如走尽本段界线而猪猡仍不肯破钞者，就不许再叮，须将这"霸权"移交给第二段的驻员继续叮之。

两个驻员守住一条路线，则两人不许同赶一猪，猪未行入界中，亦不许越界去赶，未领到叮霸权的，不得在任何马路上乱赶猪猡，如违，难免要被同行拳而辱之。

他们倒是秩序井然，从不会发生越界赶猪等冲突，他们自称是"马路镇守使"，有时亦简称"卡子"，过路人都要向他们纳税。

赶猪猡的派别极多，要钱的手段也自不同，有的念得一嘴好洋泾浜话，叽哩咕噜一大套说得十分连贯。

有一位专门背麻将经的，如"老板叉麻将包和三台，中风白板碰出，自摸发财，杠头开花,和了三元又和四喜,打扑克拿到同花顺子"。

还有一位专门缺少两个铜元客栈钱,被老板赶出来的,他这两只板永远凑不足的了。

女性的叮霸同志,路上确也不少,有几个年纪很轻,五官也很端正,只是开出口来都有些谭老板的味儿。

"讨饭三年,皇帝不是他们的对手"。中国原有这句俗语,何况现在的上海,路上行人,彻夜不断,而晚上的"雌雄党"尤多,在情话绵绵的时候,最不愿有第三者在旁打扰,叮霸先生守在旅馆门外,单靠这般成双作对的"喜猪",一夜进帐,就很可观了。

叮霸先生全体都是老枪,他们全靠夜市生活,不得不借鸦片的力量来提一提精神,猪猡先生应原谅他们的吃烟。

三七 郎中

"穷人坐轿,不是好兆"。黄包车没有通行的时代,上海人都是靠自己的"两脚马"走路,那时惟一的代步只有轿子。平常百姓无事端端决不坐轿,除非是害了重病,抬到医生家里去,或是乡下人进城打官司,总是不得已而坐轿,所以有"不是好兆"之谣。

近古时代的上海,有三种常年坐轿的人,坐魂轿的孝子,当然是例外。

一、官与跟官的二爷(也只有道台、知县、海防厅、右营四个官常年坐轿。)

二、时髦医生(俗称郎中。)

三、时髦妓女(不坐轿,就坐在相帮的肩膀上。)

通行了车子以后,上海的轿子逐渐淘汰,以至于无。首先废除轿子的,倒是妓女。光复以后的老爷们也绝对不坐轿子,城里通了黄包车以后,时髦医生也陆续改坐包车,现在都坐汽车了。惟有那位善看夹阴伤寒的名医张聋聱,却始终不肯抛弃他的三个班的破轿子。我很记得,在齐卢战争那年,我在南京路西藏路口,还看见张郎中的轿子夹杂在许多汽车堆里,轿夫的六条腿与八只汽缸的马达比赛,他们还不肯示弱,足见张家门里的倔强了。

张聋聱是上海最后一肩轿子,而聋聱又是上海最有名的郎中,所以"郎中"又成了"坐轿子"的代名词。

凡是用牌类的赌博,如牌九、麻将、挖花等类,都在方桌面上举行,一张方桌,四面坐人,如果三个人串通一气,做成局赌,那是这位倒霉朋友定输无疑的了。

人坐在轿子里,由三个党轿夫抬东抬西,自己却不能做主,中了赌徒的骗局,也与坐轿子一样,自己糊里糊涂。由他们三个同党去翻花样做手脚,输光了钱还是莫名其妙,只怨自己赌运不佳。

所以上海人遇见赌局,叫做"坐轿子",再转个弯就叫做"郎中"。

郎中坐在轿子里,三面都有遮盖,只能看见对面来的东西,精明的赌钱朋友,要眼观四面,耳听八方,才不会上当。陷入局赌的阿木林,只顾自己手里的牌,别人在旁面掉枪花,他一点都不能看见,正与坐轿子的人,不能回头看后面一样。

专门靠推牌九做手脚的技师,名为"牌九师父",他们练成一种特别锐利的目光,专看骨牌背上的竹纹,一副牌经他们手里打过一次五关,就完全认得清清楚楚,看了背纹就知道正面是什么牌。

这种眼力,确非一日之功,有的专认牌背的,名为"认背筋"。有的认两头断面的,名为"认头筋"。牌都已认清了,再加两颗灌铅的骰子,要掷什么,骰子都会听他们的命令,与他们同人赌的,只有死路一条。

坐轿朋友输了钱,两只眼睛呆瞪瞪地瞪出,与"地牌"一样,所以上海人遇见大失望的事情,眼睛就要"地牌式"。这个典故,大概也从"郎中"身上来的。

三八　扒　灰

无论是木柴或煤炭，经过了一番烈火的燃烧，起了化学作用，热力消失以后，烬余的渣滓就叫做"灰"。

灰是无用的东西，扒了出来，岂能再送到炉子里去重烧吗？这是万无此理的事。

冷灰里有时候也会发出热力来，这就叫做"死灰复燃"；不过这是很难得，也是违反常态的事，烧不死的灰，只有鸦片烟斗里掏出来的"烟灰"。

两性间发生了热烈的恋爱，免不得要起燃烧作用，燃烧的结果，就会生出"灰"来，这种"灰"就是上海人说的"灰子灰孙"。

灰子灰孙再去与异性发生燃烧力，这是灰子灰孙的事情，与灰老子已毫无关系。如果灰儿子的爱人，灰老子忽发奇想地去扒出来重烧，这种"扒灰"的烧，实比"烧汤"的臭气更难闻。

"扒灰"的名词，各地久已通行，如果也归在"上海俗语图说"内，算作上海专有的新闻事，只恐上海人要在上海开全体同乡会，打通电到上海来反对唎。

从前我遇见一个高邻，他家新置了一架留声机器，有几张滩簧的唱片，是他一天开到晚的，我几乎也听熟了，内中有一张叫做"扒灰佬"，我还记得里面的警句是：

"公公扒灰肯勿拉肯？""倷拉儿子晓得难做吓人！"

"公公吓！倷扒灰勿怕老面皮吓！"

"儿子格眠床阿公也要睏睏吓其。"

可惜我不能将全词背出来，否则到是一则很好的"俗语图解"可以借来一派用场。

据懂得扒灰古典的人说：

沪语新辞典图说

"某翁涎媳美,诱至灶下狎之,为子所见,叱问何事乃尔?翁笑曰:我助媳扒灰耳!"

又有人说:"翁搂媳于怀,被孙在窗外窥见,惊呼祖父祖父,翁诒之曰:祖与汝母方扒灰,勿声张,扒灰,鞠躬如也。孙状势于父前,遂传为笑柄。"

许大画师所绘的图,大概即根据后说。

也有人说:"因为儿子出门,阿公既怕媳妇有不端行为,又恐他家绝了后代,所以做此一得两便、挽回利权的事。"不过将来生了儿子出来,对于称呼问题,须大大地考虑一下,究竟叫老头儿"祖父"还是称他"父亲"呢?

这种逆伦事情,究属还是内地比上海出得多些,只因上海野鸡咸肉,遍地皆是,价廉物美,取之极易。阿易,纵然要发老骚,无论半夜三更,一部黄包车叫到敏体尼荫路,沿路都有现货陈列,费几块钱,什么问题全能解决,何必在灶前头作此伤风败俗、逆理乱伦之事呢!

这样看来,野鸡还能维持风化哩!奇谈奇谈!

或曰:火熄始能成灰,扒灰,言其"淘熄"。隐射"盗媳"二字。旧书还有几种别解,恕不列举。

三九 吊膀子

手臂,上海人叫"臂膊",惟有弯舌头的客路人才叫"膀子"。所以"吊膀子"不是上海人发明的。"吊膀子"的典故的确出在上海,这是侨居上海的客民做的事。

四十年前,上海的天津流氓好像头上出角的一样,谁也不敢去碰他们一汗毛,那时候上海的热闹市面尚在小东门一带,他们就盘踞在这里,奸拐敲诈,无所不为。

在东门城里,有一位大户人家的小姐,她的妆阁正对着城墙,天津流氓欢喜养鸟,每日三五成群提了鸟笼到城头上去冲鸟,看见了这位小姐长得美貌,便像苍蝇钉着了臭咸肉一样,天天对着她的窗户施勾引手段。

日子多了,这位小姐竟上了一个流氓的勾,但是她家重门叠户,前门是万难过去的,好得那时候的楼并不甚高,下面用几块石头接一接脚,就能从楼窗里爬进去。

爬窗的时候,当然要将膀子吊上去,每晚那个天津流氓去赴幽会时,同伴便说"他去吊膀子了"。以后凡是勾引妇女的事,他们都叫作"吊膀子",吊膀子便成了他们的隐语。

因为他们的势力雄厚,党羽众多,勾引妇女之事,也常有得发现,吊膀子便成为公开的秘密,后来连得本地人都懂了。吊膀子三字逐渐流行,遂成上海俗语,现在差不多全国皆知了,都以为是上海的淫风太甚,才会有这种勿入调俗语流行社会,其实上海人真是冤枉!

吊膀子的意义,人人懂得,而莫明其中理由,以为男人真的去吊在女人的膀子上,女人像女体育家那样结结棍棍的身体,究竟是少有的,一条纤弱的玉臂,怎能吃得消笨重臭男子的"吊"?于是谐了吊膀子三字的音,想出一个有意义的,"钓蚌珠"来。这与阿二发了财,觉得自己名字的粗俗,改了名又怕别人不知道,便请识字朋友改"阿二"为"杏宜",正是一样的用意。

"钓蚌珠"的确改得不错,我们的许先生画得尤妙,你看图上的洋装朋友,他正在"钓蚌珠",诸位还要看仔细了,他钓竿上用的香饵是"钞票",这就是告诉人说:

"现代的蚌,实比姜太公时代的鱼,要调皮得多,假使竿子上不挂些钞票为饵,她们决不肯'愿者上钓'的,没有钞票为饵,切莫瞎钓蚌珠。"

我说许先生太笨,钓蚌的朋友如果不用钞票为饵,其实用"金钢钻",比钞票更灵,爱钓的朋友不妨试试,包你一钓就成。

这位洋装朋友站的地位却危险得很,即使钓着了蚌珠,如果遇见了蚌精蚌怪,夹住了他的竿子不放,那就难免要跟她下水去游历水晶宫哟!

所以钓的朋友,最好是先去练习几年游泳,若能穿了游泳衣去钓,尤能保险,万一被蚌壳夹下水去,就能永远在汪洋大海里度咸溜溜酸齑齑的生活了。

四〇 老 枪

诗曰：

"烟霞啸傲日横陈，数到更残倍有神；憔悴皋陶削瓜面，俜伶沉约瘦腰身。狂餐未已还流涕，久坐难禁屡欠伸；最爱多情灯一点，温存如伴俏佳人。"

"倦眼惺忪意兴阑，烟云吐纳忘宵残；孤檠宛若相思豆，奇臭如闻馥郁兰。灵药堪将精力借，晨光当作夕阳看；日高最恨来生客，扰得幽人梦不安。"

床榻中间点了一盏烟灯，便似划了一道鸿沟，即使不相识的男女，同床共枕的相对躺着，陌生人看见了也不嫌其兀突，鸦片烟其实有调和两性的功能。

朋友们枯坐斗室，如无健谈之人在座，不多一会工夫，就会感着无聊，假使榻上点一盏灯，就不觉得气闷了，纵然不会抽烟，在烟铺旁边横横，也觉得滋味笃落落。

因为烟灯的可爱，大家都想躺烟铺，经烟友的殷勤相劝，难得香他一筒两筒，果然觉得神清气爽，两三月之后，朋友不劝，自己也会讨来吃了；到时候不抽，就会给你颜色看，背脊上凉飕飕的，喷嚏不住的会与哈欠齐来，喉咙口痒徐徐的，眼泪鼻涕都挤出来拜候你，这时候你已欠了烟枪的皮球债，每天都要你限定时刻去还债，假使逾时不还，就差遣眼泪鼻涕来向你追索。

多吃了饭要吃伤，多喝了酒要醉，因为酒饭都是实质东西，胃肠装满，就无法容纳，惟有鸦片，吸的乃是气质，无须容量，尽多尽少都能装入腹中。孔子曰："惟酒无量，不及乱。"瘾君子曰："惟烟无量，不觉饱。"

鸦片朝夜不息的吸收，烟瘾与时并进，烟枪里的老膏一层层的加厚，人的肌肉一日日的瘦削，不多几时，新枪变作老枪，持枪之人，真名湮没，就用"老枪"来代替他的姓名。

人化为枪后,其人已脱皮换骨,变了一个形态,他永远不会挺胸凸肚了,两肩高耸,脑袋深深地嵌在肉里,背脊自然就会拱起来,双手在胸前打了个穷结,全身成了个"弓"字形。

说书先生形容老枪有帝王之相,因为他们都是"两耳垂肩,双手过膝"。确是绝倒!

"面皮面皮",老枪的面上真剩得两片皮了,颧骨撑起,几乎要钻出皮外来,上海人叫他们"外骨人",眼睛总像睡不醒似的,清水鼻涕流个不停,嘴角下垂,下脖前伸,嘴唇终年落开着,露出几颗焦黄门牙,颜色与蟋蟀的钢牙一样,又像是用旧的象牙,光泽不减汉玉。

鸦片经过烟枪,输入老枪之腹,牙关为第一道门户,日夜醺炙,成绩显然,所以欲考老枪之程度深浅,但看门牙的色泽如何,有几只老枪的门牙竟似安南人的黑齿一般。

老枪俾昼作夜,无论男女,异常懒惰,除吸烟以外,百事都感不到兴趣,图中的一对老枪,大概刚从燕子窠里出来,时候已在清晨五点钟了,也许是烟瘾不曾过足,眼泪鼻涕还像瀑布般交流着;老枪到此程度,烟膏须吃一担,所有毕生的精神、物质、家产、事业,都吸入烟斗,化作烟灰了。

四一 吃 血

"船无水而不行,人无血而不活。"

此血可作两种解释:一种是人身体内循环系统中之血液,一种是上海通用的洋钿钞票。

身体内血液干枯,或循环系统停止活动,人类就不能活命。但住在上海的人,如果没有钱钞,也难生存活命,你若不拿一只铜板出去,老虎灶就不给你水喝,不喝水你能活命吗?而老虎灶又不像绸缎庄那样肯放账的,所以上海人不能一日无钱。

把钱看得与"血"一样重要,是上海流氓的人生哲学,所以流氓的钱不叫钱,就叫做"血"。取钱或分赃叫"挨血",钱多叫"旺血",无钱叫"霍血",也叫"干血",纳贿叫"塞血",受贿者叫做"吃血",且丢开别种血,专言"吃血"。

上海是一个血世界,上海有一句俗语叫"血天血地,血汤血底",无往而不血,此血虽另有别解,此地却不妨借来一用。

一位吃公事饭先生,每月正工钱不过十数元,然而他们卸却制服,换上便衣,一个个都是气而概之,阔而充之,有几位竟藏娇金屋,开了几个门口,如果不"吃血",怎能够维持他的阔绰场面。

血原是极腥气的东西,"吃血"之人当然不能怕血腥气,只要是血,不管他们是人血、猪血、狗血、鸡血、鸭血、龟血、黑血、白血……都要张开嘴来吃他一点。

血是补身体的东西,人造自来血尚能滋补,何况是血淋淋的鲜血,所以吃血的朋友,一个个都补得肥头胖耳,大有福相。看见有血,而不懂吃法的人真是戆大。

"血血叫"也是上海人的俗语,意思是"臭",这大概也从"吃血"而来;吃血之血,原是不正当获得之血,万一吃得太饱了,被上司抓住吃血把柄,难免身败名裂,

沪语新辞典图说 | 81

遗臭一方,这就弄得"血血叫"了。

　　吃血也须审时识人择地,吸血鬼不问三七廿一,逢血便吃,见血就吃,有时遇到含有毒质的血,他吃了下去,有人从他的嘴里挖将出来,这就叫做"呕血"。

　　本图所绘,是一幕吃血把戏,地点好像在游戏场的动物园里,一个拿东西不打照呼的朋友,正在"放生意",他东手拿别人的皮夹,西手却将一块圆而白的东西交给一个黑人,这黑人一团漆黑,看不出什么装束,但见他的肩头上隐约多两块东西,腰束白带,一手执黑白相间的哭丧棒,一手伸出来接受那人的圆而白的东西。

　　这三个人,一个失血,一个偷血,一个吃血,旁边的猴子瞪出两颗大眼乌珠看得清楚,他虽有嘴,可怜竟不能说话,另外一只想吃人血的老虎,据说就是那黑人的象征。

四二 瘪 三

Empty Cents 乃洋泾浜之英语也,据"路天通事"考证之正确洋泾浜音云,宜读作"瘪的生斯",非此即为讹声。

Empty 译义"空也",Cents"铜板"也,合为"瘪的生斯"者,"一只铜板都呒不"之谓也,文言"囊空如洗",义与此同。

上海者,洋务发达之大商埠也。洋商者,上海之神圣也。我人对之,固兴"仰之弥高"之叹,即略沾洋气之"江摆渡"与"洋行小鬼"之流,视吾土老儿亦气概轩昂多矣!是以洋话之在上海,自较国产之土语易传,"瘪的生斯",风行一时,至于今日,乃为上海之流行语矣。

"瘪的生斯"形容辞也,而囊中常告"瘪的"之人,尚无专称,上海人乃免"的"去"斯",造为"瘪生"名词,"瘪生"者"瘪的生斯"之人也,"瘪生"与"瘟生"、"恹生",鼎足而三,合之则为"三生有幸",皆上海之特产货品也。

某生某生,盖指沾有书卷气之人而言,须读书相公始足以当此雅纂而无愧。"瘪"与"鳖"同音,鳖亦称生,斯文扫地矣!亦且为监生、廪生、童生、附生……以及一切先生学生诸色生等所不许。上海人之乳名,阿猫阿狗之外,要以"阿三"为最多,三生谐音,"瘪生"遂驱出"生界"而流为"瘪三"矣!

瘪三源于译音,本无意义可言。后人就字面强为注解曰:"人生在世,衣食住三者不可缺一,为瘪三者,衣不蔽体,食不果腹,住无定所,三者皆瘪,故名'瘪三'。本图所绘,本斯义也。"

瘪三既为译音,而瘪*字繁复,多至二十八画,殊与以简为贵之现代生活有悖,

---

* 编者注:"瘪"原为"癟",瘪的异体字。

故瘪三或书"毕三",不能讥其字之白也。或曰:"瘪三之三,非全无意义者;盖瘪者,干瘪也,瘪三者,肚皮,钱袋,烟枪,三者俱瘪之谓也。"以毕易瘪,请问何解?

答曰:"毕三者,嫖、赌、鸦片,三者皆领得毕业证书之谓也。毕业于嫖者,须经下疳、横痃、白浊,三专科之实习也。毕业于赌者,须精于'放鹞子'、'笋壳赌'、'做郎中'之三项绝技也。毕业于烟者,善吞生烟灰,惯尝笼头水,进而能抽'红珠子'也。三科三级,苟能三三贯通,三三兼擅,则其人虽非毕三,去毕三不远矣!"

四三 姊妹淘

自从社交公开以后,上海的妇人都爱向交际场中去活动,她们除了尽量与男朋友交际以外,还爱与同性的人交际,上海的俗语叫做"轧姊妹淘"。

凡爱"轧姘头"的女人,无不兼爱"轧姊妹淘",因为轧姘头是不名誉的私事,须瞒过丈夫或父母亲属的耳目,"轧姊妹淘"乃是冠冕堂皇的,用不着瞒人,而借此便能以公济私,做偷偷摸摸的事了。

"嫁了丈夫,不能抛开姊妹淘"。这是妓女嫁人后对丈夫说的话,今天张家阿姐请吃夜饭,明朝李家妹子约搓麻将,后日王家三少奶请看夜戏,一年三百六十日,天天有姊妹淘的应酬,丈夫要想禁止,她就说:"别人家的太太都轧妹姊淘,男人完全不管,惟有你最不开通,常常黄包车叮紧在屁股后头,阿要难为情介?"

男人为表示开通起见,只得不叮黄包车了。其实每个姨太太后头都有黄包车叮着,她们好像经过同行公议似的,都用这一套话去对付黄包车,大家就把黄包车打倒了,一任她们去自由轧姊妹淘。

姊妹淘里,事事不必隐瞒,有时且能仿大律师共同组织法律事务所的办法,由姊妹淘里聚资共同组织一所小房子,每日在小房子里开"姘头展览会",各人陈列一个姘头,互相比赛锋头。

姊妹淘轧得越多,姨太太越是兜得转,各姊妹淘就能互相包庇姘头,交换大掉枪花,男人面前,永无穿绷之一日,轧姊妹淘的为用大矣哉!

许多姊妹淘里都套着一两具面首,如未有"姘头"的姊妹轧入她们的淘里,她们怕她泄漏秘密,也要介绍几个小标脸给她,她如不从,定要上一道劝进表,劝她难得白相相，选中了一个，将清白的人拖落了水，她们才能放心引她为同志，还能代她尽在老爷面前掉枪花的义务。

上海许多奇形怪状的服装，也是姊妹淘中发明的，她们饱食终日，无所用心，便在出锋头主义上用研究工夫，打扮得标致了，既能讨丈夫的欢喜，又能多吸引几个新姘头，真是一得而两便。

咸肉庄上时有上海名媛的衣香鬓影出现，这也是借"轧姊妹淘"的名义，"轧"到庄上去的。

流光如白驹过隙，花朵似的容颜，转眼之间，就变为鸡皮鹤发，头童齿秃了。几个阎罗殿前打回票的老好婆，年纪虽老，春心未死，身上衣服，依旧跟着时代的推进，打扮得像十七八的花面丫头一样。她们不改本性，还是爱轧小姊妹淘，翻出一张三十年前的照片来一看，从前合组小房子的艳迹，又涌现到她们眼前来了。

四四 | 拖油瓶

男人死了老婆,可以重娶女子做续弦,女人死了丈夫,当然也能另嫁男人为妻室,这是公平交易、老少无欺的事,所以文明国的法律都不禁止孀妇再嫁,外国成年的儿子,母亲再嫁,他来吃喜酒道贺,也毫不为奇,甚至还有为娘做媒人的哩!

中国是男权最发达的国家,几千年来都把女子当作征服的奴隶看待,男子能娶三妻四妾,女子夫死定要守节,这真是太不平等的事。直至最近几年来,女权逐渐伸张,法律才准许寡妇再醮,然而习俗难移,一般社会对于"小寡妇",仍不免有所歧视,初次结婚的男子,再也不愿娶扎过"白包头"的女子做妻室。

寡妇再醮,俗语叫做"二婚头",她与前夫生下的儿女,带到后夫家去扶养,江南地方叫做"拖油瓶"。拖油瓶子女是极不体面的事,不但油瓶本身一辈子被人看轻,就是那位负抚养油瓶之责的男子,亦要被人当作笑柄,直接拖油瓶过来的妇人,更是终身蒙不洁,永远要受人奚落了。

油瓶只能"提"在手里,若"拖"在地上,瓶不打碎,油也要泼翻。同一瓶也,何以不称水瓶、酒瓶、醋瓶、花瓶,偏偏要作成油瓶,拖油瓶究竟是什么意思呢?

拖油瓶的来源很古,是乡下人发明的,当玻璃洋瓶尚未输入中国以前,民间油瓶都是用竹筒做的,形状与现在浴堂贮小账的钱筒一样,乡下村落离市镇很远,村民不能天天入市,每逢有一两个村民上街去,左邻右舍全都托他带购杂物;那时点灯烹调都要用油,油为大宗消耗,带购日用品,以油为最多,笨重的竹筒,七八个系在一起,只能在地下拖着走了。

乡下人拖的油瓶,都是别人家的东西,拖在手里又十分累赘。再醮妇带过来的子女,要顶前夫的姓氏,在后夫目光中看来,也是别人家的东西,并且像上街托带的油瓶似地,拖泥带水,跟了一群,也觉得十分累赘,所以就将拖带子女比作"拖油瓶"了。

村民带来的是空油瓶,替他们一个个装满了油,辛辛苦苦地去送还人家,自己不能揩油,毫无好处可得。再醮妇拖来的油瓶,肚里也是空的,要后父天天装饱他们的肚子,但等扶养成人,仍被人归宗领去,自己劳而无功,一点不能沾光,这又与乡下人拖油瓶上街的苦况相同了。

乡下人家的赘婿死了,另招一个女婿进来与寡女配对,俗语呼作"填黄泥胖",这比拖油瓶更难解释,有人说是"防儿荒",或"帮亡儿忙"的谐音。

也有人说:"拖瓶"是"有柄"的谐音,杭州人吃醋鱼,可命"带柄",这是饶头的意思。娶重婚妇"有柄",这个"柄"就是饶两个不费气力的儿子回来,含有讨小便宜的意思,也是挖苦人的话。

拖油瓶从小失父,不得已而跟娘出去重认一个父亲,身世何等可怜,我们再也不能去取笑他了,何况拖油瓶中照样也有杰出人才,如宋朝的范文正公,和新去世的张宗昌都是自己不讳拖油瓶的大人物。

四五 出锋头

上海人最讲究"出锋头",锋头好似新铡初试,锋利无比,谁要一个不留神,碰在上海人新出的锋头上,管叫他立刻出血,难免要贴橡皮膏。

时髦的上海人,"锋头"没有不"健"的,走在路上,竖眉瞪眼,外加胸脯挺,屁股翘,仰首天外,藐视众生,好像天王老子都不是他的对手。非如此不足以表示"锋头健"。

出锋头的人,走到公共地方去,或赴朋友宴会,也具一种另有一工的锋头,他们好似仙鹤到了鸡群之中,须低了头,横着眼珠看人,比他们地位稍低的朋友,非万不得已,决不肯屈尊先去点头招呼人家宁可挤到比他们锋头更健的人堆里去,而被人"吃瘪",却不愿在"触霉头"的人堆里陪触霉头。

出锋头三字,的确是上海人发明的,流传至今,大概也有二三十年了,那时上海人的服装,正流行洋灰鼠的出锋,时髦朋友都穿着洋灰鼠四面出锋的方袖马褂,官服有四面出锋的外套,甚至女人也穿有四面出锋皮袄的,平常人穿不起四面出锋衣服,也要装出一条洋灰鼠出锋领头,借此表示时髦。

蹩脚大少爷,在棉马夹上装了一条洋灰鼠出锋领头,人家讥笑他:"你也要出锋头吗?"这是"出锋头"上海的典故。

那时人人想在衣领上出锋头,"出锋头"三字就成为"爱时髦"、"斗标劲"的代名词了。至今上海滩簧里尚有两句名曲流传着:"竹布长衫皮领头,地格就叫出锋头。"

究竟是从前的"锋头"容易出,一条洋灰鼠出锋的领子,只多三五块钱罢了,就能在上海出一冬天的"锋头",现在买一条御寒的上等围巾都不够,哪里还有"锋头"可以出。

从前的女子,除妓女以外,一年难得出几次大门,所以"锋头"只能让男人去出,现在是女子"出锋头"的时代了,男人只得退避三舍,不敢去与女人争"锋头"。

女人"出锋头",须要经过三考出身,否则,只怕"锋头"未出,先出毛病了!这种大冷天,请看出锋头姑娘身上穿些什么?她们除了外面裹的一件大氅以外,里面穿的都是单薄衣服,冻得皮肤像胡萝卜一样,嘴里却不肯叫饶,这样的锋头,非三考出身的密斯们,不要出毛病吗?

尤其是两条富于肉感的腿,大氅高高的吊起在上面,穿着绝薄一层肉色丝袜,套了一双踏高跷式的高跟皮鞋,顶着西北风走在路上,身体弯曲得像明虾一样,如此"锋头",未免出得太苦了!

近年来这个风气倒没有了,从前的时髦男女,每逢阴历元旦清晨,都要坐了汽车在四马路跑马厅一带兜几十个圈子,叫做"兜喜神方",这好像挂号似的,凡是市面上跑跑的人,都要到四马路去给人见见面,表示他年关内并未躲藏起来,所以不能坐有遮盖的车子,定要穿了新衣服坐在车上吹几个钟头,这才是真崭实货的"出风头"哩。

现代妇女,剪发的居多,到了夏天,汽车上载满了兜风的密斯们,一趟北新泾虹桥路兜过来,头毛都吹得像落水鬼一样,两脚岔开,裤裆里的肉感都公开表现,这就是本图的"出风头"。

四六　老头子

马路上看见歪戴帽子,挺胸凸肚的人,开出口来,三句话里倒有两句"操伊拉"!伸出手来,用当中指头朝前,则此人脸皮上虽不刺字,大家都知道他是有"老头子"的。

"青红帮"原是一种秘密结社,发起的时候含有几分种族思想的意味,他们广结天下英雄好汉,要想恢复大明江山,帮规订得很严,不许奸淫偷盗,专重行侠好义,这是很好的组织。传到后世,真义渐失,变作抢劫敲诈的护身符,这大概是出于创始人意料之外的呵!

住在上海租界里的人,因为政治组织的畸形,身体和事业都无充分保障,要想不受非法侵犯,不得不求一种隐秘的掩护,从前流行一种"入籍法",就是花了钱去运动入外国籍,此人就算外国种了,能与外国人一样享受领事裁判权,他犯了法,中国官竟无法治他的罪,他就能在租界里横行不法,无所不为。

这种认贼作父,损害国权,丧失人格的举动,近年来已不大听见了。就是从前入过洋籍的人,也不肯捐出洋商牌子来了,而拜老头子的风气却日臻月盛起来。

上海的做人,随着水门汀的建筑一同进步,从前的做人,像造旧式平房一样,基础打得并不十分坚牢,大风一吹,难免要倒。现代的上海做人,须同造十数层楼的钢骨大洋房一般,底下须要打好坚固的木桩,才能立足于社会,如无靠山,被电车经过,惊动了墙基,房子就要坍台,唯一的靠山,就是"拜老头子"。

不一定出牙须的人才配称"老头子",尽有年未及冠的人,居然也竖起老头子的旗帜来出,只要面子大交游广,能拖带徒弟"出道",七十岁的老公公,不妨拜倒在与他孙子一样年纪的小老头子的名下,自称是"小孩子"。

拜过老头子的人,脑袋上好像插了一面"标旗",有人保了他的标,不三不四的朋友,就不敢去转他的念头了,即使要"动"他,也要先去淘一淘根底,向他老头子打一个招呼,他去闯了祸,还能请老头子出来"叫开",包管不失面子。

拜过老头子的人,好像在关帝庙或观音菩萨面前记过名的孩子,以后关帝、观音就能在暗中呵佑他长命百岁,消灾延寿。

光棍拜老头子,靠了老头子的牌头,就能到处去"捞血",同时还能替老头子挣面子扩势力,这是两得其便的互惠交易。如果你是一个正当商人,并不想在社会上吃空心饭,你也去拜一个老头子,那就同认了一位晚爷回来,包管你会感到种种说不出的不舒服。

四七 野　鸡

鸡，家禽也；虽有羽翼，而飞翔不远。乡下人养鸡，白日放食于外，到了晚上，自会走进鸡埘，不必束缚，不怕它们逃走，也不会走错路认不得回家，主人如果要杀它的肉吃，只消早晨到窠里去，一伸手就捉住了。

野鸡，野生之鸡也，虽在田野间常见野鸡飞来飞去，但无一定踪迹，如果你想在某地点某时间，定要看见一只飞空的活野鸡，那是做不到的一件事。

因为野鸡的来去无踪无影，所以上海地方凡是无固定住址，而含有临时性质的东西，都拿他们当作野鸡看待。

例如：挑担的脚夫，从前是轿埠头里的轿夫兼充，到轮船码头上去兜揽生意的脚夫，是自由职业，不归轿埠头管辖，上海人便叫他们是"野鸡"。

又如：在马路上兜揽生意的马车或包车，叫做"野鸡车"。商家做到了不规则的意外生意，叫做"野鸡生意"。轮船不按正班次开行，叫做"野鸡班"。非正式公司的轮船，叫做"野鸡船"。包戏馆做一天临时老板，叫做"打野鸡"。伸手做事，叫做"野鸡搭煞"。在马路上拉夫的流妓，也叫做"野鸡"。

上海各行各业皆有野鸡，遍地是鸡，谁也分不出家和野来，惟有陈列在马路两旁的下等妓女，最容易使人注目，所以野鸡二字已成为立马路拉客人的妓女专门名词了。

上海最下等的妓女，是"花烟间"与"钉棚"。但他们不能称为"野鸡"，因为他们纵然蹩脚，尚有固定的"间"或"棚"，须待嫖客自愿寻上门去，定价虽廉，若论妓格，还比野鸡高些。野鸡照一定停留地点，今朝站在青莲阁，明天也许乔迁到日升楼去,嫖客猎艳真要像猎人打野味似的去寻找他们,所以叫做"打野鸡"。

容貌丑陋的野鸡,都喜欢站在弄堂暗处,内中有一大半是"套人身体",左右都有债权人老鸨监视着她们的行动,一夜接不到客人,回去就要挨打,在深夜三四点钟尚站在马路上的野鸡,她们不教人去"住夜",往往向路人哀告说:"对勿住,帮帮倪格忙罢!"

如果遇见了乡下阿木林走近她们的身旁,她们先把那人挤在墙上,隔衣裳一探他腰里,知道他身上有钱,那就老实不客气,扛头扛脚,将他硬拖到鸡窠里,即使不肯住夜,也要他"搞落"几角小洋,叫做"坐房间"钱;有时还要取出两只高脚盆来,叫做"装干湿",那就非请出袁大头来,不许他脱身了。

有时先抢帽子,等他追进弄堂,她们就一拥上前,将他生擒活捉而去。初到上海的人,以为是遇见了绑票,竟在暗弄堂里狂喊救命咧!

四八 拍马屁

骑马朋友,未跨上踏镫以前,先要在马屁股上拍两下,免得马儿惊跳起来,意思就是对马说道:"马先生!我要骑你了,请你不要发脾气。"

"拍马屁"为拍马屁股的歇后语,原是趋奉人的意思,现在却成了卑鄙龌龊胁肩谄笑,捧臀撅屁的代名词。拍马屁是上海人打的蓝青官话,并不是上海地方原有的土话。

拍马屁与吹牛皮,是天造地设的绝对,两句话的意义虽是不同,作用却是一样的,拍马屁者,吹别人之牛皮也,吹牛皮者,拍自己之马屁也。

上海人说:"天下样样俱穿,惟有马屁不穿。"马屁之效用大矣哉!

天下人皆爱别人拍自己的马屁,而嘴里偏要说:"我最不愿别人拍我马屁";所以善拍马屁者,在未拍马屁之前,必先下一句注解:"我知道先生不爱拍马屁。"受之者必洋洋得意,以为此人确是不拍马屁者。其实这句开场白,就是天字第一号的马屁。

马屁人人会拍,各有巧妙不同,马屁专家能拍得人不知不觉,受屁者像进了按摩院一样,浑身都有快感。

不善拍马屁的人,拍出来的马屁,不但旁听的人受不住就是受拍的当事人也会从屁股眼里肉麻出来,反而疑心拍者在取笑他,或竟是"钝"他。譬如我写的字,像鬼画符一样难看,有一次竟有一位拍马屁的朋友,说我的字写得如何老练,苍劲,美观,我就疑心他是在钝我。

马屁拍得不得其法,而被人看穿了是马屁,或拍得过了分寸,使人感到不快,少不得就要小触霉头,弄得当场出丑,这就叫做"马屁拍在马脚上"。马脚无穷,不是放屁之所,他若拍错了地方,惹动马的畜生脾气,猛然飞起一脚,踢在致命地方,就要请他"跷辫子","抬老三",至少也要请他到姜延泽去买一张膏药贴贴。

现代做人法,拍马屁是第一学问,硬绷绷的做人,纵有天大本领,也会使你干搁起来。做了天字第一号的阔人,应该不必拍别人马屁了,但他登台第一声,定要发表几句拍民众马屁的宣言,明明为了争权夺利而引起内战,他们定要说是为了要解放民众痛苦而战,明明是为搜括民脂民膏而来,偏要说是以民众福利为先,这是大人先生的马屁。

至于拍女人的马屁,那是另有一工,请看图样,可见一斑。拍马屁者,必定含有副作用,如无求于你,决不会来拍你马屁;马路上的叫化子,连声不绝地叫你大少爷,目的就在看想你一只铜板。所以只有叫化子拍大少爷的马屁,不见大少爷去拍叫化子的马屁。

有人来拍你马屁,那就是将你当作马用,拍过了几下,就要骑到你身上来了,朋友,你要当心呵!

拍马屁,上海人又叫作"搂四脚子",四脚子是"马"字的隐语,姓马的人也能称他为四脚子,"搂四脚子",即暗射拍马屁。

四九 | # 孵豆芽

我们吃的菜蔬,大半皆从田里种植出来的,惟有豆芽菜,却不由泥土中生长,乃是用人工制造的。

豆芽的制法,以大颗黄豆浸湿后,闷在蒲包里,尽他去慢慢地发芽,但等黄豆的嫩芽发育到相当长度,就能挑到小菜场中去发卖了。

黄豆不见天日地闷在蒲包里,静待嫩芽的茁生,情状颇像母鸡之孵蛋,所以制造豆芽叫做"孵豆芽"。

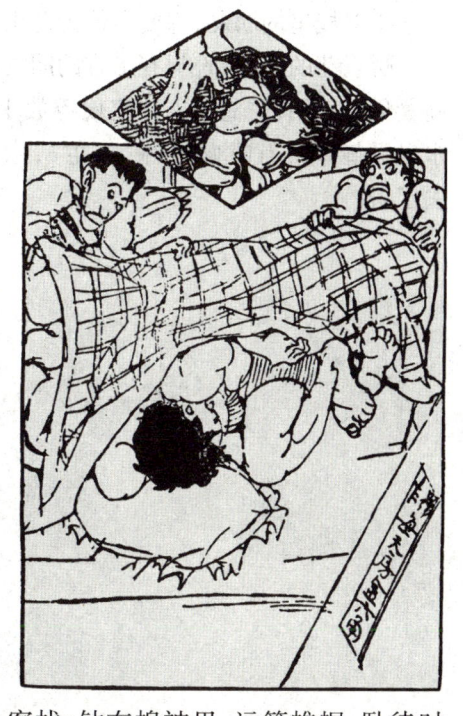

上海的某种阶级人,原像金钢钻一样有翻头,有时候阔天阔地,阔得比爱多亚路更阔,一朝尴尬起来,卸下"大篷"(长衫)剥去"霍血"(短衫),除了赤裸裸的小身体以外,只剩得"一条裤子一根绳"是他的财产,落到这般田地,再也不能到马路上去摇摇摆摆;鬼迷张天师,有法无施处,只得躲入小客栈,钻在棉被里,运筹帷幄,卧待时机,静观世变,正像高卧隆中的诸葛亮一样。这种英雄落难的窘况,上海人就叫"孵豆芽"。

瘪三落难,正与制造豆芽的情态相仿,豆芽全身洁白,像人的赤膊身体,两片嫩黄色的豆,像面黄肌瘦的两片脸皮,头大身细,是饥饿的征象。豆芽闷处蒲包,须置在阴湿的地方,不见天日,落难人也蛰伏如茧,一时难以出头。

黄豆孵在蒲包里,目的就在发芽。瘪三的孵伏,也在希望出芽,他们的芽就是彰身的衣服。

孵豆芽是人生最凄惨的时代,一个人孵着,孤衾独守,比青年寡妇更觉凄凉!所以孵豆芽者总是集合了二三同志,一心一德,共荣共存,结成患难弟兄,将来一人出芽,大家"升梢"。

孵豆芽是由瘪三升到大亨的应有过程,不孵豆芽不算"出道"。所以为大亨者,并不以孵豆芽为"坍台",坐汽车住洋房的大亨也不讳孵豆芽时代。

孵豆芽者,身体有了着落,肚子饥饿如何救济,近古时代的上海有所谓"么六夜饭"者,乃吃粥的别名,六个鹅眼钱吃一碗粥,一文钱买一小碟咸菜,共计七文钱,就能饱餐一顿。现在物价腾贵,么六夜饭的名称都消灭了,孵豆芽也大告困难。

秦叔宝被困天堂州,被店主有逼得卖马当锏,这是中国孵豆芽的始祖,凡是困守在小客栈里的朋友,都要奉他为开山祖师。

孵豆芽的人,最盼望有患难的朋友来访问,朋友来时,身上必穿衣服,就能向他商量借来一用,请他钻入被窝代孵数小时,自己就能出外去活动"挨血",这叫"落水鬼觅替身";有时候也许"放生",像鹞子断线一去不来,这个替身只能代孵下去了。

五〇 拉黄牛

香港等处的马路筑在山上，如果坐黄包车，车夫拉上山坡，着实要多费几斤力气，就是在首都，车辆经过仪凤门或钟鼓楼，坐的若是马车，马夫也要跳下车来，帮同老畜生拖着几步；若是人力车夫，拼命的拉上山去，额角头上的汗会像黄豆挤出来。

上海是一片平原，既无崎岖不平的山路，马路又光滑得像广漆地板，黄包车夫在上海平坦马路上骋驰着，并无上坡下坡的烦劳，拉起车子来像滑冰一样写意。

上海马路，只有苏州河的桥梁上有些弓背形的高坡，若与香港、首都等处的山坡比较，直似小巫之见大巫，但在拉惯平路的上海黄包车夫目中看来，已像翻山越岭一般吃力了。

上海的小瘪三，镇守在桥堍，见有黄包车上桥，帮同车夫拉上斜坡，到了桥中央，便放下车杠，伸手向乘客索钱，一两只铜板，随客赏赐，他们的术语叫做"拉黄牛"。

黄包车与黄牛，同是黄种，黄牛笨重，牧童牵它渡水，要费许多气力；黄包车上坡，分量也是不轻，帮同车夫拉过高桥，也要费几斤气力，拉车过桥，与牵牛过渡，情景仿佛，"拉黄牛"的名称定得倒也确切，不过坐车的朋友稍微吃亏些，要请他暂屈为牛。

同是畜种，若照"马牛羊，鸡犬豕"的排行论算起来，牛是老二，猪是老六，牛比猪要高四级，我们同是破费一只铜板与其向叮巴先生捐猪的头衔，毋宁在桥面上买一只牛做做了；因为"赶猪猡"，只听到瘪三麻子的几句空洞无益的赞礼，"拉黄牛"究竟还能帮助你"一臂之力"。

瘪三的业务，如叮巴、抢包饭、抛顶宫、告地状、抱猪头、夺黑老……或为不劳而获,或为非法举动,惟有拉黄牛却比较的算得正当营生,所以巡捕看见了也不十分干涉他们。但是也只限于垃圾桥、老闸桥等处,他们的业务所以不能扩充到白渡桥一带,也许是洋大人们不愿意做黄牛的缘故。他们的营业区域不免要受限制了。

　　黄牛上桥,在牛屁股上"推"一把,实比"拉"的力道大得多,黄牛不推而拉,似乎避轻就重,这是什么意思?原来他们在车前拉着,能使乘客看见他们咬牙怒目的用劲,表示他们这只铜板是不容易挣的;如在车后推着,牛屁股上不生眼睛,看不见他们使劲的实况,人家以为他们寻常的叮巴,铜板就不愿意掏了。黄牛之舍推就拉,可见瘪三之大有深心,好像有心理学家替他们计划过似的。

　　拉黄牛的索钱最是爽脆,并无牵丝攀藤,只因他们索钱机会,只有车到桥心一刹那,过此机会,黄牛直泻而下,断乎追赶不着,这条牛只算白拉。

　　拉黄牛只有少数瘪三的专利,他们虽未注册领执照,却不容外人侵犯利权,大少爷落了难,贸然到桥头去拉黄牛,就有人请他"吃皮郎头",因拉者都是小孩子,他们都是奴隶,拉得的钱,须要交账,不能私用,管辖小孩子的是他们的"爷叔"。

　　黄牛是黄包车的普通切口,上海还有一种"牵黄牛"的职业,那是专乘车夫不备,偷盗黄包车的勾当。这种瘪三的手段,比绑票匪更辣,与他们比较起来,桥头拉黄牛的朋友真是圣人了!一拉一牵,相差千里,读者切莫缠夹。

五一　黄包车

上海的人力街车，改称黄包车，乃是最近二十多年的事；二十余年前的上海人力车，并非黄色，俗称东洋车，车身漆成黄色，车轮并无胶皮，周缘包着一道铁箍，在崎岖不平的石路上行着，坐得久些，两腿就会发麻。

胶皮街车初出世，车身也是全黑的，大家仍叫他东洋车，直到最后始有黄包车的名称。

在东洋车盛行时代，"坐黄包车"乃是一句骂人的话，因为那时车尚黑色，惟有工部局的捉狗车才全身漆着黄色，坐黄包车去"吃蛋炒饭"，这是连带的骂人话，意思就是坐了狗车去吃屎，因为蛋炒饭与屎的颜色一样。

胶皮车一律漆成黄色，黄包车代替了东洋车的名称，上海人也无所讳忌了，坐黄包车已成了人人难免的事，大家把黄色的狗车也就忘记了。

黄包车后来又有了一种新鲜的解释，无论男女，紧紧地跟随在别人身后，都叫做"叮黄包车"。

这句上海话的来源，始于"叮梢"。登徒子之流，在公共场所看见了一位绝色佳人，他便紧紧地跟在她后面，她出门去了，他也跟着出去，她登车而去，他也唤黄包车，嘱咐车夫暗暗地叮着她，在半路上遇有机会，就能与她搭讪头，即使她自高身价，给他个不瞅不睬，他也要坚定不屈不挠的精神，叮到她家里，认清她的门牌，以便明天再来施勾引手段，才算完成他的任务。

叮黄包车就是叮梢的别名，叮梢原不限定男性去追逐女性，摩登姑娘叮在男朋友后面缠扰不休，也是极寻常的事；近年来的"黄包车"似乎又成了黄脸婆子的专门名词了。

风流家主公爱在外面惹草拈花，家主婆若无良妻贤母的海量，难免要掀起酸溜溜的家庭风波，她为保全已得权利起见，每天像押解囚犯似的跟随在他身旁，弄得他走投无路，朋友们请他偶尔去吃一次花酒，他只得愁眉蹙额地说道：

"我家的黄包车叮得太紧！"这黄包车就代表他的家主婆。

促狭的家主婆，不做解差，而为暗探，偷偷地叮在家主公后头，侦察他的行动，如果发现他有越轨行为，她就执法森严，行使职权，管教家主公焦头烂额，图中表演的就是这幕把戏。

黄包车近来已不限男女之间的追逐，已成了极普通的名词咧，例如："穷人叮着富翁借钱，卑职叮着上司求差司，侦探叮着强盗探踪迹，绑匪叮着富翁投恐吓信，新闻记者叮着要人访消息，凡此种种，都叫作叮黄包车。"

坐黄包车，车夫在前，乘客在后，应是乘客叮车夫，不是车夫叮乘客，所以外方人听了上海人说的叮黄包车，都莫名其妙，经此解说，或者就能明白了。

五二 捉蟋蟀

"上海遍地是黄金,只要俯身拾取,就能发财。"乡下人到上海来谋生活,都抱着如是观念,以为到了上海,立刻就能发洋财,大家舍弃了农村,都挤到都市中来活动,以致弄得上海人口过庶,失业的人不知其数,近年来农村破产的恐慌,未始不是受着这种影响。

乡下人到了上海,只见马路上尽是些刮不动的柏油,非但不见金子,连铜锡都捡不到一片,方知是上了人家的老当,连声唤着冤枉已经来不及了!

上海马路上虽无金子,但有许多黄金色烟丝(根据烟公司广告所载)的烟屁股陈列着,有专门捡拾烟屁股的人,也能靠此营生,度着吞云吐雾的生活,上海的专门名词名为"捉蟋蟀",象其形也。这个买卖可算是真正在上海市上拾金子的人,不过决不是新自田间来的乡下人所能做的勾当,就是普通上海人也难胜此任,非要经过瘪三阶级的老上海,才能胜任愉快。

香烟是上海人的大宗消费,上至达官贵人,下至贩夫走卒,无不"人口一支",在马路上经过的人,无论是坐在一九三五式新汽车中的富翁,或是骑着两脚马的贫民,将吸剩的香烟屁股,总是随手抛弃在马路上,这许多屁股,尺寸长短不一,品质优劣不等;捉蟋蟀者将他们兼收并蓄,用小竹竿加以针头,一一拾起,收藏在布袋里,拿去售给专收香烟屁股的人,拆开重卷,制成整支的香烟,然后设摊发卖与人抽吸,取名"磕头牌",或"湾腰牌"香烟,因其烟丝来源,是由湾着腰,或竟像磕头似地拾来的。

屁股之长而大者,个中人谓之"油葫芦",余烬犹未灭熄的屁股,谓之"红头蟋蟀",他们最欢迎油葫芦,而最不取的是从香烟嘴中吹出来的红头蟋蟀,不但短而潮湿,有时且烟丝分散,失却蟋蟀之形。大概从汽车或包车里掷出来的屁股,总是油葫芦居多,而且都是上等烟丝。

捉蟋蟀者最富冒险精神,他走在路上,总是像猎犬似的寻视,若在马路中间发现了一头大油葫芦,他决不肯放松一步,即使在汽车往来很多的时候,他也要抢身上前,去夺回那头油葫芦来;足见他是拼了性命去干的,乡下人哪里有此勇敢。

"磕头牌"香烟,南洋桥一带的地摊上,和新开河的码头附近最多,颇有人专门爱吸此种香烟,因为里面颇多上等烟丝,而定价特廉,也许一支烟里有大半支是美丽牌、金鼠牌烟丝改造的,正似吸鸦片烟人,在川土里搀杂几成大土,吸到了有特别滋味。

电车到了站头,常有捉蟋蟀人捷足先登,将乘客弃在车厢里的烟屁股一一搜罗而去;据说每辆车内,至少能捉二三十头之多,就是在路上拾取,运气佳时,每点钟能捉一袋,每天能赚两大元,上海消耗香烟之多,于此可见一斑。

五三 蜡烛小开

不要小看了蜡烛,他的精神实和基督耶稣一般伟大,耶稣牺牲了自己生命,要人类走上光明之路,飞升天国。蜡烛在黑暗世界中为人类大放光明,结果也将自己的身体化作一道青烟,连灰烬都不剩一点,他的牺牲精神却比耶稣更勇敢。

但是,上海人非但不尊重蜡烛的精神,反而将他比作"不识好歹朋友"的个性。

"蜡气冲天","蜡来不识相","蜡得转了湾",这些都是上海人嘴里说的骂人的话,意思都是从"蜡烛脾气"中蜕化出来的。

"胡桃肉须用力敲碎了壳才能吃。"

"蜡烛用火点上了才肯放光。"

这两句上海话有同样的意义,都是"敬酒不吃吃罚酒"的意思。一个人若被上海人认为他富有"蜡烛脾气",大家便处处无善意对待,要作弄他,使他常常上当,然后他才肯掏腰包拿钱出来给大家散福。凡是蜡烛,都有几分"寿征",此非"大富大贵亦寿考"之寿,乃上海人所谓"寿头"之寿也。

蜡烛一经微风鼓荡,蜡油就会不断地下垂,厥状颇似伤心人泪落如线,此点颇有诗意,故古诗每以烛泪象征伤心人的哭;具有蜡烛脾气的上海人,上了别人的当花了冤枉钱,奈何人家不得,痛定思痛,只得付之"撒梳",(哭的切口)这也是蜡烛的特别个性。

蜡烛每与"小开"连带相称,上海开设店铺的老板,尊称"老开",老开的儿子名叫"小开",但流氓嘴里的小开,不一定是开店的儿子,凡属有钱的公子哥儿,而能挥金如土者,都能被认为小开;小开含有小布尔乔亚的意味。

小开是流氓的恩物,流氓把"守小开"或"照小开牌头"当作正当业务,守小开就是做公子哥儿们的蓑骗,代他们计划嫖赌吃着的方案,此中回佣却比信托公司更厚。

小开之种类不一,蜡烛小开者,不一定是蜡烛店老开的令公郎,乃是小开而具有蜡烛脾气者也。守小开者,将他当作第一等好户头,不论晨昏昼夜,都将他点着,全身的油膏不久点完,蜡烛不能放光,小开就化作"瘪三"了。所以上海人还有一句"拔蜡烛头"的俗语。

蜡烛小开最爱"买了爆仗给别人放",图中所表现的就是这个意思;小开花了钱买了汽车,雇用了汽车夫却请他坐在车厢里,自己躬冒危险,不辞劳苦地代替车夫的职务,那车夫含了雪茄,跷起了二郎腿,流览马路风光,汽车不幸辗死了行人,小开反去代车夫吃官司,如此小开,非蜡烛而何?

五四 拆白党

前清光绪末叶,上海租界河浜尚未填没,南北泥城桥之间,有一湾流水,几架木桥,岸边栽着几枝杨柳,风景美丽,地方幽僻,那时有一部分马路英雄啸聚其间,人称珊家园弟兄,他们虽不敢打家劫舍,却也打架拆梢,争风吃醋,称雄一时,别人不敢撄其锋。

这班小弟兄全靠"拆梢"度日,拆者朋分也,梢者,梢板也。上海流氓称银钱曰"梢板",拆梢也者,朋分钱财之谓也。与近日流行的"劈巴"意义相同。但在当时并不照字面解释,一般社会皆以"拆梢"代表敲诈钱财,已失却古义了。

当初小弟兄向人索诈,名为"拆梢",其实并不向人索取金钱的酬报,因为小弟兄中很有几位有小开资格的人,他们与人"斗狠劲","讲斤头",无非想冒"出道"而已。性质颇似未下海的票友,目的只有"扎面子",金钱还在其次。

他们占了胜利以后,便要求战败的对方摆几桌酒席,请小弟兄们吃喝一顿,以示惩罚,他们的术语叫作"拉台子",台子拉得越多,面子扎得越足,他们"拆梢"的结果,就是吃一顿"白食"。"拆白"二字乃是"拆梢"与"白食"的简语。

他们的事务日益发达,而肚子的容量有限,每天有五六顿以上的白食,大家就不胜其吃,于是就想了一个干折的办法,用钱折算酒席费,直到现在,还流传着这种风气。流氓拆梢,并不向人索钱,美其名曰"拉台子"。

拆白成党以后,拆白二字又有一种别解,因为拆白党多半是翩翩少年,吊膀子也是他们的重要党务,那时舶来品的雪花粉流行未久,党员人人乐用,皮肤擦得雪白,外人不察,以为他们都是傅粉何郎,拆白云者,系指"擦白"而言,故拆白党亦称

"雪花粉党"。拆白党的党纲是奉行"三白主义",那三白就是吃白食、看白戏、睡白觉;所谓睡觉,并非寻常的睡眠,乃专指与女人性交。他们嫖妓宿娼,亦不名一钱,略诱良家妇女,更不必说了。

拆白党啸聚之所,最初是茶馆、三马路文明雅集曾一度做过他们的茶会,以后逐渐迁高地位,由茶馆而至菜馆,拉台子多在得和馆,由小栈房而至大旅馆。年来开公司房间的风气大盛,这个制度也是拆白党发明的。

后来拆白党的声势大盛,连外埠都知道这个名称了,凡属吊膀子和骗人财物的案件,全国皆称为拆白行为。拆白党已成为一个专门名词,而上海的一班拆白元老,早已烟消云散,不知所踪了。

五五 板面孔

人类面孔之所以异于禽兽面孔者,以其有喜怒哀乐爱恶欲之表情也。裴斯开登的板板六十四面孔,与禽兽无异,就被人认为滑稽大家,就能靠面孔混饭吃。

面孔死得像硬绷绷的铁板一样,当然不能移动分毫,那里还有什么表情呢?除非是搁在板门上的死人面孔,才算真真的"板面孔",若是一息尚存的活人,他的面孔决不会和板一样推摇不动,所以裴斯开登只能以"冷面滑稽"做广告,决不敢自称"板面滑稽"。

上海人生了气,叫做"板面孔",与人相骂淘气,也叫做"板面孔";所谓板面孔,并不是真的将面孔铁板化,不过把脸部的肌肉暂时绷得紧些,不露一丝笑容罢了,过了一会,等他退了火气,肌肉仍旧要松动的。如果一直板到底,永远是这副哭丧面孔,那人就要断气了。

板面孔的方式不一,而最可怕的要算女人吃醋时候的那一副了,本图所表现的就是这副面孔。

许先生的画,可惜不能着颜色,否则,那妇人的脸色一定是全部铁青,用不着一些肉色,而那位家主公的面孔,定要全部赤化,胀得像肺头一样,那副哭笑不得的尴尬面孔,看了可发一笑,那家主婆的铁板面孔看了却又教人吓得一跳。

她为什么要板面孔?你看,地板上摔着一张照片,这不问可知是一张女人的,而且是家主公的情妇,偷偷地送给他的,他因为要瞒过她,一向密密深藏,不给她看见,今天不知怎样一来,被她检查出来了,与照片放在一起的,还有新买的金刚钻首饰,这又不问可知是预备送给他情妇的。

真赃实犯,一一搜获,管叫家主公无从抵赖,凡属有面孔的家主婆,都得要板将起来,拿些颜色出来给男人看看,她的面孔大板而特板,他只得现出一副啼笑皆非的表情,上海人又有一个特别名词,叫作"两僵面孔",如用歇后语,叫作"金韦陶",一名"黄皮两"。

女人为了酸溜溜的原因而与男子板面孔,形状果然不大好看,但是上海地方的难看面孔尚不止这一副,常年对人板面孔的男人也就不在少数,我且举几只面孔出来给大家看看:

典当朝奉对穷人。

巡捕对黄包车夫。

邮政局员对寄信人。

大班对苦力。

火车站卖票人对三四等乘客。

报馆会计员对领稿费人。

老鸨对野鸡。

银行职员对零星储户。

小人得志的一霎那。

这些举不胜举的例子,虽不是寻相骂式的板面孔,但至少也是"讨冷债面孔"。

五六 拉皮条

中国古代的神话,说是月下老人专司人间的婚姻,凡属有姻缘之份的男女,老人一一记在姻缘簿上,暗中用红绳系在他们的足上,被月下老人系过红绳的男女,即使是世代冤家,远在千里之外,也会千方百计的将他们牵引拢来,使有情人终成眷属。

上海也有许多月下老人,他们的职务也在牵引旷夫怨女成双作对,不过他们的牵引工具,不是红绳而为"皮条",月下老人的红绳是牵的,上海人的皮条是"拉"的。

现代的建筑,比古时坚固,古人住的竹篱茅舍,禁不起一阵大风就吹倒了;现代的钢骨水门汀造的几十层楼房,除非遇着极剧烈的大地震,轻易决不会倾斜分毫;月下老人的红绳,品质脆弱,牵在男女的足下,稍微使些力气,就要绷断,所以上海的月老,改用皮条以代红绳,这与钢骨水门汀代替竹篱茅舍一样,想教他们千年不毁,万年不朽,月下老人已成时代落伍者而宣告下野了,他的职务现由"皮条客人"署理。

拉皮条的名词,只限于姘头搭角的结合,正式夫妻就不能适用,譬如有人请你去做媒人,你若对人家说:"我来替你家千金小姐拉皮条",那你就要吃了巴掌回来。

用皮条代替红绳以牵合男女,照理应该永谐白头,不会拆散鸳鸯了,谁知结果适得其反,凡用拉皮条方法结合的男女,最容易拆姘头,这是什么缘故呢?

据沪语研究家说,"拉皮条"一共只有三个字,倒有两字写白了,"皮"字应从"尸"从"穴",(音比平声)"条"字应从"尸"从"吊",(音刁上声)这两字的发音与"皮条"相似,所以才会以误传误的读别了。

从"穴"的是女性器,从"吊"的是男性器,"拉皮条"者,将两种性器拉拢在一起也。如此注释,则"拉皮条"的意义不必详解,就能恍然大悟。

有人驳道,"吊"是北语,上海人无称男性器为"吊"者,此说恐不可通。

沪语研究家辩道,上海的下流人常伸中指示人曰,"侬懂张北鸟!"此"鸟"字应作"的奥"切,是即"吊"也;"北"非东南西北之北,此系写不出的土音字,意与"撅"字同,例如"撅屁股",上海人叫做"北屁股"那末"北鸟"是什么意思?请读者自己去详罢。

因此证明"拉皮条"确系读别了音的上海话,这是毫无疑义的了。

拉皮条亦曰"拉马",此语由来甚古,《水浒传》里的王婆就是著名的"马泊六",此即拉马之意,上海称为"皮条客人",拉皮条图实在不大好画,许大画师表现的是"拉马",意思却与拉皮条一样,因为马的缰绳多半是用牛皮做的。

五七 华容道

"华容道"是《三国演义》中关云长义释曹操的一节故事,戏台上将他排成戏剧,流传得很广,几乎是妇孺皆知的一件具有历史性的有趣故事。

华容道这出戏,故名伶大头汪桂芬最拿手,当年天福茶园常演此戏,由名净董三雄饰曹操堪称是珠联璧合的好戏。

戏台上的跑龙套,虽吃的也是唱戏饭,但伶界中人却不拿他们当作同行看待,最起码的伶工也不屑到台上去跑龙套;惟有汪大头唱华容道,却视为例外,因为捧好角起见,凡在后台无戏的演员,不论生旦净末丑,一律都扮关公部下的龙套登场,谓之"倒堂龙套"。

三十年前的茶园,组织甚为简单,戏台地位也很小,二三十个演员同时登台,简直是希有之事,在华容道这出戏中,忽然看见几十个龙套簇拥着一个关云长,看客以为见所未见,便能轰动一时,印入上海人的脑筋很深,这就是摆华容道的出典了。

华容道戏中的龙套,既不须开口说话,又不必动手开打,只要站在两旁呐喊一声,助助关公的威势就够了,是以扮跑龙套者,不一定要内行才能胜任,只消有两条腿的人就能扮上去了。

上海的流氓与人斗狠劲的时候,往往带着一大群拳头大臂膀粗的人,摆列在仇家面前,仇家看见他们人手众多,自知势力不敌,不待动武,就被他们屈服了;这个举动,上海人就叫作"摆华容道"。

流氓召集了一大群人去威吓对方,俗语又叫作"摆炮","摆炮"只须略具炮的形式,炮膛无须实弹,更不必发出响声,他们的根本作用,只在借炮的形式吓人而已,华容道就是全本"摆炮"好戏,换一句新名词,就叫作"示威运动"。

上海地方遇到周堂吉日,几千百人家同行举行婚嫁礼,家家都要雇用一两班清音堂鸣或军乐队,到了供求不相应的时节,便用几个不会吹打的孩子,穿了号衣,拿了一件乐器,混在里面摆样子,这种混充样子的人物,上海人叫作"像大",也叫作"摆炮",是亦华容道之一幕也。

上海的东西滑头居多,就是流氓打架,也不必真有实力,只要招一班瘪三来,排一场全副华容道给人看看,胆子小的朋友就会被他们吓退,这又与长坂坡里喝断霸陵桥的张翼德一样了。

买空卖空的把戏,在上海叫做"勒老虎",华容道也是"勒老虎"之一,其实并不是"勒老虎",实是纸老虎而已,看看好像也会吃人,轻轻的一戳,就会露出一个大窟窿来。

汪仲贤/文　许晓霞/图

上海俗语图说

从民国廿二年四月开始,《沪语新辞典图说》改名为《上海俗语图说》,在《社会日报》继续刊发,篇目顺序号顺延,计184篇上海话俗语文章(其中有两篇篇目相同),在社会上引起巨大反响,受到读者广泛欢迎。"当时发现读者中每天剪贴保存,集成巨帙的颇不乏人,而因缺报莅馆补购,或重价征求的人,也户限为穿"(尉迟梦《写在〈上海新俗语图说〉付刊之前》),以至上海社会出版社于1935年汇编出版单行本。

这些上海话俗语按照发表时间段的不同,大致分为上下两篇。上篇144篇上海话俗语文章(民国廿二年四月二日至民国廿二年十月十二日);下篇39篇上海话俗语文章(民国廿四年三月十七日至民国廿四年六月十八日)。

五八 跳老虫

上海的下等娼妓,在么二堂子的"六跌倒"以下,(见《上海俗语图说》一八)尚有三层阶级,依次排列如下:

(一)打野鸡,(二)跳老虫,(三)困钉棚。

"野鸡"的解说已见《上海俗语图说》第四七节。"钉棚"久已绝迹上海滩,可以不必多论。"跳老虫"的生意经,自从"咸肉庄"公开买卖以后,也就渐渐淘汰以至于无,本可以不必列入"俗语图说"范围之内,不过"跳老虫"的风气,盛极一时,近年来虽无人再"跳老虫",而"跳老虫"的盛况,至今犹有人津津乐道,此事似乎与上海的历史小有关系,故不得不详说一下。

"约约乎,皮老虎,小东门,十六铺,跳只老虫再摆渡。"这是上海的一种民谣,在三四十年前几乎传遍了上海城;那时上海的繁华市场,尽在小东门十六铺一带,小东门外大街北首的横马路上,几乎完全被老虫占据了去,规矩人都不敢侵入她们的占领区域,因为那时候巡捕并不干涉妓女沿路拉客,任老虫区内尽她们去胡闹,凡是走进这几条马路的人,都是想去"跳"的,所以老虫非常活跃。

繁华市面渐渐北迁,鼠疫也逐渐蔓延到租界中心来,最著名的跳老虫地方是"兰芳里",此里在打狗桥南首,"到兰芳里去"就代表跳老虫,因为这条弄内并无别种住户,清一色都是老虫。

其他如典当街、布庄街、打狗桥、北沿浜、鸡鸭弄、香粉弄、福临里等处,尽是老虫区域;淘汰得最迟的要算打狗桥沿浜的三五家,在民国初年尚巍然独存。老友卓呆曾化装猪头三入鼠窟探险,当时到的就是这硕果仅存的几家。

跳老虫盛时,烟间尚未禁止,他们的营业名称叫作"花烟间",面子上也是卖烟的,她们的地位与现在燕子窠中的女招待相仿,每开一灯,取资两角念文,至今还有人以"两角念钿"代表跳老虫呢。

花烟间的排场很是特别,当门口就安着一张狭小的楼梯,妓女们都分坐在楼梯旁边,门口还挂着一盏黄包车夫用的小油灯,这就算是她们的商标了。她们坐在门口,嘴里不住地唱着《十杯酒》等小曲,看见有人走过,便夹叫一两声"来啥"!如果那人回头一看,她们便一拥上前,将那人像俘虏般擒上楼去。

嫖花烟间何以叫作"跳老虫"?这也是一种象形名词,老虫当然是象征某种器官,此虫无长劲,一跳即完,"跳老虫"者言其特别快也。花烟间完全是人肉交易所,买卖做得迁就,除了住夜以外,还有一种特殊嫖法,名堂叫作"开房门",跳老虫即专指关房门而言;当年花烟间的一炮,等于今日咸肉庄的一炮,不过当年物价低廉,老虫一跳,与最时髦的绿锡包同价,定价都是两角念钿。据常跳老虫的老辈英雄说:两角是肉价,念钿算是"下脚"。至今上海人还用"两角念钿"作辱骂下贱女人的代名词。

白相人指着女人说:"她是跳的",此非跳老虫之跳,乃暗示她是私娼,是"仙人跳"之跳,(见俗语图说三五)两种跳法不同,正似运动家之撑竿跳与三级跳,取径有别,不可混而为一。

五九 么六夜饭

"大少爷落难,瓦爿饼当夜饭。"这也是传诵人口的一种上海童谣,意在讽嘲纨袴子弟,平常花天酒地,挥金如土,将祖先所遗留的造孽钱挥霍完了,大少爷便到了落难时期,弄得衣衫褴褛,无面目见人,挨了一天的饿,忍到晚饭时候,方筹得四个青铜钱,向饼摊上购得一块瓦爿饼充饥,情形也就十分凄惨了!

那时候比瓦爿饼高一级的,尚有一种也是落难人充饥的食品,名目叫作"么六夜饭",却比吃瓦爿饼冠冕,并且实惠得多,可怜一钱逼死英雄汉,落难大少爷因凑不齐"么六"之数,只得望着热烘烘的野鸡团子兴叹,而去啃那硬绷绷冷冰冰的瓦爿饼,是亦大可哀已!

何谓"么六夜饭"?说出来真不值一笑,盖即粥店中之一碗稀饭和一碟炝酥蚕豆也。那时候上海的物价低廉,粥店出售稀饭,每碗定价制钱六文,小菜如蚕豆、咸菜、生咸菜梗等物,每碟定价制钱一文,那碟就像吃汤团的小盘一样,六文稀饭,一文小菜,凑成一张"么六",所以叫作"么六夜饭"。

那时候的生活程度,究比现在要低数倍,么六合计制钱七文,就能饱一顿肚皮。到了现在,每碗须四十文,而盛粥的碗,又比从前缩了一倍,可见一碗粥价,明涨了六七倍,暗涨又是一倍,粥是最平民化的食品,尚且如此,其他一切的一切,更可想见。

事到如今,么六夜饭已无处可吃了,而么六夜饭的盛名,却犹留传千古,不过区区一碗照见祖宗的薄粥,即使是"烧鸭壳子式"的老枪,食量像蟋蟀一样,对此也万难果腹,可知上海的瘪三近年来也要感到长安居大不易呵!

六〇 皮郎头

上海下层阶级的言语,有许多像猜谜语一样有趣,"皮郎头"即其一也。

敲击用的器具,无论是铁铸或木质的,南方都叫作"郎头"。国语就有分别,金属的叫作"铁锤",木质的叫作"木槌",另外还有一种石质的叫"石碓"。在上海则一律称为"郎头"。

皮制的郎头,上海市上也有出售,乃是老年人拿来击背用的,此物另有专名叫做"代婢",意思是代替婢女的职务而为老爷敲背的东西,若是你称此物为"皮郎头",那就要被上海人笑歪嘴了。

"皮郎头"在上海另有别解:乃是"挨打"的雅号。普通人挨了打,叫作"吃生活","背皮郎头"乃流氓之挨打也。

一样的挨打,还有各种不同的花式,挨嘴巴叫作"吃五分头"。被踢了一腿,叫作"吃外国火腿"。提起了四肢在地上摔几下,叫做"排三和土",又叫做"捧"。抛入河滨中,叫做"种荷花"。用粪包掷在行人脸上,叫做"摆堆老"。惟有用老拳殴人,才叫作"请吃皮郎头",皮郎头就是拳头的隐语。

上海人吃皮郎头,大半为了争风吃醋,酸溜溜的结果,就以皮郎头飨人,挨吃皮郎头的人都半是走路落了单,被人暗算了去,他只得脚里明白,做一次"夏侯惇",(见后)这叫做"被人收了头会去",他明天带了众家英雄去打回复阵翻本,便美其名曰"收二会",双方就要摆起"华容道"来,如果"筋头"讲得不合"笋头",也许就要开一个皮郎头比赛大会,大家"绞"过明白。

规规矩矩在上海做体面商人,不去转瞎念头,不走歪歪扯扯的路,决无挨皮郎头之危险,如果看见了马路姑娘就想染指,纵然她本人不舍得"弄送"你,自会有人来请你尝皮郎头的滋味。

背皮郎头者十停之九是登徒子之流,绝无抵抗的勇气,挨打的结果,总归是被人"吃瘪"。所谓"有种"的朋友,一拳来一脚去的与人誓死抵抗,那就叫作"吃斗",他不承认背皮郎头了,因为背皮郎头是"鸭矢臭"事情,在上海"道道叫"的朋友决不肯承受。可怜中国拥兵十万的将军,竟不及上海的流氓,背了"皮郎头",还做"夏侯惇",未免太"鸭矢臭"了。

关于郎头的典故,上海还有一种叫"汉郎头",那是自由恋爱中男主角的代名词,同属郎头,意义相差千里,切莫误认一事,免作缠夹二先生。

六一 抛顶躬

关于服装的名称,上海下层阶级的人皆——为之另起别号,列之如下:

皮子——衣服之总名也。

大篷——长衫也。亦曰"清道旗"。

义儿——裤子也。亦曰"三眼",因裤有三个窟窿。

弯皮——袜也。

巴子——衣袋也。(检查衣袋曰"抄巴子"。)

踢头子——鞋也。

蚨蝶——马褂也。

穿心子——坎肩也。

霍血——短褂也。

顶躬——帽也。

本篇且不谈别的,专说"顶躬":

"顶躬",看字面已很明了,"躬"字作身体解,顶躬者身体之"顶点"也;也可以说是"顶"在身体上的东西,彰身之具,衣裤鞋袜,都是穿的,惟有帽子确属"顶"在脑袋上,所以这个名称定得很确切。

上海有一班专靠顶躬生活的小瘪三,名堂叫作"抛顶躬"。他们潜伏在暗处,专伺行人经过,看见人家头上顶着簇新的帽子,便像猫捉老鼠似的蹿将出来,抢了帽子向暗弄里钻了进去,那人猝不及防,回头寻找,帽子已与瘪三俱杳,只得自认触霉头,秃了光顶回去。过三天那顶帽子已陈列在旧货摊上了。

明明是抢帽子,何以叫作抛顶躬呢?原来天下的职业,当第一代创业的祖师,都有几分票友的客串性质,待客串名利兼收之后,才渐渐地正式下海,造成职业化的新事业。

当初抛顶躬是一种游戏举动,一群小瘪三围立在广场上,先将他们同类的帽子攫取一二顶,当作皮球似的传递抛弄,教那失帽的人往来追夺,以资笑乐;有时且将帽子藏匿起来,过若干时候再抛出来还他,这种游戏就叫作"抛顶躬"。

以后他们把游戏的范围扩大,顶躬渐渐地抛到旁观的闲人头上去,一度藏匿,便永远不能物归原主了。他们占了几次便宜,以为此项营生大可做得,后来的组织就逐渐严密,成立了瘪三们的正式职业。

追逐在黄包车后头抛顶躬,比行路人要稳当百倍,因为乘车人发觉了帽子被抢,立命车夫停车,跳下来追赶,瘪三已不知去向了。

自从电车盛行,车门上又装了铁栅,更为抛顶躬者大开方便之门,他们抢了乘客的帽子,还对你嫣然一笑,态度从容地在马路上踱着,别人见了,还以为是熟识的朋友与你"打朋",那时车已开动,铁门已经关闭,不到站头,照例是不肯开栅的,你在车厢里喊破了喉咙,别人还要笑你"猪头三"咧!

抛顶躬的瘪三,在爱多亚路、六马路一带最多,他们都麇集在电车站上,等电车将要开动时,便进行抛的工作,乘车的朋友须要当心点。

抛去的顶躬,须保留三天再行变卖,这是预备抛到了自家人头上,待人来领还的犹豫时期;你若被抛顶躬,请记清了时间地点,托熟悉瘪三情形的朋友去交涉,自能将原物取回来还你,不索分文手续费,以重交情。于此可见抛顶躬的组织严密,动手来抛的还是牙爪,他们的幕后尚有人运筹帷幄呢!

六二 掰臭猪头

瘪三们有许多异想天开的象形名词,听了管叫人喷出隔夜饭来,例如盛尿粪的马桶叫做"臭猪头",请闭目一想这两件东西的形态,真有几分相像。

不要看轻这臭东西,上海还有许多人们专门靠此营生吃饭的呢!倒马桶的粪头,靠此兴家立业,挣起十万家财的,上海大有人在。此事非关本文,且不去说他,现在所谈的乃是专偷马桶的瘪三,别名叫做"掰臭猪头"。

上海的人口密集,大小饮食店遍地皆有,吃东西是非常便当,但走遍了热闹马路,却找不到一个出空肚皮的毛坑,难怪乡下人到了上海要说"上海人是只进不出的"。

上海除了有产阶级能住设备抽水马桶的洋房以外,多数市民的出货,都借重于臭猪头式的红漆马桶,上海人不开伙仓,有包饭作替他们送包饭来吃,却没有替他们包粪的包粪作,所以大小百家都要自备马桶拉屎。马桶的多少,以人口为正比例,一楼一底住了七八户人家,至少就有七八个马桶;每条弄堂里有几十个门口,就有几百个红马桶陈列出来,洋洋乎大观,好像战场上的排炮一样热闹。

上海人家俾昼作夜的居多,而倒马桶的时间偏偏限制得极早,天色未明,就听见倒老爷的吊嗓子声音,同时笨重的隆隆车声,也就推进弄堂里来了。

专司马萧萧的娘姨大姐,隔夜伺候奶奶小姐,最早须敲过十二点钟才能合眼睡觉,她们为贪图多睡一瞌起见,往往将早晨应倒的马桶,在临睡以前就陈列在后门口了,等到她们睡足了觉,开门出去,倒老爷已经将马桶出空,静待她们去完成刷洗工作。

瘪三们利用这个空隙,就去盗人家的臭猪头,他们有的扮作卖菜佣,有的乔装收字纸人,挑两个深而大的篓子。将臭猪头藏在篓子里,上面遮盖些字纸青菜,神不知鬼不觉地挑出弄去,自有专收旧马桶的坐庄客人替他们去推销,每个臭猪头能售一元左右,(当然他们总拣好的辩去)每天辩两三头,就够他们一天裹了。

瘪三们的没本钱生意,种类甚多,每种皆另有别号,趁此机会,顺便说一说:他们的营业共分两大类:强抢叫做"硬扒",偷窃叫做"软扒",另有一种软硬兼施的,叫做"软进硬出"。分别述之如下:

硬扒类:杀猪猡(剥衣服路劫)抛顶躬(抢帽子)拔葱(抢挖耳)扯蓬(抢耳环)捋苗(抢手镯)捋手圈(抢金戒)盗玲珑子(抢金表)淘冷枪(抢包饭担但非犯法)

软扒类:触天表(用竹竿偷窃)开桃源(掘壁洞亦曰开窑口)排云片(除店铺排门)翻高头(越墙上屋)跑顺风(对面行窃)跑逆风(背后行窃)垃圾(专窃电车乘客)牵黄牛(专窃黄包行)拾卷子(专在小菜场行窃)对买(扮买客行窃)跑早清(清晨行窃)跑灯花(黄昏行窃)摸甲鱼(偷鞋)上冂子(撬窗贼)下冂子(撬门贼)采毛桃(偷鸡贼)捋石头(拐小孩)倒旗杆(偷笋)挨马铃(专窃铜吊)问信(摸钱袋)牵猢狲(专窃洋装客)

六三 镶边

镶边的意思,在内地是一种揩油的代名词,譬如做一件衣服,镶边不过是个陪客,衣服的原料,居于主观的地位,而领袖同四周的镶滚,是居于客观地位的,所以无论什么事,吃酒,吃饭,以及一切娱乐,凡是要花钱的事,做陪客的人,一概都算镶边。北平打茶围的客人,陪客一概叫作边务大臣,也就是这个意思。

上海在三十年之前,吃花酒的人,除了主人之外,都叫作镶边酒,因为妓女的客人,才可以称为主体,其余的来宾,都是客体,不过镶镶他的边,做个陪衬烘托。换言之,就叫"牡丹虽好,全凭绿叶扶持,皓月长明,还仗轻云点缀",所以也叫作镶边客人。

然而近来十七八年之中,堂子里的情形,就大大的不同了,起先是碰和的客人,才每人给三块钱头钱,(也有抽头的)如不碰和的,就用不着掏腰包而给头钱,这是第一个时代。

到了后来,很有些忙人,一天要应酬好几处花酒,提不出功夫来碰和,就行出一种四付头的规矩,把牌倒出来,大家坐下,只碰四副,和的不出钱,不和的每人出一块钱头钱,如运和四副,可以一文不花,而其余的三家,每人至少也不过输了四块钱;再到后来,索性连四副都不碰了,把麻雀牌往桌子上哗喇喇的一倒,每人摸出三块钱来,往牌匣子里一丢,就算是一场和,叫作名色四副头;这虽是时间上的关系,恰也是社会上经济干枯而勉强应酬一种表现,这是第二个时代。

再到后来,爽性名色也用不着了,凡是花酒的请客买票没有一张不是写着双叙,客人即使没有功夫去,也要送三块钱去,作为头钱,送去的人,带回一张轿饭票,叫作买票子,又叫作送典礼费,这是第三个时代。

再到现在,社会奢侈的程度,一天高似一天,这种买票子的钱,也一天一天继长增高,由三块而加至六块,由六块而加至十二块,二十四块,阔些的客人,五十一百,也是常有的事。以前买票的客人,每人三块钱,是照例的,若每人出了六块,倌人们一定要眉花眼笑的,说一声多谢。到了现在,起码要给十二块钱,才算勉强过得去,买一个不披嘴,不看白眼。出二十四块的,才些微可以看见她们一些笑容,一定要出到五十一百的,方才博得她们眼笑眉花地说一声"谢谢耐"!若是寒色擞抖的,拿出六块钱来,她们一定一披嘴、一瞪眼,肚子里骂你几声"阿木林"!"阿曲死"!"瘪三"!这是第四个时代。

然而天下的事情,总算有反响的,主人吃精,客人也吃精,有那种人老着脸皮,吃得饱饱的,站起来拱了拱手,说一声:"叨扰,叨扰!恕不买票。"就扬长而去,主人倒也无可如何!

从前的吃花酒客人,可以不要花钱,所以叫作镶边酒。现在的陪客,一般也要花钱,甚至于所花的钱,更比做主人花得多些,自然不能再叫他们作镶边客人,所以在沪语之中,这个镶边的名词,只好给这班恕不买票的客人单独所占有了。

镶边马褂,是从前绿营兵士的号衣,无法可以形容这班镶边客人的态度,只好用镶边马褂来形容的了。(现在有一种头等阔客,是说明包几打花头,是他一个人拿出来,用不着客人花钱,这是一种例外,不在本文范围之内的。)

六四 粢饭团

娼门里的所谓粢饭团,是节边讨赏的隐语,因为嫖客终年在娼门里走动,男相帮和娘姨大姐们,冲茶的冲茶,打手巾的打手巾,一到节边,他们同她们也已经伺候了好几个月,烧过了归账路头之后,就要向嫖客讨些伺候手巾茶水的犒赏,但是为什么不直接痛快地说手巾钱,而偏要说是粢饭团,这是什么道理呢?

这大约有两个意思:一个意思是妓女不好意思讨手巾钱,所以换一个名称,免得低了娼门的身份;另一个意思是平时相帮们送进手巾来,是不拘形式的,也有麻花式的,也有铁链式的,惟有这节边讨赏的毛巾,却有一定形式,把两方或四方毛巾,绞成两个圆影,而很像粢饭团的东西,递了进来,而且一定还要当着客人面前拆开来,递给客人擦脸,所以就叫作粢饭团。客人擦过了脸,就要从腰包里掏出钱来,开销犒赏,普通的十元八元,多些的十六元,二十元,或者二十四元,大概看这个嫖客的资格浅深,同妓女的对客的要好不要好,而定犒赏之多少。譬如客人虽然是熟客,和妓女却没有相好,这不过是一种应酬戏,十元八元,也可以敷衍得过的了。如若客人和妓女非常之要好而又是有名阔客,那至少也得二十元,多到三四五十元,也不为奇。然而这是三十年以前的话,到了现在,妓院的奢华风气,一天甚似一天,如若是阔客和妓女有肌肤之爱,这一笔粢饭团的代价,至少也得四十元,或者五十元,多些一百二百,也是常有的事。比起那真正粢饭团的价钱来,那就天差地远了!

娼门里粢饭团的代价,也有特别廉价的,起码只要四块钱,这是一班娘姨大姐捉瘟生的玩意,遇着那班阿木林的瘟客,其实并没有吃粢饭团的资格,却一定要笑迷迷地对他说道:"耐阿要吃粢饭团?"只要客人点一点头,就听得尖俏清脆的喉咙,高高地喊一声"手巾"！登时就有两个滴溜滚圆像粢饭团一般的手巾滚进房来,这是房间里和客堂里(即男相帮)的外快生意。那不规矩的应该不应该,和客人的愿意不愿意,她们就不问了。娼门里粢饭团的代价,虽然实在不便宜,然而很慷慨而给粢饭团犒赏的嫖客,出了妓院之后,或者也到粢饭摊上,买一团真正的粢饭充饥;到了这个时候,想起方才的慷慨挥金,不知是怎样的感想?

六五 | **肉弄堂**

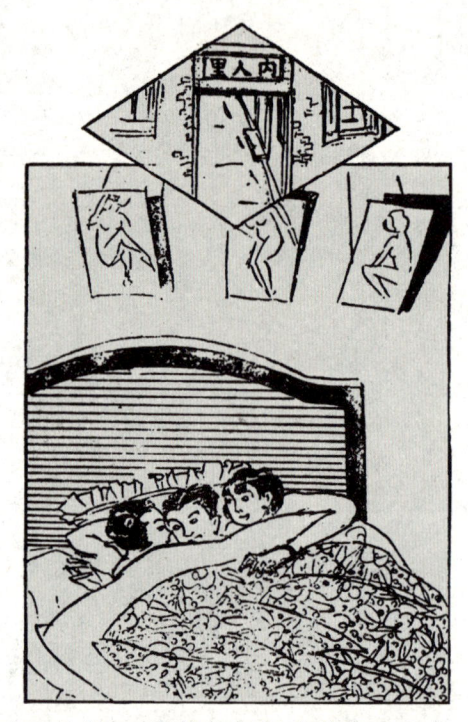

许先生画了一张肉弄堂的画意,胡先生要我写一则《上海俗语图说》,我便有些为难了!对他说:"上海的俗语很多,何以定要出这种秽亵下流的题目来难我呢?"

胡先生笑道:"足下所见何其不广,你解释了肉弄堂三字,怕被道学先生骂山门吗?其实吃冷猪头肉的亚圣孟老夫子已经说过这件韵事了,被老先生们认为圣经的《孟子》上载的'齐人有一妻一妾',不就是一条肉弄堂吗?"

"在一夫一妻制的国家里,肉弄堂乃是违法的事,除非是两个下贱的妓女,决不会有这种浪漫举动。法律上否认妾的地位,在中国境内乃是近年来新发明的事,从前的大老先生、公子哥儿,后房专宠、蓄置三妻四妾,事极寻常;三加四成七,以七个女性包围着一位丈夫,闺中之乐,甚于画眉,外人无从得知,即使他们每晚盖造一两条弄堂,谁敢决其必无,所以肉弄堂在中国殊不足奇。"

胡先生又引出一个古典来说道:"杨国忠冬月设酒,令妓女围之,名'肉屏风',亦曰'肉阵',见《天宝遗事》肉屏风是竖的,将她们一一横了下来,不就成为'肉弄堂'了吗?古人能发明肉屏风,今人就不能发明肉弄堂吗?酸溜溜的朋友曾将肉屏风形之诗赋,并无人认为秽亵,一样肉制的东西,何以'弄堂'就不及'屏风'冠冕呢?"

我对他笑道:"竖起的'屏风'究竟还能与站着的人们并肩而立,等到横了下来变作'弄堂',未免就有些'下流'了。"

胡先生笑道:"什么上流下流?都说得不对,若说人欲'横流',还有几分相信,欲过弄堂生活,倒不在乎上流下流,只怕是一个'未入流',那就少不得要夹死在弄堂中间了。孔子曰：'君子恶居下流。'你不愿自居下流，看来也想冒充君子，要知租界上的君子，无非燕子窠里朋友，劝你不做君子也罢。"

上面的一段肉弄堂解释，雄飞先生说得非常透彻，我就将他写了出来，免得我再动脑筋，这个肉弄堂的难问题也这样解决了。

不过我要附带劝告几句，弄堂生活"左右逢源"，果然是欲仙欲死的开心写意，只是"双斧齐下"、"左右夹攻"，任你小身体如何"结棍"，恐怕也经不起过分斫伤，将来色痨成了症候，便去请教医生，唤哎呀就来不及了。我看还是"一个栗子顶一个壳"的将就些罢！不要去听胡先生"胡说"。

六六 赤 老

上海人开出口来骂人,除了"猪猡"以外,就是"赤老"。赤者,红也,赤老的字义与"丹翁"一样,都是"通红的老头子",何以会当作辱骂人的名词?上海话真有些费解。

有人说:赤老之赤,不作红颜色解,乃赤裸裸的赤,因上海人裸体叫作"赤膊"。赤老者,赤裸裸的老人也,这也不像骂人的话。

为了这个"赤老",我去请教过好几位上海老白相,有的亦不知作何解,有的解释得很牵强附会,其中有两位先生说得最近情理,我且介绍给读者诸君:

"赤老"应作"出老",凡人死后,不能不装入棺材抬出门去,尤其是寸金地的上海,死人很少有停尸不殓日超过三天以上者,贫穷人家,朝死夕出,出老之"出",即抬出大门之"出"也。被扛夫抬出大门的,当然不是活人,"出老"者抬出去之人也,亦即"死人"也。骂人"出老"就是骂他是"鬼"。

还有一说:"赤老"源于"赤老绷"一语,上海人凡事弄糟弄僵,或戳破奸谋,都叫作"赤老绷",此语含有"完了"的意义,若用文言注解:则"呜呼"二字最为适宜,"赤老"者,"呜呼之人"也!也就是"鬼"。

赤老之"老",乃助语词,与北平话之"子",杭州话之"儿"一般,并无多大意义。上海隐语中,用"老"字为助词者极多,例如:末老(人),和老(男人),寡老(女人),酥老(贼),鸣老(鸡),轧老(鸭),削老(师父),底老(徒弟),黑老(烟土),钻老(白虱),赤老亦诸色"老"等中之一老也。

"赤老来哉!"我们在电车里常常会听见这句话,这个赤老专指查票人而言,几乎成了他们的专名。其实在中外杂处的洋行里,中国人都尊称外国人为"赤老",因为外国人的别号是"洋鬼子",赤老即鬼子也。当初电车查票都用外国人,后来虽改了本国人,赤老的头衔也就世袭下去了。

六七 快马

卅六神花不易猜,梦魂颠倒费敲推;
航船去后狐疑起,快马飞过茅塞开。

这是某君咏花会的一首竹枝词式的打油诗。花会共有三十六门,除去"日夜把筒","观音"等四门不开,实际只有三十二门,在交易所市场上赌"多头"与"空头"两门,尚且要输得倾家荡产,何况在三十二门中淘一门,难怪打花会的人都要不得其门而入。

打花会既无门路可寻,不得不异想天开地闹出许多玄虚来,什么"扛筒","看井","张坟","求签","枰马桶","偷骷髅","烧纸锭","问年纪",细数起来,多至一百余种,而最普通的方法就是"详梦"。

做什么梦,打哪一门,都有专书记载,花会迷个个读得滚瓜烂熟,什么应打"正身",什么应打"替身",不假思索,就能背诵如流,好像是百发百中的。

不过同样做一个梦,亭子间嫂嫂详的应打"张九官",灶披间阿姊详的该打"王志高",阁楼上好婆详的又要打"陈日山",这样七舌八嘴的详了一会,打花会朋友就要大费敲推,比了诗翁的拈断髭更费精神。

花会的总机关叫做"大筒",分发行处谓之"航船",零星打户,都将银钱字条送在航船里,由航船解入大筒,当他们详出了梦之后,打定了某门,航船开去,心里就疑惑起来,大家议论争执,一直要到"快马"到来才肯心死,伸长脖子,盼望了几个钟头,结果只有叹气说一声:"王志高,吃烧包!"他们的迷梦方醒。"吃烧包",就是吃空心汤团的别名。

所谓"快马",并不是四只脚的真马,乃是骑脚踏车的报信人,总筒里开出了花会名称,便有许多听信的脚踏车队,分头去向各航船报信,称他们"快马",形容其速率特别快也。

快马来时,许多花会迷像迎接官府似地站立在马路两旁,他们的命运就在快马口中的两个字;快马报信,不说花会名字,但报一个号码,大家就知道了。打中的兴高采烈,不中的垂头丧气,各人的面孔倒也好看,不过"眼睛地牌式"的人总居多数。

航船刚去的时节,各人总是狐疑不决,等快马一到,才能恍然大悟,知道刚才都猜错了,好在他们总不怨梦不灵,终归是详梦的人详错了。

"醉生梦死"四字,最配给"花会迷"死后的像赞,他们活着如醉如痴地浸在花会里,输得走投无路,只剩死路一条;而且为打花会而死的人,照例要悬梁自尽,他活着是穷鬼,死后却会暴富起来,因为吊死鬼,被活花会迷奉为神明,打听得某处吊死了一个花会鬼,东西南北的"候补吊死鬼",都会来化小锭睡在棺材旁边祈梦,锡箔灰却被他捞进不少。

快马快马,不知有多少冤鬼死在他的马蹄之下了!他的马蹄过处,更不知有多少人为他丧魂落魄,愿攀几根绊马索,将快马一一绊倒他们。

六八 雌老虎

《水浒传》一百单八条好汉,内中有一条女性好汉,芳名叫做"母大虫顾大嫂",有人为之作像赞曰:

当垆文君,割肉细君,曰寡小君。

当垆文君,是女堂倌的鼻祖,也有人叫她为"活招牌",那就有些犯了侮辱女性的嫌疑。割肉细君,不知割的是鲜肉还是咸肉,也许梁山时代已有咸肉庄了。"寡小君",看来就是"小寡老"的古名,青春时代的顾大嫂,或者会有人赐给她这样娇滴滴、嫩滴滴的一个诨名。

如此考证,也许要气煞圣人胡适之了?

总而言之:母大虫的名称,由来很古,说得迟些宋徽宗时代(公历一一〇〇年后)就有了。经过了八百三十年的长时间,言语风俗都有变迁,"大虫"改称"老虎","母大虫"就摇身一变而为"雌老虎"了。

当年的母大虫是一个强盗婆,上海虽无打家劫舍,或出卖蒙汗药酒与人肉包子的女好汉,然而北里中也有几位以强盗为诨号的女将,如"强盗老三"、"强盗老八"等,皆上海花丛之著名阿姐也。

如今母大虫的行为,上海人已不称为"雌老虎",而尊之曰"白相人嫂嫂",白相人嫂嫂挺胸凸肚,风头十足,讲几句"斤头",斩钉截铁,一刮两响,管教大家信服,人头"兜得转",做事"落门落槛",不说洋盘话,不做半吊子,此嫂嫂之所以为白相人也。

寻常之所谓"雌老虎"也者,竖眉瞪眼,揎拳捋臂,开口骂山门,动手打老公,吃相果然难看,其实毫无道理,她的做作,等于村姑泼妇,名曰"雌老虎",实则"纸老虎"耳！被男人三句迷汤一灌,雌老虎就变作"小绵羊"了。

上海有两句俗语道:"老虎勿吃人,形状看不得"。真的老虎岂有勿吃人之理,勿吃人的老虎,即指横竖不讲理的雌老虎而言,她监视得男人像囚犯一样,发现了男人的越轨行动,便大肆咆哮,不顾男人一眼眼面子,天王老子都要得罪,弄得朋友亲戚退避三舍,不敢上她的门,这只雌老虎做得未免太无味了！

男人当着雌老虎的面,吓得像小鬼见了钟馗一样,背转身来,偷婆娘的手段比猢狲还玲珑,姘头七八个,小房子三五处,瞒得像铁桶一般,因为怕她发老虎脾气,谁也不敢泄漏半句秘密,结果还是她吃了大亏。

在顾大嫂以前中国还有一个著名雌老虎,就是陈季常的大婆柳氏少奶奶,她的教训丈夫,声音如同狮子吼,苏东坡老太爷都奈何她不得。

关于抵制雌老虎的方法,中外文学家都有具体条陈,供献过我们,中国要以蒲柳仙的方法最多,如《聊斋志异》中的"马介甫"、"江城"、"恒娘"等皆是。英国的文豪莎士比亚有"驯悍记"剧本,曾风行全地球。其他的文学作品不胜枚举,大概他们也是怕老婆的前辈,将身受的痛苦描写出来,自能流传不朽。

六九 摆堆老

上海瘪三向人寻衅复仇的手段,亦分软硬两种方法,硬的手段较辣,目的要想置人死地,如以手枪狙击,谓之"吃卫生丸"。以利斧劈人,谓之"开山王府"。沉人于水底,谓之"驼石碑"。溺人于河,谓之"种荷花"。用绳勒毙行人,谓之"背娘舅"。以木棒击断人腿,谓之"借腿",凡此种种,皆硬的对付也。

软的方法,比较和平,如以镪水浇人头面,谓之"洒香水"。以生石灰迷人眼睛,谓之"拍粉"。还有人以荷叶裹秽向人头面上乱掷,谓之"摆堆老"。

用"摆堆老"方法暗算人,并不能损人毫发,目的只在教人小触霉头,瘪三们借此泄愤,以为人头着粪,至少须交三年恶运。

"堆老"是粪的别名,此粪非粪车、粪船、粪坑中之大批粪,仅指刚由人体内排泄在露天的"堆粪"而言。"堆老"也者,即"一堆东西"之谓也,"摆堆老"者,就是"摆一堆东西"。

上海还有一句用场极繁的俗语,叫做"撒烂污",有一部分上海人就把"摆堆老",代表"撒烂污",人的肠胃有了毛病,小肚子里起了几阵咕啰啰的交响乐,撒出污来像荷兰水一般稀薄,这种病,北方人叫作"拉稀",南方人叫作"肚皮泻",其实是"撒烂污"。

我们不幸得了腹泻毛病,当交响乐奏着前奏曲时,肛门口已忍无可忍了,奔到马桶脚边,来不及揭盖,荷兰水瓶塞已砰的一声弹得老远,"沙司不喇打",情不自禁像狱啸似的突门而出,裤子裆里弄得一塌糊涂,不可收拾,上海人就将这种情形比作做事行为上的"撒烂污",下层阶级就叫做"摆堆老"。"撒烂污"处处可用,因有"大烂污"与"小烂污"之分,举几个例子,以说明烂污之大小:

你约朋友在三点钟见面,到了五点钟才去,朋友就说你"撒烂污",你也能向朋友道歉说:"我撒了烂污!劳你久候。"

商店职员不招待顾客,伏在柜台上打瞌睡,经理先生申斥道:"你太撒烂污了"!

工人做的货色不坚牢,老板骂道:"生活做得太撒烂污!"

在酒席上泼翻了一个酱油碟子,也可以说"撒了一个烂污"。

以上几个例子,都是"撒烂污",不能用"摆堆老"来代替。

又如:报纸上登的悬赏捉拿逃伙某某,我们也能说:"某某撒烂污逃走。"也可以说:"某某摆堆老。"

有人用掉枪花的手段,向人诈欺取财,都可以叫作"摆堆老"。像泼翻酱油碟子等琐屑事,却很少有人说"摆堆老"的,此即"摆堆老"与"撒烂污"之分界,大概"摆堆老"皆指大撒烂污而言,小撒烂污不能谓之"堆老也"。

七〇　汏浴

人的身体本是一部天然的机器,机器需要煤炭和水才能活动,人的身体,也需要饮食才能生活,机器里烧剩的渣滓须时时出清,人体内装进去的食物,把营养料吸收之后,剩余的废物也须排泄到体外来。

人体的排泄方法,除了大小便之外,还有一种皮肤分泌法,所有汗液污垢都能从汗毛孔里排泄出来,机器没有汗毛孔,所以不能发汗,人的皮肤上积垢太多,便会发痒,那时就感到有洗涤的必要,北方人谓之"洗澡",上海人就叫做"汏浴"。

"汏浴"目的在清除人身皮肤垢腻,当我们有汗毛孔里布满了泥污,皮肤的交通阻隔,身体内的废物无由排泄,便觉得异常不适,到浴堂里去汏了一个浴出来,霎时就会神清气爽,有说不出的愉快。

人身上负了债,行动不能自由,到处受到掣肘,弄得精神萎顿,浩气全消,这就像汗毛孔塞足了污垢,身体内的积秽无法排泄,如此闭结,血脉就不通了,与大小便闭结一样难受。金钱就是人生的血脉,所以上海人衣袋里"瘪的生司",又叫做"干血痨",要想使血脉流通,只消往浴室里一跑,汏一个痛快浴,就能百病全消,要想救济人生的贫困,也只消觅个"户头",汏一个肥浴,把满身人积债,洗得一干二净。

上海之有女混堂,还是近年的事,从前的大旅馆也没有附设浴室,妇女身上肮脏,在冬天竟无法解决,惟有男子才能享汏浴的权利,不过那洗清全身债务的"汏浴"权利,也惟有女子才能独享,男人的混堂,只能洗清皮肤上的污垢,洗不去半个沙壳子的积欠;女子汏一个浴,就能将陈年宿债全数洗光。

时髦妓女,挥手千金,绝无吝啬,她们每年所得的缠头资,还不够一节的胡调费,负数千金重债,背极大的利钱,在平常人处此环境之中,早已身败名裂,不能立足于社会,但是她们却毫不措意,虱多不痒,债多不愁,并且还有人相信,常将首饰衣料赊欠给他们,这是什么缘故?因为她们有一条特别出路,就是"淴浴"。

妓女到了满身是债,无法清理的时候,便在嫖客中找一个肥而瘟的先生,先用迷汤将他灌酥,然后委身嫁他,她是他的太太,她的债就是他的债,一捆一捆地替她还清,还要置办些衣饰替她撑场面,她居然从良跟他去了;不多几时,她便想出方法来,使他不得不与她脱离,那时她就像从混堂里出来容光焕发的浴客一样,全身烂疴,一齐擦去,她抛却定情照片,捆卷财物,写写意意地跋到生意浪,仍旧去铺房间寻第二号瘟生去了。

"天下瘟生死勿完",妓院里有这样一句俗语,所以时髦妓女的浴,不妨一淴再淴十廿淴,直淴到头发白,牙齿落,还能出来做老鸨太太。

"淴浴"与"放白鸽"情形相仿,不过白鸽骗的都是穷人,弄得不巧,就要打官司,法院里奇案千万,却无嫖客控告妓女淴浴的,只因开女混堂的瘟生都是肥客,被妓女淴去几万元的大浴,像牛身上拔一根毛,犯不着与她穷凶极恶,出乖露丑。

七一 电灯泡

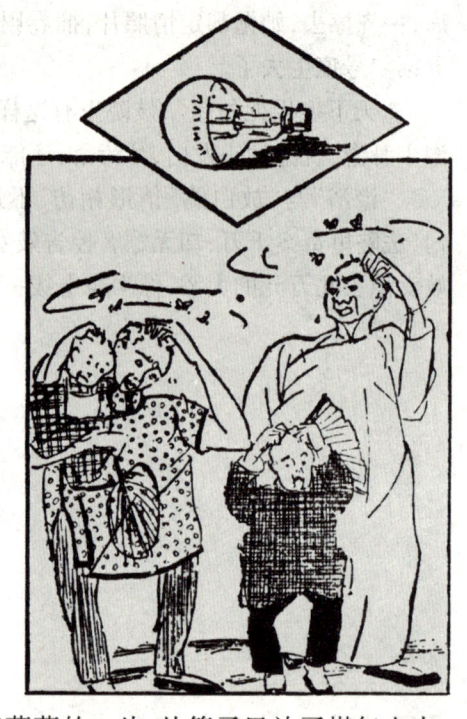

上海人最喜欢用日常所见的事物来代替人们的形体,如称瘦长的人为"电线木头",或"晾衣裳竹竿"。矮胖的人为"浸胖浮尸",或"矮冬瓜"。瘦的妇人为"烧鸭壳子"。小姑娘为"皮夹子"。衣裳不贴身者为"跌散铺盖"。面有酒斑者为"赤豆粽子"。有雀斑者为"苍蝇屎"。诸如此类,不胜枚举。

"癞痢头"从前被上海人称为"电气灯",现在却改为"电灯泡"了。癞痢头虽少生了几根头发,但像电灯泡一样光滑的脑袋,究竟还居少数,所以许画师对此也发生了疑问,总觉得有些名不副实,特地画一个电灯泡来考我,险些儿又被他考住。

关于电灯,又要略述上海典故了,当爱迪生的真空灯泡尚未发明以前,上海夷场上用的都是煤气(瓦斯)灯,起先的火焰只有薄薄的一片,从管子里放了煤气出来,直接就点,光度与"保险灯"相仿。后来发明了纱罩,装在灯头上点时,光度比前增加几倍,上海马路上就到处都用煤气灯,俗语又叫作"自来火"。

那时的戏馆里和四马路转角,还装着两三盏大煤气灯,形式大小,与现在的汽油灯一样,也是倒挂的,四五个纱罩聚为一簇,外面装一个球形大玻璃罩,为保护这大玻璃罩的破裂起见,外面又络一层铁丝网,这种灯上海人特别赐了一个专名叫做"电气灯";其实还是瓦斯,并无什么电气在内。

大玻璃圆泡之外,络着一层牛眼笆式的网络,泡里点了灯,望过去亮油油的,诸君闭目一想,这东西可像一个满头新鲜癞瘢的小癞痢?那时候此项煤气灯极为名贵,只有热闹中心的四马路石路转角,和天仙茶园门口,各有一两盏,别处马路上简直少有,乡下人引为奇观,但不知此灯叫何名目?就称之为"癞痢头灯",后来才知道是"电气灯"。翻一个身说:"电气灯"又成为"癞痢头"的雅号了。

自从电灯风行后,癞痢头灯就逐渐淘汰,惟有旧式茶园的正厅上,在宣统年间还有留着的,戏馆都改建为舞台,癞痢灯便随茶园一同消灭。

像人的脑袋一般大的电灯泡,市面上很少看见,今人称癞痢为"电灯泡",还是从"电气灯"传下来的遗迹,只因近来"电气灯"已看不见了,再用此名来代替癞痢,似乎不合潮流,于是"电灯泡"就风行上海滩。

上海有一种"癞来勿识相"和"癞气冲天"的专家,据他们研究癞学的报告说:癞痢分先天与后天两种,先天的癞是从母亲大人胎里就癞出来的,这要怪他令尊大人的"勿识相",要想像浇蜡烛似的"加工双料",结果浇得他满头是"癞",俗语叫作"胎垢"。

后天的癞痢,要归功于竖旗杆的剃头担子,原来癞气是一种传染的细菌,他们的剃刀上满布着癞气种子,你坐到水门汀上去请他们奏刀一试,如果你的额角头低些,也许他们就会奉送一盏"电气灯"给你。

许画师说:"冬天的癞痢还有帽子遮盖,到了夏天,既无遮羞之具,癞壳上又要走油,苍蝇蚊虫都来与他'打朋',搔了要痛,不搔又痒,真个难过煞人!牛山濯濯的腊病,和梅毒一样的有传染性,所以癞其夫者,必癞其妻,癞子癞孙,绵连不替,我画中所表现者,一个大不识相之癞家庭也。"

准此,许画师对于癞学殊有研究,不胜佩服,想必他也沾染了几分癞气,所以才敢自称"不识相人"。

七二 放鹞子

放风筝由来甚古,《询刍录》云:"五代李邺于宫中作纸鸢,引线乘风为戏,后于鸢首以竹与笛,使风入竹,声如筝鸣,故名风筝。"

又《独异志》云:"侯景围台城,简文作纸鸢告急于外。"

照以上的故事看来,纸鸢于供游戏之外,尚能借此传递消息,效用等于古代的"雁足传书"、现代的军用传信鸽。

又据人说:"古人创制风筝,实是儿童的一种户外卫生运动,因放风筝头必仰望天空,口气冲出能泄内热。"

风筝,一名纸鸢,上海人叫做"鹞子",我现在所要说的"放鹞子",并不是飞翔天空的真鹞子,乃是旧式摇滩赌场中的一种玩意儿。

赌台别名"场户",每天两场,日夜开工,日场乃"抱台脚"人做的小伙生意,赌的是现金,输赢较小,专名叫做"暂户",入夜方演正戏,下注纯用筹码,并无限制,下风尽多尽少能打下去,是为"全户"。(下风是赌客,上风是庄家。)

摇滩的主角名曰"摇官",场中生死之权全操在他手中,赌场里迷信甚大,庄家胜负皆视摇官手气好坏而定,手气好的摇官,能连摇几个钟头不换,手气坏的,摇三五滩就站起来了。

摇滩计有四门,庄家占三门,下风占一门,如押孤注,照理应该以一配三,但在实际上,一块钱只配二元八角,那两角算是上风扣去的"水子"(头钱);平常的水子都是加一计算,须押一元一角才能照一块钱赢足,上风所占的就是这水子的便宜。

当新旧两摇官交替的时候,第一滩是照例不收水子的,这与新开店的"放盘"一样,也是招揽主顾的意思,于是就有人利用这机会,同时齐押三门。以三博一,得钱就走,他们的术语谓之"放鹞子"。

引一个例子来说明:"譬如下注者预料庄家不会开'进宝',他就舍弃此门,在'出宝'、'青龙'、'白虎'上各押孤注两元,只要不开'进宝',则输去两门(四元),赢进一个孤注(六元),连本共凑八元,这是拿六元去博两元,所得虽微,却有四分之三的赢钱把握。"

又如以十元作本,"三穿两杠"分注"龙出"、"白出",若庄家开"出宝",赢两注杠子,连本成十四元,开"龙"或"白",输去五元,赢进八元,连本可得十三元,万一庄家开一个死门进宝,那就连本损失了,这叫做"鹞子断线",是最触霉头的事,照例不再下注,掉头就走。

入赌场放鹞子的,都是上等瘪三,怀揣一张钞票,连放两三只鹞子,足够他们一天"浇裹",不幸今天有一只鹞子断了线,那就难免要"对八斤"。

近来上海已无旷场鹞子,到处取缔。多数靠鹞子生活的老弟兄,都感到"床底下放鹞子"叹!

放鹞子的别解颇多,如放白鸽亦称放鹞子等是也。

七三 | **打印子钱**

地球上的生产,全仗阴阳两性媾通,才会传种接代,生出子孙来,惟有富翁的金钱,却无须雌雄相配,就能母子相权,一代代地繁殖下去。

穷人越是生计困难,越是会生养儿女,讨饭的凤阳婆多半拖了一群子女出来做乞丐练习生,金钱也和子女一样,越是在穷人身上,越容易榨压出金子来;论千论万的借款,取了二三分利钱,有人已经要伸舌头,惟有借给穷人的债,才能用重利盘剥,加二加三利,都不算希奇,最普通的借债法就是"打印子钱"。

"印子钱"是山西客人发明的,穷人向他借钱,他放一个小手折给人收执,以后就凭此折付利息。每付一次,山西人在手折上打一个印,直至把折子上写的日期打完为止,所以叫做"打印子钱"。

打印子钱的利息,譬如借十块钱,须扣大洋四角作"鞋袜钱",每日打大洋两角,借钱的当日,须先扣一天利息,共扣大洋六角,实收九元四角,以后每日限时来打两角,分六十期打尽,名义上算来,借十块钱连本带利在两个月还清,须还十二元六角,是按月十三分利;如果照银行的复利计算,这笔利息就非请会计专家来打算盘不可了。

比打印子钱更厉害的,还有一种叫做"皮球钱",据说这种借债方法是赌场里发明的,借债一元,每日付利八十文,要付到还了他的一块整洋钱为止,否则,即使付过十年八年利息,这一块钱的债权永远存在。

"皮球钱"也是每日要来收的,如果付不出利息,就要请他吃拳头;"老拳奉敬",上海的下层阶级叫做"堆球",又叫作"皮郎头",皮球钱的名称就是从"堆球"

上来的。

又有人说:"皮球是有弹性的,任人用力击打,总是打不瘪的,印子钱打一天少一天,皮球钱打了一年半载,欠的本钱不曾打去分毫,以皮球名钱,就是征象他的弹性。"

上海有一部分印度人专门靠放债度日,他们的利息取得并不大,按月只有八分,你向他们借一百块钱,只给您九十二块,一月到期,你须还他百元整数。他们有一件事很特别,借债给人,要债户寻一个保人,出立一张借据,这张借据上只有借债人和保人的名字和两个手指模印,其余都是空白,你如到期还他们,便能将借据收回,假使你无力偿还,他们就用算盘一打,将你拖欠的本利,和他们为你破费的诉讼费、律师费、应酬费、车力以及一切损失费用,都算在你头上,将数目填在空白借据中,交到法庭,请法官向你和保人索取,他们管教是毫无损失。

还有一种叫做"七里完",又名"待父归天票",大概是父亲病危,儿子向人借债,以七日为一期,每逾一期,加倍奉还,借一元钱,一七还两元,两七还四元,三七还八元,以此类推,直到无尽期,父亲若延借一年不死,这笔账,须用"级数"来清理,就有点难算了。

印子钱的利息虽重得怕人,但非阿猫阿狗所能随便借得动的,定要有正当职业和信誉素孚的人担保,他们才肯将钱放手;大概是小菜场的小贩与黄包车夫借的最多,因为这种债户每日都有靠得住的现钱收入,所以才乐于放给他们;当小菜场将要收市,和黄包车交班的时候,每见有背着大褡裢袋的高大汉子,板着面孔向人收钱,这就是放印子钱的财主。

现在的放印钱者,已不一定是山西佬了,大半是马路英雄居多,不是红眉毛绿眼睛、铁心肠、硬头皮的超人,就不配做这票生意经,他们只要合一脚二三百元的会,收了头会去权子母利,可算是无本钱生意,不消三五年,就会挺胸凸肚一变而为小"布尔乔亚"了;然而他们还是最安分守己的英雄啊!

七四 磨镜子

玻璃是道地的外国货,古代的玻璃都是外国进贡来的,非王公大臣家里不易得到这种珍贵品;袁子才生长在乾隆时代,得了几块玻璃装在书窗上,便快活得手舞足蹈,还要吟诗百首,以为无上荣耀。事到今朝,屎坑棚上都装着玻璃窗,若令袁大诗翁见之,管教自笑"小家败气"。

乐昌公主的破镜重圆,当然不是玻璃背后涂水银的现代镜子,那时的所谓菱花镜,都是用青铜做的,古人做事究竟根牢固实,一面镜子可以十七八代的子孙传将下去,所以"古镜"也有在古董店里陈列的资格,不比现在的东洋货镜子,夫妻淘气相骂,就能将镜子出气,乒乓一响,立刻碎为齑粉,一个月中也许换七八面新镜子。

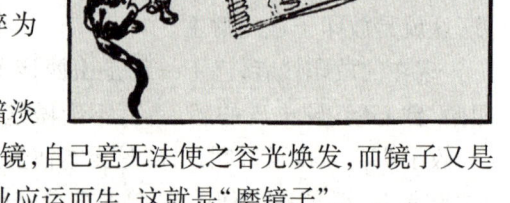

铜制的东西用得日子太久,就要黯淡无光,当擦铜油尚未舶来以前,用旧的铜镜,自己竟无法使之容光焕发,而镜子又是家家要用的繁货,于是就有一种特别职业应运而生,这就是"磨镜子"。

古代的磨镜子,与现在的"削刀磨剪刀"一样,都是挑着担子满街跑的,他备着一面母镜,将人家交给他的旧镜在母镜上尽力磨擦,就能恢复它旧有的光度,与新的镜子一样。

自从外洋来的玻璃风行一时后,国产青铜镜的地位就被掠夺,磨镜子的职业也就跟着淘汰了;不过近年来上海地方又有一个新兴职业发生,据说它们的名称也叫做"磨镜子",古代的磨镜是以铜相磨,现代的磨镜是以肉相磨,新名词叫做"同性恋爱"。

镜子应平坦光滑,才能照见人影,两面铜镜相磨,以光滑对平坦,中间绝无峰峦起伏,以磨镜代表同性爱,大概就是这缘故?

上海究竟是文明世界,连钻在被窝里做的不可告人的事,都能公开展览,七八层楼的大旅馆里都有这般新奇玩艺儿供人传呼,只要有钱就能像唤堂差似的唤一班来表演给人赏鉴。

恕我太阿木林,并且眼福太浅,从来不曾去欣赏过这种特别艺术,所以无从描写,据胡先生说:(也是听别人传述的,是否可靠不得而知。)表演这种艺术的人,进门就唤主人"泡开水",随即取出一个随身法宝,此宝形似丝瓜,里面装的尽是木耳,用开水一泡,就会膨胀起来。以后如何谈者不详。恕略。

磨镜子又名"摊粉皮",言其两面皆是光滑滑地。

七五 | **猪头三**

上海俗语中很有许多用歇后语的,上海人叫做"缩脚韵",例如:"甲乙丙"为"丁"(钉梢)。

"么二三"为"四"(屎)。

"城隍老"为(爷)。

"坑三姑"为(娘)。

"金卫陶"为"姜"(僵)。

"敲钉转"为"脚"。

"天官赐"为"福"。

上海人开口骂人,除了"赤老"、"瘪三"、"猪猡"以外,还有一位"猪头三";这也是一句缩脚韵,"猪头三"者"牲"也,畜生上海话叫"众牲","猪头三"就是"众牲"的歇后语,"众牲"也是上海骂人的口头禅。"牲"者,"众牲"之简语也。

上海人瞪出了眼乌珠骂人"猪头三",这当然不是善意的骂,不过语气已经比"猪猡""瘪三",或直接骂人"众牲"都要缓和得多,如果这"猪头三"三字是从美人的檀香樱桃口中吐出来的,那是非但毫无恶意,简直可以拿来当鸭肫肝般耐人咀嚼,味道像口香糖一般甜蜜,此话怎讲,且听我述一幕上海常见的话剧:

他在影戏场或大商店里,发现了一位肉感丰富的她,他一五一十地把无线电打将过去,她若接若离,半真半假,似有意似无意地应付着,她出门去了,他觉得有追逐的必要,便开始他的"甲乙丙"的工作。她叫黄包车,他也跳上去,她上电车,他也买票,她像充军,他像解差,一直充到杨树浦路底,她到了,他还紧紧地跟在后面,她在叩门的时节,回头看见了他,便学三笑姻缘里的秋香,回眸对他嫣然一笑,他贼忒嘻嘻地走上一步,她微启樱唇笑迷迷地骂他一声"猪头三",他的骨头酥了,知道此事已有七八成把握,明天更要进一步,重去追逐,希望她一见面就赏他一个"猪头三"。

这样的"猪头三"封号,受之者如得一等宝光嘉禾章,像烂泥菩萨跌入汤罐里一样"情伤"不过。当你穿过大马路的时候,斜刺里钻出一辆汽车,你避让得迟一点,汽车夫也会奉送一个"猪头三"头衔给你,这个滋味就有些两样了。

　　猪头三牲,是敬神用的祭品,计有三色,是猪头、雄鸡、青鱼,所以叫作三牲,有时候遇着吃长素的菩萨,便到烧饼铺里去做一副素三牲,也是猪头和鸡、鱼三件,不过是面粉做的假东西,用来骗骗吃素菩萨罢了。

　　到了现在,"猪头三"已不作"众牲"解,骂人"猪头三",大概是指他"阿屈死"与"寿头麻子"一样意思,凡属不识不知、呆头呆脑的不识相的朋友,都能算在"猪头三"之列;你看图中的朋友,眼睛瞪得皮蛋一样大,痴憨憨地望着楼窗上的姑娘,一心想吃天鹅肉,一副生就的吃耳光面孔,活画出一个道地"猪头三"来。许大画师的一枝妙笔,真能传神阿堵,佩服!佩服!

七六 鸭屎臭

在动物的胃肠里兜过圈子,再由肛门中排泄出来的东西,无论是人、是兽、是禽、是昆虫、是鳞甲,味道总是臭的。

从口腔里吃进去东西,无论是五香鸽子、十景香菜、玫瑰香水瓜子、口香糖、五香豆、百花香露、茴香茶叶蛋,经过胃肠的化学作用,再由肛门里钻出来,结果总会变作臭东西。

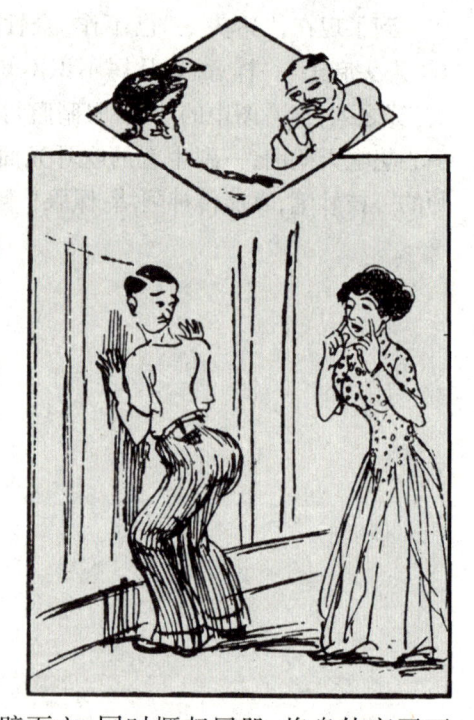

一样的屎臭,鸡屎的臭度未必比鸭屎低些,何以上海人只懂得"鸭屎臭"?而辨不出鸡屎、狗屎、猫屎、猪屎、牛屎以及一切屎等的臭味?

上海人做事说话,弄弄就会"鸭屎臭"出来,鸭屎臭的涵义很广:"难为情"其一也,图中的画意,据许大画师说:是一个"极僧"式的毛头小伙子,看见了一个年轻美貌的摩登姑娘,他忽然情不自禁起来,只得面壁而立,同时撅起屁股,将身体弯了下去,姑娘看见,便笑嘻嘻地羞他的面皮,说他"鸭屎臭"!这样的表现"鸭屎臭",真是异想天开,安得不教人拜服许大画师的思想新奇,他若不说,真叫我莫测高深。

"鸭屎臭"又含"撒烂污"的意思,"蒲鞋出髭须,一场无结果。"这句俗语堪为鸭屎臭作注解。

何以舍弃鸡屎而言鸭屎?此问题大堪研究。据我看来,此语亦系字音之误,"是否"上海土语谓之"阿是?""是否如此?"上海话说作"阿是敌能?"鸭屎臭者,"阿是丑"之转音也,"阿是丑"的意义释作文言就是"不亦丑乎?"义与鸭屎臭相符,都能作"出丑"解。

又有人说:"鸭屎臭"一语,颇有洋泾浜气味,"鸭屎"者,屁股 Anus 之释音也。"鸭屎臭"者,"屁股臭"也。屁股里发出来的臭气,除了"屁"还有什么?是以"鸭屎臭"即等于"屁臭",说此人鸭屎臭者,就是说他放屁。

此说亦颇说得通,不过与"鸭屎臭"的今义相去太远,例如本图所表现的"鸭屎臭朋友",似乎就不能说他是"放屁朋友"了。

但是,上海俗语失却古意的很多,岂独"鸭屎臭"一语而已。发明"鸭屎臭"俗语的上海古人,原本作"放屁"解释,也许在情理之中。或者是今人将"鸭屎臭"误解了,才害得那图中的朋友伸不直腰,真是"笑画奇谈"!

七七 劈 把

"巴子"有几种解释：

我们到六马路去绕一个弯，抬头看见马路两旁挂着许多特别招牌，别条路上是绝无仅有的，那就是斗大的"把子"二字，俗语称它们为"把子店"，这是专售戏班"旗包把子箱"中东西的店铺，如刀枪剑戟、马鞭以及一切手持武器，戏班中统称为"把子"，此一"把子"也。

"他是一个狼把子"，在上海下层阶级口中常听得这句话；"狼把子"如指男人，是说他手段太辣，或吃心太狠，有时也作身体结实解；拳头大、臂膊粗的老弟兄，都能称他为"狼把子"。若是指妇人而言，那就是白相人嫂嫂一流人物，她的身材像一匹"外国大马"，短小的男朋友与她结合，谓之"蹄胖面上蹲一只虾"；痨病鬼式的汉子，见了"狼把子"的女人，就要吓得魂飞魄散，退避九舍，此又一"把子"也。

我们走在路上，突然被中西探捕拦住去路。叫我们双手高举，将我们上下前后左右全身摸索一遍，见无违禁品，才能任我们恢复自由，这种举动，上海俗语叫做"抄把子"此又一"把子"也。

"把子"二字，在白相社会中应作"钱袋"解释，"抄把子"就是查抄钱袋，纯单用一个"把"字，又能作"钱"字解释，亦曰"把儿"，取钱曰"擒把"，又曰"挨把"，分钱曰"劈巴"。

瘪三们又将钱财比作血，故取钱亦曰"挨血"。无钱曰"干血"。钱多曰"血旺"。受贿曰"吃血"。"血"与"把"同为钱的代名词，两者亦大有分别，"血"系指普通钱财而言，"把"则来路不明之钱财也，故只有"劈把"未闻有"劈血"者也。"劈把"含有分赃的意义，故勒令交出赃物，曰"呕把"。逼赃曰"挤（音准)把"。受贿曰

"捞把"。纳贿曰"塞把",亦曰"吃把"。串通同党诱赌曰"翘把"。

图中所示的"劈把",揎拳捋臂,竖眉瞪眼,穷凶极恶,吃相难看,这是表现一群瘪三麻子的关门"劈把"。

我们偶尔在包铜板的反动旧报纸上,看见几个"分赃会议"的大字标题,不知记的是国内新闻,还是国外新闻,因为小字已被撕去了,内容无从拜读。然而"分赃会议"四字确很新鲜,借来用做"劈把"的注解,可算是最确切了。

从前的瘪三劈把,只能在老虎灶上秘密劈之,现在大人先生的劈把,便能开了大旅馆的房间,公然地大劈特劈,所以个中人的术语叫做"蝴蝶梦"。蝴蝶梦并不是什么电影明星做梦,乃是一出戏名,演的是庄子鼓盆故事,别名又称"大劈棺",隐射大分赃会议。

七八 红头阿三

"阿三,屁股头火着哉!"

记得我们在拖鼻涕时代,路上看见玩把戏人手里牵着的猢狲,嘴里就会这样地唤出来,因为猢狲屁股是红的,所以要嘲它火烧,"阿三"者,猢狲之雅篆也。

据《达尔文原种论》上说:"人类的原始祖先是猿猴,我们都是猢狲的灰子灰孙。"

凹眼窝,高鼻子,黄头发,狭面孔的高加索种人,看来是猢狲的嫡系子孙,因为他们的形态与猢狲最近似,西洋文化未输入我中华以前,我国的"小把戏",早就看出这个特点来了,所以对于一切红毛洋人,皆尊称他们为"猢狲",有时候亦直呼他们的雅篆"阿三"。

不要看轻印度人,他们的面孔虽黑得像钟进士的令弟一样,然而他们的的确确是高加索白种人的嫡亲同种,若不读世界人文地理,对此黑面孔的白种人,都有些怀疑他们是冒牌货,其实用不着对证古本,只要到英租界大马路转角去,对"立角子"(注)的印度巡捕相一回面,看他们的面相骨骼,真与西洋大班差离不远。可见上海小孩子之尊称印度人为"阿三",并非信口开河,与世界大科学家有同等见识。

上海人称印度人为"红头阿三",即红头洋鬼子也。其实印度人不一定包红头的,他们初到上海包头布的颜色,青黄赤白黑,五花八门,各色俱全,须等他们吃了巡捕房饭,才一律包起红头来,红头乃是他们的"制包",如果派在外国牢监里服务,就一律包着蓝头,不过"蓝头阿三"平常看见的不多,所以红头阿三的名称最为普遍。

"红头阿三",除了在马路上"立角子"以外,还有"看门"也是他们的专业,凡属公共租界内的大公馆,大商号,大栈房,大娱乐场,以及各级衙门的大门口,都有一个又高又大的"红头阿三"站着。

　　大门口有了"红头阿三"便显得威武雄壮,神气活现,不但是一件高贵装饰品,并且能够教他吓退乡下人,和拒绝一切主人所不愿接见的起码朋友。

　　因为大家争聘"红头阿三"看门,所以提起了看门的职业,就会想到红头阿三身上去,有一次偶尔跟朋友到妓院里去探望他的老相好,只见他拍了她一下头的屁股,然后问她道:

　　"你的红头阿三还不曾落差吗?我又要逃走了。"

　　我听了很是纳罕,心想近来上海的妓女好阔呵!她们也要雇用"红头阿三"看门吗?后来见她涨红了脸,在他的背上捶了几拳,他缩紧了脖子一声不响,我便格外觉得奇怪,有钱雇用红头阿三,乃是体面事,何以她要讳莫如深呢?

　　朋友因畏"红头阿三",不敢在她妆阁中久留,与我一同退出来,我问他为何怕"红头阿三"?他笑道:

　　"足下何其阿木林也!为她看门的阿三原是白头的,落差以后,就变成红头了。"

　　"呵!你说的原来是骑马的哑谜。"

　　后来我又打听得,那妓女嫌朋友身上有"猪狗臭",每逢他去时,她就请出红头阿三来挡驾了,正与富翁命阿三挡起码朋友的驾一样。红头阿三的效用真厉害呵!

　　(注)上海的三叉路口叫做"角子",巡捕的岗位都在角子上,所以吃巡捕饭的人称站岗为"立角子"。

七九 十三块六角

麟凤龟龙,谓之四灵,而人类又为万物之灵,根据几何学的原理,甲乙两数与第三数相等,则甲乙两数亦各自相等,人与龟皆等于灵,故人类等于乌龟。

麟为兽族之长,凤为百鸟之王,龙为万鳞之君,龟则为甲虫之大亨也。这四样大名件,好比是日内瓦的列强代表,每一名件,各有千秋,皆具有代表一大民族的充分资格,是以尊之为四灵。

但是,同属四灵,惟龟为最不幸,初生小孩,誉之为"麟儿"、"人中之凤",皆是恭维人的话,"龙"更是了不得的东西,须有帝王资格才能消受这尊称,若是平民僭越用了"龙目""龙颜"等名称,就有杀头的危险;一样的灵物,何以将麟凤龙比人,就会使人欢喜?将人比作乌龟,就会招人生气?我真要替元绪公抱不平。

神龟负图,圣人作洛书,画八卦,仓颉俯察龟文鸟迹之象而制文字,大禹因龟背而划九州;可见龟与中国文化大有功劳,龟何负于人?人乃看得它半文不值!

古人把龟看得很尊贵,《周礼》有"龟人"的官名,庄子说:"吾将曳尾于涂中",自比为龟,不算希奇。称长寿之人曰"龟龄"。陆放翁以龟壳作冠,形之于诗。古史中述龟之美德,古人把取龟为名字者,尤其更仆难数,可见龟在古代,并未被人藐见。

把龟当作骂人东西,大概始于唐朝,因唐制百官皆佩鱼,武后僭位改佩鱼为佩龟,唐宝中兴,仍废龟佩鱼所以将佩龟比作乱臣贼子。又唐时乐户皆着绿头巾,龟头亦为绿色,遂目着绿头巾者为龟,乐户妻女为歌妓,故又目开妓院纵妻女卖淫者为龟,此则以龟比贱人之来源也。

龟为古物，以龟骂人之历史亦甚古，各地皆然，不限上海一隅，《辍耕录》载嘲废家子孙诗："舍人总作缩头龟。"龟之美德极多，惟有"缩头"一项，乃是它的"缺德"。

凡属生物，皆有天赋竞生存的工具，如蜂针螳臂之类，都是天赋抵御暴力侵犯的利器，惟龟只有一个硬壳保护着肉体，如遇强暴来犯，毫无抵抗能力，只得忍气吞声，缩头缩脚，闷受异族的侵掠，龟是不抵抗主义之发明家。

为人不能保护妻女，任人蹂躏，像龟一样无用，所以世俗目妻女被人奸淫者为龟，若是故纵妻女去卖淫，那不是"缩头龟"而成为"开眼龟"了！

上海人说话爱打哑谜，不肯直截痛快骂人为龟，因为龟的背纹是十三个六角形的图案，便用"十三块六角"来暗射龟。

龟的别号甚多，如元绪公、玄衣督邮、缁衣大夫、大蔡，这些都是雅号。至于通俗的别名，除了十三块六角外，尚有披蓑衣、七索、绿帽子、乌木顶子、硬壳、支钻尾巴、胡椒眼睛、橄榄头王八和其他……

在墙头屋角，每见大书特书曰："在此小便小五车。"这是上海的民间文学，五车就是乌龟的简字。

八〇 掮钢叉

上海阿流之三大家数,曰"霍",曰"吓",曰"骗",所谓"霍吓骗俱全"者,阿流之资格备矣!以此打流,无往而不宜。

日阅报纸,与吾人眼帘相触者,曰"吓禁声张",曰"骗取财货",吓骗二字,耳之熟矣!惟有阿流之"霍",则不见说,文不知其书法,姑倚其声,杜撰"霍"字,以待沪语专家之考正焉。

"霍"字之义,颇难注解,上海俗语,名闪电曰"霍显",霎忽曰"一霍"。以术取钱曰"霍钱"。如假借名义,到处醵资,皆得谓之"霍钱"也。"霍"非非法,与诈欺取财有间,是可以意会而无法形诸口舌,欲以文字下一正确定义,难已!

阿流名贴肤短衫曰"霍血",血者钱也,"霍血"也者,言其可以借此"霍"钱也,盖阿流当"干血"之际,匆遽无从得钱,上海小押当遍地皆是,但卸短衫,送入押铺,立易钱来,"霍血"也者,谓血之来也,既易且速,"一霍"即至也。"霍血"去矣,尚余"大蓬"堪以彰身,固无碍乎面子,面子者阿流之第二生命也,"宁失夹里,毋失面子",阿流之座右铭也。

大蓬与霍血不幸俱失,阿流赤裸裸矣,如在夏季,则毋须乎豆芽之孵,一条裤子一根绳,但得破蒲扇一柄,用以遮蔽可畏之夏日,犹堪徜徉于马路之间,遇人询及,可以"乘风凉"对之,阿流至此,已入"掮钢叉"时代,视"孵豆芽"尤惨,盖孵豆芽者犹存绵胎一具,此则裤子与串头绳外无长物矣!

徒手体操有一节目曰:"双手向前平伸,曲臂向后数",当曲臂时之姿势,肘与肩平,双手握拳,前臂直矗,与颈并行,厥状作笔架山形,全身挺直,酷肖钢叉,阿流之"掮钢叉",盖亦形容此状也。

衣食住为人生之三大要素,而上海阿流之人生观,则曰:身上穿得绸披披,屋里常无夜饭米;身上穿得绸汤汤,夜里眍觉呒不床。

家无煮饭之米,不妨购冷瓦片饼以充饥,衣服不能不绸披披也。夜无睡眠之床,不妨打朝摊夜卷之地铺,衣服不能不绸汤汤也。可见阿流之住之食皆可马马虎虎,独于彰身之具,则不肯搭搭浆浆,一旦使之卸甲丢盔而大掮其钢叉,则其人之窘态穷况,有非言语所能形容者矣。

世谓阿流至立秋以后,犹"掮钢叉"而过市,告人以"乘风凉"去者,则其人也,"干血痨"已入第三期危险状态矣!非输多量血液入其身,不可活也。

或曰:"钢叉乃小鬼之武器,小鬼何状,非至黄泉路游历不可见也,然神庙之泥塑小鬼,赛会或剧场之人扮小鬼,及画图之纸上小鬼,固见之屡矣,凡属小鬼,皆赤裸其身,故掮钢叉者,乃诋人小鬼,亦即暗指其人之赤膊也。"

八一 人家人

上海是五方杂处的地方,住的是五方杂处的人,这是一个活码头水陆交通,异常便利,无论是轮船火车,每天进出口数十百次,都是黑压压地装满了男女、老少、贵贱、贫富、肥瘦不等的旅客,如果仔细统计一下,也许行客的数目要比坐客多些。

这许多旅客多半是在上海无家无室的,他们惟一的栖身处就是旅馆,因为旅客的贫富贵贱和奢俭不能整齐划一为适应各色旅客的需要起见,上海就开设了盈千累万大小不一的旅馆,以容纳这许多旅客,旅馆决不能算人家,所以旅客就不算是上海的"人家人"。

"人家人"是"有家庭人"的意思,茶坊酒肆不能算家庭,吃包饭无家属的商店也不能算家庭;妓院娼门不吃包饭,屋里也许有子女,但仍不能算家庭,他们都不是"人家人"。而最不配称"人家人"的是和尚尼姑,他们是已经出了家的人,出家就是自己否认"人家人"。

上海马路上的行人虽多,而多数都是"非人家人",所以上海地方的"人家人",物以稀为贵,最容易耸动旅客的观听,尤其是女性的"人家人",格外来得值价,多数男性"非人家人",都想与女性"人家人"成双配对,那末"非人家人"也能成为"人家人"了,虽属暂时的,也得略尝家庭之乐。

上海的各级旅馆常备着"人家人",以待旅客们随时选用,但在大旅馆里,非深入其境不易看出来,惟有最下等的旅馆,才命伙计坐在门口拍卖"人家人"。

你在下等旅馆密集的马路上走一遍,就有"准瘪三"叮着打合道:"阿要清水货人家人?楼上有单房间,不妨去喊来看看?"

"人家人"接客,好像是票友串戏,表示她不是靠卖淫为业的。上海的卖淫妇真是太危险了,因为生意兴隆的缘故,身上难免含有多量毒质。"人家人"不常接客,自能保险无毒,所以吃客都乐意舍彼就此。

不过,人类究非商品可比,是"人家人"与"非人家人",她们既无工部局签发的证书,又不能送到商会里去请求检验,凭她们嘴里一句话,怎能叫人相信?

据深知小客栈内幕者言:所谓"人家人"者,实是最下等的无照会野鸡,因为她们生意清淡,无力添制时髦行头,只得站在马路暗处"放生意",客栈伙计捉到一头瘟生,便到附近马路上将她们牵来冒冲"人家人",这是一出挂羊头卖狗肉的把戏。

图中所绘的,一个和尚和一个带了儿子出来"卖点啥"的女客,是用"出家人"来对照"人家人"。那和尚贼忒嘻嘻的,大概看见了"人家人",便想着了自己的"家",他心里正在懊恼着当初的"出家"呢!

八二 放生意

江南人在《四书五经》以及《高王观世音金刚三官》与其他一切和尚道士所念的经典以外，尚有一种人人必修的重要经科，此经非他，即"生意经"是也。

"勿是生意经"一语，虽有电影女星宿杨耐梅的一度提倡，但不是她发明的，杨小姐未成星宿以前，此话已经普遍于低级社会，而近年来更觉时髦，已成了一般上海人的口头禅，即在一世不懂做生意经的人的嘴里，也能听到"勿是生意经"的口谈。

"生意经"，究竟是一种什么经籍？非但坊间并无出售，就是《四库全书》和几万卷的藏经里，也不曾收入；号称明清两代的经学大师，和靠着讲经说法骗豆腐吃的光头法师，也都莫名其"生意经"，我辈末学，当然没由窥其奥秘，莫怪大家都要嚷着"勿是生意经"了！

上海究竟是人文荟萃之区，虽然有许多人嘴里喊着"勿是生意经"，而参透生意经门槛的人还是很多，吃把势饭的妓女也说是"做生意"，妓院也直呼"生意浪"，生意二字应是职业的俗语，"做生意"竟能概括一切女子职业，这真可以算得熟读"生意经"了。

女子做生意，领过工部局照会，可算是冠冕堂皇之职业，如果偷偷摸摸施行勾引男子的手段，那就不叫做生意，须改称"放生意"了。

"放生意"亦上海职业之一，如"放白鸽"、"放鹞子"等等，皆放生意之一种也。又如野鸡穿了朴素衣服，冒冲"人家人"，在马路上游行猎取户头，虽属短期交易，亦"放生意"也。

生意经卷帙浩繁，类目众多，关于"放生意"一类，子目亦多至千万则，且举数例如下：

挑臭豆腐干担、馄饨担或碗担之小贩，有一部分并不靠做交易营生，他们的担上，只有几只破碗，走到闹中静的弄堂里，乘人不看见的时候，突然跌一个大筋斗，将担子打翻，一声响亮，召集了许多人来围观，此时小贩"哭出胡拉"起来，纵然无人问他，他也会向人哭诉，说是借了印子钱来做生意，出得门来，分文未卖，不幸踏着了香蕉皮，一滑一跤，将担子完全打翻，家里还有八十岁的老娘，等我卖了钱回去开伙仓，这一下什么都完了！路上自有仁人君子，听他说得可怜，便会凑集几块钱给他。如遇必要时，那个为首劝捐的发起人也是他带出去的助手，一次捐款不满他的欲望，走过几条马路，还能跌第二第三个筋斗，图中所示的，正是这幕生意经。

也有怕跌筋斗的放生意人，行至中途，突然放下担子，拉开喉咙，大骂山门，等行人围集，便哭诉"钱筒被窃"，结果也能收同等功效；大概以臭豆腐干担居多，因其设备简而成本轻，前几年市上常见一个卖泗泾豆腐干者，只提一个空篮，即以此法放生意，近来谅必已经改业，所以不看见了。

取白兰地或药水空瓶，内灌色水，故意与人相撞，碎瓶索赔，是亦放生意之一种。

其余如"掷包"（遗物于途诱人拾取而令同党与其分赃）、"耍孩子"（专骗儿童衣饰）、"地兔子"（告地状之切口）、"倒棺材"（一种露天赌博）、"仙人跳"（见前），以及一切欺骗性质之卖衣物、羊癫疯、卖小孩、问信借钱等等，总名都叫作"放生意"。

八三 搭壳子

每一颗栗子顶一个壳,吃栗子的人,单吃栗子肉,剥脱栗子壳,我们吃肉,当然不觉得壳的重要,但是栗子生长在树上的时候,如果没有壳子保护着,栗子就不能生存,请教到那里去找肉吃,所以壳子在我们栗中看来,简直是赘疣式的废物,论其实际确与栗子肉一样重要。

男人像一颗剥光的栗子,男人需要女人,像栗子需要壳子一样重要;反之,女人像了栗子,男人就成为壳子了。每个栗子都要顶壳,所以每个男女都要配对。上海新发明的一句俗语:男子寻觅配偶,叫做"搭壳子",女子觅配偶叫做"搭心子"。自从"搭壳子"盛行以后,"吊膀子"便落伍了。

上海的下层阶级言语,往往有不可思议的,例如:不告而取谓之"搭",顺手牵牛亦谓之"搭",去追逐一个女子,叫做"搭一只寡老",而吃东西也称"搭摸",或简称"搭",所以"搭"之一字,有偷盗吃、自由携取、勾搭等几个解释。"搭壳子"之"搭",则又含架空之意,与"搭凉棚"、"搭架子"之搭意义相似,国语谓之"端",搭架子叫做"端架子"。

"壳子"是空空洞洞的东西,像灯笼壳子,一碰就瘪了,壳子肚里定要装一个坚实的心子,才能算得起殷实,不管他"金玉其外,败絮其中",总算是内外都有东西了,只怕是仅有金玉其外的空壳,或没有壳子的一团败絮,则双方都觉得虚空,而且单调。所以上海的男女皆想搭壳子与心子配对,心子有了壳子,便如鱼得水,双方都活了。

"搭壳子"一语,据一位红丸老枪说:乃是从红丸子窝里的赤化同志发明的,壳子是红丸的别名,"搭"应作"得"。这又是一个写不出的俗字,得者"黏"也。物质凝滞,如胶漆之相着,上海人叫做"得",男女爱好逾恒,形影不离,也叫做"得"在一淘,湿手捏了干面饽,"得"了洒不脱,凡此数"得",皆"黏"字之意也。

吸红丸者,爱将丸子多颗,叠连装在斗上,一口气将它吸完;红丸极有黏性,着火后轻轻一碰就"得"住了,手术精妙的老枪,一连能"得"十颗,颗颗相连,"得"住斗门,一口呼完,不会坠落,此项工夫就叫做"得壳子"。

赤化同志,男女皆有,大家不必避瓜李之嫌,横七竖八地躺着过瘾。如果有人（不限性别）忽发性的冲动,无须金钱酬报,只消送几颗红丸过去请他或她吸了,他与她就能像"壳子"般"得"在一起,他们携手同去,赤化同志们斜睨着一双瘦影,为他们祷告道:"他们找地方得壳子去了。"

红丸窠里的把戏,也会传播到一般社会上来,足见上海的赤祸弥漫,赤化区域的日益广大了。

本图的画意,是将许多空烟壳凑起来,搭成一个"头"字,这个头,就是上海的"姘头"之头。

或云:搭壳子应作"搭角子",因为"姘头搭角"原是两件换汤不换药的东西,搭角子即搭姘头也。

八四 垃圾马车

上海的车辆种类极多，有人以为最龌龊者莫如粪车，其实粪车之龌龊程度还敌不过垃圾车，因为粪车虽臭，尚得臭之正味，惟有垃圾车中的东西，五花八门，无奇不有，正似一碗李鸿章式的大杂烩，所发的说不出、画不出的臭气，管教比粪秽更难闻！

垃圾车包罗万象，上至半夜里抛弃的私生子，以及一切死猫死狗等动物，下至妇人用过的秽布和尿粪等静物，车中无不尽量包容。旧小说往往教人用黑犬乌鸡之血去破除妖法，大概那时候上海尚未开辟租界，古人也不知道有这种宝贝，否则，拿上海的垃圾去镇压妖魔，功效定比鸡犬血大得多。

"拉在篮里就是菜"，这也是一句上海俗语，形容不管三七廿一的烂疴朋友的行为。其实拉一把稻草塞在篮里，如果不是荒年，决不能当作人吃的菜，惟有垃圾车里，无论是人参燕窝、珍珠宝贝，一旦倾倒入车，都会变作垃圾。垃圾车雍容大度，包收万物，一视同仁，不分轩轾。垃圾车是一个实行打倒阶级制度者，垃圾车是一个布尔塞维克的大集团，垃圾车又像前几年政府召集的全国名流会议，垃圾车等于百货公司的枢车，将百货送到坟墓里去安葬。

因为垃圾车能容纳多方面的奇奇怪怪的东西，所以上海人便将"垃圾马车"来代表滥施爱情的朋友。

垃圾马车不限性别，男女可用。男性垃圾马车，胃口奇佳，咸肉、淌牌、长三么二、老虫、野鸡，只要是雌的，都能磨尖了牙齿张口大嚼；白发姥姥、癫痫婆婆、麻子、瘸腿，以及一切十样景的人，只要有窟窿的，都能削尖了脑袋望里钻。

女性的垃圾马车,更来得烂疴,有的专注目在钞票上,有的专注在面貌上,一经眼光看对,马上就会"落篷"。

上海许多争风吃醋,或尖刀相会的风流血案,多半是垃圾马车有以造成之。若无垃圾马车,上海的法院里可以省些开销,无须任用这许多推事;若无垃圾马车,至少有一部分大律师要弃行改业;若无垃圾马车,报纸要减少一大半精彩。可见垃圾马车实是上海的重要分子,关系上海的市面极大。

垃圾马车多多益善,是实行博爱主义者,欲捐此头衔,非具大无畏精神不可。只因垃圾乃是万秽之府,毒菌之殖民地,欲为垃圾马车者,须经过白浊、横痃、软硬性下疳、鱼口、杨梅等几重阶段,要在毒门之中翻几个大筋斗,如其畏首畏尾,因而萎缩不前者,就不成其为垃圾马车了。

有人说:垃圾马车者皆"牙签主义者",我殊不懂牙签是何意义,那人当场取牙签一根,在牙缝里剔过一遍,就望垃圾堆里一掷,望看我笑道:每根牙签,只用一次,与牙齿一度"接触",立刻就"掼",此之谓"触掼",触而不掼,便多烦恼,因为垃圾马车不是任重致远的东西。

上海人口激增,垃圾多得呒淘成,马车装不胜装,上海垃圾都改坐汽车了,垃圾汽车的容量比马车大十倍,所以垃圾马车在上海已成落伍东西,应让"垃圾汽车"称时髦了。

《封神榜》中的周文王,生过一百个儿子,至少要娶二十个老婆。武则天做皇帝,抱着胡调主义,不知玩弄过多少和老麻子。他们这一对,就要两部垃圾马车,上海有一句骂女人的话叫做"千人坑",那就可以定备一班火车,专装她个人的垃圾了。

八五 种荷花

莲花,一名荷花,一名芙蓉,出淤泥而不染。古人将它比作君子,实是最清高的一种花卉。

别的花都种在泥里,多浸了水就要烂根,惟有荷花却不怕潮湿,须栽在水里才能够发育,所以表示它的洁净。

屈原集芙蓉以为裳,王俭以莲花幕致名贤,如来以莲花为宝座,六郎以莲花比面,潘妃步步生莲花,凡此皆荷花的有名故事。是以荷花堪供骚人墨客的欣赏,而不受村夫俗子的狎弄,何物瘪三!他们也配谈"种荷花"吗?

"侬勿要凶,老子种侬的荷花!"上海的瘪三常用这句话恫吓人。

瘪三们的荷花,据说并非植物,乃是一种暗杀的手段,将鲜龙活跳的人,当作荷花一般种在水底,人非两栖动物,浸入水中,不能呼吸空气,不久就要窒息,活人就变作"浸胖浮尸"了。

据深知某种秘密党会的人说:"种荷花"乃是处分党员的一种家规,该党分子都在沿长江各口岸活动,他们的生活近水,种荷花最为便利。

最严厉的家规,是开膛破肚,挖出心肝来做醒酒汤;其次是一刀砍下头来,使人身首异处;种荷花尚是最和平的死刑,可以保存死者的全尸。

秘密党会中人,也许有熟娴水性的,松手松脚地种下去,好像是买鱼放生,不是处死,简直是放他的生路。所以种荷花者须费一番手续,先将罪犯浑身用麻绳困缚,还怕他挣脱,用一个坛子套住他的双脚,如果再要道地,身上还系一块大石头,让他沉在水底,尸骨永不得翻身。这种杀人方法,在上江路里叫做"放水灯",到了上海就为"种荷花",图中所表现者即此。

在旧小说中,我们时常看见"吃水馄饨板刀面"的故事,水馄饨就是种荷花;可见种荷花不定是对付他们自己同党的手段,遇见了肥羊式的旅客,他们也会施出这种辣手来。

不要以为上海是人间福地,黄浦江没有混江龙李俊一流水上英雄,如果你带了贵重财物,单身摆渡到浦东去,半路上露了白,舢舨老大也许会动你的手,即使不请你吃板刀面,少不得也要将你当作荷花般种在急流涌湍的黄浦里。从前的报纸上时常有这种新闻发现,近来已不大看见了,大概是水上警察监视得严紧的缘故。

最近报载,行驶海州崇明的某轮船上,因为贩运私货"失风",疑是船上的三个小贩"放龙",全船员役同心合力,将三个小贩在吴淞口外全数种了荷花,现已案发,全船人一齐捉去,还不知如何判决?可见近年的手枪虽多,种荷花的旧法尚未完全废除。

报上又常常看见,出海轮船行过三夹水以后,时有旅客纵身跳入汪洋大海,一转眼间,那人就被海浪吞没了。这是厌世朋友,自己种自己的荷花,我以为比在大旅馆开房间服毒自杀要干净爽快得多,既可以免去验尸所的麻烦,又能省却善堂的一口施棺材,我若自杀,一定取法于此。

有人说:你种自己的荷花,新闻记者不肯赶到吴淞口外去采访你的消息,藏在怀中的绝命书,也不能在报上披露,那你死后的一番风头就不容易出了,岂不辜负了你这一死?

被他这一说,种荷花的自杀,似乎靠大不住,还是开房间的写意,免得跳在海里,受了寒气,到水晶宫里去伤风吃药。

八六 烂浮尸

上海位于东海之滨,黄浦江贯通南北,苏州河流于东西,汊港支流,像人身血脉般满布全市,上海实是一个水乡,后来开辟了马路,才将各处河流填塞,水乡就变为马路市了。

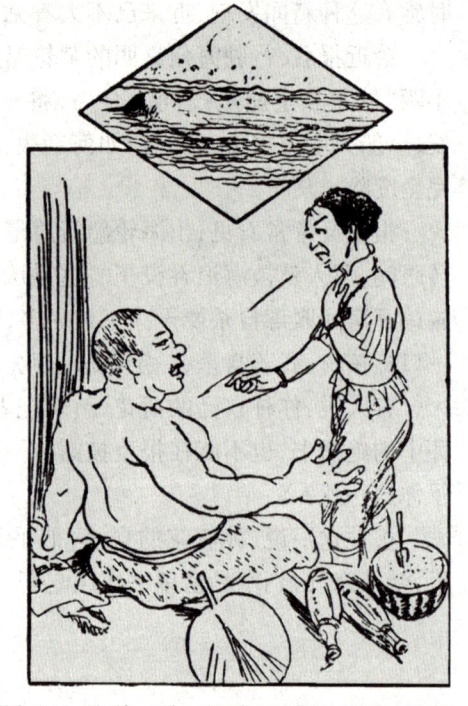

近山的人民唱山歌,近水的人民唱水调,民间风俗也随天然地理而转移。骂山门最容易表现本地的国民性,"妈特皮",有人尊为中华国骂,只因中国宗族观念太深,以做别人的父亲为荣耀,与别人的妈睡在一起,就能取得父的地位。即此一骂,便十足表现出中华的国民性来了。因为上海是水乡,上海的地方骂也与水有关系,所以上海的真正土人,开口就骂人"浮尸"。

其实浦东人的"浮尸"随口而出,习惯成自然,不一定含辱骂的意思,他们称山东人为"山东浮尸",称外国人为"外国浮尸",谓此人美貌,则曰"敌只浮尸趣来!"浮尸二字已成为人的代名词,老婆用"伲格浮尸"代表丈夫,丈夫也乐于承受。

黄浦江将上海疆土划为二,浦东浦西的交通全仗舟船,上海人出门免不得要摆渡,骂人浮尸,就是咒诅他落水身亡。然而上海的骂,远不及苏州人的恶毒,苏州人咒诅人落水,能像放爆仗似的骂出一连串名堂来,可惜我不能够全部录出,只记得一小段了:

"上桥绊杀,下桥冲杀,佘塘腐,轧桥椿,搁沙滩,撞驳岸,填船底,鳗做窠,浸胖大屎粒头,……"尤其是苏州女子,打起了滴滴糯的吴侬软语,按着一板一眼的调子骂起来,确比王婆骂鸡的腔调好听,大概这一大套骂的艺术是苏州的船娘发明的,其中有几种船家的术语,不是常在水边生活的人,决不能形容绝倒至此地步,原来船娘也是苏州的特产。

浮尸吸收了多量水份,肚皮像河豚鱼一般鼓起,浑身像打过气的教门鸭子,皮肤都会浮肿起来。浮尸生前纵然像老牌滑稽王无能先生一般消瘦,到了尸而浮的程度,面孔也会像许奎官先生般发胖起来,所以上海人往往将浮尸的尊称赐给胖子。

尸首浸在水中的日子越多,则他的身体越显得肥胖,浮尸到了要烂的地步,他的肥度也到达了顶点,"烂浮尸"者,言其极烂也。故上海人对于大胖子,在"大块头"上也要加一个"烂"字封号,称为"烂大块头",不客气些,就称他们为"烂浮尸"了。

许画师图中的寓意似乎暗示女人不大欢迎这种加工重料的烂浮尸,那位浮尸的肚子里还装了两瓶荷兰水与半个西瓜下去,越发加重了几斤分量,莫怪她要唤救命了!其实最不欢迎烂浮尸的,要算苏州乡下的女轿夫,她们称胖子为"冤家",白相过天平山的胖先生都应感到被"轿妻"遗弃的痛苦。(男人抬轿,谓之轿夫,女人抬轿,当然要称轿妻。)

关于"身广体胖"的经验,卓呆先生曾在《社会日报》发表过,如揩屁股不大便当,也是他说出来的。我是老枪,不识胖的滋味,只好不说了,不过我要声明,这张烂浮尸是许画师主张画的,他自己的身胚也胖得像一个烂浮尸了,卓呆先生和一切肥头胖耳的同志们,你们要报复这一番咒诅,请与许画师交涉,恕我姓汪的不负责任。

八七 碰和台

碰和台子是上海一种住家妓女而不挂牌子的名称，换一句话说，也可以说是半开门、私窝子。上海的妓女，大别之可以分为三种：一种是有照会而挂牌子的妓院，包括长三么二野鸡在内；上海人普通称为堂子，是一班乌龟老鸨，租了房子，开起堂子来，也有完全是自己的讨人或伙计，也有自己不过一两个讨人，占一两间房间，其余的房间，让别人来包了去，每月算她们的房饭钱，客人吃酒，一定要用他们厨房的菜，如若另外叫菜，就要贴他们几块钱，这种妓院的组织，有大本家，有房间本家，有厨房，有账房，有男相帮，有房间相帮，有轿子，有包车（现在只有包车轿子已经淘汰），件件俱全，这算是第一等。再有一种是自己租了房子，做住家，一般也挂牌子，但不必一定

有本家账房相帮的这些名目，也不必一定捐照会，生意是一般的做，却省了许多开支，这就叫作住家，长三么二野鸡都有。更有一种，是不挂牌子，一般也铺了房间，名目上是专供客人碰和，实际上也可以吃酒、叫局、住夜，这种地方，就叫作碰和台子；但碰和台子也分两等，一等是碰和台子的主人（就是暗娼），并不到外面去招蜂引蝶，而且一定要熟客才可以走得进她的门，生客没有熟客同去，她竟可以翻转脸来，自称公馆，吹你一脸的灰，把你轰出门去。一等是台花（坐咸肉庄的叫作庄花，坐碰和台子的只好叫作台花了。），一般的到外面去兜揽生意，揽着了生意，她就在前面领道，把客人引进后门，三言两语的就可以入港。把碰和台子和野鸡住家合而为一，这是本图的碰和台了。

说起碰和台子的出典来，以前的妓院，本来只有吃酒，没有碰和的，不过因为吃酒的客人不能同时到齐，先到的客人，等来等去，等得心焦，就叉几圈麻将，带叉带

等,等得客人到齐,再大家入席,原不算和钱的。不想到了后来,有一班吃精的朋友,不吃酒而专碰和,妓院里非但摸不着一个钱,而且还要赔茶赔水烟赔鸦片烟,有时还要赔点心,所以才定下一个碰和的规矩,只要四块钱;就是一顿晚饭的,也只要八块钱。直到前清光绪初年,才和吃酒一样,也要十二块钱。然而苏州地方的妓院,碰一场和,依然还只要八块钱,到了前清光绪末年,才涨到十二块钱一场和,所以碰和台子的这个名称,也是在光绪初年才有的。

  不过也有那些不规矩的碰和台子,偶尔遇着阿木林、阿土生一类人物,就不免要借着这张台子,做"倒脱靴仙人跳"的玩意,而倒是不可不注意的。

八八 三光

"三光者,日月星。"这是两句《三字经》。从前拖鼻涕的小孩子都知道。自从"人手刀尺"风行以后,"人之初"已被打倒,现代儿童不读《三字经》,也许将霓虹灯列入三光,此一"三光"也。

《三字经》上的"三光"虽被打倒,上海的瘪三界却仍奉行着"三光主义",所谓三光,乃吃光、用光、当光是也;三者有一不光,就不配称瘪三,此又一"三光"也。

"三光透顶",瘪三们气极的时候,就会这样大叫起来。据上海人说:凡是交运的朋友,额角头上都有三盏灯火,是以上海人发怒叫做"火冒",这与小说书上描写的"三尸神暴跳,七窍内生烟"一样意思。"三光透顶",即"火冒"也,"三光"就是"火"的切口,瘪三取香烟人乞火,就说"借一个三光",此又一"三光"也。

开店朋友,也有三光,叫做钝光、欠光、蚀光,三光俱全,关店大吉,此又一"三光"也。

瘪三们尊称侦探曰"罩末老","末老"人也,上海人称"较胜一筹"谓之"盖罩","罩末老"者,"盖罩平常人"之简语,所以尊其为"超人"也。于此可见瘪三之尊称"罩末老",心里万分恭敬,将他们当作天神一般看待。

有人说:瘪三称侦探为"罩末老",实含"一木吃一木"之意,因为瘪三遇见侦探,好像是牌中之"天至九"遇见"地罡",恰巧被其罩住,大有畏惧之意。

又有人说:"罩"者,"包"也,上海人称侦探为"包打听",瘪三则称之为"包字头","罩末老"即"包字头"之隐语。

较"罩末老"低一级者,瘪三们尊之为"三光麻子","三光"火也,火与伙同音,

"三光麻子"其实就是"伙计",而瘪三则指此为包探伙计之专名,简称即曰"三光",这又是一个三光。

在上海地方,不一定脸上有天花瘢者才称"麻子",即剥光鸡蛋之小白脸亦能称麻子,如称"那人"谓"格党麻子","你"谓之"侬党麻子";其他如"赤老"、"瘪三"、"酥老"、"和老"、"抽三"(薙发匠)、"条令"(巡捕)等等,都能加一个麻子的尾巴上去,惟有"寡老"就只许称"寡老头子",而不能称她们为"寡老麻子",这也许是瘪三们尊重女性的一点微意,恕我想不出别的解释。

有人说:麻子应是"码子"之讹,"码子"是天平戥秤上所用的砝码,任何东西皆能称为码子,最普通者,如戏单上的一出戏,称为一个"码子",什么价钱,也能说定的什么码子;码子又可作"号码"解释,吃外国饭的人,往往只称号码而废除姓名,我们在电车上就能听见卖票与开车人照呼,都唤各人的号码,而不叫名字。所以"码子"就是"人",并无侮辱或轻视之意,三光码子就是做三光的人。

上海正式侦探,人皆尊称"老正",他们领有侦探凭证,谓之"捏卡",伙计无卡,仅助理老正办案,俗语称他们为"蟹脚"。侦探每日在茶馆中与伙计们接洽公事,分遣他们去办案,谓之上"茶会"。未得卡之三光,别名又叫作"戤茶会",戤者倚靠也。

上海侦探都是由三光递升的,非精明强干、熟悉地方情形者,便不能够做三光,遇有盗案发生,尤须抱有大无畏精神,勇往直前,奋不顾身地去和强盗决斗,现在的强盗大半身怀手枪,偶一失措,就要被强盗暗算了去。所以我们不要看轻了三光,他们实是捍卫地方的功臣,小小的一张卡,真是拿血汗性命去换来的呵!

八九 三脚猫

据科学家说：地球上先有下等动物，不知经过几千万年，由下等动物逐渐进化而至于人，兽有四足，人有两臂两腿，其实人的两臂就是前腿进化的，不信请看人类的最近祖宗猕猴，就是手脚并用的。所以凡属哺乳动物，连人类包括在内，都是四只脚。

三只脚的动物，相传只有刘海戏金钱足下踏着的蟾蜍是三只脚，不过这还是一种神话，刘海的蟾蜍不知是公的还是母的？它并未留下子孙，博物院中也无标本，世间究竟有无此物？我们还怀疑着。

休说动物，就是我们日用的器具，就是椅桌床橱等物，也都有四只脚，如果缺少了一条腿，难免就要打翻，戏台上的跑龙套，伶人嘴里的诗句与唱工，都不许有"三条腿"，若是犯了这个禁忌，就要吃倒好，惟有拍影戏用的"开麦拉"，只有三只脚的架子支撑着，这是一个例外。

上海人却像开麦拉一样，不必四足立稳，只要有一个"三脚架"支撑着，身体就能在社会上立足，而不至于打翻，如果额角头高些，还能成家立业，飞黄腾达，凸起了大肚皮做富翁呢！此三脚架上海另有名词，谓之"三脚猫"。

世界上如果真有三只脚的猫，那是也像"蟹美人"等怪物，可以运到上海来，"大卖野人头"，猫主人大可以靠此发一笔小财。上海人的"三脚猫"非真猫也，盖言其人凡事仅略知皮毛，并无真实本领，如猫之仅生三足，虽具猫形，而残缺不全，究竟不像个东西。

何以不说"三脚狗""三脚羊"，定要说"三脚猫"呢？这问题大堪研究，据老上海说："猫"系"锚"字之讹，"三脚锚"也有一个小小的典故：

大概是四五十年以前的故事，上海南码头来了一艘走江湖的锟锟船，船上有一位白须老拳师，每日即在江边旷场上卖武艺，他除了使枪弄棒以外，还有一种绝技，能将他船上的两个铁锚当作兵器，每锚足有五六十斤重量，他能舞动如飞，当时哄动上海社会，都要去看白须老头的"三脚锚"（小船上的锚都是只有三只脚），白须老翁在南市停留了年余，便开船他去，而"三脚锚"名词已传遍人口。以后就成了练功夫的专名，此人能够拳术，便说他"懂得一点三脚锚"。

　　又有人说："三脚猫"乃"三顾茅"之讹，"三顾茅"是"庐"字的歇后语，"庐"与"路"字之音相似，路者路道也，上海话"略懂门径"谓之"有点路道"，做事有手腕，亦言"有路道"，"三顾茅"即言其人颇有"路道"也。

　　"三脚猫"到了现在，可作"皮毛"解，已有藐视之意，本图所表现的，是上海近十年来的新职业女相士，许大画师说她们靠了一点"三脚猫"，就能在上海混饭弄钱而又大走红运，这简直成了"野人头"咧！

　　"三脚猫"借一句北方俗语来作注解，却很确切，那就是"半瓶子醋"。

九〇 打弹子

浑称打弹子,打的方式甚多,最起码的是拖鼻涕小把戏爬在水门汀地上打的玻璃小弹子,最伟大的是打倒十个洋瓶式木棒槌的大木弹子,最时髦的是在专制的绿呢弹台上打的红白色石弹子,本图上面画的小模型,就是这种时髦朋友打的"石弹子"。

玻璃弹子是用大拇指头弹击的,木弹子是用手捧着就地滚的,两者都不必用何种工具,惟有台子上打的石弹子,每人手里须执着一根弹棒,最普通的是二人对打,于是就有人将"打弹子"比作吸"红丸子"。

红丸子的颜色与石弹子一样鲜艳,那支烟签子正似一根弹棒,两位赤化同志相对躺着,每人手里拿一支烟签子,签子尖端刺着一粒红丸子,二人相对玩弄,这真有些像打弹子。

红丸子实比鸦片烟更低一级,抽鸦片烟人瞧不起吸红丸的人,正与吸香烟的人瞧不起抽鸦片烟一样。红丸与鸦片,虽是同样的过瘾,同样的用灯枪享用,而所用的器具却有天渊之别。

鸦片烟枪有金镶玉嵌的,红丸枪却粗制滥造,形式不甚雅观,烟斗是用大痧药瓶改造的,烟枪只用一根细竹管插在瓶里,烟灯作小夜壶式,许大画师绘的图,堪称写得十分真实。

将红丸装上烟斗,艺术大有高低,能将二三十粒红丸叠连装成一寸多长,然后一口气吸入肚去,这像打弹子艺术一样,非经长时间的练习不可。

据曾向红丸窠中去调查过的人说:吸红丸的烟榻比鸦片榻约高尺许,榻上客满以后,榻下席地而卧,还能招待来宾;更有一部分烟客专爱在下层铺过瘾,据说钻在铺下吸烟,用破单被一遮,并无人来惊动,十分安乐,所以赤化同志都称下层铺为

"安乐宫"。

近年来打弹子似乎已经落伍,时髦人都去打高尔夫球了;打高尔夫球者,手里也要拿一根棒,形式与打弹子相仿,于是吸红丸的时髦人就改称"高尔夫"了。

红丸之毒,比鸦片更甚,有烟瘾者改吸红丸也能过瘾,若吸上了红丸瘾,再吸鸦片就不能过瘾了;红丸瘾的进步极速,初吸二三十粒,数星期后,就要增加两三倍,以后逐渐递升,最大的量,每日能吸一听。(一千五百粒,红丸窠中的最近市价,每元七十粒。)

据赤化同志说:红丸的耐瘾性极短,过足了瘾,转眼之间就会发瘾,所以叫做"鸡性瘾"。

黑色同志遇到尴尬时候,还能吞几个烟泡,惟有红丸则非躺下去就在灯上抽不可,因为红丸奇毒,即使大瘾,吞一粒下腹就要"抬老三"。

红丸上瘾以后,最多只有五年寿命就要送终,并且死时奇速,跌倒就会断气,租界弄堂里常有这种"路倒尸"发现。

九一 小房子

接二连三的内乱,住在内地的有产阶级都感到某种威胁,便看了过江鲫鱼的样,陆陆续续地向租界里投奔,十里洋场地位有限,富翁们像洪水泛滥一样涌进来,上海就有人满之患了。

有资格到上海租界中来做长久寓公的人家,在他们本乡至少也有一所几栋进深的自建住宅,他们为求生命的安全与精神的舒适起见,宁可放弃了内地三五栋进深的高厅大屋,到上海来住一楼一底的小房子。

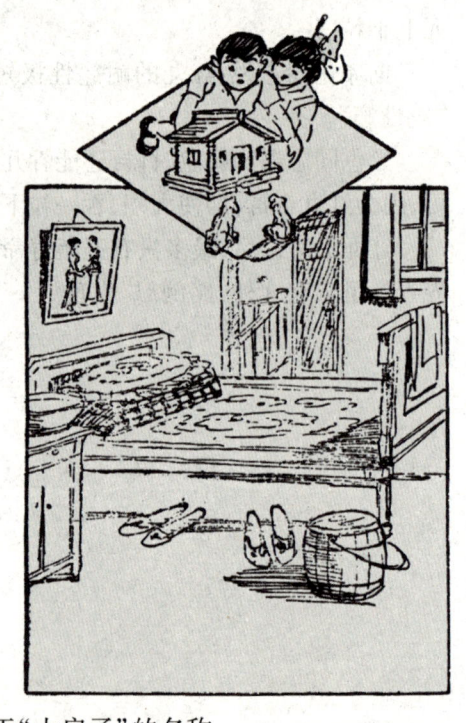

上海是寸金地,一家能独住一宅单幢房子已算是上等人家,中产阶级只能向二房东分租一两间楼面来住住,每月耗费的房金已经很可观了!上海虽然也有不少高大洋房,但一万个人中有九千九百个没有福气去住它们,所以上海只有"小房子",而无"大房子"的名称。

上海人住的虽都是小房子,但房子的大小,却不以占地的多少为区别,规规矩矩的家庭,即使住一个阁楼,也不能称为小房子,不三不四的人家,哪怕住的是有汽车间的洋房,结果还是被人说一句"小房子"。

上海房子的大小,大概是跟了"太太"走的,"大太太"住的房子,就是半间草屋,也算是"大房子",专为"小太太"而设的,即使营的是金屋,还只好算是"小房子",如果资格尚够不上"小太太"的姘头搭角,那她们的房子更是渺乎其小了。

小房子的创造者,据说是妓院里的时髦阿姐;从前上海妓院里悬牌子的先生,照例要常川驻节在院中,晚上若不住在房间里,就要被嫖客说坏话,惟有主政的阿姐却很自由,她们都不愿在生意上睡坑床或摊地铺,每晚过了法定时间,就能回到她们的私宅中去安息,这种私宅,她们就称为"小房子"。老鸨们的公馆也谓之"小房子"。有一时代,外国三道头要到生意上来捉小先生,她们都把小先生藏在小房子里。

阿姐们有了恩相好,秘密组织一个临时待合所,在别的客人面前就说是回小房子去。有的先生也效尤起来,与恩客另组秘窟,也叫做小房子。小房子渐渐地多起来,便成为不名誉的东西,以为凡属小房子都是秘密藏娇室,于是小房子就成为临时公馆的代名词,就是非妓院的女人,也会与异性借小房子了。

"烂污阿姐扛皮人,小房子借在跑马厅。"这是两句上海歌谣,扛皮者,蹩脚也,可见小房子非嫖客们的正当嫖法,惟"烂污阿姐"与"扛皮客人"始肯出此,一个儿为了要解决性欲问题,一个儿借此扛皮,便能节省碰和吃酒等开销;小房子所以要借在跑马厅附近者,取其接近"生意浪"可不妨碍烂污阿姐之淫业,后来小房子地盘,逐渐扩充到马立师,到了现在,小房子已不限疆界,遍地皆是了。

上海有专门供给人借小房子的二房东,房里日用器物俱全,只要搬一副铺盖进去就成功了。小房子里的必需品是一个马桶,一个洋风炉,和一双男女可用的拖鞋,许画师的图中,都已代他们办全了,踱两个人进去,就是一个临时公馆。

"开房间"的风气盛行以后,小房子已大受打击,经济朋友更会去借公寓,房金按月计算,开销也不大,还能省办一副铺盖,免用娘姨,早晚出入,不受二东房的限制,确是便利得多,这样一来,小房子也成落伍东西了。

九二 打图书

上月间,光怪陆离的各报社会新闻里,又发现了一件新鲜话把戏,说是先施乐园的大京班中,有一个跑龙套,专引诱未成年的童男子去发泄兽欲,案发被捕,巡捕房里捉了个被害童子到公堂上去做证人,在他们嘴里供出来,说是跑龙套奸污童子,叫做"打图书",于是"打图书"的名目才喧传人口。

我们应当感谢新闻记者,将这种新鲜的名词介绍给大众知道,许大画师的耳朵里也刮进了,又画了一张我不懂的东西来考我,这明明是与我作对,又要教我出一回丑,他站在一旁看好看。

他画了一只打图书的肥猪,图边附注道:"我们在肥白的猪肉上,发现了紫色的图书印,心里就会嫌它龌龊,其实有图书的才是好肉,因为它已经过卫生局的检试,证明这不是瘟猪。"跑龙套的打图书,大概他也想做卫生局的老爷,童子经过他的侮辱,就算被他检试过了,这个图书就是终身洗不去的玷污。

"打图书"含有强迫性质,如果两相情愿的,上海话叫做"翻烧饼",像其形也,北方有专门靠此营生者,谓之"像姑",言其男性而像姑娘也。嫖客谓之"老斗",福州的南风亦极盛,业此者谓之"企弟",音作 Kila。上海自钟雪琴出世,而屁风大炽,俗语尊之为"屁中之精",有人叫他们为"尖字头",其余别号尚多,恕我一时想不起来了。

这票生意,在中国已经很古了,春秋时代的弥子瑕,堪为钟雪琴的祖师,他将吃剩的半个桃子送给卫灵公吃,"分桃"就成了一个"打图书"的古典。

《汉书》:"哀帝幸董贤,尝共昼寝,贤偏借上袖,上欲起,贤未觉,不欲动贤乃断袖而起。"汉哀帝也是一位爱打图书的朋友,"断袖之癖",也成了千古臭闻。

《战国》:"魏王嬖龙阳君,共船而钓,龙阳君得十余鱼而涕下,王问之,曰:'臣始得鱼甚喜,后得益多,而遂欲弃前所得也,今臣以恶质得拂枕席,四海之内,美人甚多,闻臣得鱼,褰裳趋之者众矣,则臣犹前所得鱼,且将弃矣!'王于是下令,有敢言美人者族。"龙阳君已成了"尖字头"的代名词,究竟他的迷汤太好,魏王竟为了他拒绝一切美女。现在的钟雪琴就鸭屎臭了,为了拉生意还要到妓院里去发传单,常被烧汤的骂出来。这是胡先生亲眼所见的,今龙阳真不及古龙阳出风头了。

与龙阳君同癖的人俗称"有毛病",究竟是什么毛病?我曾经去请教过医生,据说人身七窍,常受刺激,都要成瘾的,屁病可用脚洼来譬喻,常常挖惯了,就会变成一种顽癣,瘾大的人,非每夜用滚水烫一次不可,否则就奇痒难熬;"打图书"上了瘾,也与脚洼痒一样难过,如要治愈,须请医生长时期用药医疗始能断根。那个跑龙套强迫多数童子沾染痼疾,真是杀不可赦!

据辫先生刘公鲁说:患此病者,肛门中常有黄水流出,南京人谓之"屁漏",这是被人撤了烂疴的结果,所以南京人名撤烂疴者曰"屁漏公司"。

九三 鬼迷张天师

江西龙虎山张天师,在专制时代,是一个世袭的封号,第一代张天师,是后汉张道陵,他是张良的子孙,永平年间曾为江州令,后弃官隐居洛阳北邙山,杖策步行到龙虎山,据说就在此地修炼成道,以后又游四川,常用符水咒语去愚弄人民,他还收了许多门徒,传授符咒,门徒的贽敬是五斗米,人称"五斗米道",门徒却尊他为"天师"。传至第三十六世,元朝的蒙古皇帝,才正式封他的灰孙子张宗演道士为"辅汉天师"。朱太祖登基,革去天师尊号,改封正一真人,官居二品。乾隆帝又将他降为五品,并革去真人封号。民国成立,大家都不去理睬他,革命军到江西才将龙虎山的巢穴铲除,张天师只得逃到上海租界里来了。现在的张天师不知传到第几代?总而言之:是一代不如一代!

家宅不安,就要去请道士来禳解,"极令牌"一碰,赤老吓得个个"夏侯惇"。张天师的一道"鬼画符",赤老看见了,就像黄包车夫看见撬照会的巡捕一般,驾起阴风,连忙逃走。上海滩上,样样生意都要大减价。惟有张天师的符,总是划一不二价,所以革命政府治下的张天师,纵然大触霉头,而出卖符咒的生意经,还是依旧能够维持他租界上的残余生活。

张天师以驱鬼为职业,论理他总不至于受赤老的迷惑了,但在上海地方却人人知道"鬼迷张天师"的话头,张天师法力无边,被鬼迷过的平常百姓,都要去请他来驱逐,谁知他自己也会被鬼迷住,可见上海赤老的迷惑手段真是厉害,尤其是女性的赤老。

在"鬼迷张天师"之下,还有一句附带的说明,叫做"有法无使处",大约在十年以前，上海马路上有过一次别开生面的大出丧，就是"死张天师游街"，当时我也去参与热闹，送丧的都是穿五花八门法衣的道士，也有骑马的，也有坐轿的，也有步行的，几千个道士簇拥着一口装龙头扛的棺材，里面装的，大概就是死张天师，可见张天师并不是什么爬藤脱壳的仙人，他也要抬老三，变赤老的。张天师之所以能征服赤老，全仗他的法力，赤老也真调皮，不等他的法力使出来，就先下手为强，将他迷住了，所以叫做"有法无使处"；有法的张天师尚且吃"鬼迷"的亏，无法的平常人，莫怪更要被鬼迷得浑淘淘咧！

上海的鬼迷滴答的正经也真太多，道行较浅，血气未定的少年人，到马路上去兜一转，往往要步张天师的后尘，被鬼迷得有法无使处；即如本图所表现的这位朋友，坐在茶馆里就被群鬼包围，老枪向他兜售春宫，女相士说他要交桃花运，野鸡叫他去白相相，他真被人迷得浑淘淘了！帽子被小野鸡抢去，皮夹子被窃，他还"木之木搁"的不觉得。

上海的鬼看来比张天师的法力更大，张天师祖传的法宝，只有一块硬硼硼"极令牌"，却万万敌不过鬼的稠得得的迷汤，所谓柔能克刚，令牌浸在迷汤里，管教酥迷迷地碰不响了。

唧唧哝哝交头接耳，都可以说是"鬼迷张天师"，用一句文言来作注解：就是"鬼鬼祟祟"，北方话叫做"神头鬼脸"，又叫作"鬼头鬼脑"。鬼迷张天师虽不一定是两性间的鬼迷，然而总不是正大光明的事。

九四 戳壁脚

旧时的造屋,须讲究四梁四柱,自从钢骨水门汀发明以后,新式建筑已无须梁柱,只要三合土排得坚实,哪怕几十层楼都能建造起来。

不用钢骨水门汀,单用砖瓦建的两三层洋楼,近年来也有废除梁柱的了;这种无柱的房屋,很是坚牢,久历年代也不会歪斜,所怕的就是"拆壁脚",壁脚一拆,全部房屋就要坍倒,不比有柱的房屋,壁脚倒了,还有柱子可以支撑大厦。

一堵墙壁,从屋脊直到墙根,上海话都叫做"壁脚",却没有"壁头"或"壁手",不知是什么缘故?

无论有柱或无柱的房屋,全仗墙脚打得稳固,四四方方的一座房屋,如果将壁一齐拆去,无柱的果然要坍塌,即使有柱,也不成其为房屋了。

一个人立足于社会,就像一座房屋建立在土地上一般,要拆毁房屋,须动手先拆壁脚,要破坏某人的社会立场,须先毁损他的名誉,毁损名誉的入手方法,是在信任他的人面前先进谗言,所以上海话把进谗言比做"拆壁脚"。

耳朵根软的人,一听见别人"拆壁脚",马上就会相信,被拆人的饭碗立刻可以打碎,不过主人的耳朵虽硬架不住你的壁脚,被人一拆再拆十拆廿拆,或几十人同时拆你的壁脚,那是你的壁脚虽坚固,免不得要有"坍台"的危险。

西湖雷峰塔是何等坚牢的建筑,结果也是被香客们"拆壁脚"拆坍的,因为香客们迷信雷峰塔的砖头能压邪,塔中的泥土能医病,杭州一年有几个香泛,有几千万的善男信女去朝山进香,每个香客朝山朝到雷峰塔下,都要在塔下拆一次壁脚;几百年的壁脚拆下来,雷峰塔于是乎就被历代善男信女拆坍了。

女人的拆壁脚工夫比男人尤精,家主婆在丈夫面前拆了壁脚,拆得全家不睦,与公婆分居,尖嘴姑娘专爱拆阿嫂的壁脚,拆得婆媳相骂,妯娌争吵。亭子间嫂嫂的几句壁脚,能拆得前楼阿姐与阁楼好婆打得头破血淋。诗曰:"妇有长舌,维厉之阶。"长舌妇的来历极古,看来三代以上的妇人就晓得拆壁脚了。

"好闻人过",乃人之天性,所以大家都爱听人拆壁脚,有人利用了拆壁脚,吹自己之牛皮,拍对方的马屁,同时又拆了敌人的壁脚,可谓一得而三便,何乐而不为。

甲一向信任乙的,甲的事业全托付于乙,忽有丙来拆乙的壁脚,说乙撬了甲的烂疴,甲当然要大发雷霆,拆壁脚容易引起人的发火,所以拆壁脚的别名谓之"撒松香",譬如放野火,撒一把松香进去,火势格外烧得旺些。

拆壁脚俗语又称"戳壁脚",这是嫌得一块块砖头拆起来太慢,不如用一支丈八矛向壁脚上乱戳的爽快,上图所示就是直截痛快的"戳壁脚"。

戳壁脚是背后进谗,如果你正在大戳特戳时,被当事人掩来"听壁脚"。他若理直气壮地挺身而出,与你当面对质,两个人就要唇枪舌剑地来场雄辩,这叫做"顶山头";顶山头也可以说是"当面戳壁脚",打外国官司的被告,最怕巡捕房代表在公堂上"顶山头"。

上海人有百分之九十九都是无立锥之地,而每人都有一两堵壁脚预备给别人戳的,这倒也是一桩奇事,不过,你要希望别人不戳你的壁脚,须要你自己不先戳别人的壁脚,"戳人壁脚者,人亦戳还之",这是两句格言。

九五 过期票子

"孔子圣之时者也。"孟轲为孔子下这样一句定评,真可谓是孔二先生的知己了。同是周游列国的说客,同是著书立说流传千古的诸子百家,何以一切子等的风头都没有孔子健?只有让他一个子做了几千年帝王之师,至今通国人民还尊称他"夫子"而不名,这就是因为孔子得了一个"时"字的秘诀。

识时务者为俊杰,时来泥土变黄金,时随运转,货卖当时,大哉时也!得其时者,飞黄腾达,名利兼收,子孙万代,功业千秋,失时朋友,瘪的生司,转尽念头,常孵豆芽,弄得走油,顶子碰进牛角尖,霉头触到印度国。孔子若是吃了"人生果"而长生不老,那末,他在义和团得势时,一定赞成扶清灭洋。辛丑和约订罢,他一定大讲耶稣道理。

辛亥起义,他一定主张推翻皇室。袁世凯称帝,他一定会上劝进表,北伐成功,他一定信奉"三民主义"。他若住在上海,一定要搂着女人跳舞。盖非如此,不配称圣之"时"者也!

若要得时,须永远不先不后站在时代的水平线上,太也跑在时代前头,虽可以被少数人尊称为先知先觉,然而有被大多数人目为疯子的危险。如在轨道上打倒车,被人认为腐化分子,也要有被现社会排挤到地球外面去的危险。人类的思想是如此,人类的生活何尝不是如此,孔圣人的人生哲学,常站在时代路线上,是以孔子者"时路"朋友也。

上海得风气之先,所以上海人事事要趋时,趋时的人上海称为"时路"或"时髦朋友","时路"也许是时时站在马路上出风头之意,时髦之髦,不知何解?有人说应作"时毛",出风头朋友讲究穿衣服,什么月令,应穿出什么毛的皮衣,毛须应时,故曰"时毛"。又有人说：时髦即"时貌"，言人之外貌须不背乎时，穿衣服固宜合乎"时貌"，擦雪花粉，涂司丹康，讵非"时髦"耶？时髦一语，现在也成为不大时髦了，最近的时髦改叫做"摩登"，这是英文 Modern 的译音，义为"现代"，滑稽朋友也有译作"马桶"的，因为引用"马桶"的人过多，真义渐失，例如"马桶女士"已不作"时代姑娘"解，大家都当"时髦小姐"看待了。

与时髦或马桶立于反对地位的，就是"古董"，上海人谓之"过期票子"。

据中国票据法之规定：银行支票仅有十二个月时效，若支票持有人逾期不解，该票即失效用，持票人须有保证，始能向银行取钱。我们拿到了支票，逾期十二个月之久而不去收钱，这是自己放弃权利，天下决无这种戆大，除非是存款不足的退票，无论即期过期，永远是废纸。

银票须有十二个月长期才为"过期"，过期以后，觅得保证，尚能取钱，上海人说的"过期票子"，我看还不是指此：大概"过期票子"乃指"当票"而言，最大的当铺，十八个月为满，满期以后，宽放十天，过了这十八个月零十天的期限，纵然值百当一的票子，也成为废纸了；如果是三个月为满的小押当票，那是更容易成为"过期票子"了。

"过期票子"的新名词，就是"时代落伍者"，古董越古越值价，人与当票一样，越过期越无用场，上图的票子是光绪十一年份的东西，岁次乙酉西历一千八百八十五年，距今四十有九年，大洋三千，算起复利来，大算盘也打不清，这是一张十足的"过期票子"。下图站的一对才子佳人，男的倒像半世纪以前的时髦朋友，女的穿着元宝领，小袖子，单叉裤，这像是光宣年间的时髦先生，这一对时髦人，如果今日尚生存在世，男的已成"老蔬菜"，女的至少也有人叫她"好婆"了，他们的风头早已出完，如其再不识相，还要换了"马桶装束"到交际场中来"轧闹忙"，那就要被孔圣人笑他们是两张失时的"过期票子"了。

九六　打花会

上海弄堂里的五岁小孩子，都知道老虫叫陈必得，乌龟叫李月宝，叫花子叫徐元贵，与他们提起了狗，还能代你指出四种明狗，四种暗狗。（替身）在上海做市民，如果不懂得打花会，比不会叉麻将更坍台，我真是枉为做了几十年上海人，竟不及小把戏，连打花会都不懂，说出来阿要鸭屎臭！

我因为不懂花会，今天只好"出后门"去请教隔壁的宁波小弟弟，他年纪虽轻，却门槛全精，熟读"致富全书"，并进过"封包"，可算是此中老资格。

许大画师真有心胸，他因为要画一张花会图，特地托朋友转辗介绍，亲自到花会总筒里去参观一次，所以这张图完全写实，极有价值。

架子上悬的那轴东西，谓之"吊筒"，里面藏着应开的花会名字，桌子上的方格，就是赌客进的"封包"，所谓"封包"，乃赌客将打的花名和赌本封在纸包里，交给筒中账房先生，他出一张收条给赌客，当时并不拆开，以示大公无私，待开筒以后，才一包包地喊着号码，如有打中的，赌客答应一声，便拆开来配钱，若无人答应，包里的钱就算充公了。最近的情形，止少要打十块大洋才能进封包，十元以下的赌客，只能打在"听筒"里。

据外间传说，筒中收封包时，先放在抽屉里，等收齐了封包，然后将吊筒挂出来，谁知那几个抽屉就是机关，这边放进去，隔壁可以取出来，将全部封包拆开看过，通盘计算过一遍，拣一门最轻的封在"吊筒"里，所以筒里做的是稳赢的生意。但据老于此道的人说：这话完全不对，在花会初行时，确有败类，用这种办法，骗取赌客铜钱，到了后来做花会的人，都是"硬碰硬"，决不"狗皮到灶"，而且备有大资本，以作输赢，对于信用两字最看重的。

那个管筒的职员,他们看得非常重要,日夜禁锢在机关中,不许他出外一步,取封筒出来的时候,两傍都有人执手枪监视着他,防他泄漏秘密。

花会迷除了详梦和做各式鬼戏以外,每筒更有总筒里发出一纸似通非通的诗句,供人猜详,名为"字谜",日开三筒,便有三张不同的字谜,隔壁小弟弟送我一张某日"中筒"的字谜,诗句如下:

天赐贫人一封金,不用争竞二人分;

彼此分得金到手,一切谋望皆遂心。

上海最多的是堂房弄子,有十幢房子以上的弄堂,就有一条"航船",二三十幢房子的弄堂,就设立一个"听筒",我住的弄里,共有二十个石库门,隔壁小弟弟告诉我说:"除了你家,个个石库门里都有一两家欢喜打花会的。"有一个卖糖粥的小贩,每天早晚两次进弄来叫卖,停下担子就与人大讲花会经了。

花会盛行于上海,而发源地却在广东,三十六位花神的名字都不见经传,我很想知道张九官等的来历,有人肯指教,极端欢迎。

花会是很古的东西,前人笔记中已有记载,且录两则于下:

《右台仙馆笔记》:道光中,浙江黄岩盛行花会,书三十四古人名,任取一名,纳于筒中,悬之梁间,人于三十四名中自认一名,各注钱数,投入柜中,如所认适合筒中之名,则主者如所注钱数加三十倍酬之。

《思益堂日札》:广东花会,拈千字文中二十字射之,中者数十钱可得数百金,以次递减至百金数十金不等。

按上海花会,一钱中注,可得二十八钱,听筒为招揽主顾起见,生意做得迁就,赌客可以九折或八五折下注,听筒解入总筒,则赌本可以八折计算。

九七 关亡讨口气

（一名请仙人）

人死以后，究竟可有灵魂？

这个神秘问题，经过许多世界大科学家的研究，迄今尚未得到满意的答案，人死以后，究竟上天堂去做仙人？还是入地狱去做小鬼？此事只有死人肚里得知，我们都没有死的经验，报纸上又无天堂或地狱通信，神鬼的生活，恕我无从介绍。

世界大科学家所难解决的疑问，却被中国的走江湖老太婆参透了，这不是奇迹吗？这种老太婆，上海叫做"关亡婆"，也称"师娘"，她们对于阴间的人头极熟，上穷碧落，下达幽冥，都是她们的朋友，所以她们能上天堂去请仙人，能下地狱去召冤鬼。

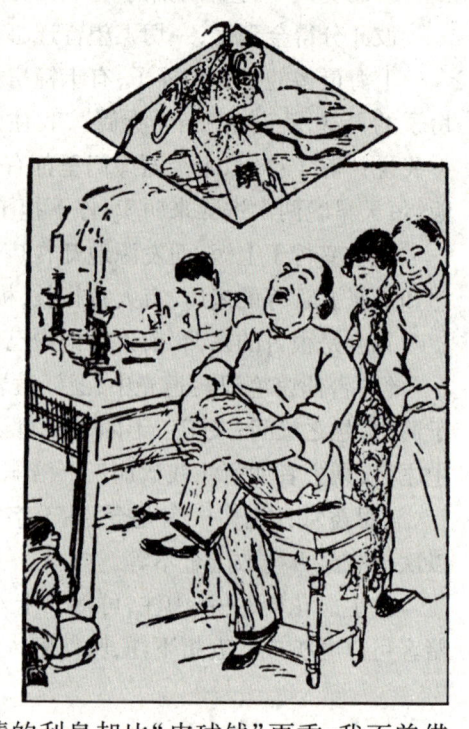

"上方山三老爷"，是她们的"衣食仙人"，据说最为威灵显赫的三老爷，非但能帮助她们赚钱，并委托她们经理放阴债，阴债的利息却比"皮球钱"更重，我不曾借过阴债，无从探悉上方山利息的计算法，不过上海有一句俗语，叫做"上方山阴债一世还勿清"，可见三老爷的心比印度人更黑。

三老爷虽然厉害却碰着一个"顶头货"的凡人，康熙年间苏州有一位姓汤名潜庵的巡抚，一口咬定他是淫祠邪神，将神像投入石湖，仙人变了浮尸，却也几百年不敢作怪。去年我到上方山去观光，看见塔里又供着一个不到二尺长的木偶，穿戴着凤冠霞帔，活像一个旧式小新娘子，据和尚对我说：这位就是三老爷，至此我才认识三老爷是一只寡老。有人说：她是三奶奶，三老爷乃是她的"和老麻子"，他们为何拆姘头？就无人知道了。

关亡婆所请来的仙人，都是这种莫名其妙的神仙，仙人像八仙桥的咸肉小姐，关亡婆像庄上的老板娘，有人肯"交落"几只角子，关亡婆就能像喊咸肉似的将仙人喊到家里来白相相,这班仙人是专门靠"坐房间"捞锡箔灰过日子的。

关亡婆的请仙人还是"带头戏",她的主要工作是"召鬼",任何人家的死鬼,她都能召来与活人通话,她的召鬼方法,是先向活人再三盘诘鬼的身前家世,活人一心想打听鬼的近况,自肯详详细细地告诉她,她根据了这些题材,便能扮出一种鬼腔来骗活人,所以"关亡讨口气",也成了一句上海的俗语。凡赚人口供的事,都能借用此话,譬如丈夫瞒住老婆与别的女人借了小房子,老婆得了风声,诱男人自己招供出来,也叫作"关亡讨口气"。

关亡并非将真的鬼召来与人见面,她只能叫鬼魂附在她自己身上,借她的口中与活人对白,请她召来的鬼魂,都是与活人有密切关系的,身前的音容笑貌,听得极熟,若有一点不符,就不足以取信于人,所以他扮鬼的时候,定要用一种怪腔来掩饰活人的耳目,赤老刚"上身"时,她有一番做工,一会儿伸腰,一会打哈欠,眼泪鼻涕都会挤出来,形状与老枪犯了烟瘾一样难看,等他打过几个冷呃再开口,这就表示赤老讲的话了;所以上海人见人偶尔发怔,或有反常行动,便说他"老爷上身",意即"见鬼"。

最难对付的是围了满屋子的人,要她一个个还报出称呼来,如果将隔壁人家来看热闹的姑娘误认作自己的孙女儿,那就要戳穿西洋镜了。这全仗她眼看四面,耳听八方,和预先讨得的口气,估计一番,就不至于出这种毛病,如果她当场弄僵,一看路道不对,立刻打一个哈欠,赤老滑脚逃走,拖也拖不住她,再行开口,已换了一个新鬼出场,"一亡去了一亡来",总归有一亡被她说得有几分相像的,她"拨准苗头"就可以大"开条斧"了。

关亡请仙人,都是骗妇人的玩意儿,有些寡妇关到了丈夫的亡魂,居然会对她失声痛哭,结果总是被她骗几块钱去。还有打花会人输急了,半夜里闹的"扛筒"把戏,可以把张九官叫来商量明天打什么花会,大厂里老板望着发笑,笑这班都是痴子。

九八 外国火腿

"崭勿过,大英货。"这句是道地的上海俗语,而上海人崇拜洋货的心理,也由这句话十足表现出来了。

上海是中国最大的通商口岸,凡是洋货进口,先要给上海人享用,上海人用惯了洋货,看见用中国货的人都目为"寿头","崭勿过,大英货"。为上海人对于外国货的礼赞,崭者美也。

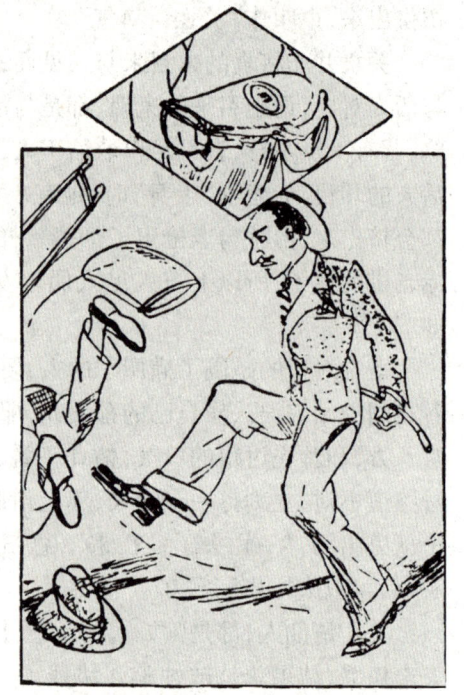

民国二十二年,据说是我们的国货年,虽然热心救国的志士们声嘶力竭地喊着提倡国货,而市面上仍是洋货充斥,最痛心的是闸北的炮声初息,疮痍未复,仇货的市场已恢复了战前热闹状态,哀莫大于心死,人心如此,还有什么话说!

火腿是中国的味美,滇省的云腿,浙江的金华火腿,尤其是蒋家店精制的蒋腿,更是名闻天下,大家赞美。我们自己有这许多美味,因为出产在本国,没有到太平洋大西洋里去打一个转,便不为上海人欢迎,偏偏要到大菜馆里去点"来路英腿"吃,真不懂是"啥格路道?"

因为上海人有"来路货"癖,所以挨揍也以挨来路货的为时髦,挨嘴巴叫做"吃雪茄烟",挨人踢一脚叫做"吃外国火腿"。

说也惭愧,在上海租界里做中国人,幸亏有两个大鼻孔,否则,就会教你气死;所谓租界,是外国人的世界,名为租借地,实则是他们的殖民地,他们几曾把黄皮的中国人放在眼里,走在路上,他们都是趾高气扬的,好像你们这般东西都不配在平坦的水门汀路上行走,恨不得教几个清道夫跟在他们身边,把一切闲杂人等打扫开了让他们适适意意地踱着方步,那才称他们的心咧!不识相的中国人挡着他们的路线,他们就会举起脚来,请人吃一只"外国火腿"。

他们嫌中国人身上太肮脏,用手打我们,还怕传染了病菌给他们,不屑挥拳,才请我们吃"外国火腿",凡有血气,想起此情,谁不发指!

中国人在租界上住久了,神经就会逐渐麻木,看见了同胞受异族的侮辱,非但不会生气,还能站在远处拍手欢笑,笑别人吃外国火腿。

有人说:租界受的是外国人的统治,在租界上做中国人,不必亲尝外国火腿滋味,只要天天在马路上看惯了红头阿三或黑齿阿二请江北猪猡吃外国火腿,则将来大家做了"黄皮阿四"自己去尝起外国火腿的味道来,就不会像暴吃宁波臭苋菜梗那样打哑心。

上海是中国的天堂,也是亡国奴的传习所,"外国火腿"者,传习课程表中之一课也。

九九 着棋

凡事无论巨细,在未动手干之前,先要预定一种计划,以后就照此计划,按部就班地做去,才不会茫无头绪地酿成一团糟的结果。

近代的组织,确是周到而又精密,上至国民政府,下至芝麻绿豆的小团体,他们都有一个"设计委员会",他们设的不是诸葛亮三气周郎的锦囊妙计,乃是预定的工作步骤,例如赤老国的五年计划,矮子国的侵吞东三省,都是经过了设计手段,而作有计划的活动。

上海的瘪三,却也大有组织,他们在进攻某点以前,必须经过一番设计,别名叫做"着棋",着棋的能手,不肯妄落一子,四面埋伏,全盘布局,要费多少心思,"欲下一粒子,捻断几茎髭。"瘪三们的"着棋",也与国手一般,他们要想来"勃你的头颈"时,决不露一点破绽在你的面前。

我写到这里,旁边有一位熟悉瘪三情形的朋友笑道:

"你这样解释着棋,未免把上海的瘪三看得太高了,他们的着棋,并没有什么远大计划,更与政府的设计委员情形不同,他们要着你的棋,目的不过想向你借几个钱罢了。"

用强硬手段向人勒索钱财,谓之"敲竹杠",又叫做"拆梢",设诡计弄人,叫做"勃头颈",掉了"枪花"向人取钱,谓之"开条斧",用和平的手腕向人软商量借钱,才叫做"着棋"。

"开条斧"与"着棋",是相辅而行的连环动作,都是对熟识朋友玩的把戏。

我听了这位朋友的解释,还有些搅不清爽,请他举一件事实出来说明,他就拟了一节甲乙二人的对白,笔录如下:

甲：乙！昨晚我大触霉头，去"搭杠子"，鹞子断了两次线，今天"大蓬"也Pawn去了，一点生路也没有！

乙：赤老！免开尊口，你又要"开条斧"了。

甲：老大！好了，我们都是自家人，我知道你这几天"落门落槛"了。

乙：你不要"樱桃"好来兮！我与你一样，大家"搁血"。

甲：不要在自家人面前"卖洋三千"，扮什么"跌相"！（乙不理甲，甲不断地拍马屁）

乙：我不是洋盘小开，你不要对我"弹琴"。

甲：自家人，"着"你一次"棋"，"交落"一张"黄鱼头"，明朝拿来"还槽"。

乙：赤老！莫"搅"来，拿一对"眼镜"去。

朋友的一段白相人对白，摹仿得声容并茂，我的笨笔竟描写不出，而新名词却又发现了不少若不加注解，竟似直译的新文学一样难懂，请他略加注释于下：（以前见过者不赘）

（Pawn）典质也。（落门落槛）舒服也，亦曰"落路"。（樱桃）娴于辞令也。（搁血）血搁浅也。（卖洋三千）装腔作势也。（扮跌相）诈穷也。（弹琴）谄媚也。（交落）破钞也。（黄鱼头）五元钞票也。（还槽）物归原主也。（搅）葛奥切，纠缠也。（眼镜）两元也。

据我看来，着棋之意，既如此平凡，或系"酌期"之误，"酌期"者，向朋友斟酌（即商量）借款，期限归还也；或竟是"借期"，言仅借几天日期，即将原款归还，故借时有"还槽"之声明。

一〇〇 勿要面孔

孔者,窟窿洞也,我们的身体上,连闭塞无用的肚脐眼,和半开通的奶奶眼,一搨刮子在内,共计有大小不一的"孔"十二个,而脸部却占了七个"孔"去,脸部是多"孔"的地方,是以上海话叫做"面孔"。

手有套,脚有袜,头有帽,上身穿衣,下身着裤,惟有面孔最苦恼,赤裸裸地露在外面,不许有一点遮盖,从前的土耳其女人,出门都带面幕,在最近一两年内,土耳其人也"齐行"了,一律打倒面幕,拿真面孔出来与人周旋,从此天下男女的面孔,都是无遮大会的会员了。

面孔是人身的首都,耳目口鼻诸孔,就是中央政府所属的各部院,他们各有职守,分工合作,绝对不会闹意见争权利。

口尝美味,鼻不想去分一杯羹,鼻嗅香气,眼不肯去偷闻一下,眼观美色,耳在两旁站班,耳听妙音,眼目会闭起来休息,眉据高位,而又吃粮不管事,在其下者决不会鼓动政潮,想逼他乔迁到嘴唇下面来。风闻面孔将有吃耳光的危险,这个政府诸孔决不会乔迁到裤裆里去躲藏,而留一个无"孔"之"面"去受别人侮辱,所谓"勿要面孔"者,乃是抽象的言语,并非真能将"面部诸孔"一概放弃,像长城诸口一样,让敌人来一一占领。

《史记》:项王欲东渡乌江,乌江亭长舣舟待,谓项王:曰江东虽小,亦足王也,愿大王急渡。项王笑曰:天之亡我,我何渡为,且籍与江东子弟八千人渡江而西,今无一人还,纵江东父老怜而王我,我何面目见之!乃自刎而死。

项羽乃一位"要面孔"的硬汉,他兵败垓下,逃到乌江,犹恐无面目(就是勿要面孔),见江东父老,宁可牺牲性命以殉面孔,如果项羽活到民国手里,那就大犯不着这样固执了,吃了败仗,无啥希奇,不但可以老老面皮回江东去,还能向江东父老要索一笔出洋经费,改穿了西装,带了虞美人和吗啡针,一道到外国去白相相,岂不是比自刎要写意得多吗?

要面孔的,碰碰想寻死路,人寿保险公司极不欢迎这种户头,现在的人寿公司,家家发财,大概就是要面孔的太少见的缘故?

我们走在路上看见的都是体体面面的要面孔人,虽然俗语有"脱落面颊骨"之说,然而我们的眼睛里从未见过这种人,看来勿要面孔的人,世界上已经死光了吗?

有人说:现在的科学进步,人身偶有缺憾,科学方法都能补救,上海不是到过一位什么博士吗?他能改造人的面孔,歪嘴缺嘴,都能修理一度削脱面孔的人,也能利用科学方法,套一层"假面具"上去,无面孔就等于有面孔了,可惜项羽出世太早,没有戴假面具的福气,枉送了一条性命。

梁山泊中有一名江洋大盗,叫做"没面目焦挺",大约他是没钱装假面具?只得老实不客气的自称"没面目"。其实假面具定价极廉,面皮坚韧,经久耐用,脱落一层,里面还有一层,像西洋镜一样,层出不穷,而且戴在"没面目"的脸上,一点看不出是假的。

自从发明了假面具以后,我们到交际场中去与人周旋,就像在长江船上看庐山一样,永远瞧不到真面目了。我们做了鸭屎臭的事,不妨变更阵地将面孔放弃,譬如放弃了东三省热河,还有蒙古西藏新疆察哈尔,放弃了藩属,还有中国本部十八省,放弃了中国还有欧美各国可以去游历,好在面皮厚,层次多,剥了一层又一层,总归只有一个"勿要面孔"罢了!

图中的老蔬菜与老蟹,也要去学时髦跳舞,怕人家说他们"勿要面孔",在面孔上再加一个假面具,名为化装跳舞,实在是实行"勿要面孔"主义。

一〇一 开天窗

肺痨病的治疗法,于滋补服药以外,空气与日光更是十分需要,人不能离空气,犹如鱼之不能离水,日光能杀病菌,叫化子不大生病,就得力于孵太阳捉虱,痨病鬼果然需要空气与日光,就是康健人,多晒太阳,多吸新鲜空气,也与卫生大有益处。

在阁楼上打公馆的上海平民,合家老小蜷缩在房子夹层里过生活,他们竟像墨水瓶里养的金金鱼,太阳终年不肯光顾到他们的床前,他们的房间,像装红烧牛肉的罐头,四面固封,钻不进一丝新鲜空气,住在这种屋子里的房客,因为得不到空气和日光而病倒是小事,不过青天白日坐在房里也要开电灯,那就要被二房东大骂山门,骂他们太撒烂污,伤了二房东的电灯费。

然而出租了房子,要教三房客白天在房里"摸黑",二房东似乎也说不过去,即使有人肯住,房钱未免要打个折头,玲珑乖巧的房东嫂嫂就会想出一个补救方法,她叫了木匠来,将椽子锯断几根,掀开屋瓦,筑一个"老虎天窗",在老虎口里装两扇玻璃窗,一样可以开关,夏纳凉风,冬迎暖日,像楼下房间一样写意。如果三房客是风雅之士,还能在老虎口里种几盆花草,照样能在虎口之中吟风弄月。如果阁楼嫂嫂爱晒尿布,就能在老虎口里挑几根竹竿出去,免得上下跑楼梯。再说得阔些,她爱盐咸菜,爬上屋面去就是一个大晒场,只要踏碎了瓦片能够照价赔偿,隔壁邻舍也就不会抗议她侵占领空权了。

二房东若嫌开老虎天窗的费用太大,那就照许画师打的图样开一个平面天窗也能将就,不过平面天窗只通光线不通空气,因为这是死窗,如果做活络了,可以随他开闭则偶逢下阵头雨,三房客就能仰首看瀑布了。

中国的江湖相士,能把人类的脸部比作一所大房屋,额角头叫做"天庭",眉心叫做印堂，鼻梁叫做"山根"，下脖叫做"地角"，还有许多名目，我也缠不清楚。我以为这种名称不很通俗，不如直截痛快说：嘴是大门，鼻孔是"出气洞"，眼孔是洋台门，耳朵是窗门，头发是屋顶花园上种的花草。

房屋里嫌暗，可以"开天窗"，脸部既是房屋的雏形，那末在鼻上开一小窟窿，当然也能算作"开天窗"了，天窗都是开在房屋正中间的，鼻子也居面部正中，所以上海人烂穿鼻子，就叫作"开天窗"。

我不懂医道，不知道有几种疾病会将鼻子烂掉，而社会上对于烂掉鼻子的朋友，却大家都公认他是被杨梅疮所牵累。我更不懂，杨梅疮是下身毛病，鼻子是人身最高级机关中之一个委员，干下层工作的小党员闯了穷祸，何以要牵累到地位相隔悬殊，绝未参预此项破坏工作，而又毫无瓜葛的高级委员身上去呢？并且高级委员不止一个，别人都不受影响，偏偏鼻先生首当其冲，会被下层阶级拖带下台，我真想不出什么道理？

有一位朋友（当然也是不懂医道的朋友）听了笑道："子何见之不广也？"盖闻沪谚有之曰："男看鼻头女看嘴"，人身七窍，惟鼻与口为中央主政，余则左右褊裨耳，鼻隆起如阜，取法乎天，象乾道也。口下陷如渊，赋形似地，象坤道也。智者闻一以知二，探微抉隐，各有其道，是以观齿之长短而知马龄，察轮之多寡而知木寿，欲知妻之美丑，但观阿舅之妍媸。鼻也昂首天外，不畏风雪雨露，与人觌面，先见其鼻，视鼻体之修短巨细，则其人之潜"势"力可得而测也。鼻者潜势力之出面代表也，关系至为密切，部下倚势肇祸，居其上者自难逃应得之罪。苟乾道屡启衅端，而令象地形之口负其辜，天下宁有是理耶？

这位先生的妙论太玄妙了，我是个笨人，听了还是不很了解，只得将他的妙论，记将出来，让善打花会的聪明朋友，照详梦的方法，去仔细推敲罢！

写在开天窗后　先生阁主

如果因房子不通空气，而感觉到气闷，那就非开个天窗透透风不可。如果因为性的烦闷而时常要去出出洋，换换空气，那末日子多了，也会使你在头上开个天窗，好教你不致感着气闷。

出洋换空气，是"下达"的玩艺儿，因上下相感应的缘故，"下达"的人，便进而会变成上达——开天窗——开天窗者，即杨梅透顶之谓也。诸葛先生因恐开天窗，所以在出师表里，有"苟全性命"，"不求闻达"之语，盖恐为求"闻达"而将使"性命"不得"苟全"了。

食色天性，不过色字似乎不大雅相，于是文人墨士，便讳色而谈风流，但是为谈风流，往往易入下流，入了下流，便将真成下流，而要"飞阁流丹下临无地"。生横痃流白浊再进一步便成为"层峦耸翠上出重霄"——杨梅透顶了。杨梅透顶，既称开天窗，则下部溃烂,大可叫做"掘地洞"了。

开天窗和掘地洞,都是泥水匠的专门工作,而少不了水和泥,所以泥做的男子,碰到水做的女子,水泥既相融合,便会起化学作用,不必费人工匠心,自然会"豁然开朗",或成天窗,或为地洞了。既开了天窗,或掘了地洞,而怕风雨交侵,涓涓不绝,那末必找专门人才赶快修补,以免有"屋漏偏遭连夜雨,船破却遇顶头风"之虞。

"打开天窗说亮话。"也是一句上海俗语,意思是有话该说,有屁该放,不要"半刁子"闷在肚皮里。

现在说也凄惨,天窗竟会开到报纸上来了,而报纸上虽有天窗开着,可是亮话还是不能说,这又和"打开天窗说亮话"的意思相反,有话只好闷在肚里,含情尽在不言中。

报纸上所登载的稿件,是要受着当地新闻检查处的检查,往往有许多稿件,不准刊登,而馆方一时因没有别的稿子可填补,只好留着空白,而美其名曰开天窗;在某一时期报纸上的天窗虽不大见,则因编辑先生已能未雨绸缪,遇到开天窗时,便忙为补好,并不是已蒙恩典,得免开天窗,然此中情形,也是不可说的亮话啊!

人体上的天窗,是毒菌和微生虫在那里作祟,不知报纸上的天窗,是同一的病根吗?

一〇二 郎德山

"郎德山,全(音才)勿关。"

这是一句上海极流行的俗语,"全勿关"者,角落山姆(All Sum)之译音,都不管账也。郎德山是一个人名字,郎德山之下,拖一条 ism 的尾巴,与外国哲学家的《尼采主义》、《柏格森主义》、《达尔文主义》等一样,也可以称为郎德山主义。

郎德山,共有两位,而且巧得很,两位郎德山都是在舞台上驰名的艺人,一位郎德山,最近尚到过上海,他是周游列国的魔术大家,他有两个绮年玉貌的女儿,帮同他登台献技,曾倾倒过不少观众,有一位上海的骑马大将,为了她竟把老婆抛弃不顾,此案也曾轰动一时,这是一个郎德山。

光绪三十二年,上海宝善街春仙茶园的末代老板曹霄云,到北京去聘来一批名角,计有郎德山、德建堂、富仙舫、曹甫臣等数人,内中以大花脸郎德山唱得最红,他的脾气最随和,有人与他接洽后台的公事,他总是笑嘻嘻地说:"我是不管事的,你们须与管事接洽。"日子久了,他就出了一个"全不管"的名声。

后来戏园的营业日渐衰落,角儿们都拿不到包银,郎德山也不唱了,其时尚有一班马夫帮,包了戏院想打一天野鸡,却巧郎德山尚未动身,便推了一个代表去请他帮忙,当时他满口答应,谁知到了登台时,再去找他,他早已动身回北京去了,看客闹得不亦乐乎,戏园也被打掉,前后台因此涉讼,起因都在郎德山身上,于是"郎德山全勿关"的俗语,就格外喧传人口了。

"吃粮勿管事"的俗语,堪为郎德山主义作注解;有人把"卧薪"二字当作"卧着拿薪水"解释,这就是实行郎德山主义者。

一生做着关外的小皇帝,"九一八"大炮一响,几千里的国土沦于异域,敌势披猾,天天喊着抵抗,一直把敌人抵抗到关内来了,烂疴撒得一塌糊涂,弄得不可收拾,便席卷细软,拍拍屁股出洋游历去了,这是天字第一号的郎德山主义者。

"一朝权在手,便把钱来捞"。一班吃死人勿吐骨头的老爷们,做一任地方官。棺材里伸出手来要钱,弄得地方上民穷财尽,走投无路,他们搜刮饱了,扬帆满载而归,撒了烂疴等别人去揩屁股,这也是信奉郎德山主义者。

但求自己纵欲,大男小女像苍蝇子似的散了一大堆出来,儿女的教育问题全都不管,将来长大了,做瘪三也罢,做盗贼也罢,他都不负责任。这也是一位郎德山主义者。

坐在电车里,喉咙觉得有些痒痒地,呃嘿一声,由肺管里滚出一堆浓痰,见玻璃窗开着,哧的一响,像箭一般射出去,正吐在行路人的身上,电车如飞一般开去,那人骂山门,他已不听见,此亦郎德山主义者。

图中的郎德山主义信徒,贼伯伯掘壁洞偷了东西出去,黄狗汪汪的吠着,馋猫抢他的鱼肉吃,饭碗都打碎了,燃着的香烟落在书本上,熊熊地烧起来,他眼不见,耳不闻,鼻不嗅,只是跷起了二郎腿,张开了嘴大唱其绍兴高调,这位先生真是太郎德山了。

前年炮打闸北的时候,就有许多郎德山先生还在舞场里寻开心。

一〇三 起码人

码,乃是天平戥中所用的砝码,从前的烟间,现在的银楼,柜台上都放着一个天平戥,亦单称"天平"。

天平是一根杠杆,中心点支在直垂的铜针上,杠杆两端,悬着两个铜盘,将要称的东西放在下首铜盘里,上首铜盘里将一个个砝码加进去,砝码上都刻着分量的号码,待两盘的轻重平等,一看砝码的数目,就知道东西的分量了。

"起码"就是最小的砝码,比起码更轻的东西,便不能上天平估计分量,比方:金子以一厘为起码,鸦片以一分为起码,那末,兑金子至少要兑一厘,挑鸦片至少要挑一分,一厘以下的金子,一分以下的鸦片,店铺里就不卖了,所以"起码"就是最少量的价码。

传到后来,就是不上天平的东西,也叫作"起码"了,例如:老虎灶上泡的开水,是不称分量的,也以一文钱一杓为"起码"。瞎子算命,是不能称分量的,也以两角钱一命为"起码",不能给一角钱请瞎先生算半个命。

同时,商店又以价钱最低的货物为"起码",例如:布店里最贱的布匹,谓之"起码布"。客栈里最小的房间,谓之"起码房间"。戏馆里包银赚得最小的伶工,谓之"起码脚色"。三等座也称"起码"。

人如果也像货物一样,能以身体的重轻来估定我们的价值,那末呱呱坠地的婴孩,应是"起码人"了。成丁大人,活到几年,应有法定的重量,体重不足法定斤量者,即算他们"起码人",那末中国多数老枪,都成为"起码人"了。

人之所以异于猪猡者,估价不以体重为标准也。在社会阶级没有破除以前,人类的等级,一重重的分得十分细密,西洋有专门研究人种学的科学家,自称白种人为世界大亨,把红种人棕色人贬入"起码人"之列,他们是以人的脑筋组织的繁简为标准,开化迟缓,生活简单的民族,如生番之类,就算是"起码人",其实如此分级毫无道理,在他们目光中看来,以为不能运用智力去劫夺异族的土地,侵占异种的生存权,就算是"起码人"了,说什么优胜劣败,简直是强盗主义。

在同一民族,同一地方住着的人类,也分着极严的阶级,这种阶级完全筑在金钱与势力的基础上,在上海地方,有财有势的人,叫做"大亨",无财无势的人,就叫做"起码人",起码人者,阶级最低之人也。

上海的"起码人",并无一定标准,因为人的价值,砝码无法计算,须人与人比较始能估定,在大赌场里,别人都下几千块钱的大注,你只取两张十元钞去下注,你就是起码人,你输了一百块钱,走到朋友家里,看见一棹五百铲的麻将,他们四个就都是"起码人"了。

巡捕在外国三道头面前是起码人,出了行门,就把黄包车夫当作起码人。

坐汽车的以坐包车的为起码人,坐包车以坐黄包车的为起码人,坐黄包车以坐电车的为起码人,坐电车以二脚车的步行为起码人,空手步行人以背包裹的为起码人,背包裹的以拉车挑担的为起码人。物理学家能以水为固体与液体物质之比重,以空气为气体之比重,人类的阶级,却找不到一个比重的标准。

图中的蹩脚大少爷,请"寡老"吃油炸烩,在上海的奢华社会里,的确是起码人请的起码客;不过新出锅的热油炸烩滋味倒还不错,有许多大亨不爱食此,就因为油炸烩的价钱太便宜,便成为起码食品,若是沙利文也有"来路油炸烩"发售,星期半价,每元两条,那就不是起码人吃的东西了。

一〇四 装笋头

"山雨欲来风满楼"。凡事未来,先报一个预兆。

"闭门家里坐,祸从天上来"。俗语虽如此说法,其实灾祸之来,必有一个渊源,决不是凭空掉得下来的。

是以,要想发财,先去做官,要吃豆腐,先望死人,要睡棺材,先去生病,要开天窗,先打野鸡,要吃官司,先撒烂污,要敲竹杠,先装笋头。

日本人要并吞东三省,也要牵几个傀儡登场,借民族自决的名义来掩蔽世人的耳目,不过这个"笋头",装得还不及上海的瘪三巧妙。

无论是木器或铜铁器,凡是接头的地方,若不用锡焊树胶,就要装一个小闩,将两节镶在一起,这种小闩,就叫做"笋头",如桌椅的脚,门窗的框,房屋的椽,都有"笋头"镶着。

笋头须装得严密,器物才能经久耐用,如果装了活里活络的笋头,桌椅要摆不平,门窗要关不拢,房屋要歪扯,所以笋头虽小,关系颇大。

上海的离婚案子,一年总计不止三百六十起,夫妻双双上堂对质,夫控妻的理由,总是不守妇道,妻控夫的,总是不堪虐待,其实一大半都是"笋头"。笋头者,借端借口也。掉一句文,就是"师出有名",或全部捏造事实,或借小事而推波助澜化为大事,皆可以谓之"笋头"。

笋头装得巧妙的,一拍吻缝,毫无破绽可寻,谓之"落门落槛"。装得不得其法,也许未装先"脱节",被人来一记"反跌爬",从前的恶讼师,就是专门靠"装笋头"过日子的人,上海话也叫"拍骱"又叫做"合(音葛)药",什么病应合什么药,须按人按时按地而异,不可死守古方。

且举两个"装笋头"的例子,来说明这个笋头:上海强盗来抢东西,叩门的时候,或说"寻某先生",或说"奉命来搜查烟土",骗开了门然后将家人驱禁一室,开始翻箱倒箧,大施洗劫,某先生与烟土,即强盗所装之"笋头"也。

城里唐娘娘,穿绸着缎,插金戴银,打扮得标标致致,体体面面,想到大马路去"买点啥",走到僻静地方,迎面来了一个陌生人,对她眉毛竖,眼睛瞪,左右开弓,劈啪两响,请她吃了两记"五分头",打得她头昏眼花,莫名其妙,他伸手捋她的金钏臂,抢她的皮箧子,怒容满面,嘴里还要骂她道:

"烂污皮,叫你在家里蹬蹬,你总不听,我刚歪脚,你倒又要打扮好了出去胡调了!你带许多东西,想去贴汉吗?快拿下来,等我回家去再问你。"

他拿了银钱首饰,一路骂着山门,扬长而去,唐娘娘无端受辱,气得七荤八素,郁得开口不出,旁观的人还要笑她是不规矩女人,半路上遇见亲丈夫教训,她定有应得之罪,所以骇得不敢开口,等到她神志稍清,对路人说明是强盗,强盗早已远走高飞了。

诸位,你们看,这个"笋头"装得何等巧妙,人人都要"受触"。像这种案子,上海发现过不少,女太太单身出门,须要火烛小心,慎防瘪三们"装笋头"啊!

装笋头亦曰"装油头",古称"讹头",《日知》录:景泰元年,御史张泼言京师奸宄丛集,游手成群,有谓之拿讹头者,(注)侦知一人作奸,则尾随其后,陷人于罪,从而吓诈之也。

道学家每慨叹人心不古,而装笋头则自古有之,可见古时人心也有刁钻促刻的。

图中画的也是一幕"装笋头"把戏,瘪三看见一个"旺血"的屈死,故意将自己衣服弄脏,拉住了屈死要他赔偿,旁边几个揎拳捋臂的同党,狠把把地出来"讲斤头",结果教屈死"交落"几个"巴儿",才放他"出松"。

上海的柏油马路和水门汀行人道,看着是十分平坦,实则行路之难,不亚于蜀道,流氓瘪三,到处潜伏,带几分"洋里洋气"的朋友,就是他们的"吃屑",一个大意,就被他们装上笋头,尤其是拿女人装笋头的为最多。奉劝诸公,走在路上,千万不可"色迷迷",见有形迹可疑的人,宁可远而避之,免得他们将笋头装在你的头上。

一〇五　叫化子吃死蟹

昔者张翰,见秋风而思吴中莼羹鲈脍,不惜挂冠而归。实则秋季的江南美味,宜数螃蟹为第一,"一腹金相玉质,两螯明月清江"。是文人墨客的吃蟹。"一食二十八千钱,而不忍心下箸"是宋仁宗皇帝的吃蟹。"九月团脐十月尖"是吃蟹的时令,秋风起,鸿雁来,江南大小百家,哪怕是无饭吃的人家,也要想法子去买几只蟹来应个"持螯对菊"的景儿,否则就辜负了这个秋天,即使吃不起鲜蟹,咸蟹也要去买来尝尝味道。

吕亢作蟹图记,蟹自大至小,凡十有二种,最大者曰"蝤蛑",最小者曰"蟚蜞",吴越忠懿王宴陶谷,自蝤蛑至蟚蜞,凡列十余种,谷笑曰:真所谓一蟹不如一蟹也!这是一件最有趣的吃蟹故事。

清道人爱食蟹,一餐能尽百蟹,人称"李百蟹",这是上下五千年,纵横九万里,第一个好胃口的吃蟹人。

《周礼庖人》注:若青州之蟹胥。据说"蟹胥",就是现在宁波鱼贩沿街叫卖的"蟹浆",这倒是一件古董货。

凡人做事抓手抓脚,搭桥搭浆,碰碰闯穷祸,弄弄勿讨俏,苏州俗语叫做"牛吃蟹"。

上海是富庶之区,每年秋季,家家吃蟹,人人吃蟹,重阳时节,大街小巷,都能听得小贩喊着"要吃大蝶蟹"的声音。洋澄湖出产的红毛脚蟹,倒有一大半吃在上海人的肚子里,变作特别市与租界粪。

上海多流动市民,无家无室者不在少数,他们要吃蟹时,有钱的阔佬官到大菜馆大饭店里去吃,不上不下的尴尬人,可到小酒馆小饭店中去吃,衣食不周的穷人,

上海俗语图说

到满庭坊和各小菜场的摊头上去吃,穷得扯戏招贴当被头的叫花子,便到小弄堂的地摊上去吃,这是上海吃蟹的阶级。

宋朝皇帝吃的蟹,每只千钱,已经嫌贵,上海大酒店里的蟹,每只标价大洋五角的,还不是头号货,这么昂贵的蟹,穷人如何吃得起?摊头上煮熟后再卖的蟹,已是半死半活的僵蟹,吃客犹能拣而食之,轮到叫花子吃的,那完全是蟹的尸首了,只只是死蟹,已毋庸拣选,只要是蟹,剥开就吃,也觉得滋味笃落落,所以上海有句俗语,叫做"叫化子吃死蟹",此话暗藏"只只好"三字。

叫花子吃死蟹,来者不拒,照单全收,无论大逾螃蟹,小过蟚蜞,空如鸭蛋壳,臭如鲍鱼肆,他们都能一一咀嚼入肚。于是上海人就把"叫花子吃死蟹"比作情场的泛爱主义者,无论美的西施,丑的无盐,老如甘蔗,嫩如豆腐,长如芦粟,矮如冬瓜,胖如烂浮尸,瘦如烧鸭壳,毒如野鸡,烂如淌牌,疯如十三点,呆如阿木林,亲如朋友之妻,便如娘姨大姐,麻如脚炉盖,癫如电气灯,只要是异性,不妨乱触亲家母,兼收并蓄,都要尝试,这胃口,可与"垃圾马车"并传千古。

所以指定要说"吃蟹"的理由,只因上海一向请蟹做女人的代表,如年老的女人叫做"老蟹",小姑娘叫做"小蟹",这原是下流社会公举的代表,到了现在,所谓上流绅士也者,嘴里也会吐出蟹来了。

《清异录》载:庐绛从弟纯,尝曰:四方之味,当以舍黄伯(按即蟹之别名)为第一。后因食蟹,二螯夹其舌,血流盈襟,绛因戏以蟹为"夹舌虫"。

下流人以女人为蟹,大概就因"夹舌虫"的故事而来,含原是善夹的动物,请吃蟹的朋友当心血流盈襟!

上海话有时也骂人"死蟹",与冥顽不灵的"饭桶"一样意思。

一〇六 顶山头

"头山"乃朱君头山之雅号,有人与猪头三结了忘形交,就除去贵姓,而专称他的雅号。

将"头山"两字翻个身,就成为"山头"。据泥水匠说:山头乃屋脊的别名,所以翻过屋脊,也叫做"翻山头"。

上海俗语中,计有三个"山头",解释各各不同:

(一)触山头——即"触霉头"也,"霉头"一名"纸吹",是抱水烟筒先生的必需品,纸吹用力一触即熄,是为不祥之兆。

(二)爬山头——以怀孕之腹象"山头",这个"山头"除了"急时夫"(不是意大利人名)以外,别的不相干的阿猫阿狗,谁也没有勇气敢去"爬"她。

(三)顶山头——唇枪舌剑,大逞雄辩,各不相下,是顶山头,本篇专说"顶山头"。

阿大与阿二相骂,阿大骂阿二"妈特皮!"阿二还嘴骂阿大:"仰希鸢苞!"他们两家头就顶起山头来了。这是两个敌体的"顶山头",他一拳来,你一脚去,大家扯过,各不吃亏。

店里的老大先生横了白眼对小朋友说:"你今天为何到得恁迟?明天不可如此!"小朋友愤然说道:"阿拉难得迟到一点,你就叽哩咕啰!嘤哩咕哩!你做了阿大先生,自己天天迟到,就不说了吗?"这是小朋友的抵抗精神,他宁可卷铺盖滚蛋,若有人请他"吃排头",他就要拿"山头"顶过明白,这是下属顶上司的山头。

瘪三犯了刑事案子"跌进去",从"塌犯间"解到公堂,捕房里派了办案的巡捕,包打听,三道头,捕房律师等骨碌三姆一齐上堂,老爷很帮忙,颇有放他"脱梢"之意,只是巡捕房代表的"山头"顶得厉害,他一点没有"生路",只好"跌囚牢"去了。

原被两告打官司,原告说一句,被告驳一句,驳得原告体无完肤,结果将案子取消,这是公堂上的"顶山头"。

上海的大律师,像南京的臭虫一样多,他们都是靠"顶山头"过日子的,有的善于顶笔头,有的善于顶舌头,其为"山头"则一。本图所示,即大律师"顶山头"之神气,被告栏里的瘪三麻子,被他顶得七荤八素,走投无路。

有人说:"顶山头"应作"三头";三头者,额角头,触霉头,勿失头也,此三头乃专指打官司而言。

额角头——被"顶三头"的朋友,额角头一定皮蛋色。

触霉头——连顶三句"三头",三三得九头,听见九头鸟叫,家里不是死人,定是火烧,自己还要吃官司,霉头一触再触连三触,一直触到印度国!

勿失头——交运路里即使打官司,也不会遇见"顶三头",惟在勿失头路里,才会碰着顶头货的生铁弹,被他大"顶三头"。

顶三头者,三头聚会,包你碰一鼻头灰回去,只好低倒了头,闷吃苦头,所以不能"头头是道"者,据说皆为不烧"路头"的缘故。

一〇七 领 港

宁波人有一句俗语,叫做"搀侬瞎子",意谓瞎子两目失明,走出门去,不知东西南北,全靠有人搀扶着他走路,如果搀瞎子的人,坏坏良心,像戏台上演的"堂楼详梦"一般,那秋华丫头牵着瞎先生的明杖在台上大兜圈子,瞎子也奈何不得,只好由人作弄。所以"搀瞎子"就是作弄人,又叫做"搀白眼",因瞎子的眼珠都作灰白色,后来束性请一位著名瞎子来做代表,在宁波是"搀丁春扬",到了上海就"搀吴鉴光"了,这两位都是地方上的瞎子领袖。

轮船在水道上行驶,看似容易,其实极难,因为水底下潜伏的礁石沙滩,目力不能看见,虽有海图能作根据,但在曲折的港口中,暗沙常有变迁,非熟悉此道的人,船只难免就要出事,所以陌生轮船进口,要请"领港"带路,领港又称"引水"。

我们乘外洋船到上海,在三夹水外,就看见有白色小轮船,桅杆上扯了Pilot的旗子,在大轮船旁边游弋,这就是"领港"人来兜揽生意。领港从前都是外国人,这很像是新北门口站着的"露天通事",专门引导外国人去逛城隍庙,不过中国人只能引导外国人进城隍庙的,外国人却能引导一切轮船进上海口,有时候中国的兵舰也要外国领港引导,这就未免太难为情了!

中国人也有做领港的,大半是沙船老大出身,他们的经验十分丰富,只是学识差些,引一次水,收费四五十两银子,比外国领港便宜一大半。而外国轮船进口,却很少请教我国领港,尤其是日本船,都雇用他们本国的领港,大概怕中国人搀他们的瞎子?

上海地方还有一种领港,那是赌场里高等瘪三的职业,他们对于赌博学十分精通,"宝台"上尤多此辈的踪迹,因为摇宝是有"滩路"的,滩路变化玄妙,愈演愈奥,多数沉湎于此的赌徒,就为喜欢研究这张滩路,领港人善画滩路,开了一记宝,他能画出"大路","小路","公路","头路","脚路"等许多路出来,他嘴里说得"门门有路",结果还是弄得赌客"走投无路"。

赌场领港人,大半都是大少爷出身,只因好赌成癖,弄得倾家荡产,身败名裂,无处投奔,只好求赌场老板收容他们当一名领港,拆一份小头糊口,这与久嫖成龟的大少爷一样凄惨。

有人说他们像落水鬼讨替身,自己上了当,还要引诱别人堕落,不过落水鬼觅得了替身,自己就能去投人身,他们所造就的,只是来抢他们生意的领港人材,未免有"自扳砖头自压脚"之愚,真有些不值得。

上海还有一种"领港",都守候在黄浦滩,北四川路,爱多亚路一带,他们能说两句洋泾浜话,专引导外国水手去白相"咸水妹",俗语又叫做"牵猢狲"。

一〇八 一搨糊涂

"一搨刮子",上海话又叫作"骨碌山姆"(All sum 的译音),北平话叫作"龟里包椎",广东话叫作"亨白冷",宁波话叫作"和总来该",有"包罗万象"之意。"一搨刮子"者,开水泡老鼠,一个逃不脱也。"一搨"或许是"一搨刮子"的简语?

糊者,浆糊也,涂者,涂抹也,糊涂者,涂之以糊也,有人与戴眼镜的朋友寻开心,候他睡着时,在玻璃片上与他涂了许多浆糊,他醒来睁眼一看,但见一片模糊,摸不到东西南北,这就叫做"糊涂",这是我杜造的典故。

糊涂二字,由来已古,至少在宋朝初年就有糊涂人做糊涂事了;宋史:"太宗曰:吕端小事糊涂,大事不糊涂,卒相之。"吕端是堂堂宰相,糊涂二字出之于宋太宗的龙口,

可见当时民间的涂浆糊的风气,一定很盛了,可惜无书可证,难对古本,究属是谁人先发明糊涂的?已无从追究了。

"一搨糊涂",若照字面解释,应是"一搨刮子涂起浆糊"来,把"龟里包椎"的人,都关在鼓里,弄得"亨白冷"丈二金刚"和总"摸不着头脑,盖有一手掩尽天下目之意,然而上海话却不作如此解,这就是上海话的玄妙。

此地的"糊涂",乃作"撒烂污"之烂污解释,亦即瘪三嘴里之"堆老"也,"一搨糊涂"者一场大烂污也,一包大堆老也,烂污撒得太大,摆得满头满脸浑身上下尽是"堆老",弄得不可收拾,教人束手无策,其人就要大喊"一搨糊涂"了。

许大画师的图中画的裤子裆里烂污撒得"一搨糊涂",被粗做娘姨发现了,撒烂污的奶奶(当然不是小姐)探出一个两僵面孔来,心里怀着鬼胎,好像是大难为情,其实这也是极平常的事,这个"一搨糊涂",无论是白色帝国主义,或是赤色共

产党所闯的穷祸,好在犹在国门以内,只有粗做娘姨知道,不许她到国外去宣传,也就无所谓了。

我认识过一个拉黄色车的朋友,我问他:"你最有敲竹杠机会的生意,是不是在下阵头雨的时候?"他对我摇摇头,笑嘻嘻地说道:"阵头雨的竹杠虽能敲一记,只是吃不到'洋封'的。最大的竹杠,是女人下车的时候,垫子上弄得'一搨糊涂',她涨红了脸要逃走,我拉住她的手叫喊起来,她怕许多人围拢来看她的'一搨糊涂',偷偷地将一块大洋塞在我手里,我将垫子套拆下来,到自来水上去冲一冲,买两串小锭来车轮下焚化,这就算烧过路头了,仍可以拉别的客人,一块钱用得痱子都不生一粒。"

的确,女人的时髦衣服都很单薄,坐在黄包车上红头阿三突围而出,弄得"一搨糊涂",这是常有的事,难免要被车夫"刨黄瓜儿"了。

凡此"一搨糊涂",皆小焉者也。以前江西的红色恐怖,东北的白色恐怖,那才是真的"一搨糊涂"咧!奶奶们闹了一个小小的"一搨糊涂",就要被黄包车夫扣留着不得脱身,我们的□□撒了好几年的烂疴,弄得东北半壁山河"一搨糊涂",他却拍拍屁股溜之乎也,不见黄包车夫敲他竹杠,我真要为撒小烂疴的奶奶们唤冤枉了!

我们的一搨糊涂太多了,就是请了会计师公会里的全体会员来清理,也算不清这千万票的糊涂账,那时只得想个变通办法,把盈千累万淘过的"浆糊竹罐",一齐埋藏在坟墓里,这也有一句俗语,就是叫做"烂疴"。万事抱了埋埋糊糊主义,则天大的烂疴也能一笔勾销,此张□□之所以出洋,汤主席之所以下野,以及一切"一搨糊涂"案子之所以"查而不办"也。

一〇九 地鳖虫

上海是中国的一个特别市,除了南市闸北以外,还有什么大英勃兰西,坐黄包车要分大照会与小照会。上海的代表街道,叫做大英大马路,到上海来游历的人,都在租界的柏油马路上巡礼,外乡人赞美上海,都说大马路四马路如何热闹。住在租界上的市民似乎要比华界居民高一级,租界上的地皮要比华界地皮贵十倍以至千百倍,此上海市之所以特别也。

中国的财富被历年内战,渐渐的都驱进租界中来了,中国富翁为一劳永逸计,全将产业移迁入租界,十里洋场大有人满之患,租界地盘,明的扩充,暗的侵占,虽比从前大了几倍,结果还是地少民多,只得在地皮上造起十几层楼房来,容纳这许多高等难民。

上海的地皮,当然为上海人所有,种田卖菜的上海乡下人,哪里有本钱去造十几层洋楼,他们又无缘认识资本家,于是在乡下地主与资本家之间,就产生了一种媒介人物;他们一方面劝地主出卖,一方面劝富户买进,在一进一出之间,他们就于中取利,赚一笔很大的中费,这在上海已成为一种专门职业,叫做"地皮掮客",俗语又叫做"地鳖虫"。

地鳖虫形似甲鱼,生在地里,故名地鳖,上海的地鳖虫,吃地皮,住地皮,穿地皮,靠地皮成家立业,生男育女,飞黄腾达,子孙万代。

乡下人也有认卖地皮为辱没祖宗的事,如果他的地皮坐落在冲要的马路上,而被外国人看中时,为地鳖虫者就要千方百计地劝化他,不惜诱之以重利,恫之以势力,终要做成功了交易才肯罢休。地鳖虫"尖头把戏",善钻泥土,能深入地底,地皮掮客也与地鳖虫一样会钻。

上海的地皮,"道契"比"方单"扎硬,所谓道契,是在外国领事馆注册,算是洋商的地皮,即使是中国人花钱买的,也请洋商出面,由洋行纳税,这是最丧权辱国的事,而上海人偏要看重道契,方单的地皮连华商银行都不欢迎,真是气数。

上海繁荣日甚一日,上海地皮随着市面往上飞涨,三五万两银子进出,尚是小买卖,百万上落,呒啥希奇!地鳖虫钻成功一票买卖,就能坐吃一两年写意饭。似这般赚钱不费力的发财生意,大家看了都要眼红,于是就有人组织了许多地产公司,专代人家买卖地皮,以抢地鳖虫的生意。

这种地产公司,洋商与华商皆有,市面做得极大,因为他们的资本雄厚,看见有价廉物美的地皮,即无主顾,也能搨他进来,以待善价而沽,有时且能利用金钱的势力大杀穷鬼,地鳖虫只能拉皮条,不能做搨户,生意当然做不过地产公司,这好像地皮下了几条大蜈蚣,将大大小小的地鳖虫一齐当点心吃得精光。

一一〇 放野火

"野火烧不尽,春风吹又生。"

白乐天因这两句诗而受知于顾况,在"长安居大不易"的帝都里居着他便很自负的许为"居易"。此事就造成了放野火的典故,看来白乐天也是爱放野火的顽皮孩子。

在早春时候,我们到郊外去散步,日丽风和,神清气爽,地下的宿草经过了严霜的侵蚀,已变成焦黄色,新草尚未发芽,在这青黄不接之际,你若掷一个火种下去,柴干风燥,霎时延烧遍地,像薙头般能将一片草地薙个精光。

放野火的确是一件有趣的玩意儿,尤其是晚间,火头会像赤练蛇般乱钻,有些地方的乡民,全仗砍茅柴度日,他们砍过了柴,就放火将草根焚烧,焚余的灰烬,壅在土中,就是肥料,烧过的草地,明年的收获

更丰,所以叫做"烧发"。南京对江的荒山,每年冬季,就看见火焰冲天,连烧几十天不熄,在下关隔江望去,竟像火山一般,这种大野火,在树木茂盛,人口繁庶的江南,简直不容易看见。

"火烧好看,难为人家。"星星之火,可以燎原,放野火有时候也会闯下大穷祸,苏杭二州,春天最多游客,他们见有野火可放,便不管三七二十一的留下个火种就走了,火势逐渐蔓延,能把野厝的棺材,乡间的茅屋,古坟的林木,一齐烧完。

放野火者,逞自己一时快意,不顾别人遭殃,上海人便将"野火"比作散布谣言,惑乱人心。

"流言可畏",古代的政治家,惟有辅太甲之伊尹,佐成王的周公,最不怕谣言。专制时代的帝皇,没有不怕谣言的,所以有"偶语弃市"等残酷法律定出来。自从国内有了报纸,放野火的机关就更多了,辛亥革命,上海独立,最大的功臣,就是望

平街上放的几把野火。

"教化子造谣言",这也是上海俗语,上海人骂造谣言者为教化子,可见也恨如切骨,但山门尽管骂,野火不妨放,上海人还是爱听谣言的居多。

现代人"头子活",思想新,随便什么鸭屎臭事情做出来,只消换一个冠冕堂皇的新名词上去,闻者就不觉其臭了;"轧姘头"不大好听,换了"恋爱自由",就像冠冕得多,"吊膀子"也太腐化了,若说"追逐异性",就无人敢诽议。官场中之"蝇营狗苟"似乎不大好听,若对人说"找政治工作",那就不是什么"私弊夹账"事。在战场上做了"夏侯惇",似乎也有些失面子,但为战略关系而缩短防线,哪怕缩到唐娘娘家母牛的子宫里去躲藏,也觉得面子十足。

"放野火"是上海瘪三们的惯技,大人先生原不屑为,但在某种紧要关头,不得不放一把野火出去,那时便能请出一个某中委来,对记者发表几句谈话,新名词叫做"制造空气"。人工制造的空气,口中吐出的碳酸气是无声无臭的,其有声又有笑者,惟下部所泄之响气耳。

现在上海最喜放野火者,要推"卖夜报"的老枪,他们根据了报纸的标题,能张大其词地叫喊,有时且能无中生有的造几句谣言出来耸人听闻。放野火者皆有目的,老枪之目的极微,仅在多得两三铜板,较之大人先生之制造空气,代价相差太远了。

夏侯惇

夏侯惇,谯人,字元让,少就师学,人有辱其师者,惇杀之,由是以烈气闻。魏武帝时为裨将,从征伐,累功拜前将军,文帝时为大将军,惇虽在军旅,亲迎师受业,性清俭,余财辄以分施,不足资之于官,不治产业,卒谥忠。此正史所记夏侯惇之传略也。不但勇烈,而且廉洁,不愧为名将。

《三国演义》中的夏侯惇是一员猛将,他在战场上中了埋伏,乱箭像雨点般射来,他趋避不及,一箭射正中了他的左目,他拔出箭干,眼乌珠也一齐带了出来,他不忍抛弃,就将箭头推在嘴里,像吃冰糖山楂似的,眼珠吞食下肚,提起家伙再与人交战。这是小说上描写的夏侯惇,写得他何等勇猛呵!

戏台上的夏侯惇,是曹八将之一,凡是曹操登场坐帐,总有他站在旁边侍候着。在长坂坡里,要算他把和赵子龙打得顶结棍,剧情中表演的夏侯惇,也是个吃抖朋友决不是"虫囊子"。

上海瘪三社会里的夏侯惇,就与三国里夏侯惇的个性大不相同了,他是一个没有"肩胛"的人,叫他去打架,在自己人面前,他也会揎拳捋臂,弹眼落睛,挺胸凸肚,张牙舞爪,像煞有介事的装成一个"狠客",如果上了真帐,他就畏缩不前,看见了敌人的影子,就吓得屁滚尿流,连忙脚底下抹油,溜得无影无踪。

我也不懂,为什么要请这位狠天狠地的古人来做虫囊子的代表?夏侯惇死在九泉之下,只怕他也要大喊冤枉咧!

据几位朋友研究的结果:"夏侯惇"者"向后遁"之谐音也。夏侯将军的大名,不幸取了个"惇"字,就被上海瘪三们拉来派了用场,一样的三国名将夏侯渊就没有人请他做瘪三了。

有人说：土遁水遁，虽很通俗，但瘪三未必懂得以"惇"谐"遁"，"遁"字似乎解得太雅，把上海瘪三的文才占得太高了；惇者"登"也，上海人出恭叫做"登坑"，登坑并非提足跨登毛屎坑之登，乃拉脱裤子望下登之登也，本字应作"蹲"，登即蹲在地上也。

猫捉老鼠，先蹲后跃，方为得势，运动家之短程赛跑，起步之先，也须望下一蹲，才能蹿上前去，夏侯惇者，向后登也，登而后逃，格外神速。瘪三勇于私斗，怯于公战，与外人打架，向下一蹲，一来利于"滑脚"，二来能避敌人目标，向别人屁股后头一钻，就能变更战略，缩短防线，安全退出火线了，这叫做"乖人不吃眼前亏"。现在的"夏侯惇主义"，似乎比什么主义更普遍，所以中国的军队节节夏侯惇，从辽阳热河一直"惇"到平津，看来他们都是不吃眼前亏的乖人。

夏侯惇，一名"滑脚"，即脚底下抹油之意，亦曰"扯脚"，更简一点，就单称一个"扯"字，一曰"圈"，一声"扯"字口号，众瘪三狼奔豕突，就实行夏侯惇主义了。

本图所画，是一群租界小贩，因为不曾捐得照会，虽是将本求利，也似犯了大法，老远看见巡捕先生到来，不得不实行夏侯惇主义，这个夏侯惇与瘪三打架，似乎情形大不相同，我们应同情于这班被压迫的夏侯惇。

一一二 | 寡 老

老而无夫曰"寡",鳏寡孤独,孟子称为四穷民,谓其寡而无告,然而上海的"寡老",未必见得凄惨至此,因为孟子时代,上海尚未开辟租界,难怪他老人家不懂。

五十无夫曰"寡",今妇人丧夫者皆曰"寡",古人则丧妇者亦称"寡",《左传》齐崔抒生成及强而寡。可见古代不但有"寡妇",且有"寡男"。

《礼记》:诸侯自称曰"寡人",夫人自称于诸侯曰"寡小君",人臣对他国自称其君曰"寡君",谓寡德之人乃自谦之辞。

无夫之女,谓之"寡女",《说林》:蔡邕市寡女丝归,缲丝制弦。弹之有忧愁哀怨之声。

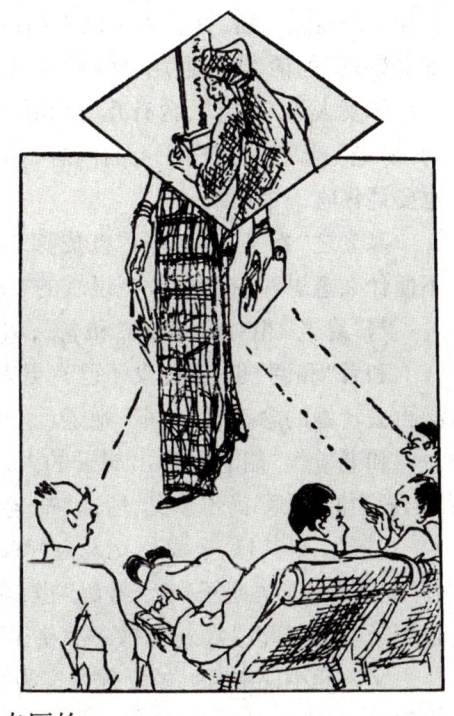

综上所述,无论寡妇,寡人,寡女,寡君,寡男,都是无配偶的单身汉或单身婆,那末上海称一切女子为"寡老",倒不是没有来历的。

"老"是人的代名词,已于"赤老"中说过了。(见《上海俗语图说》六六)"寡老"就是"寡人",而此人专指女人而言。

流氓走在马路上,专爱惹花拈草,若是有人陪伴的女子,他们就有所顾忌,不敢上去和调,最欢迎的是单身女子,可以恣意调笑。"寡老"者,单身女也,年幼的单身女,谓之"小寡老",年老的谓之"老寡老"。

上海下层阶级又称女人为"长钉挂",这是个极勉强的缩脚韵,"长钉挂"隐一个"牢"字,长的钉子挂东西不会掉落,容易挂牢,故称"长钉挂牢"。这与女人有什么关系呢?解释出来,真是匪夷所思,可发一笑。

他们把女人比作一根钉子,男人比作一件衣服,吊膀子比作衣服挂在钉子上,膀子吊不成,譬如衣服挂不上钉子,谓之"脱钩",一吊就成功,好比钉子一挂就牢,所以叫做"挂牢"。"长钉挂牢"者，颇有几分善颂善祷的意味，祝其钉子长，则便于"挂牢"了。如此说来，"寡老"两字乃是全本白字。

许画师说：女人死了丈夫，称之谓"寡"，年老女人死了丈夫，要想再嫁男人，是很不容易的事，只好做寡妇而终老了，此所以谓之"寡老"也。

许画师以年老寡妇为"寡老"，若照字面解释，果然不错，但是"小寡老"就不能说是"年老的小寡妇"，"老寡老"，更不能作"年老的老寡妇"解释了，所以"寡老"只能作单身女子解，并且近来已失却古义。"寡老"不一定单身，"某人（男）带一只寡老崭来"的话，也能通用，然则"寡老"已形成一般女性的代名词了。

称女人为"寡老"，含有几分侮辱性，上海滩上的女人，都不愿别人当面称她们为"寡老"，即使是咸肉庄上的淌牌，你若当面叫她"寡老"，她纵然不板面孔，至少也要请你吃一个白眼。

寡老之"盎三"者，亦曰"扛皮寡老"，是寡老之"瘪的生司"者也。"盎三"我亦不懂什么意思？"扛皮"大概说她的"皮子""不挺刮"。与"蹩脚"的意义相仿。

与"寡老"相对的，谓之"和老"，和老有两种说法：

和者"和调"也，言此女子已有男人和着她的调，她已经被人占有了，别人就不必再去转她的念头想"挂牢"她了。

和老应作"胡老"，指出胡子的人，听说南欧洲女子出胡的很多，在中国地方，"出髭须的阿姆"尚不多见，所以"胡老"就能代表男性。

还有一事甚怪，上海称女人为"寡老头子"，称男人为"和老麻子"，原来"麻子"乃是"码子"之误，"码子"者"号码"也，从前已经解说过了。而"码子"专指男人，不适用于女性，是以"寡老"只好称"头子"了。

又宋元小说中时见妓女称嫖客为"孤老"，亦作为"寡老"，寡老或许是"孤老"之转音，但不知何时由男性变作女性？待考。

一一三　老　爷

老爷不见于《四书五经》，中国最古的老爷，出现于宋朝南渡时的"三朝北盟会编"中，"鱼磨山寨军乱，杀其统领官马老爷"，其次是元史中的"董老爷"，这两位老爷，都有些胡骚臭嫌疑，看来老爷也是口外来的外国货。

到了明朝，老爷的称呼已经很普遍，不过没有清朝那样随便，《柳南随笔》云："前明惟九卿称老爷，词林称老爷，外任司道以上称老爷，余止称爷，乡称老爹而已。"

老爷的对待名词，是"小的"。前清时代，阿猫阿狗，都是老爷，称呼别人"先生"已把人的身份看低一级，受之者就有些不窝心。光复以后，大家要破除阶级，就把老爷打倒，一律改称先生，到了现在，只有租界巡捕见了黄包车夫，还保持着老爷的尊称。

爷是母亲的老公，儿子的阿爹，须要有几岁年纪的人，才有做爷的资格。爷而且老，当然不是站在时代水平线上的人物，所以上海人把老爷当作一切腐化分子的代表，老爷就等于"老朽"。

人做了老爷，穿了老爷应穿的官衣，自然就要搭出一种老爷架子来，老爷的态度稳重，走路应像鸭子般踱着方步，如果穿了红袍纱帽或箭衣外套到大街上去"出窨头"，那就失却老爷的身份了，所以上海滩上，凡是行动迟缓，冥顽不灵的东西，都尊称为老爷；如驽马驾的车，谓之"老爷马车"，常常抛锚的汽车，谓之"老爷汽车"，转动不灵的机器，谓之"老爷机器"，听见枪炮声就夏侯惇的军人，谓之"老爷兵"，消息不灵通的报纸，谓之"老爷报"，诸如此类的东西，皆谓之"老爷式气"。

老爷者温吞水也，说他冷水，却似乎热腾腾的冒气，说他是热水，又有些凉飕飕的冰手,譬如我们政府所定的对日政策,一半儿抵抗,一半儿交涉,好像是半担开水与半担冷水对冲,造成不冷不热的温吞水局面,如此老爷政策,上海话又叫做"阴阳怪气","勿死勿活",新名词曰"牛步化"。

上海有几位著名老爷,特为介绍于下:

徐大老爷——又名谭老三,别号"赤老麻子",是专请朋友吃豆腐者。

瓦老爷——屋面上镇压风水的泥偶,一日到夜呆头呆脑,不闻不响地坐着,上海话便请他代表人的个性,他是"曲辫子",人称"寿头麻子"。

倒老爷——一年三百六十日,只有元旦不见面,其余每日清晨在马路上唤嗓子,所以喉咙条条清脆,他的口号是"拿出来",他若来时,车辚辚,马萧萧,弄堂里就会热闹起来,他若不来,家家恐慌,上海就要弄得臭气冲天。

撒尿老爷——他是上海野鸡淌排之神,公馆打在小东门洋行街撒尿弄口,每逢朔望,香火独盛,来者都是跳的雌头,上海滩上,只此一家,并无分出。

一一四 吃豆腐

豆腐确是食品中的美味,原料是黄豆,水浸磨浆,滤去渣滓,淀之以盐卤,收之以石膏,或嫩或老,随心所欲,其中大有化学作用。外国化学家产生得比中国早而且多,却不曾发明豆腐的制法,所以中国伟人李石曾先生能到巴黎去开设大规模的豆腐公司,请法国人大吃豆腐,法郎赚得麦克麦克。

古时豆腐名为"来其",(见《虞集文》)亦曰"黎祁",(见《天录识余》)二者音同字异,看来是洋货的译名,而《天录识余》则云:"相传豆腐为汉淮南王刘安所造。"他也有些狐疑不决,那末吃豆腐的祖师真不可考了。

丧事人家请亲朋吃饭,谓之"豆觥",古礼死了尊亲,小辈理应摒除肉食,以志哀思,"豆觥"看来就是"吃豆腐"的别名,可见吃豆腐的风气,在中国由来极古。

豆腐是素食中之主要物品,素鸡、素鸭、素火腿,都是豆腐改造的。豆腐的变态,计有豆腐皮、豆腐衣、豆腐渣、豆腐花、豆腐浆、油豆腐、豆腐干、臭豆腐、百叶等十数种。免去了豆腐,和尚寺不能治素斋,没有了豆腐店,功德林等素食馆只好关门。吃长素的朋友,就是善"吃豆腐"者。

上海的风俗,倒还有些古意,从前我们看见小户人家,忽然到豆腐铺子里去定购整板的豆腐,就知道他们家里死了人咧!这豆腐就是给吊客吃的,所以上海把吃豆腐当作不祥之兆,因为吃豆腐就是表示家里死人。

家里死了人,朋友们送几串长锭来做吊客,就能大胡其调,因为丧事人家,不比做喜事,尤其是得急病死的,板门上搁了个新死人,屋里秩序大乱,到处拉人帮忙,你去做吊客,听主人演说死者弥留时的惨状,你要皱着眉头说感伤话;主人哭晕过去,你要假仁假义地去安慰一番;主人要喊道士买棺材,你帮着他们去奔跑;百般忙乱之中,你要装得像掏头苍蝇般穿来穿去,别人看着很忙,其实一事无成,且碍手脚;你的代价是几串长锭,目的在骗两餐豆腐吃,和调了一天,主人还非常感激你,所以上海人见了和调朋友,就对他说道:"你要和调。到死人人家去!"邀了朋友去和调,就叫做"吃豆腐",吃豆腐成了一切"烂和调"的别名。

"和调"也是一句上海俗语,若照字面解释,与诗人的步韵一样,汉口的花鼓戏,绍兴的高调,上海的宣卷以及其他的地方戏剧,主角唱了一句,全体场面都要依着他的尾声,帮着他的腔儿和唱一声,这就叫做"和调"。

"和调"是马屁功中之一功,起码人侍候大亨,大亨说:"屁是香的",起码人不但不敢辨正屁是臭的,并须解释屁之所以香的道理出来,以证明大亨所言不谬,古人也有善"吃豆腐者",引一事为证:

和调沪语亦曰"浑诌",诌字楚爪切,巧韵,字书谓妄言曰"胡诌",俗书作"混俏"非也。

《史记》赵高持鹿献二世,曰:马也。二世曰:丞相误耶?谓鹿为马。问左右,或默,或言马,或言鹿,高阴中诸言鹿者以法。

观此故事,足见吃豆腐,亦足以延年益寿,升官发财,彼"言鹿者"胃口太薄,不吃豆腐,就要吃刀,同一吃也,宁舍刀而吃豆腐也。

现在的吃豆腐,似较从前的范围益发扩大,凡属自己毋须破钞而能收到吃喝玩耍的实益者,皆在吃豆腐之列。新闻记者吃豆腐的机会独多,例如每度名伶登场,就要请他们吃一顿豆腐,似含有"买买侬"之意味,是以吃豆腐一语,在新闻界也最风行。

有人说:人类食品,以豆腐之色为最白,虽不足与白雪比白,却也不在白羽白玉之下,是以豆腐者白食也,吃豆腐者,暗示"吃白食也"。创此说者,亦颇近理,姑存之,以待就正于瞎和调之豆腐专家。

《曾慥漫》录:钱穆父召东坡食皛饭,及至,设饭一盂,萝卜一碟,白汤一盏,盖以三白为皛也。

皛音杳,钱穆父请吃"皛饭",大概亦是嘲苏东坡吃白食。以后请人吃豆腐,大可以叫做吃皛饭。

一一五 | **吃排头**

生物学中有一种寄生类的东西,自己无生活能力,寄养在别种大生物身上,以大生物的生命为生命,如人类肚子里的蛔虫,松树身上的松菌,皆是寄生类的生物。

人类也有倚仗别人的财势而谋得衣食住的,如官场中所常见的裙带亲,了姑爷,侄少爷,舅老爷之类,是亦寄生动物也。

在复杂错综的社会里生活着,要想做人吃饭,不得不有阿姆司脱郎(Armstrong)的援奥,否则就会被人排斥到别个星球上去饿死;因为近代的科学发达,人类也被科学家整理得有条不紊,像生物学一样的分门别类,各有党派,各成系统,某甲隶属某类,某乙列入某系,不许缠差一点,没有门类的野人就不许他立足社会。

尤其是在上海地方做人,你若不归入一个门类,背后没有一座靠山,走在路上,管教你跌得鼻青嘴肿,这座靠山,上海人叫做"牌头",靠着实了一个扎硬的"牌头",你才不会打翻,你才有生路可寻,这叫做"靠牌头"。

上海滩上,满地铺着的都是柏油水门汀,钻不出一簇青草,可算是一块不毛之地。晚间满天红光,直冲到南天门,地下却也掘不出什么宝贝,天上不落金钢钻,地下不出雪花银,文不能拆字,武不能卖拳,教这一班不事生产的老弟兄如何过活?难道真教他们去"白天吃太阳,夜里吃月亮吗?"不,他们只要照着一个靠得住的"小开牌头",就能几个月不愁衣食了,这叫做"照牌头"。是又一"牌头"也。

在小客栈门前说:人家人要哦? 在燕子窠弄里说:"阿要去呼两口冷笼清膏?"在小赌场门口说:"阿要去发财?"在北四川路上说:"阿要去白相罗宋人,东洋人,西洋人?"凡是沿街兜揽主顾的人,都叫做"拉牌头"。这又是一个"牌头"。

上海滩上各行生意都难做,尤其是"私苦子"的生意,私苦子者秘密生涯也,如暗娼、赌窟、花会筒、燕子窠等皆是,他们所以不怕"敲竹杠",因为有硬黄货的"牌头"可戤。是为"戤牌头"。这又是一个"牌头"。

近来的时髦人都要请法律顾问,煌然封面广告登了出去,就不怕别人来侵犯法益,毁损名誉,甚至于来伤害他身上一根汗毛,有人说这也是"牌头",未免有些误会了。

"牌头"就是饭东,寻着一个"牌头",不轻容易,应当像祖宗牌位一般供他起来才是道理,岂能看见"牌头",竟敢张开血盆大口,将牌头阿呜一口吞吃下肚,天下决无此理,上海决无此事,而上海人却常常会遇见"吃牌头",岂非笑话!

上司申斥下属,长辈教训晚辈,老鸨辱骂妓女,上海话都叫做"吃牌头"。有时候野鸡在路上拉客,眼眼调拉着一个"生铁弹",野鸡也会吃着一顿"牌头",图上就画着一个生铁弹请野鸡吃牌头的故事。

吃的牌头,与上面所举"靠""照""拉""吃"的几个牌头,滋味大不相同,盖牌头者,招牌也。这是叫你挂着装场面的,原不是吃得饱的东西,谁叫你去啃那黄铜镀金的招牌,当然要蹩断牙齿了。

"吃牌头"的"吃",大概应作被动词解释,不是你去吃牌头,乃是牌头来吃你,几次大牌头吃过,你的牌头就像冰山般倒了,以后你就休想再去照他的牌头,你在上海的社会生命也就完完大吉,是以君子善拍马屁,终其身不吃牌头,可谓明哲保身矣!

一一六 掮木梢

上海人愚弄别人,叫做请人"掮木梢",上海人上了别人的当也叫做"掮木梢"。掮木梢也称"扛木梢",扛字须读作戆平声。

武装同志只会掮枪杆,放大炮,长衫同志只会搦笔管,把烟枪。农夫只会掮钉耙荷锄头。工人只会拿郎头挑扁担。普通人民能够领略"掮木梢"是什么滋味的?的确很少很少,发明"掮木梢"俗语的先知先觉乃深知"掮木梢"的甘苦朋友,所以第一个"掮木梢"者,定是常"掮木梢"之人,我以为不是木匠,定是木行里老师傅,至少也是"呐喊"的码头小工。

一根整长的木材,下粗上细,细者为木头,粗者为木梢,一根大木,独力难扛,至少须有两人以上始能搬运,木头两端,斤两不同,粗端比细端要重几倍,所以掮木料者皆争"掮木头",而不愿"掮木梢"。初掮木料者,不识诀窍,往往被此中老手所作弄,命他曰掮木梢,因此"掮木梢"便成为愚弄生手的别名。

寻常木梢,尚不难掮,最难堪的是刚由黄浦江里拖出来的木料,头端干而轻,梢端湿而重,湿木梢比干木梢更重,所以上海人上了大当,叫做"掮湿木梢",或称"掮水木梢"。

能知道木梢比木头重,并能知道湿木梢比干木梢更重,若非亲手去掮过木梢的人,何能分别得如此细致,所以我敢肯定"掮木梢"是与木材有深切关系的人所发明的。

在这欺诈百出的社会里做人,一个不留心,就会请你掮了木梢回去,与你说明了是木梢,你当然不肯去掮他,给你掮木梢者,往往说得天花乱坠,你还以为占了大便宜呢,不知不觉的掮了湿木梢回去,等到明白是木梢,已经是湿手捏了干面饽,想甩也甩不脱了。

上海是木梢世界,能给人掮木梢而人不知其为木梢者,是为一等大好老,明知是木梢而人愿掮其木梢者,亦二等大好老也。据一位有经验的上海大商家说:"譬如上海有三百万人口,只要每人花一块钱来掮你一次木梢,你就是一位坐拥三百万财产的大富翁了。"于是就有许多人想出各种奇妙的木梢去给上海人掮,并且还有人利用了报纸广告去给外埠人掮木梢的。

我们时常在报纸上发现各种便宜得出乎情理之外的货物广告,如果想贪便宜,难免要掮木梢;有一位扬州朋友告诉我,他看见上海广告上说:"麻将牌每副一块钱,寄费在内。"他想:即使是竹制的麻将牌,花一块钱买一副也是值得的,他就按址寄了一块钱去,过几天寄来小小的一包,拆开看时,却是一副纸牌不值小洋两角。还有一次,看见上海的大字《三国演义》,每部减售大洋四角,他又寄钱去买了,送来的书只有两本,每回只有一百多字,是一部碎骨凌迟的《三国演义》。

这还是木梢之小焉者也。前几天报载:某旅馆来两位衣服丽都的旅客,命茶房去送一封信,须候回件,茶房奉命而往,送到人家却被巡捕擒住,原来那封是恐吓信,这个湿木梢掮得太大了!本图所绘,就是那茶房掮进木梢的倒霉样子。

据上海老白相说:额角头低的朋友,走走路也会掮进木梢。前天有一个老婆子,在大世界门口拾到一个红纸包,刚往袋里一塞,就有人拉住她道:"你拾了我的东西去",婆子急忙取红纸包还他,那人说:"不是的,你捡去的是洋钱",婆子着急道:"我身上只有一块钱,是我自己的,不信你来搜!"那人当真搜了一块洋钱出来,硬说是他的,两人争论时,旁边走出人来,假装劝和,将洋钱塞在他手里,他掉头就走,劝和人还说她是"掉包贼"。她解开红纸包,里面乃是一块铅饼,只得带回去做纪念品吧!

外国来路货的洋松,整方的一段,上下一般粗细,你要掮时,天公地道,两头都是木梢,管教将你压个半死,这是科学化的木梢,专给中国人掮的。

四月一日,是欧洲的愚人节,在这一天大家可以公然给人大掮木梢,上海租界救火会也有人给他小掮木梢,接到几起失火报告,驾了救火车出去大兜圈子。也有几位时髦中国人在这一天大造谣言,说什么徐志摩诗翁复活,让大家空欢喜一场,这也算是来路货的木梢。

一一七 打秋风

强分人之有余,以助己之不足,俗语谓之"打秋风"。

"打秋风",至少是明朝以前的故事,明万历间沈德符撰《野获》编,载都城俗事对偶,以"打秋风"对"撞太岁"。又《儒林外史》是明人的著作,其中也有述打秋风事。

明郎瑛《七修类稿》云:米芾札中有"抽丰"字,即世俗秋风之义,米芾,字元章,宋人。可见宋时已有打秋风了。

打秋风,亦作"抽丰",谓其地丰稔可往抽分之也,故亦曰"抽分"。抽,取商税也,后改"抽厘",即为"厘金",现在亦有人以"打秋风"为"抽税"者,殊合古意。

从前的打秋风,乃秀才的无聊举动,所谓"秀才人情纸半张",他送了半张纸给人家,别人就要送还他几两银子。

从前的地保,也是专门打秋风的,上海俗语"地保做生日",就是打秋风的别名,平常人至少须五十岁的整寿,才能发帖子称庆,惟有地保却年年做寿,乱发请柬,借此敛钱。

近年来上海的世风大变,有一部分人的打秋风手段,竟比从前的地保更厉害,因为地保做寿,一年只一次,他们却一年十二月,月月都有做寿的可能性,不信数给你看:

本人的生日,一年一度,是照例要发帖子的,其次是老婆的生日,如果没有老婆,姘头也好拉来凑数。

有儿女的,满月,周岁,三岁,五岁,都是题目。没有儿女,父母,叔伯,总是有的,儿子出面为父母叔伯做寿,比了"鄙人二十八岁寿辰"的请帖当然要扎硬得多。若是父母叔伯都死光了,就能连二接三的做阴寿,请柬上印着"席设哈尔滨某处",

上海俗语图说 | 235

连吃豆腐都能赖掉了。

做过了自己的阴寿阳寿,犹嫌不足,岳父母也能借来派用场,喜事做过了,可以换换新鲜,发几张讣文玩玩,死的不是他的族叔,就是他的伯祖,好在无人去调查他的三代履历。还有亲族的下葬,祖坟远在千里以外,更无人肯贴了盘费去送葬,也不妨隔几时玩一次。

有一位朋友因为被人打去的秋风太多了,自己也做一次生日,想捞几文回来,帖子散了出去,有的是送一块钱礼,夫妻两个外带一名小孩来吃两顿。有的是并无深交,而二三十元重礼送来。结算下来,也赢余了几十块钱,事后调查,方知送一块钱来吃一家门的,是专吃打秋风的人,送重礼给他的,一年至少要打三次秋风。

春夏秋冬,四季有风,何以定要打秋风呢?原来秋风起时,天气骤冷,身上无钱"换季",便借打秋风"照牌头"了。

带几分强硬性质的秋风,上海话叫做"敲竹杠",竹杠是馄饨、汤水圆、桂花白糖粥等小贩的商标,敲竹杠何以会变硬性,秋风的代名词,在下尚在征求答案中,以后再谈罢!

殷红惨白的请帖,积满几头,真是不容易对付,两只羊牵出去,还是起码人情,十块廿块,呒啥希奇,月支薪俸百金的朋友,每月接到靠十张请帖,怎么叫他不要头痛?

欠债还能借故请求宽限,赎当也能过月宽放五天,惟有送礼,限定日期,不许迟延,无法规避,比欠债赎当还要凶。

年底下戏馆打野鸡,在前几年京戏园独多的时候,这戏票秋风打得也很厉害,以至于大家把慈善筹款的推销戏票,也当作打秋风看待了。就是最近童子军沿路劝募救国捐,在一般人眼光中看来也与打秋风差不多。

还有妓院里请吃花酒,客人都要掏腰包买票。从前的"双叙",是四个人凑一场和,每客三元,后来涨到六元,现在是起码十元,而且凡属来客,都有买票的义务,不管什么双叙单叙了,这是嫖客代妓女打秋风,也有不得不应酬的苦衷。

一一八 养小鬼

妓女操的是皮肉生涯,不论张三李四,阿猫阿狗,只要交纳相当代价,就能买她的皮肉,她看在钱的份上,只得将父母的遗体供献给男子,一任他们玩弄侮辱。

说一句老实话,中国真正的女子职业,惟有工厂女工才是用血汗换饭吃,其他的什么女店员等职业,已有几分"活招牌"性质,妓女更是挂招牌出卖性欲的,调胡丝的女工每日工作十二小时,所得的报酬只有几毛钱,最便宜的庄上小姐,陪客一宿,也能获得袁头三五枚,两相比较,女工确比妓女苦得多!

物质的报酬,女工虽不及妓女,而精神的愉快,妓女却万不及女工,因为女工不必去挨胡椿的刺痛,不必去承受酒气熏天的接吻,不必装了笑脸去应酬她所不愿看见的人,不必去挨老鸨们的毒打,不必去受工部局的检验,不必……

妓女也是人类,她们也要得精神上的安慰,她们如果是自家身体,手里有了几个钱,便想谋安慰精神的方法,她们平常做的是男子的玩具,受男子的玩弄,她们有了钱,就想在男子身上报仇,也找几个年轻美貌的男子来玩弄一场,消消她们胸中的积愤,这个方法就是"养小鬼"。

男人嫖女人是公开的,女人嫖男人是秘密的,所以小鬼只能养在小屋子里,不许他出来见人,鬼原是半夜里出现的东西,须待她们生意上打了烊,身体有了空闲,才能去与鬼相会。鬼而小者,取其娇小玲珑之意,或就是潘小邓驴闲之"小",她们整天的被大爷玩弄够了,此时便把小鬼来出气。

为小鬼者,因为要被女人出气的缘故,这差使也不大好当,戏台上演的"卖油郎",就是小鬼的写真,他要为花魁女侍候茶水,花魁女睡觉,他只能坐着候命,花魁女喝醉了要吐,他只能用衣袖去承受,虽然换得她醒后的几声情郎的呼喊,精神的代价却也不轻,若无卖油郎的忍耐性,就无混充小鬼的资格。

上海地方养小鬼的,不一定是妓女,多数嫁"恶而蛮"的年轻姨太太,她们都半是妓女出身,或称"窑变"。有的艳帜虽撤,小鬼依旧阴魂不散的养着,有的嫌得丈夫老而且丑,由姐妹淘举荐,或径自御驾亲征去猎取,养一个小鬼以资消遣,食量大的,也许养他妈五六七八个来白相相。

"赌钱包赢,天下营生第一。嫖妓倒贴,人间乐事无双。"大老官费了雪白花银,买得的是女人的假笑、假哭、假殷勤。养小鬼,因为是女人花钱,反而能将真面目来对待小鬼,她们也一样的爱着小鬼们的假哭、假笑、假殷勤,有时她们会比瘟大头的嫖客更痴心,善调枪花的寡老,还能将小鬼当嫡亲兄弟来介绍给恶而蛮,请他荐生意给小鬼,以减她供养小鬼的负担,额角头高的小鬼,得了假姐夫的提拔,也许就此做起裙带官来,光前裕后、飞黄腾达,小鬼羽化登天,脱离鬼籍,名登仕版,现在的政界中,大概也有不少鬼头鬼脑的东西,可见小鬼大有可为。

寡老在恶而蛮身上所抱的缺憾,须小鬼为之一一补足亏空,恶而蛮有的是金钱、洋房、汽车、金刚钻等东西,所缺少的就是少年的精神,就拿"潘小邓驴闲"五项条件来说,恶而蛮只占有一个"邓"字,小鬼应将剩余的四项占全,才能博得寡老的欢心。"小闲"易习,"潘驴"则非天才不可,不是天赋独厚的小鬼,只怕等不到飞黄腾达,已经要鞠躬尽瘁了!未登仙箓,先入鬼籍,小鬼就可为而不可为咧!

一一九 撬照会

上海滩上，统售环球百货的先施，永安，新新公司，果然要捐照会，就是卖么六夜饭的粥店，也要捐照会。

出卖人肉的妓女要捐照会，挑葱卖菜的小贩也要捐照会。

造十几层楼房屋要捐照会，在门口搭一个凉棚也要捐照会。

养儿子虽不要捐照会，死人出丧就要捐照会了。

除非是睡在棺材里做死人，若是活人的话，动一动，就要捐照会。你若贪小利，不捐照会而乱动一动，结果，重则跌囚牢，轻则罚铜钿。

照会是什么东西，最容易看见的黄包车背后钉着的"大英照会"与"小照会"。

黄包车捐了照会，就像纳过买路钱了，能在马路上通行无阻，小照会的车子，拉到了爱多亚路，打死他也不敢越雷池一步，照会的界限分明，像生死关头的"阴阳河"一样厉害。

店铺犯了照会上规定的章程，工部局有吊销照会之权，照会如何吊销，我们只在报纸上看见，事实如何？无从得见。惟有黄包车的照会最为显明，如车夫犯了行车章程，或停错了地点，巡捕就当场将照会撬去，这是马路上常见的事。

黄包车照会被撬后，车夫就不能营业，明天到行里去赎出来，每张定价大洋五角，此项损失，完全须由车夫担负，所以车夫看见巡捕，像"血滴子"般害怕，就是怕撬照会。

因为照会的重要所以上海人的面孔也叫做照会，例如："这个面孔生得标致"，上海话可以说："地只照会崭来！"

上海黄包车的照会能撬，上海人的照会也能撬掉，上海人的撬照会，并非像"勿要面孔"朋友真的用刀将面皮刮去,乃是上海租界上的一种特别刑法。

当特区法院尚未成立以前,上海租界的司法权全握在外国人手里,华人犯了罪,除判禁西牢以外,还有一种"逐出租界"的判例,被逐者在限期未满以前,足迹不许履租界一步,这就同黄包车的撬照会一样了。

逐出租界是畸形社会的现状,租界租界,原是中国疆界,暂时租与外国人的,本国人在本国疆界里犯了法,将他逐出本国地界,全球万国都无此刑法。租界会审公堂收回后,改组为上海特区法院,就将逐出租界的刑法取消,上海人也就没有撬照会的了。

现在上海被通缉的逃犯很多,有的将照片登在报上,有的悬在巡捕房门口,有的陈列在火车站,这种人不能出面见人,也可以说是撬照会。

还有近来的公务人员,每人衣襟上挂一个徽章,后来大公司也看着样,职员也挂徽章,有的公司还用粘照片的派司,这许多东西也是照会。机关官员遇到撤职查办,就要撤消徽章,公司职员遇到歇生意滚蛋,也要收回派司,这也是撬照会的一种。

一二〇　黑漆板凳

沙发之类，内藏死勿灵，外包各色丝绒，身体安置在沙发里，屁股之部非常适意，屁股放在软绵绵的沙发之中，不可与硬邦邦的板凳同日而语。

粗制的板凳，像中国地界的大雨冲过后的，只剩石头没有黄沙的露骨马路，摩登女士的嫩豆腐式的大屁股，断不屑与杝（指木制的板凳）接触，怕触痛了屁股尖而生老茧也。

虽然，若言任重致远，忍劳耐苦，则沙发之类，断乎及不来板凳者也！盖死勿灵之为物，若遇二百磅以上之"烂浮尸"（见《上海俗语图说》八六）在椅上发几次脾气，或淘气的孩子在椅子上豁儿个虎跳，则肌肉丰富而具有曲线美的沙发也会露出邦邦硬的骨头来，板凳则无此弊病，虽经过十廿度泼妇的"碰台拍凳"，杝依然撑开四条瘦腿，很骄傲的站着。

沙发之类用旧了，撑出一圈圈的铁丝，像老枪的肋骨，丝绒包着的麻叉布与大批木花，都从隙缝里钻出来，坐下去比板凳更要触痛嫩屁股，这时候才知道沙发之类，是"空心大老官"，板凳是身家殷实的土财主。

沙发用五颜六色的呢绒做面子，那都是"松香架子"一碰就坏的，板凳是俭德会的忠实信徒，杝不爱奢华，但求实际，身上抹一种黑油，只要你天天肯坐杝，杝得了人的精华，就会容光焕发，精光滴滑，像乌金汉玉一样颜色。其实杝终身并未经过漆匠之手，而人们竟公认她是"黑漆板凳"了。

新的沙发，看着标致，你若偶不小心，泼翻了一点汤水或咖啡之类，那就留了终身的污点在它身上了。板凳则不然，哪怕在它身上抹些柏油，也如日月之蚀焉，用香烟屁股烫她几个小窟窿，也似摩登女士脸上点缀的假痣，益发增加她的妩媚。

"黑漆板凳"有这许多美德,所以时髦女子借牠来比做滴滴亲亲的丈夫。

摩登女士不爱沙发而坐板凳,有人以为她们开倒车,其实是识见高人一等的识货朋友,因为板凳虽朴质无华,而弄到了一张,屁股就能终身受用,将它弄龌龊了,抹布一擦,依旧干净,她高兴发脾气,将她丢丢掼掼,也不会十分损坏,即使失手摔脱了笋头,用劈柴斧头啪啪啪三记敲过,它又服服贴贴的来承受她的屁股了。不比死勿灵的椅子,不坏则已,坏了就没有"修作"。

为黑漆板凳者,终身撑开四腿,让太太骑在身上,不许发半句怨言,太太能在放屁的时候,将屁股侧转一点,不撒得她满头满面都是臭气,那就是她的懿恩淑德了。

万一太太的玉体发福了,板凳则年衰力迈,无法支持她的重量。不幸啪的一声,折断了一条板凳,而累太太翻了个大元宝,那时为太太者,决不顾念牠毕生承屁股的劳苦功高,一定会大发雷霆之怒,提起板斧将牠劈成几块,送到灶膛里去当柴烧,烧得牠吱吱地叫,太太的怒气才消;一面老早唤木匠定造一张更坚固的新板凳去了。

如果太太先死,板凳还有一个要紧用场,就是将牠带到会馆里去搁棺材。

从第一次压在太太屁股底下起,到送入灶膛里烧得板凳叫,或带到会馆搁棺材为止,这就是黑漆板凳的一生,也就是摩登太太之所以称家主公为黑漆板凳也。

有一位懂英文的朋友说:"朋友!你弄错了,黑漆板凳乃 Husband 的译音呵!你怎么缠夹起来?"

我承朋友指教以后,还是不大相信黑漆板凳的意义如此简单。你瞧,图中的黑漆板凳不是折了腿后怕被烧得吱吱叫,已掉头不顾而去了吗?那个浑身黑漆的女人,大概是一个木匠。

一二一 搭架子

"像煞有介事",这一句上海俗语,据一位提倡白话文的博士说:无论何种方言文字,都翻译不出这句话的神气。其实上海俗语中,与"像煞有介事"相仿的话,还有几句,如"神气活现"、"映映叫"、"搭架子"等,都与"像煞有介事"的意思相差不远。

唱旧戏的伶工,除了嗓子清脆以外,第二种必要条件,就是"架子老到";戏台上的角儿最讲究架子,你看他们搭起架子来,膀子虚悬,肩头高耸,挺胸凸肚,弹眼落睛,硬绷住一张神气活现的面孔,这副神态,就是像煞有介事的说明。

小人得志昂首天外,眼乌球就乔迁到额角头顶上去,膀子也抬高了,腰部也硬化了,与他孵过豆芽的同志看见他这副虫腔,少不得要骂太平山门道:

"操伊拉!像煞有介事,升梢哉!搭架子,不认得这两个穷爷,做瘪三的日脚忘记了!"

的确,做了一个人,不能没有相当的架子,譬如古董,无论如何精品,如果没有一座红木架子,看了就不大起眼,陈列时就不大登样;架子者,人类之装潢也,古董花瓶,尚不能免却架子,何况乎人?

红木架子,方圆高低,各奇各式,无所不有,但到城隍庙的摊头去考察一遍,便知分晓。人类的架子,种类也自不少,但看你如何搭法,善搭架子者,架子因时因地而异,且举几种架子的名称,以便各界择用:

穷架子——你如不想向富翁借钱,不想向贵人求禄,你就不妨搭搭穷架子,不过穷架子只能在家里搭给黄脸婆子看,出门搭给叫化子看,若是不择时不择地的乱搭架子,那就没有人领你的盆了。

臭架子——在不应搭架子的场合而乱搭架子,或自己以为地位高贵,有搭架子的必要,而别人不领你的盆时,就要骂你搭臭架子。

空架子——挤在场面上,不得不搭空架子,上海话叫做"绷场面",譬如有许多"空心大老官"或"扛皮寡老",进出坐汽车,身上穿得邪气漂亮,其实他们天天当当头,日日大年夜,空架子不搭,就失掉他们的社会立场。

辣架子——架子上再搭一个架子,他站在叠床架屋的双重架子上,上海人说他"架子辣来"!他对人毫无礼貌,人人看了惹气,这种架子最容易打翻,跌倒后尤容易折断架子腿,就变成"蹩脚"。

豆腐架子——豆腐架子无红木制者,粗而搭浆,一碰就倒,搭豆腐架子者,言其架子搭不长久,轻轻地一带,就要打翻,含有咒诅的意味。

松香架子——不知是药材行晒松香的架子呢?还是用松香制成的架子?两种东西,都未目见过,不敢确定何者为是。假定是松香改造的假象牙,外表十分富丽,只要搁半支香烟屁股在架子上,就会轰然烧起来,架子无影无踪的消灭了。

登坑架子——又名"坐马势",是拳术家的一种基本练习,两脚拍开,双手叉腰作似蹲非蹲的姿势。

□□架子——将开店铺者,须先学搭老板架子。未拍电影以前,须学搭明星架子。未正式下海的票友宜先搭角儿架子。其他如老爷架子、小姐架子、党员架子、主席架子、委员架子……凡一切高贵人等,皆有相当架子,这两个方框档,是预备给一切有架子的人们填进去的。

图上画的马桶先生,穿得衣冠整齐,坐得恭而敬之,架子倒也搭得十足;他的身旁坐着一匹雌叭儿狗,算是他理想中的姨太太,面前站着一爿木制的托烟盘人,算是他理想中的"仆孩",这位架子先生,穷而且臭,空而兼辣,豆腐松香,登坑,各种架子都被他一人占全了。

一二二 板板六十四

当"铜板"尚未流行以前,市面上通用的是有方孔的铜钱,也可以说是"铜本位",所以旧时的铜钱绰号叫做"孔方兄",骂有钱的富翁为"铜臭",事到今朝,铜臭已熏不死人了。

桥头三老爹说:

"发明铜板的人真是缺德,他把铜钱的肚脐眼塞没了,不能用绳子拴牢,教人怎么保守得住呢?从前的败家子叫做倒提串头绳,说其铜钱容易流出,现在连串头绳都取消了,莫怪铜板到手就完,钱像潮水一样流出去,中国怎么不穷呢?"

古代的制钱局,(?)并未聘请洋工程司的指导,局中也无机器的设备,铸钱纯采土法,用的是翻砂的模范,每模铸铜钱六十四文,谓之一板,板中铸成的六十四个铜钱,大小轻重,一式一样,并无分毫参差,所以叫做板板六十四。

"板"本是一种死的东西,无论木刻铜模锌板,印出来都是不差毫厘,所以俗语叫做"呆板"或"死板板",人呆得像"板"一样,谓之"板板叫",是为"板"之形容词,再形容得过火一点,就是"板板六十四",言其像铸钱的模型一样,六十四副面孔,无一副不"板"也。

上海话的"板板六十四",与"板面孔"大有分别:板面孔者,接演二本就是"骂山门",乃与人相骂淘气的别名。"板板六十四"是天赋的吃相难看,从先天带来的一副呆板板的寡妇脸,喜怒哀乐,不形于色,见了人毫无表情,像"欠得他多还得他少"的讨冷债面孔,这种人只能做典当朝奉,而不配做一切商店的招待员。

也有一种人是装出来的"板板六十四"的面孔,例如:上司对下属,要维持他的庄严态度,不得不"板板六十四",回去见了姨太太就会"贼皮獭脸",而见了上司,又会变成"敲开木鱼"了。

"板板六十四"，据说是专指女人说的因为底下还有一句下联，叫做"碰碰脱裤子"，这就不大高雅了；然而此话却非无经验之谈，人人知道上海的淫风极盛，而马路上所见的妇女，都是神圣不可侵犯的样子，这上下联两句，就是暴露上海的这种矛盾现象。

板板六十四不一定指人的，有时候也用来表现某种物质的个性："寿星唱曲子"，拍起板来也是板板六十四的，决不会黄腔走板，中国的旧式建筑，总是一明两暗，前后几埭进深，上海的弄堂房子，都是石库门天井，灶披间后门，不二价的商店，死人额角头，一点推杻不动，吃年夜饭的小菜，总是水笋烧肉，当中一只暖锅，这些都是板板六十四的老套子。而最板板六十四的东西，大家公认说是死人的神主牌位。

许大画师说：板板六十四应作"八八六十四"，这是天经地义不可更变的数目，因为八与八相乘，决不会有六〇六或九一四的答数，六十四之数无丝毫通融余地，亦言其呆板也。八字江北人读作"板"。

八八六十四是许画师杜撰的理由，倒也说得头头是道，不过江北同志说这句话的甚少，八字也不读作"板"音，这个解释，尚有商榷的余地，姑存其说，以待考证。

一二三 掉枪花

我们在旧小说上,时常看见武艺高强的大将,舞起长枪来,枪杆拿在手里,就这轻轻的一拨,碗大的枪花,耀得人眼花缭乱,但见一片银光,不见了他的人影。

可见"枪花"的效用,是在使别人眼花缭乱,掩护自己的真相,丈二金刚教人摸不着头脑。

指东划西说长话短十句九丢落:结果无着落死人可以说得活转来,活人可以说得团团转,这是个鬼话大王,上海语叫做"掉枪花",就是北方话的"扯谎"。

上海是一个枪花世界,会掉枪花的叫做有"噱头势"。"噱"有人写作"血",所谓"血天血地,血汤血底"。虽然,是滑稽大家的拿手好戏,其实"血头"就是"枪花"。

善掉枪花者,能在上海住洋房,坐汽车,吃大餐,抱小老婆,发大财,做大亨。不会掉枪花者,只能一辈子住阁楼,坐冷板凳,吃包饭,抱独身主义,绝子绝孙,发卖柴病,做小鬼,被人骂"寿头麻子"。

若没有一点血头势,休想在上海立足,不会掉枪花,上海滩上谓之"老实头",老实头就是无用的别名,天字第一号之"大饭桶"。

一样开店铺做生意,会掉枪花的老板,三日两头大减价,常常叫一班乐队来吹吹毛毛雨。唱唱无锡景,生意自会兴隆发达。死人额角头的老板,想不出一点血头势,乌龟掼石板,硬碰硬的做交易,结果弄得门前落冷车马稀生意都被别人家血得精光,蚀完血本,关门大吉!

上海不但做生意要掉枪花,就是平常人说话,也要会掉枪花,俗语叫做"翻门槛",门槛原是诀窍的解释,所谓"老门槛","门槛精"的朋友,就是老于世故精通各种诀窍,不易受人之骗。"翻门槛"者,善以江湖诀骗人,因为他肚子里的门槛太多,翻了一个又是一个,门槛翻不完,永远不使人窥见堂奥,只是在门槛外面打转。

枪花是银的,门槛是金的,掉着枪花,翻进门槛,就能"捞巴",就能"挨血",举几个枪花例子门槛榜样出来:

你将四开交给黄包车夫,他往嘴里一咬,吐出来变了个铅角子,笑嘻嘻的(或怒冲冲)请你换一个,这是黄包车夫的枪花,门槛就在嘴里预藏一个铅角子。

听人说:"跌囚牢"以睡病房为最舒服,于是爱舒服的犯人,遂向病犯买病种,最普通的是癞疥疮的痂,每小洋一角,可买新鲜疮痂四五,将痂种在自己皮肤上,一夜过后,就蔓延全身,以后就有睡病房的资格了。这种枪花掉得未免太凄惨!

康健的乞丐,很难博得娘娘太太的同情,于是用蜡烛油、煤烟、豆腐、猪血等物,像油画似的涂在腿上,便能幻成浓血淋漓之状,此类乞丐,最宜于赶香市,以此中多慈善家也。

中国的大人先生,看来也学会了上海的掉枪花把戏,把民众当作阿木林,门槛一五一十的翻出来,譬如汉口卖的明明是鸦片,匣子上却标名为戒烟灵药,这种掉枪花手段,实在太也蹩脚,被人一看就穿,若能请几个上海瘪三去做专员,贡献几种掉枪花的门槛给他们,那就不至于"露马脚"了。

一二四 吞土皮

我有一位乡下朋友,是个土财主,祖传有几百亩良田,他的眼光远大,一心要想改良农产,便命他的令郎去专攻农学,把半生血汗所积的现金,都结交在儿子身上,他的儿子也真争气,居然到美国去弄了一个农学博士的头衔回来,他不禁大喜。

儿子回国以后,在乡下住了三天,就逃走到上海租界里来住着,那朋友赶到上海来,逼着他回去,他说"你打死我也不回去的了"!

父亲问他什么原因?他哭出乌拉的说:"乡下没有白塔油吃,倒还可以将就,只是拉屎没有抽水马桶,教人难过日子!"

那朋友气极了,但又不敢得罪美国博士,只得用讽刺的语调说道:"你自小就在田岸上,撅起了屁股,登野蛮坑登大的,现在有红漆国货马桶还登不惯吗?少爷,请你不要忘记了根本。"

那位美国博士哼的一声冷笑道:"密司脱发柴,我尊称你一声吧!你自己应该是不忘根本的人了,那末,你从小是在祖母生殖器里长大的,祖母尚活在世上,现在请你再还到她的子宫里去闷着,请问你可能生活吗?"

那朋友的胡子气得像德皇威廉式,但美国博士的理由充足,竟无法驳倒他。

的确,一个人过惯了某种生活,忽然要他改变过习惯来,确是不大容易,"做过三年叫化子,皇帝不是他的对手",就是这个意思,皇帝的阶级与叫化子相差得太远了,叫化子哪里受得来皇宫的拘束呢!

是以睡惯了鸭绒褥子的人,睡不来硬板铺,用惯了毛竹筷的人,用不来象牙筷,坐惯了汽车的人,坐不来独轮羊角车,住惯了洋房的人,住不来草屋,做惯阿婆的人,做不来养媳妇,搓惯了大麻将的人,不愿搓五百铲,抽惯了大土的人,不要"吞土皮"。

　　在上海地方,凡是过惯了头等生活而请他降级暂度次等生活者,皆谓之"吞土皮"。

　　土皮乃烟土的外壳,像锅巴一般,原是抛弃的东西,小烟纸店将他收来,一包包的卖给老枪瘪三吃,一样可以抵瘾,不过现在的云土川土没有皮了,市上土皮已经绝迹,吞土皮的朋友都改喝"笼头水"了。

　　"吞土皮",原是不得已而为之,但是无力抽鸦片的人得到一包土皮,也能当作奇珍,过屠门而大嚼,慰情聊胜于无,这就是"吞土皮"的注解,反正比"望梅止渴",略胜一筹。

　　上海的麻将输赢,都是大来大往,"五百铲"譬如没有搓,大家都公认这是吞土皮主义,所以图中特别表现出来。

　　学堂里的丘九太爷,以追逐女性为抽大土。有的觅不到对手方,便占据一个富有异性美的同学,实行"打图主义",(见《上海俗语图说》九二)他们也叫做"吞土皮"。

　　天下的事情,不能一概而论,抽惯了大土的大少爷,弄得山穷水尽,到了落难时候,无可奈何,也只好吞土皮过瘾了,有土皮吞,总比不吞好过些:就将那位美国博士来打比罢,纵然他坚持着非抽水马桶不拉屎主义,但是天有不测风云,人有旦夕祸福,万一他坐了什么总统号的大轮船回国,半路上触了礁,将他漂流在荒岛上,不幸他又屎急起来,未必能把这泡来路屎从无线电里寄到新大陆的抽水马桶中去,那时候要求一个国货红漆马桶,想拉一回吞土皮式的屎亦不可得,他只得拉开裤子来登野蛮坑了。这叫做"船到桥,直苗苗",所以"吞土皮"在上海,简直呒啥稀奇!

一二五　眼眼调碰得着

"五百年前结姻缘"。

结发夫妻,须有五百年的缘分;姘头搭角,也须二百五十年缘分;韩庄一炮,二百足年;接一个干吻,同床合枕抽两口鸦片烟,一百五十年;叫堂差陪你吃一顿饭,一百年;路上看见一个美人,对你做一个俏媚眼,至少也要五十年的缘分。否则,你就没有碰得这样凑巧,眼眼调她做媚眼的时候,你就会走过她的面前,眼眼调这俏媚眼会收入你的眼睛,这不是前世里大有缘分吗?

上面这个推算法,并非是我发明的,这是说书先生的老噱头,装无线电的公馆里,也许常常听见的,我把他盗窃得来,做一做"眼眼调碰得着"的说明,正是:

有缘千里来相会,无缘对面不相逢。

"一点水滴在油瓶里",就会哗叭叽喇爆起来,油瓶腹大口小,存心想滴一点水进去,却不大容易,有时候"无巧不成书",仅仅的一点水,偏偏会滴在油瓶嘴里,结果弄得一塌糊涂,这就是"眼眼调"的事实,再说得巧一点,就叫做"眼眼调碰在眼眼调上"。

"眼眼调"是一种机缘,所谓"触机"是也,譬如买香槟票,在十几万个数目里,选出一个数目来做头彩,除非是舞弊,否则,决不是神机妙算所能预料的,这就全靠是"眼眼调"了。打着头彩的人,可算"千年难得虎磕眈",碰在眼眼调上了。

"不是冤家不碰头",喜事须眼眼调,祸事也得要眼眼调,在天韵楼顶上摔一只茶杯下来,日升楼转角有盈千累万的人经过,别人都不摔着,偏偏打中了张阿三的骷髅头,打得头破血流,扛进医院,信天主教的医生也要说他是"眼眼调"。

两部汽车,不先不后的开到转弯角子上,大家来不及刹车,砰的一声,接了一个吻,此事危险非常,时有性命交关。许画师说:一男一女不期而碰着,无线电一经接

上海俗语图说　251

触,就此生情,这也是眼眼调的交易;不过,这样的眼眼调,也许是"有缘千里来相会",也许是"不是冤家不碰头",他们的结果像香槟票一样难测,将来或者比汽车接吻更危险,许画师为他们这样担心着。

或云:眼眼调应作"眼眼掉",打大高尔夫球者,在几十丈远距离之外,一棒打去,恰巧将球打进一个小地穴里,观者便欢呼称赞曰:"眼眼掉!眼眼掉!"上海话称小孔为"眼眼",眼眼掉者,掉眼眼也,谓球掉入小眼眼中也。

"碰得着",也是巧遇之意,但有时却与"眼眼调"的用意不同,例如:甲乙二人同乘电车,甲上车匆忙忙踏痛了乙的脚,两人发生这样一段对白:

乙:阿唷滑!出门不带眼乌珠的吗?

甲:你脚上生了眼睛,怎么看见我的脚踏上来不避开呢?

乙:踏痛了人的脚,还讲横浜理,真真碰得着!

乙的"碰得着"之下,还藏着"侬格赤老",或"侬只猪猡",但为表示对甲妥洽以免事态扩大起见,不便说出口来。

如果甲是一个有意寻衅的帝国主义者,更能向乙提出抗议道:"碰得着那能?(如何)碰勿着那能?我同侬碰碰看末哉!"

乙的对付方法,只有两途,一是低头屈服,上海话叫做"吃瘪",一是伸手抵抗,上海话叫做"吃抖"。若一面假意抵抗,一面存心妥洽,结果还是一个吃瘪,这种"嘴硬骨头酥"的行为,是上海瘪三所不屑干的。

我们生逢盛世,真真碰得着几件有史以来所未有的大事,碰得着,天晓得,真被我们眼眼调碰着了,老百姓应恭呼口号曰:

碰得着万岁!

眼眼调万岁!

一二六 文旦壳子

厦门文旦与广东香蕉一样，两样都是俗物，在中国的线装书里，很少见过他们的大名。文旦两字，好像是不擅使枪弄刀的青衣花衫之类，俾有别的"武旦"的脚色，这实在不像一种水果的名称，我还疑心他是来路货的译名呢！

厦门人名文旦曰"油泡"，或单称曰"抛"。有人说：油泡应是"柚匏"之误，文旦原是柚子之别种，古名曰"栾"，皮里淡红者，谓之"香栾"，皮里白而瓤淡红者曰"朱栾"。《漳州府志》则云："柚之最佳者曰文旦"，而上海人吃的最佳的文旦，反叫做"沙田柚"，毕竟是谁佳谁劣？殊难确定。

如果文旦就是柚，那是古书中橘柚并称的时候很多，《书》经："淮海扬州厥包橘柚锡贡。"司马相如《女子虚》赋："橘柚芬芳。"《左思蜀都》赋："户有橘柚之园"，《晏子春秋》："瓜桃不削，橘柚不剖。"《正》论："橘柚之贡，尧舜不恒食。"可见尧舜时代已有文旦了。不过他们不大欢喜吃，并且大叫这青衣花衫的名字。

中国人都有保存古物的美德，向不肯暴殄天物，住一间阁楼的人家，床脚屋角都陈列几个瓦盆铁罐纸匣洋瓶之类，凡属咖喱牛肉的空洋铁罐，用完臭药水的空玻璃瓶，都不舍得抛弃，以备废物利用。有家主婆的人家，房里总收藏着几个大小不一的破布包，牛溲马勃，可为不时之需，这能表示中国保存国粹的精神。

文旦壳子，浑圆坚韧，色彩嫩黄，大堪玩赏，吃过了文旦肉，抛弃了文旦壳，未免有点可惜，于是文旦壳子，就可以拿来派用场了。

香烟不曾盛行以前，长衫阶级抱着一支水烟袋。穿短打的为便于携带起见，嘴里都衔着一支旱烟管，所谓旱烟，有紫玉秋、香奇、黄烟、潮烟等几种，总称"淡烟"；

盛淡烟的，为特制有盖的木质碗，专门名词叫做"烟木碗"，文旦壳子最宜于盛淡烟，因壳内含有水分，烟不发燥，虽是文旦壳改制的，而名称不变，仍叫做"烟木碗"。

上海话指着人叫"文旦壳子"，就是"烟木碗"的哑谜，吸烟人所需要的，惟烟管与淡烟耳。烟木碗原是赘疣式的东西，譬如一男一女在谈爱情，男像淡烟，女像烟管，如有第三者在他们旁边徘徊不去，妨碍他们的恋爱工作，则此人就是一只赘疣式的"烟木碗"，就有被这一对情侣呼作"文旦壳子"的资格。

旱烟管原是极便利的东西，裤带上一塞，就能携带，惟有烟木烟碗在身上却很讨厌，所以"烟木碗"乃指讨厌朋友而言。

或云：烟者厌也，烟木碗乃谐"厌"字之音，而文旦壳子的唯一用途即以之盛烟，故文旦壳子就是"厌人"；上海俗语曰："厌人面前勿说压话"，反之，压人面前说厌话者，即为文旦壳子。

凡为文旦壳子者，上海人谓之"勿识相"，何谓"识相"？你们不见相面先生挂的招牌吗？"善观气色"四字，就是"识相的"注解，不善观气色者，就是"勿识相"，就是"文旦壳子"。

是以，你与朋友出游，半路上遇见他的情人，你就该一掀帽沿，赶快对他说"割头罢"Good by，一任他们去自由行动，千万不要打听他们的去踪，或扭过脖子去偷看他们一眼，这样才可以表示你的"识相"，而不是"文旦壳子"了。

一二七 放　笼

大清朝给予我们最深刻的印象，就是脑袋后垂着的那条油松大辫，为此曾腾笑全球，把我们黄帝的神璜贵胄比作猪猡，说我们垂的是豚尾，并且还带累着我们的至圣先师受辱，外国教科书上画的孔夫子也翘起了一条小辫子，真是汉人的奇耻大辱！

清朝的国徽是五爪金龙，据说这条蜿蜒曲折的辫子，就是代表他们的龙的国徽，这是一条极名贵的东西，外国赤老目为豚尾，足见他们是不识货。

上海瘪三的眼光，究竟比红毛洋人高过一筹，他们就认识这件宝贝，知道辫子与黄龙的关系密切，所以三股长头发绞成的龙样的东西，他们不敢叫辫子，而尊之曰"龙梢"。

自从光复以后，小百姓并未获到一点实益，惟有革命英雄将我们的辫子革去，确是一件大堪歌颂的德政，天下事有利必有弊，我们革去"龙梢"，爽快便利，而巡捕老爷捉起瘪三来，却大感困难，从前纠住了辫子，或将三五条龙梢打一个结缚在一起，就不怕囚犯逃走，现在光而且滑的头皮，就有些捉摸不定；莫怪三道头要说：中国瘪三都变作"滑头"了。

辫子被捉，瘪三谓之"带头梢"，就是吃官司的别名，官司脱罪，辫子回复自由，谓之"脱梢"。额角头雪亮，进了捕房就蒙释放，辫子依然无恙，谓之"放龙"，此一解也。

"放龙"，或作"放笼"，瘪三呼朋引类，做那作奸犯科之事，如聚赌窝盗之类，在巢穴四周，倒也警卫森严，重要路口，放有步哨，谓之"望风"，如遇公务人员，侵入他们的警备线，望风者传递暗号，有人飞奔入穴报信，将一干人犯像开笼放鸟似的，从后门一齐放走，让探捕们去捕一个空，那个报信人就叫做"放笼"。

后来放笼便成了一个普通名词，不但是报信放走自己同类谓之放笼，就是"吃里扒外"之徒，将自己窠内的秘密泄漏给公务人员，带领了探捕来破获自己人的机关，也叫做"放笼"。

放笼的人，专门名称叫做"眼线"，俗语谓之"线子"，因其能做探巡的耳目，由他穿针引线，就能破案，所以叫作"线"，又叫做"外国奸细"。

若以国家大事来比喻：放笼的奸细，就是万人唾骂的汉奸，他们贪图个人利禄，不惜丧尽天良，将自己的地理图献给外国人，引狼入室，卖国求荣，遗臭万年，狗彘不若，胡立夫虽然枪决，国内的汉奸还是很多。物必自腐，而后虫生，国内若无汉奸，外患决不至于如此厉害，有形之汉奸尚易对付，最怕是无形的汉奸，他们也挂了救国的招牌，望似热血志士，暗中做的都是亡国工作，这真是危险的事情。

民众把汉奸恨如切骨，那就莫怪瘪三也要恨放笼的线子了，我们常在报端看见有类似白相人者被人暗杀，这种案子或许就是瘪三处置放笼奸细的方法，因为极难破案，外界也就无法知其内容了。

一二八 樱桃

白乐天诗："樱桃樊素口，杨柳小蛮腰。"

樊素与小蛮都是白乐天的爱姬，樊素的嘴巴小，小蛮的腰肢细，口小的善歌，腰细的善舞，一对美人，经诗人用樱桃与杨柳来做了譬喻，一度描容，千古成名，樱桃与杨柳就永远做了女人的嘴与腰的代表。

韩偓诗："著词但见樱桃破，飞盏遥闻豆蔻香。"

张宪诗："露湿樱唇金缕长。"这又是两位用樱桃比嘴唇的诗人，以樱唇喻女子之口，据说因其娇小绯圆，有如樱桃也。

杜牧诗："圆疑窃龙颔，色已夺鸡冠。"这也是咏樱桃的名句，上句写其形，下句写其色，也可以说就是描写嘴唇的形与色。

樱桃为每年最先成熟的果实，《礼》记："仲夏之月，以含桃先荐寝庙。"含桃为樱桃之古名，《说》文："樱桃为鹦鸟所含食，故曰含桃。"李商隐诗："朱实虽先熟，琼莩纵早开；流莺犹故在，争得讳含来。"又云："惜堪充凤食，痛已被莺含。"都是运用含桃的典故。

可见古人描写樱桃都离不开嘴，有的直接用来比美人的嘴，有的借鸟的嘴来形容，如鹦含凤食之类。

不过，古美女的嘴，如果真像樱桃一样圆而小，那是馒头一定不能吃了，吃起小汤圆来，只能像用痔疮药膏般塞进去，似乎不大便当。古代的美人的口小到什么程度？我们没有见过，且不必去谈，就拿我们所目见的卅年前的时髦女子来说罢！她们的嘴的化装法，只在下唇染一点胭脂，远望的确娇小绯圆，像鲜嫩樱桃般一点，曲牌中有一个"点绛·唇"大概就是指此。

如此化装，尤宜于患干血痨的女子，她的嘴唇原与面孔一样灰白，脂唇一点，远看真觉得其小得像樱桃,贾宝玉爱吃的,就是这唇上的一点胭脂,他真是个善吃豆腐的胡调朋友。

时代日渐进步,樱桃口已经落伍了嘴唇与时俱进,逐步扩大到了现代跳舞场里的寡老头子,樱桃都变作"铜盆柿子",或"北京茄子"了。

不要说上海瘪三嘴里掉不出象牙来,瘪三攀谈中也有极端风雅的,他们的嘴也叫做"樱桃",这不是很有诗情古意的一个譬喻吗?

瘪三之能言善辩者,谓之"樱桃尖",虽然真的樱桃都是滴溜圆而没有锐利尖的,此尖或从"尖嘴姑娘"而来,也不是毫无意义的。

《乐府集》云:"石季龙宠惑郑世达家妓郑樱桃而杀郭氏,更纳清河崔氏,樱桃又潜而杀之;樱桃美丽善歌,擅宠宫掖,而性奇妒,乐府由是有《郑樱桃》歌。"李商隐诗:"何因古乐府,惟有郑樱桃",即指此。

郑樱桃专门"戳壁脚",上海瘪三以娴辞令者谓之"樱桃",也许就是郑樱桃的出典。又瘪三们开秘密会议,如有外人来窃听,瘪三传语同道曰:"樱桃割断",大家就噤声不响了。樱桃小小的一粒,如何割得断,大概以樱桃当作言语,"樱桃割断"者,剪断话头之意也。

或曰:"樱桃割断"应作"樱桃角短",方为正当;"角短"好像是龟或鳖的别号,如骂"老甲鱼"亦可作"老角短",樱桃与角短连在一起,不是像"栗子鸡"一样成了菜名吗?何以会作噤声的暗号?我也不懂啥格路道了。

一二九 死人额角头

上海骂人爱骂"死人",其实自己就大不合算,死人者鬼也,你与死人并立谈话,你也沾染了几分鬼气,无异是自己骂自己"见鬼"。

"见鬼",也是一句很刻毒的骂人话,鲜龙活跳的人怎么也不会看见鬼,除非是人将要断气的时候,神经昏乱,才会看见祖宗三代和一切怨鬼站在面前,所以骂人"见鬼"就是诅咒他离死不远,"额角头"已现"皮蛋色"。

在上海做人的基本原则,全仗是"额角头",既不必真实学问,又无须父母遗产,"额角在屋里"的人,走走路会拾到一大卷钞票,买香槟会得头彩,娶老婆会得妻财,孵豆芽的朋友会做大亨。

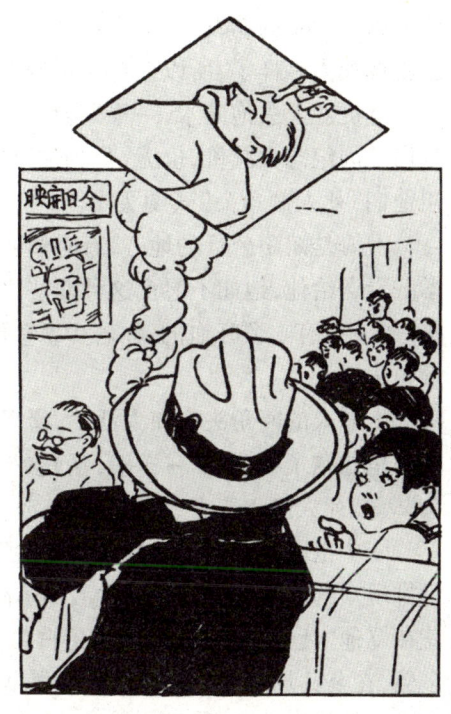

瘪三先生说:"每人额角头上有三盏火",所以不许女人的指头在额角头上乱触,怕触熄了火的霉头,除下的帽子不肯放在椅子上,只怕沾染着妇人的月经,就能使额角头上的火发暗,他们处处保持着额角头的尊严。

我也不知他们是哪里得来的经验,据说一个人断了气,额角头上的皮肤就会胶着在脑壳上,一点也推扤不动,这就叫做"死人额角头"。

知道死人额角头推不动的人,定是常与死人接近者,但夜夜为死人追荐的和尚还不知道此中奥妙,因为他们只看见死人的面孔,手指并不触到死人额角头上去,若要深知,除非是天天验尸的衙门检验吏,或专门与死人穿衣服的土工,惟有这两种人,才时常动手去摩挲死人,才确知"死人额角头"的性质,否则要就是家里常常死人,而且死的都是至亲骨肉,也许能知每个死人的额角头都是推不动的。像我这种人,对于死人毫无经验,从未亲手去推过死人的额角头,所以根本分不出死人额

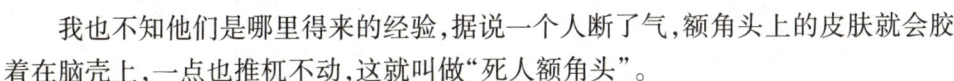

角头与活人额角头有什么异点!

上海的死人额角头,与板板六十四(《上海俗语图说》一二二)的意义相仿,不过死人额角头的语气比较严重,亦比较的不客气些,因为"板"是人工做的东西,有时还能改造,每板六十四的有孔钱,现在就将制度打倒,板板六十四已无存在价值了,惟有死人额角头,返魂无术,就永无再活之日,也就永无推摇得动之时,其呆板程度没有比此更深的了。

铁面无私的朋友,面孔板得像铁一样,当然无法使他软化下来,此人的额角头也就像死人一样了,所以上海对不肯徇私舞弊的人叫"死人额角头"。

老虎灶上去泡开水,一根筹换一勺水,丝毫没有讨价还价的商量余地,他们不肯借几周纪念大减价,也无"足杓加二"的滑头办法,对于这一类的店铺,上海人都叫他们"死人额角头"式的买卖。

上海是贿赂公行的地方,有时候遇到一个外行朋友来吃公事饭,人家把照例的孝敬奉送给他,他如不愿贪这种非法之财,全数璧还,大家也就要说他是"死人额角头"了。也有吃惯旺血的,你若少塞些给他,他也会板起面孔不答应,这是另一死人额角头。

上海人的额角头实在太活了,活得像风车一样,微风鼓荡,就会旋转不息,我们的头也像抹了机器油一样滑,活得转了弯,才会发财升官,所以我们要崇拜"滑头"。彼死人额角头者,活着是讨人惹厌,死了也不会有大出丧的排场。

图中也画着一个死人额角头者,那是在戏馆里,他头戴高帽坐在前排,挡住了后排观众的视线,有人叫他脱帽,他不瞅不睬,只顾昂起了脑袋看女人,那个小孩子就在骂他"死人额角头"。这种是自私自利不近情理的死人额角头,上海地方确居多数,在公共场合,最易发现,这大概就是所谓"行尸走肉"了?不过那小孩子换了一个白种的子孙,那死人额角头就会借尸还魂咧!

一三〇 掼纱帽

《后汉》书："王莽杀其子字逢萌曰：三纲绝矣！不去祸将及人，即解冠挂京都城门，将家属浮海，客于辽东。"根据此典故，后世称罢官致仕曰："挂冠。"苏东坡诗："丰年及我挂冠前。"小说描写忠臣清官辞职，也有将冠挂在大堂上而去的，冠专指官戴的帽子，就是我现在要说的"纱帽"。

古代官吏把纱帽看得十分重要，抛却纱帽就表示舍弃官职，我们在戏台上，常听得老生这样表白道："下官拚却乌纱不要，也要参奏他一本！"

清朝的官脑后垂尾，沐猴而冠，不大敦品，只得改为项子花翎，而百姓看见纱帽的机会就减少了除了画图不算，只有庙里的城隍，赛会中的判官，戏台上的俳优，和猢狲出把戏，才有真的纱帽看见。民国成立，割脱辫子，更不宜戴纱帽，党军一统江山，许多城隍都被打倒，民间赛会，亦在禁止之列，猢狲出把戏也打倒封建思想，纱帽改作军装，中国的博物院又向不考究这种东西，我们要看纱帽，只有花钱到旧戏馆里去。

"乌纱帽"始见于《南史王嶷》传："上幸嶷邸，后堂设金石乐，宫人毕至，登桐台，使嶷著乌纱帽，极目尽欢。"可见乌纱帽之成为官帽，乃后代之服制，戏班中所有的行头，皆全部明朝服式，论理演唐宋戏已不适用，休说汉晋以上的故事了。

古人有"龙山落帽的孟嘉"，李太白诗有"秋风吹落紫绮冠"，裨官有捉"落帽风"的包龙图。古时只有"挂帽""落帽"，而无"摔帽"，更无将乌纱帽掼地之人，有之其惟戏台上之做工老生乎？

二簧戏里的"掼纱帽"老生，我一时尚想不出，梆子戏有一出"九件衣"，又名"烈女传"，那老生是出场就将纱帽擎在手里预备掼的；大概掼纱帽的戏，总是清官遇着了麻烦事,光起火来,将纱帽除下,望空一掼,由检场人接去,这就大可以表示他的"钝"乱,(注)想回家吃老米饭去了。这是他碰的一记"极灵牌"。(戏台上的纱帽决不肯掼在地上,因为唱一次戏掼一顶纱帽,如果是官众的,老板不答应,若是私房,自己不合算。)

　　上海也有不少戏迷,看见戏台上的掼纱帽把戏,倒也搬演得有趣,便利用这一套情节来形容社会上的"钝乱朋友",纱帽如何掼法,一时很难解说,引两件实事来说明吧:

　　阿大叫黄包车至某处,言明价钱,坐上车去,那车夫是老枪,阿大嫌他跑得太慢,催他快走,车夫提足精神快走两三步,又回复他的稳重态度,阿大一连催了五六次,催得老枪光火了,放下车杠来说道:"你去坐别人车子吧!唔不高兴拉噜!"阿大骂道:"操伊拉,侬也掼起纱帽来哉!怪勿得汪精卫常常要辞职呵!"

　　为我们主治党国大政的要人,忽然不高兴起来,便会往租界里一溜,这也是掼纱帽的行为。

　　近来风行一时的罢工风潮,倒也有些像掼纱帽式子。

　　图中是夫妻俩,(也许是姘头,许先生并未说明)睡到半夜里,不知如何拌起嘴舌来,她抱了大衣出门去了,他呆瞪瞪地望着,大概总是她对于他有不满意的事,所以她要半夜里掼纱帽给他看,她这个洋烂疴真撤得不小,她去了,请教下半夜的他如何睡得熟?

　　戏台上的掼纱帽者,结果终占胜利,大家所以都要学样,于是就有不少上当的人,掼纱帽连饭碗一齐掼脱,据我看来纱帽尚以少掼为是。

　　注:上海话的"钝乱",既不是搭架子,又不像发脾气,一时很难说明,并且不知此二字如何写法?要我做注解,眼睛就地牌式了,但知其意虽与掼纱帽相仿罢了!所以杜撰二字借来一用。

一三一 邱六桥

《珍珠塔》是一部流传极广的民间小说,他的故事十分简单:"私订终身后花园,落难公子中状元。"两句话可以概括全书,惟其情节简单,而欲延长弹唱时间,故描摹不得不比较细腻。

《珍珠塔》为弹词名家马如飞之绝作,独造新腔,创为马调,至今犹风传社会;马通文墨,唱篇亦由其自编,较普通弹词典雅,故此书不独受娘娘太太之欢迎,即文人士子亦爱听之。

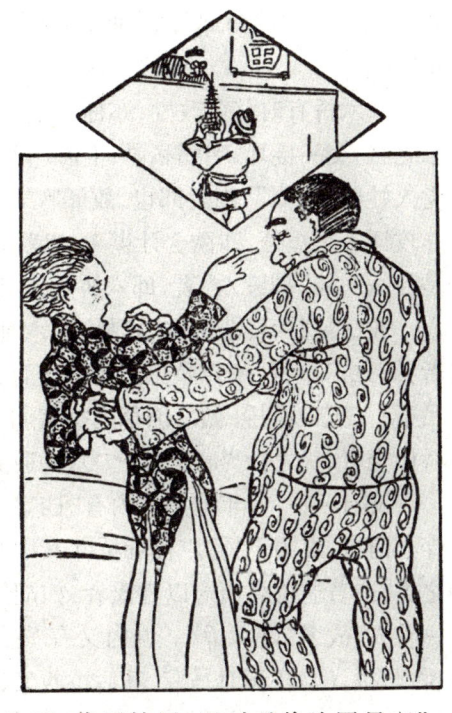

《珍珠塔》登场人物不多,除方陈二姓外,仅毕云显与剧盗邱六桥等数人,邱六桥尤脍炙于上海人口,请其为一切坏坯子之总代表,这是什么缘故?原来就是为了他的贵姓是"邱"。

"邱"本作丘,因孔子名丘故讳丘为邱,亦作邱,(风俗通)"齐太公封营丘,支孙以地为氏,代居扶风,汉时丘俊改居吴兴",故邱氏至今犹是吴兴大族,南浔邱家,是上海富室之一。

好丑之"丑",上海音读作"邱",例如"不识好丑",上海话说作"不识好邱";然而上海话的"邱"字,意义又与"丑"字略有分别。俗语"丑人多作怪",此丑人应作容貌丑陋解,而上海人口中之"邱人",乃不指无盐嫫母之类的丑物,而为"歹人"的意思,所以上海的"邱人头",并不是脑袋长得丑陋的家伙,乃是心术不良的朋友,上海的"邱人"就是"坏人"。

上海人要想觅一个姓邱的古人来代表"邱人",如"夏侯惇"之例,(见《上海俗语图说》———)只是邱氏虽是巨族而历史上的有名人物却不多见,元朝虽有一个自号长春子的道士邱处机,他的徒弟著了两卷《西游记》,被人缠夹到孙悟空大闹天宫的《西游记》上去,因此而稍稍引起后世的注意,但他究竟不是什么历史上的大亨,名字叫出来不十分响亮,不认识他的人太多,所以不能中选,若请其他名医高贤来代表上海的"邱人头",则又未免近于亵渎,倒不如直截痛快请一个妇孺皆知的小说人物来得合格,"邱六桥"于是乎中选为上海邱人的总代表了。

邱六桥未为代表以前,上海邱人谓之"邱路角",亦称"邱路道",路角路道,二而一者也,皆为"来路"之意,例如洋货,上海话谓之"来路货",路角者,来历也,"路角不正",原应作"来历不明"解,即由邪路上来的意思,所谓"歪嘴吹喇叭"者,总带几分"邪气","路角邱"的东西,变为名词,即谓之"邱路角",再改专名,就是"邱六桥"了。

邱六桥有时移名改姓,亦称"周策六",策六,或作"触落",凡见了人作鬼头鬼脑之状,交头接耳,喁喁私语,上海话谓之"触落触落",其人就名之曰"触落党",赐党人姓氏曰"周",周者邱也,故邱脾气亦称周脾气,事无不可对人言,彼触落党者,非攻讦人之短处,即欲合计谋人,以装笋头,(见《上海俗语图说》一〇四)不是邱人是什么?故"周策六"者,邱六桥之化身也。

或曰:邱六桥非人名,六桥者,六种桥名也,一曰搭桥(为人谋而不忠之撒烂疴者)。二曰拿桥(不肯救急之搭架子者),三四曰过桥拔桥(有事有人无事无人之半吊子)。五曰潦桥(做事潦草之搭浆朋友)。六曰落桥(时代落伍之倒霉朋友)。六桥俱全者,犹之伶界音韵部之"六场通头",则其人不邱自邱矣。

又有一说:昔年上海城内有"四字六条桥",即陈市安桥,陈箍桶桥,王医马桥,穿心河桥,红阑干桥,广福寺桥,(其中有两桥同名,而以方向别之者,如南北香花桥之类,或普通桥名而冠以姓氏者,如胡家木桥之类,皆不计在内。)此六桥左近皆出一善人,故名"好六桥"。城内又有"一字六条桥"者,乃虹桥,黑桥,小桥,亭桥,县桥,马桥,(马桥正对马弄,其后桥西又建一小桥,乃分东西马桥。)桥旁又皆住一恶棍,故名"邱六桥",善事不出门,恶名扬千里,传至现代,"好六桥"已湮没不彰,"邱六桥"则流传千古。

《珍珠塔》中之邱六桥,乃穷凶极恶、明火打劫之盗寇,上海"邱六桥"则为笑里藏刀、善用暗箭伤人之"小刁",前者易防,后者不易对付,故上海人知有"邱六邱"在侧,未有不"头大"者也。

一三二 黑吃黑

《春秋繁露》:"黑白分明,然后民知所去就。"黑白分明喻清明之甚,毫无浑浊也。

《史记》:"今皇帝并有天下,别黑白而定一尊。"黑白犹言是非善恶也。

俗语"不分皂白",皂者黑也,人类中也有真分不出五颜六色也,是为"色盲"这是一种病态。俗语所谓不分黑白,非指色盲,乃混称不辨真伪,浑浊,是非,美丑,公私,好恶等等之混统辞也。

从普通习惯而言,大概以"白"代美好,以"黑"代丑恶,君子群而不党,故党字尚党,乃指非君子而言,但在以党治国之日,此话殊不易讲,弄得不巧,就要受一刀之苦,因为此字虽未明令颁布避国讳,事实上已不许百姓们胡乱引用了。

黑字大概指"私弊夹帐"之事物而言,旧都有所谓"黑市"者,乃是专卖来路不明货物的地方,此中货物叫做"黑货";黑货之来源,非偷即盗,设市者恐怕被原主来认领赃物,故在黄昏以后,或黎明以前,始敢与人交易,所谓黑市,从无在青天白日之下做买卖者,所以贯彻他们的尚黑主义也。

上海的鸦片,自从禁烟以后始称"黑老",可见黑老并非因为烟色尚黑的缘故,乃指"私货"而言,所以凡是私自买卖的违禁品,皆能谓之"黑老",但鸦片为黑老之大宗货品,故黑老就成为专有名词了。

老鼠昼伏夜出,它是尚黑的动物,青天白日偶尔高兴,上街来兜一个圈子,若被路人一眼看见,就要召集群众,将它团团包围,欲得之而甘心,故俗语有"老鼠过街"之谣,说它是众矢之的,人人得而欺之。

私运黑货的人,也像老鼠过街一样,处处要提防着别人的眼光,不幸被人察破,黑货充公，损失血本不算，还要赔个身体去坐监牢，这叫做"偷鸡勿着蚀把米"。

不过，老鼠过街，也要胆壮的人才敢去动手伏鼠，而街上的人总是胆怯者占多数，他们大声疾呼，无非虚张声势，他们怕被老鼠掉过头来咬一口，始终不敢去捉；老鼠看透了这个弱点，不妨在街上大踱方步，不怕有人敢去拔它一根鼠毫来做笔锋。现在贩运黑货也是如此，明目张胆的往来，对于寻常百姓他们都抱着"不摸乱"态度。

但是社会上有一部分人，专靠捉过街老鼠度日的，他们的目光锐利，看见老鼠，就一把将它擒住，他们也不取它的性命，只将它身上值钱的毛拔一个干净，然后放它逃生，这就叫做"黑吃黑"，因为双方做的都是私弊夹账的买卖。

上海偷东西的瘪三也像老鼠一样，而有一种人又是专吃瘪三的鼠肉的，瘪三走在路上，不幸遇见了这种吃肉人，无论他今天有没有放到生意，多少总要孝敬他们几文，有时候竟可以将他身上的衣服都剥去，他竟服服贴贴，不敢有一点反抗的表示，否则就能捉他进去关几月，又多一回过犯的资格，这就是"黑吃黑"。

出卖违禁品门口，总有几个瘪三潜伏着，看见有人出来，瘪三在他衣服上画一个暗记，等他走出了公卖区域，预伏的同党认明暗记，便出来向他敲诈，他若闹起来，被警察听见，少不得也要充公罚款，甚至于吃官司，只得忍痛被瘪三们敲一记竹杠去。这种"黑吃黑"的把戏在上海几乎天天发现，黑籍中人应格外留心呵！

一三三　跌囚牢

从前的流氓,以屁股上印有板花为荣,后来废去了笞刑,板花便似绝版的古书一般名贵,即使犯了杀人放火的大罪名,也无吃屁股的机会,不得已而思其次,"跌囚牢"也就成为流氓的成名捷径。

"囚牢"是监禁囚犯的牢狱,字义甚为明显。"跌囚牢"者,进囚牢去吃官司也。这"跌"字用得十分奇特,因为吃官司,他们又叫做"睏水门汀",(狱中无地板,更无床铺,着地睡在水门汀上,故云。)进门的时候,未必见得舒服,都半是由狱卒用力推进去的,一进门就跌,一跌就困,所以流氓入狱,简称"跌进去"。

或云:流氓犯了法,被捕的时候,若不显些抵抗精神,就要被人笑他"虫囊子",他若拒捕,探捕们自然要强制执行,那时他众寡不敌,少不得要跌几个斤斗,如果不跌斤斗,就被擒获,那就是大失面子的事;最有面子的好汉,能从出事地点跌起,一直跌到巡捕房的"塌犯间"里,这是第一等的"跌囚牢"。

又有人说:跌囚牢应作"滴馋牢",小流氓急于要出道,看见别人吃官司,他望着"馋涎欲滴",遂千方百计地去寻衅肇祸,以便早跌进去早出来做人。

未进囚牢以前,因为要适合跌的条件,态度不得不硬,既达到了跌的目的,再硬下去,小身体就要吃不消,态度只得软化下来,那时就全靠要"巴儿"了。

监督他们的黑炭,对他们总是"呼么喝六"的,所以他们就称黑炭为"呼么麻子",这是他们的顶头上司,不得不俯首帖耳的受指挥,否则雪茄,火腿,枪柄一齐来,管教百炼钢化作绕指柔。

"跌囚牢"有人说是吃太平饭,其实这口太平饭决不容易吃的,做了囚犯也须工作才有饭吃,进去时候先问职业,能做何项手艺,将他们一一派开,据说最写意的是西崽间,裁缝间等斯文手艺,一无所能的囚犯,便派去作敲石子筑马路等苦工。

最舒服的要算睡病房,医生常来验病,病种如癞疥疮之类,花钱可以购的,有的自己也能制造,验病时,医生在膝里下轻击一记,悬空着的小腿能弹跃起来,乃是康健的状态,若预先将膝盖在自来水下冲若干时,使脚筋因受冻而麻木,任医生敲击,腿部木强,那就有睡病房的资格了。其他蒙蔽医生的方法甚多,谈者也供给我不少材料,可惜我都不记得了。

牢中最名贵的东西是香烟,价钱卖得极贵,他们叫做"大土",你买了一支香烟,须与同难的弟兄共同享受,每人呼一口,利用鞋子互相传递,谓之"航船",一人吸烟,大家望风,恐被"呼么麻子"看见,那就要"吃勿失头"了。

流氓跌囚牢,情形与大学生出洋相仿,出一次洋当然吃不少苦,但去了回来,就像镀了一重金子,身价陡增几倍,而流氓的吃官司,也可以说是受过一番镀金工作,"脱梢"以后,他就是一位见多识广的老白相了。

一三四 小扇子

扇子之制,由来已古,《世本》云:"武王始作箑。"但《帝王世记》则云:"尧时厨中生肉脯,清如翠,摇则风生,使食物寒而不臭,名曰霎脯。"似尧时已有扇矣。

古时之扇,皆为羽扇,纨扇,草扇团扇之类,折扇则系东洋货,明时始流入中原。《张东海集》云:"中国古无折扇,尝见《王秋涧》记:元初东南夷使者持聚头扇,当时讥笑之。我朝永乐初始,有特仆隶下人所持,以便事人耳。及倭国充贡,太宗遍赐群臣,内府又仿其制以供赐予,天下乃遍用之,而团扇革矣。"

班婕好诗:"常恐秋节至,凉飙夺炎热;弃捐箧笥中,恩情中道绝。"人对于扇子,的确太势利了,夏季用得着的时候,挥不离手,到了秋凉,就弃置不顾,所以大家把秋扇比作弃妇。

我们手中摇动生凉的扇子,纵然装潢得十分精致,但总是一种奢侈品,因为夏季不用扇子的人,也不见得会热死,古代发明扇子,我想不见得是给人风扇的,观尧时的"霎脯"即可想见,文人手中拿的书画扇,决不及厨房里破蒲扇的用场广,生风炉如果不用蒲扇,就要撅起嘴用人工去吹旺炉炭,所以扇子的发明,我敢断定是为了搧火,而不是搧人。

炉子里稍微有一点未死的灰烬,只要用扇子轻轻的搧几下,就会熊熊的燃起来,不过搧风炉也有点手法,搧得太重会把余烬搧死,搧得太轻,就不肯发火,最妙是不轻不重,刚刚正好,于是乎"小扇子"尚矣。

"小扇子"不但宜于搧风炉,且能搧起人类的愤火,无论是知己的朋友,至亲的兄弟,只要有一柄精妙的"小扇子",在中间接二连三的搧惑,他们自会意见丛生,

上海俗语图说 | 269

风潮百出,大则调兵遣将动干戈,小则"撺掇老爷煨砂锅"。

苏秦张仪是两把小扇子,一则鼓吹连横,一则传宣合纵,两个人都是能言善辩之辈,搧成功六国与强秦长期抵抗的局面,闹得年年火并,干戈不息,民不聊生,怨声载道。那时候这班东西叫做说客,民国成立以后,就改名为政客,其实都是搧动是非的小扇子。

在中华民国的国史上,也有两把著名的扇子,一把是张勋复辟时康有为用以遮面孔的麦草扇,一把是徐树铮的绰号叫做"小扇子"。

上海对于两面三刀、扒灰倒拢的小刁码子,也叫做"小扇子",所以称他们为小子扇者,只因他们专爱说几句"风凉话",却能收"搧白拢火"的效力,使闻者为之发指,许多尖刀相会的恶斗,都是小扇子搧出来的,国内南北东西的政客,大概都是看了上海瘪三的样儿,学得一手小扇子的好功夫,他们像斗蟋蟀的牵草人,一切大小不一的该死军阀,与高呼打倒军阀口号的党国柱石,都是他们草下的蟋蟀,一经牵引,双方虽是同类,而且并无深仇宿怨,此时也会嚁嚁嚁地互骂山门,骂骂一番,就此张牙展翅,不顾性命的决斗起来,两头蟋蟀咬得牙断腿折,牵草人捞得一笔赌胜的酬劳,喝老酒打野鸡乐脉去了,那管它们的死活;蟋蟀固愚,养蟋蟀的主人却也太冤了!

一三五 触煤头

上海除了常年吃包饭,天天上饭店的市民以外,还有大部分煨广东风炉,烧火油风炉的人家。上海的户口甲于全国,但据玉皇大帝的御前统计,每年十二月廿三日下界登天去朝参的灶神,却并不让上海占最多数,因为多数上海人家都是没有灶头的,灶神便无处打公馆了。

凡人遭到不幸的事,便自认"倒灶",此话各地皆有,流行颇广,但不知起源于何时何地?大概灶是煮饭的东西,人无饭而不活,把灶打倒,其不幸程度比打碎饭碗更甚,故"倒灶"乃是无饭吃的表示,"倒灶"以后,便须忍挨饥饿,人生不幸,莫大于此,故人都不愿"倒灶"。

倒灶亦称"倒煤",当煤球公司尚未创设以前,上海有灶人家之用煤代柴者却不多见,烧煤灶者,北方多于南方,故有人猜测"倒煤"俗语是由北方传来的,据说北方人家之煤灶终年不熄,倒煤乃将灶中的宿煤全部倒去,不留一点余烬,这也是停止煮饭的表示。

有人说:倒煤应是媒介之"媒",古代没有磷寸,人家灶前皆留有终年不熄的火种,谓之"媒火",或称"媒头",言其为燃火之媒介物也。媒火偶熄,另觅火种,甚是不便,人家都视为不祥之兆,所以叫做"倒媒"。上海人叫做"触媒头"。

抽水烟用的"纸吹",上海话又叫做"纸煤头",北京话叫做"纸煤儿",纸煤头一吹就着,一触就熄,生命甚是脆弱,触煤头者就是指纸吹之一触就熄。凡多忌讳之人家,大门上虽贴着"姜太公百无禁忌",其实一言一动,仍多禁忌,如喝完一杯酒,讳完为全,吹熄灯烛,讳熄为发,弄熄一个纸煤,须连燃着的媒头,塞进纸吹筒中,则以后拔出来仍是一"熟煤头",在碳基火上一碰就着,最忌是把纸吹硬触熄灭,熟煤头变成了生煤头,也是不祥之兆,所以他们最忌"触煤头"。

到赌场里去抽香烟,如果你身边不带火柴,切莫去取别人燃着的香烟来对火,因为这是"触他煤头"的举动,万一他输了钱,就要怨到你身上来。

触煤头有人也写作"触霉头",霉本作黴,这是将人比作一种潮湿的东西,到了黄梅时节,额角头上也会发出点点霉斑,须像皮货似的在太阳光下曝过一番,才能赶掉霉气,所以上海话有"额角头霉搭搭"的话。

图中画的那位触霉头朋友,好端端的走在路上,半空中会泼下一脚桶水下来,可算是无妄之灾,那朋友如果是宁波人,泼一点茶脚在身上,都要大办交涉,何况是脚桶水,所以触霉头,多半是指飞来横祸而言。

触霉头有大有小,又有不大不小者,灌顶醍醐,霉头之小焉者也。偶临燕子窠访友,适逢包打听来查抄,与大批老枪一齐扎在大炸蟹内,这霉头比较的触得大了。若是在马路上散步,眼眼掉碰着捉强盗,一颗流弹飞来,贯通额角头,脑浆迸裂,一命呜呼!这就叫做"霉头触得勿大勿小"。

上海的霉头,不论远近,近霉头触在家里,譬如足下轧了姘头,回去吃玉皇大帝(注)的排头,甚至于"跪踏板",这都是阃以内的霉头,赛过家常便饭,触触呒啥稀奇!上海最远的霉头,须触出吴淞口,穿过赤道,绕道新加坡一直触到印度国为止,所以上海人最远的霉头谓之"霉头触到印度国"。亚剌伯是否抵制上海煤头入境,那就不得而知了。

注:家主婆之尊称,上海俗语有"宁可得罪外头城隍土地,嬲得罪屋里玉皇大帝"。

一三六　三只手

"文官三只手,武将四条腿"。这与"文官不要钱,武官不要命"。正居于相反的地位,明朝的亡国,就亡在这三只手与四条腿上,今也如何,思想起来,好不吓煞人也么哥!

手是人类特有的两肢,灵如猢狲,尚不免用前肢来助脚走路,别的动物更不必谈了,所有人类文明,全是用手造成的,人若无手,地球上的现状,想与一万年前没有两样。

脑是人类的设计委员,手是执行委员,单会设计,不能实行,好像"夜壶里燉鸭"独出一张嘴,管教一事无成。天赐人们以手,是教人取东西的,不过世界上的东西很多,有该取的,也有不该取的,东西虽多,而属于我个人所有权的却占极少数,非我所有的东西,万不可勿管三七二十一的乱拿一泡,这是懂规矩人的手应守的信条。

人类究属是聪明的动物,如果觊觎非我所有的财物,而两只手又不便下手时,就能在固有的左右双手以外,另外生出一只无形的手来,是为"第三只手"。

此第三只手在某种人的身上,竟比原有左右的用场大得多,左右手只能领微薄的薪水,第三只手却能去受贿赂,赚回扣,营私舞弊,和捞取一切"外快"。

第三只手进账的钱,比两只手要增出两三倍以至千百倍,现代富翁之所以富,多半靠第三只手的功劳,他在暗底里去捞了钱来,却让两只明手去戴金刚钻,摸女人屁股,叉麻将享受人间一切清福。

人死后,左右手随着同死,惟有这第三只手,却能在世上长生不老;俗语说:"棺材里伸出手来",此手即无形之第三手也。

第三只手生得灵巧,攫钱的方法异常精妙,因此尊之为"妙手",聂隐娘豢养的妙手空空儿,尚不及其巧妙。

三只手的俗字写作"弄",我们在公共场所常见有"当心扒弄"的标语,此弄字不收《康熙字典》,不知读作何音?大概是专为偷儿鼠窃而设,叠写三个手字,像三只手之形也。

《世说》:王子敬夜卧齐中,群偷入其室,盗物都尽,王徐曰:偷儿,青毡我家旧物,可特置之。

此偷儿乃窃钩者诛之流,身份比生三只手的现代人低得多,而与本图所绘的三只手的种类也微有不同。

上海的三只手,俗称扒儿手,他们的偷窃方法,并不穿壁窬墙,登堂入室,似王子敬家偷儿的行为。他们专在路上偷窃行人财物,名曰"剪绺",个中人的切口叫做"寻口把",亦曰"跑生意",同党自称曰"弟兄家"。

"寻口把",乃是总称,其中分门别类,各有专名,如"顺风""逆风""灯花""早清"之类,已在《上海俗语图》说第六二辫臭猪头图中注解过了。现在专述电车上的三只手。

电车快而且廉,人人爱坐,(坐汽车的阔佬除外)座客拥挤,伸起膀子吊着藤圈,袋部空虚,是扒儿手行使职权的好机会,冬季衣服穿得厚实,不易使人感觉,则尤便入手,为扒儿手者,那时也穿着宽大绵衣,人家看他双手打着穷结,其实一只袖子是空的,那只手由衣襟底下大兜圈子腾出来,伸到别人衣袋里去捞皮夹,被冷眼人看见,也觉得奇怪,心想那人明明双手交叉胸前,怎么会生出第三只手来?"三只手"的名词,就是从这样来的。

专跑电车的三只手,近年来新出了一票俄罗斯货,上海人称他们为罗宋瘪三,专爱窃穿洋装朋友的钱物,他们的手段也很高妙,照样能够隔了几重衣服探测人家袋里有多少钞票,中国切口叫做"把脉",他们大都是两人一组一人动手,一人拿了东西先"出当",即使"失风",在动手人身上搜不出原赃,就能振振有词的抵赖,北四川路上最多来路货的三只手。

上海的白种人,都是神气活现的超人,起初中国人尚不敢指认他们做贼,所以前几年罗宋三只手的生意甚是发达,近来却也穿绷了,但是初到上海的乡下人,还有些不敢说外国人做贼的。

一三七 干血痨

古代的市场，只有交易，没有买卖，所谓交易，乃是以有易无，用货物交换货物，因为那时候尚未发明钱币。

后来因为交易货物，供应不能相称，价值也难平衡，于是就发明了货币，以之流通市面，循环不息，所以旧时的货币制度叫做"环法"。守财奴将钱财藏在家里，死守着不放，无法流通社会，实与齐太公货币的原旨相去太远。

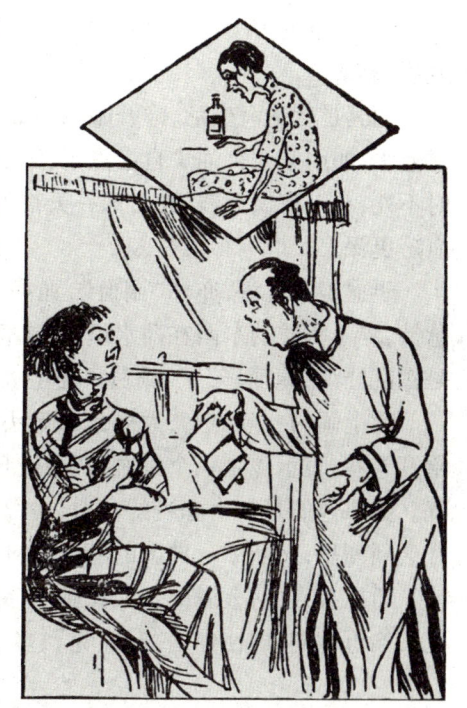

人身的血液，由动脉输送全身，回入心房，经过肺部，与呼吸的养气化合，污血变成鲜血，再向全身绕一个大圈子，重由静脉回进心房，再变鲜血，这样的循环不息，动物才能生活，这个机关，我们也称之为"循环系"。

"环法"与"循环系"，同是循环不息的流通，确实十分相像。上海白相人称钱为血，真是大有见地，可惜最先发明这譬喻的老白相人是谁？我们已无从查考了，这位无名大发明家，真值得我们歌颂，他与牛顿发明地心吸力，有同等的智慧。

从前好像也有人发明过钱的譬喻，但总没血的确切，例如"捞油水"也是弄钱用的别名，然而人类吃毫无油水的青菜豆腐，只是面黄肌瘦罢了，照样也能维持生命，终身不进油水的马牛羊，更是鲜龙活跳，肥头胖耳，惟有缺乏了血液，不论人畜，早晚就要送命。

"吸血鬼"是盘剥小民者之别号，重利盘剥那里是真吸贫民的血，也是将钱财比血，可见这名词早就有人发明了，不过单用一个血字，直接拿来代表钱财，终要让上海白相人的新发明。

人无血而不活，血液渐渐减少，面部的红润也随着由纯黄而变为灰白，此人也

上海俗语图说 | 275

就奄奄无生气,大家公认他是患了痨瘵,所有的鲜血全被痨虫吸完,就此呜呼哀哉!这种病男女皆有,西医谓之"贫血症",生在女人身上,就叫做"干血痨",第一个病征,就是红头阿三罢工。

在这奢侈的社会里做人,衣食住行,人生四大需要,皆非钱不可,没有了钱,赛过新鲜活死人一样。有人说:衣食住果然要钱,讲到行字,有爷娘生的"两脚马"晦气,每天出去充军似地奔几百里路,决没有人向你索取买路钱,不过脚虽是你自己的,即使穿草鞋少不得也要费钱去买,结果还是离不开钱;所以人生无钱,与患"干血痨"相等。

尤其是度上海生活,睁开眼睛就要用钱,不掏出一只铜板来,老虎灶上就不给你泡水,如用柴或火油炉自己煮水,则费钱比泡水更多。干血痨病人尚能支持若干时不死,在上海做无钱的人,却一天都不能生存,所以无钱的上海人,所受痛苦比干血痨更深。

干血痨在上海,亦称"搁血",血搁了浅,不能流通,就像手术推扳的医生打静脉针,弄了实质的东西在药水里,将血管塞没,这也是致命伤,又叫做"瘪血",这就是霍乱吐泻"瘪瘵痧"了,到黄泉路上去,像坐飞机一样,邪气快,快得热昏!

图上画的一双男女,大概是寡老头子,向和老麻子"挨血",和老将"空×袋"倒给寡老看,表示他是一个干血痨,她板起了面孔,双手打着穷结,好像要穷并包的神气。如果他们是自由恋爱的一对,少停就要拆姘头,若是结发夫妻呢,明天报纸的社会新闻里,又能添一件新的离婚资料了。

所以有人说:上海的女人像虱子,究全靠鲜红的血养活她们,你若是血干痨,切莫去亲近她们,即使你是"旺血党",多亲近了她们,也要变干血痨的。

一三八 藏黄鱼

黄鱼是中国海中的特产,每年到了春夏之交,在海里大批的出现,渔船结队入海捕捉,无不满载而归,是为"黄鱼泛",过此鱼泛,黄鱼就不知躲藏到何处去了,好像是上帝特为造出这种美味来,给人们享受这应时的口福似的。

黄鱼又名"黄花鱼",头中有石状小块二,故亦名"石首鱼"。《尔雅》注:"鱣长二三丈,江东呼为黄鱼。"这恐怕不是我们所食的黄鱼,是上海称为黄鳝的东西。每年端午节家家都有一味醋熘黄鱼的应时菜。

不过这美味只有沿海各省的人民能尝,内地各省就无福吃鲜黄鱼了,因为黄鱼,离海即死,渔船须用冰舱贮藏,才能保持几日,不使鱼肉腐败,鱼行将此类海鲜谓之"冰鲜"。

黄鱼原是中国的海产,但因近年来日本渔船侵夺我国的海权,在中国的领海区域内滥捕黄鱼,仍运到中国来贩卖,中国人也就认他为仇货了,无知的黄鱼,竟因此也改变了国籍,这与中国的辽宁人无端变为"满洲国人"一样的凄惨!

渔船在黄鱼泛里捕得多量鲜黄鱼,而人类的胃纳有限,市上供过于求,一时不易脱售,不能任他糜烂,于是渔船除了冰藏法以外,还有盐舱的设备,将捕得的鲜鱼,立刻盐藏起来,这就是我们吃的咸黄鱼。

黄鱼从渔人的网里到我们的油锅里,须经过若干时日,为了要保持鱼味的鲜美,第一要考究贮藏的方法,所以"藏黄鱼"是渔夫们的主要技能。

因为黄鱼是要"藏"的,而且是藏在船上的,于是"藏黄鱼"又成了一种船员的隐语。

中国的工价低廉,工人谋生不易,便想到国外去活动,美国是工价最高的地方,许多华工都到新大陆去谋生活,不过东西两大陆,距离极远,几十天海程,坐三等舱也要好几百金,做苦工的人哪里去筹这笔巨大的旅费,于是就有少数惟利是图的海员,想出一种"藏黄鱼"的方法来,将华工秘密运到国外去投生路。

其法:乃将人类当做真的黄鱼一样看待,装作货色包件运登海船,藏在秘密舱里,船票伙食,完全揩油,由工人纳费若干,托海员包运,到了目的地,若是正当旅客,入境时须经过验护照身体等手续,如染砂眼等轻微病症,也被禁止入境,惟有藏黄鱼则无须经过此种麻烦,仍由包运的船员将他们偷偷摸摸的私送登陆,黄鱼的足指头踏上陆地,包藏者的责任才全部交卸,他们的运费也就到手了。

据说黄鱼由上海运登外洋船,与在船上密藏几十天,都没有十分困难,最不容易渡过的难关,就是船到码头以后的包送入境,这时候的黄鱼却又变做鲤鱼或乌龟了,他们叫做"鲤鱼跳龙门",又叫做"乌龟爬门槛",都含破釜沉舟之意,不得不冒险尝试,尽有许多爬不过门槛的乌龟,只得将他们原船带回,谓之"打回票",黄鱼只贴少许饭金,不纳运费,带到上海依旧藏在船上,下班船再去尝试,这样往来几次,藏黄鱼者就未免要蚀本了。

藏黄鱼的秘密,外人本不知道,自从那年藏出了毛病,闹到上海会审公堂,才由个中人将黑幕一一供招出来。这与从前贩卖猪仔到南洋去做苦工,情形又微有不同,猪仔是受人之骗,黄鱼好像是出于本人自愿的。

藏黄鱼亦称"挎黄鱼"挎者捉也,此为宁波俗字,而流行甚广,如叉麻将之鱼麻将头,上海话亦称"挎麻将"近来挎黄鱼之风已由外洋船流入内地,长江船中也有船员做小伙而大挎黄鱼了。

一三九 捧　角

俳优谓之"角色",亦曰"脚色"。

《扬州画舫录》云:"梨园以副末开场为领班,副末以下,老生正生老外大面二面三面七人,谓之男脚色,老旦正旦小旦贴旦四人,谓之女脚色,打诨一人,谓之杂,此江湖十二脚色,元院本旧制也。"

《青楼集》云:"连枝秀,姓孙氏,京师角妓也,酒酣则自起舞。"按伎之以艺名者曰"角伎",角即校艺之义也。俳优之技艺足以一角优劣者,曰"角色",其负有时誉者,亦曰"名角"。

可见当时仅有"角妓",而无"角色",角色应称"脚色",若自称"名角",则自比于倡妓,实是一种侮辱,然而全国戏班中不知有多少"角儿",昏懂懂地不知其所以然。

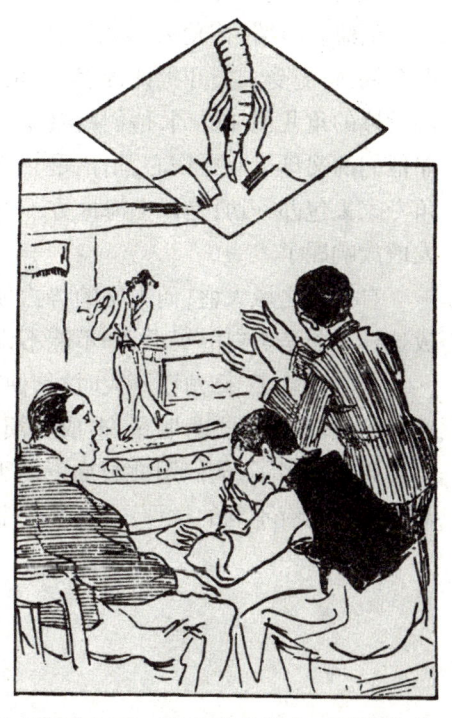

脚,上海音作"甲",角,音"谷",其间显有分别,北平音则脚角不分,与上海话的"搅"音相似,而于"角儿"之角,则读作与沪语"菊"字相似,此角字之音遂成不南不北,无论京音沪音,一律叫做"菊儿"。上海人算是学的蓝青官话,北方人又说是学的强苏白,究竟是何处地方的音? 谁也弄不清楚。

角儿,据说是头角峥嵘之意,人的头顶上出角,只有上海人谓之"额角头","角色"是角与色两样东西凑合成功的,角者额角头也,色者颜色也,额角头第一要紧,颜色还在其次,所以叫做"角色"。等到成名以后,就无须颜色,单凭额角头,便能赚大包银,所以那时候去"色"留"角",就成"角儿"了。至于"名角",则单靠声名与额角头又是很明显的事实。

上海人嘴里的"颜色",并非青黑白之类,乃指本领、手段、工夫、技术等抽象物事而言,上海瘪三常常说"给颜色你看",那就是要显显他的手段了。伶工的颜色,当然是指戏台上的技艺,额角头则除徼幸以外,并无别解。

角色初登台时,角一半,色一半,所谓角者,全仗人力所造,到处奔走,请人捧场,是为"捧角",这是近一二十年的风气。从前伶工的走红,都是硬碰硬的靠本领号召,自从捧角的风气一开,打泡的几天果然要请人去捧场,以后就没有号召力,也要去请人来捧场面,弄得拉客看戏也像妓女的拉夫一样,大家视看戏为被动的应酬工作,这就未免太苦了!

上海有所谓"捧角家"者,直以捧角为专门事业,岂不成了笑话?凡以技艺博取金钱,自应受人公开批评,而为捧角家者定要教别人的意见与他们强同,对于他们所捧的角儿稍加贬词,他们就会结起团体来向你下总攻击令,得罪了角儿,比得罪他们的父母祖宗更伤心,怕招是非的人连戏馆门口都不敢踏进去,由他们这班捧角专家去包办一切;是以上海地方不但对于政治不敢有公正批评,就是戏剧界也无人敢放响屁了。

自捧角之风大盛,而平剧的势力便日渐衰落,虽不能完全归功于捧角家,然造成这样无非是黑白的局面,却不能不说是捧角家努力活动的结果。

平剧衰落了,捧角已不大时髦,便有人移捧角的方法去捧电影演员,凡属上过镜头的演员,都尊之为明星,造成无演员不星,无星不明的怪现状。捧星比捧角的方法聪明得多了,他们用擒贼擒王的手段,将各报电影栏的编辑员收买回去,凡属对于本公司有不利的批评,一齐塞在字纸篓里,就造成清一色的"舆论"了。

一四〇　敲竹杠

敲竹杠与折梢,同是用不正当的手段敛取钱财,而方法微有不同,拆梢是无故讹诈财物,打起官司来,这是诈欺取财,应处三等至五等有期徒刑,敲竹杠是借端要索,或故意抬高物价,并不违犯法律,如瘪三之"开条斧",妓女之"砍斧头",皆在敲竹杠之列。

有人说:敲竹杠是对付"洋盘"的手段,如苏州人视上海游客为"海参",(上海瘪生之雅号)杭州人见外来游客都要"刨黄瓜儿",俗语叫做"欺陌生";不过上海地方又有一句俗语,叫做"熟阜隶打重板子"。可见敲竹杠不必择人而施,随时随地都有敲竹杠之可能。

平常日子叫黄包车,譬如一只角子就够了,若是青天里起一个霹雳,忽然来一场阵头雨,你在此时雇车,起码要贵一倍以上,万一中国地界打起仗来,雇一辆黄包车进租界逃难,那就要吃"洋封"咧!阵头雨是天赐的敲竹杠机会,打仗是人造的敲竹杠机会。

敲竹杠的来源,大概也很古了?据一位老上海说:旧式商店柜内都有一个粗毛竹制的钱筒,形式与半根杠棒相仿,每日售货所得的有孔钱,都贮藏在竹筒里,晚上收市以后,由经理或店主亲自开锁,将钱筒倒出来计算一遍,谓之"盘钱"。

城里有一家店铺,做生意不很老实,门口虽也挂着不二价的招牌,而货物定价至不一律,见有洋盘主顾上门,店主便随意增高物价,但恐伙计不明白做生意的经络,所以约定一种暗号,店主敲一下钱筒,加一成定价,消息泄漏出去,大家就称他为"敲竹杠店铺","竹杠",就是指他敲的钱筒,这家店铺不久就关门大吉,而敲竹杠的名词却流传后世了。

又有人说:敲竹杠乃"敲诈党"的谐音。被敲的瘟生,个中人谓之"讹头",俗字误作"户头"此党的历史,较之革命党、拆白党、共产党、保皇党,以及一切党等,都要古得多咧! 有书为证:

顾炎武《日知录》云:"景泰元年,(公历一四五〇年)御史张泼言京师奸宄丛集,游手成群,有谓之拿讹头者",(注)"侦知一人作奸则尾随其后,陷人于罪,从而吓诈之也。"

讹头一作"囮头",囮者鸟媒也,系活鸟于笼,以诱外来之鸟,上海人捉金雀或黄头就用此方法,俗称"踏笼",借事渔利,犹借囮以诱鸟入笼,故曰"囮头",颇有"仙人跳"之意味。

未敲竹杠,须先认清目标,上海话谓之"勾讹头",如果"照子孤腔",不择人而乱敲竹杠,不幸敲到一个"顶头货"的身上,被他一记"反跌爬",那就要敲出血来了,不但当场"呕把",反而要去挽了有面子的朋友出来打他的招呼。可见上海滩上的竹杠也不大好敲,一个不留心,"竹杠"也许会变作"木梢",请他湿答答的掮了回去,是以近来的瘟三们也在仰天长叹曰:上海的市面不景气,百样生意都难做呵!

一四一 朝阳麻子

诗曰:"凤凰鸣矣,于彼朝阳。"

《尔雅》云:"山东曰朝阳。"

"向朝阳门第占春先"。我们在新年的春联上,常看见这种类似的句子。

"朝阳"大概就是"向阳"之意,凡受阳光较多之处,谓之"向阳",也就是"朝阳"。

凡物皆分阴阳两面,譬如一间房屋,太阳光先晒着的,谓之阳面,后晒着的谓之阴面,太阳出于东方,所以向东开门的房屋谓朝阳,此即尔雅"山东"之说也。

中国在北半球,上海在中国中部,离赤道约三十二度,夏至日,太阳离赤道最远,仅有二十三度半,(即赤道与黄道相交之角)二者相差约有十度,故上海人永远遇不到太阳当顶的日子。朝正北方开门口的房屋,太阳也永远晒不进门里来,若是正南向的房屋,则冬迎暖日,夏受凉风,所以上海人都以朝南为"朝阳"。中国房屋非万不得已,决不肯朝北建造,就是这个缘故。庙宇官衙都是朝阳造的,惟有火神庙,照例不在朝阳,据说阳气太重,火神便易发火,所以要躲在阴山背后,上海的火神庙也是坐南朝北。

房屋的内部不论南北东西,总以向外的一方为阳面,北方的房屋所谓"一明两暗"者,明的一间就是"朝阳",旧式商店,最重要的是一张账桌,账桌总是向阳安设的,开店的老板,坐在账桌上,面孔当然常向阳面,所以老板的别号就叫做"朝阳麻子"。

有人说:账桌是管账先生坐的,管账先生的面孔不见得"朝阴",何以单称老板为朝阳呢?

小资本的店铺未必有经理帐房等名称,而老板则凡属商店至少总有一个,上海有所谓"夫妻老婆店"者,所有经理帐房柜伙出店等职,皆由夫妻俩轮流兼充,那出资本开店的老板,居然也是朝阳麻子的身份,而老板娘却无人称她为"朝阳娘"或"朝阳婆"的,这就不懂啥格路道了?

普通社会称店铺经理为"阿大先生",副经理则称"老二",而革去先生尊号,这是从宁波钱庄帮传出来的称呼。真上海人则称经理为"当手先生",有用手执掌大权的意思。宁帮钱庄当手亦称"夜壶攀",不知何意?

北方的店铺,无论资本大小,皆称老板为"掌柜",乃执掌钱柜之意,店铺钱柜照例是向阳而设,执掌钱柜之人,面孔也必向阳,故掌柜就是朝阳麻子。

中国的朝阳麻子,要算绍兴地方顶阔,即使是一爿小杂货店的老板,他也要僭居王位,叫人家尊称他为"大店王",诸君要过封王的瘾,豪燥点到绍兴开店去,不过被党部老爷检举起来,说你有封建思想,将你的资本全部充公,我却不负责任。

论理,每家店铺只许有一个朝阳,但在兄弟多的店里,老大老二都是老板,势难轩轾,那只好依着排行叫下去,大朝阳,二朝阳,三四五六七八朝阳,一连串的叫下去,有时候许多朝阳都要争夺老大的地位,店里就弄得七颠八倒,关门大吉!这叫做"老大多打翻船",中国事的糟糕,就因为老大太多了。

一四二　翻　戏

俗语说:"官场如同戏场"。实则如戏场者岂但官场,世界是一个大戏场,人生是一台大戏,政治舞台上的名人,有左右世界的威权,当然是有叫座能力的台柱,像我们这种东西,都是戏单上向不列名的龙套之类,虽然是无名小卒,但也逃不脱戏场上的一脚。

戏场是假的,人生亦何尝是真,譬如:人人知道裤裆里藏的是什么,却都没有一人敢在大庭广众之下揭穿这公开的秘密;人类在茹毛饮血时代,尚戏真性流露,世界愈文明,人类的戏剧演得愈出神入化,戏剧演得真到极点,就是演员的做作假到极点。

人生的戏剧与伶工的戏剧之所以不同,一则是真戏假做,一则是假戏真做,两种戏剧都是骗人的玩艺儿。真戏做得愈

假,愈能骗得大家欢喜,假戏做得愈真,愈能博得大众欢迎,所以欺骗手段愈巧妙,则地位愈高,声誉愈隆;不善欺骗的朋友,在社会上做真戏,终其身是饭桶,是屈死,是穷小子,是阿木林。在戏台上做假戏,一辈子是脏儿,是跟斗虫,是跑龙套,是旗锣伞报。

上海有所谓"翻戏党"者,乃是更彻底的真戏假做,也可以说是更深造的假戏真做,他们把人生的真戏和伶工的假戏,融会贯通,打成一片,认他是真,却完全是装出来的假戏,当他是假,却又不露丝毫破绽,他们看透了人生的真戏,而以伶工演假戏的艺术来骗人。对于真戏假戏皆研究有素,故能使人上他们的圈套,又因他们的戏目众多,花样时时翻新,使受骗者眼花缭乱,乐而不倦,所以叫做"翻戏"。

翻戏党以财色诱人为最多,发财是人人想望的,一样是神道,为什么人家不供奉火神而迎接财神?并且还特制一座囚笼式的龛子,将财神常年拘押在中堂,生怕

赵玄坛骑了黑虎越龛而逃,四面都用玻璃装的墙壁将他团团围住,恨得财神爷咬牙切齿,常常对人瞪白眼,这是何苦来!原来就为要想发财,把财神宣布无期徒刑。

翻戏党看准此弱点,便乘虚而入,专以发财骗人,最普通的是设下巧局,诱人赌博,倒空了你的叉袋底才肯罢手;也有假名作生意,与人合伙,弄得别人倾家荡产的;也有虚设滑头字号,专向商家骗取货物的,他们骗人的花样百出,方式千万,愈翻愈新,愈变愈奇,管教人捉摸不定,那班在街头屋角,用"倒棺材"方式的局赌,用"掷包"陈法的囮诈,这是骗乡下人的几个香烟钱,乃翻戏中之起码脚色。

色不迷人人自迷,爱美是人类的天性,圣人也把性欲看得与饮食一样重要,这一点又被翻戏党看破了,便去联络了几个美貌佳人,设下相思局来诈欺取财,他们所采用的方式也很多,急于欲收效的,是"仙人跳",缓攻的战略是"放白鸽",或叫做"放美人鹞",且引一件实事来证明,以见翻戏党之工于表演:

孟河某医生因避难来沪悬壶,生意很是发达。一日有人请他出诊,说明病人乃异乡人,闻名而来,住在某大旅馆,以便长期治疗,他收了诊费,按址而往,见床上睡的是一个老者,的确是有病的人,他开过药方,就回去了。第二天请他去复诊,因为已来过一次,不必问信,就直闯进房间去,房里阒无人迹,帐门下垂,床上微闻呻吟之声,他以为病人睡着,走近床前掀开帐子一看,不觉骇了一跳,原来床上昨天的老者已变了一个精赤条条的年轻女子,他以为走错了房间,急忙要想退出,岂知被那女子一把抓住,同时房外跳了几个雄赳赳的大汉进来,先将女子两记耳光,说她不该乱轧姘头,那女人拉住了医生啼啼哭哭,说是你害了我了!一个男子对医生说:我的老婆既被你看中,我就让了给你吧!我娶她花了三千块钱,请你偿还给我,万事全休,否则,惟有唤巡捕请你吃官司去,那女人一口咬定与医生开房间已不止一次,奸出妇人口,真教他有口难分,他还要顾全名誉,做好做歹,写了一张五百元的字据,差人回去拿了钱来,才放他脱身。

这一幕男女合演的翻排戏,演得何等巧妙呵!

一四三 娘舅家

俗语说："至亲莫如郎舅。"可见生殖器的关系愈接近，则交情愈密切，郎舅者，与生殖器有直接关系者也。

郎与姐合作，生出一个小赤老来，是为儿子，儿子直接与有生殖器关系，与郎已隔开了一层，故父子之间的恩爱，比娘疏远得多，与娘直接有生殖器关系者，是为娘之嫡亲兄弟，故外甥与娘舅的关系，也许比父子的关系更近些，所以人家有重大事故发生，如分家之类，必须要请娘舅到场，娘舅的地位与族长一样重要。

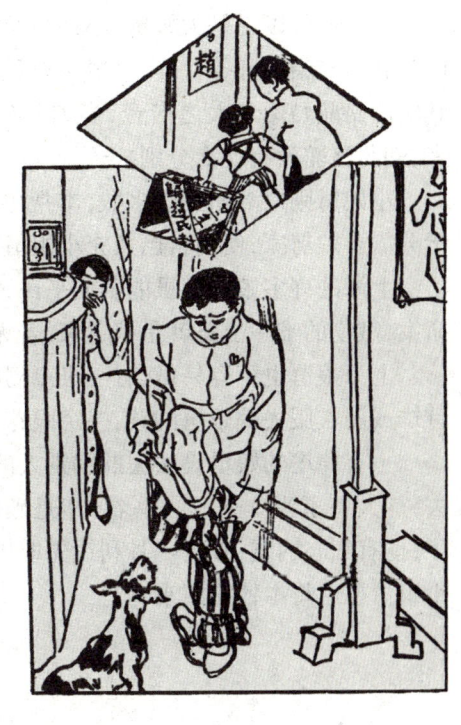

做人有"死得穷不得"的格言，在这势利社会里生活着，独多的是酒肉朋友，要想交几个通有无的知己，真是谈何容易，与其去仰面求人，倒不如倔强到底，将自己所有的东西送到当铺里去典质，便能直截痛快的换得现钱回来派用场。

穷人视当铺为唯一救急的所在，为表示亲热起见，因称当铺为"娘舅家"，其实世间的娘舅未必个个肯救济穷外甥，惟有当铺，只要你有相当的衣饰送去抵押，即使你一天去打搅他二三十次，他也不怕麻烦，或借故推托而拒绝你的请求，可见当铺真比娘舅家亲热得多。

乡下人初到上海看见上海人身上穿的都是绸缎哔叽，住的都是高大楼房，花起钱来都是泼汤泼水的出手很阔，在乡下人眼中看来，以为上海都是富翁，他们哪里知道上海最多的是空心大老官，这班富翁身上穿的漂亮衣服，甚至于手上戴的金刚钻戒子，常在娘舅家里滚进滚出，这种情形，乡下人就看不见了。

上海的市面日益繁荣，新造房子越来越多，而每个新市场的新屋落成以前，所有店面房子总有几间被人预先定租去的，定租的店铺以烟纸杂货铺为最多，其次就是小押店；我们留心在马路上看着，每条弄堂左近，总有一两家小押店开着，若精密地统计一下，大概每五十个石库门就需要一家当铺，足见上海靠娘舅家接济金融的人家真不在少数。

上海的娘舅家，计分典质与押当两种，典质是大当铺，取利较轻，限期亦较宽，押当则当本越少，取利越重，据说五元以下的当本，利息以十日为一期，每期二分，则按月就是六分利了；其中还有不止二分的，这种娘舅待外甥的手段未免太辣咧！

大当铺可以说是大娘舅，小押当便成为小娘舅了。上海的大娘舅以徽帮居多，徽州朝奉与绍兴师爷一样，已成为全国闻名的专有职业，江南人称徽州人为骆驼，其实徽骆驼乃徽老大之谐音，当铺里坐头柜的人称为老大，而在徽州人嘴里说出来，却与骆驼没有什么分别。

小娘舅则以潮州帮居多数，本帮也有不少，有许多门槛精的大房东，知道房客十分需要娘舅家，便由自己兼充小娘舅，那就分不出什么帮口了。

上海的许多娘舅家虽能利便平民，有时也能贻害地方，上海许多层出不穷的盗窃案，贼物的唯一出路就是娘舅家，若无娘舅，盗贼决不会如此活跃。

上海娘舅也不容易做，有一班专门吃娘舅的组织，名为"老虎党"，他们专做假首饰或新衣服去骗娘舅的钱，一个眼花就被人掉了枪花去。

也有掉皮的娘舅设法去欺骗别人的，他们写了几张当票，故意抛在路上教人拾去，待人备了当本来赎去一看，却是破旧无用的东西，再要当进去时，他们就不要了；也有细心朋友，破费一月利钱先取出看看，见东西不值得，便不赎，但几次看过，小娘舅也就将本钱捞回来咧。

一四四 天晓得

大舞台对过有"天晓得"招牌，这还是近二十年的事。大舞台的房屋是二十五年合同，民国二十二年期满，拆屋翻造，当大舞台初开幕的时候，三马路一带简直没有什么市面，大舞台对过全是矮平房，路上黑暗异常，平房门口站着的都是宁波野鸡，将她们拉到亮光底下去一看，包叫你呕出隔夜饭来。上海地方的"钉棚"，大概就是指这种东西。

大舞台开了一两年后，对过始翻造楼房，始开设了一家文魁斋的小糖果铺，又过了几年，文魁斋的生意做发达后，隔壁始开了一家同样招牌的店铺出来，一个说是嘉兴分此的文魁斋，一个说是苏州分此的文魁斋，两家各执一词，都是自称老店，唱了几年《五花》洞，官司打到新衙门，可惜问官不是包龙图，公堂上没有照妖镜，判不出谁真谁假？只能让他们两家并存在大舞台对过；他们便像蟋蟀似的互相决斗起来，起先互骂冒牌乌龟，后来索性将乌龟做了永远商标，门口还挂了斗大的"天晓得"三字大旗，意谓谁真谁假，无可证明，惟有天老爷知道，其实就是请天老爷的祖老太爷出来，还是莫名其文魁斋！

因冒牌而互骂乌龟，上海并不是文魁斋首先发明，他们抄袭的是宝善街宏茂昌袜店的老文章，现在那两家老牌乌龟的布袜店，已被时代淘汰而同归于尽了，惟剩文魁斋的那只乌龟还在上海大出风头。不过改造后的大舞台，大门已开到二马路上去了，二马路的大舞台对过，是否有挂乌龟招牌的地位？现在尚无发现。如果文魁斋不随同大舞台转移方向，则以后的"天晓得"也许由"大舞台对过"改为"大舞台后门"咧！这也是上海的小沧桑。

三星舞台对过也有一块"天晓得"招牌的糖果店，这是一种无意识举动，与三马路"天晓得"的原意相去更远,这块"天晓得"招牌的用意,却真有些天晓得了。以后的上海糖果店,也许像陆稿荐张小泉一样,将"天晓得"当作普通名词了。

人穷则呼天,我们在戏台上常看见伶工们演到无可奈何的情节,便"天吓天吓"的叫喊,但见他们将脑袋一摆,或袖子一翻,就是开始要叫天的表示了。上海人不穿戏衣,并不会打官话,平常不大会叫天,惟有女人死了亲丈夫,却非天吓天的大号几场不可,死了姘头搭角,便不在此例。

近年来的上海下层阶级,却流行了一句"天晓得"的口头禅,一半是受"大舞台对过"的影响,一半也因近年来"天晓得"而人不很晓得的故事太多了。

凡人受了冤枉,到了无可分辩的时候,只好说"天晓得"以明心迹,图中的男子被女人逼得走投无路,正在那里说"天晓得"代表宣誓,这就是一个例子。

上海的"天晓得",范围颇广,除了代表宣誓以外,还含糊涂,苦恼,丑恶等等意义,举简例以明之:

前年报上登着监察院弹劾前上海法院院长舞弊,将黑幕宣布出来,小百姓才知道要人是如此这般的,其实是大家晓得了的事,但是上海人还是说"这是天晓得的事"。

明明自己晓得每天工作十二小时以上,月薪只得十二元八角,上海人却说:"这是天晓得的生意。"

包饭作里天天送的是臭咸鱼等小菜,亲眼看见的东西,岂有不晓得之理,上海人偏要说"天晓得的小菜"。

待家主婆,硬又不是,软又不好,天天耐着气侍候她,不使她发一点脾气,这是深知老婆性格的男子,但是有人问他,他总说"她是天晓得的脾气"。

从徐家汇奔到杨树浦底,脚底下走出泡来了,他坐定了喘着气说:"这段路走得天晓得!"

他去斩了一刀,你问他肉味如何,他笑道:"真正天晓得!"

总而言之:上海的天要晓得许多闲账,上海人头上的一片天,的确不容易做,到年底下谢年时,候叨光人家一副猪头三牲,真不算罪过。

一四五 蹩脚生

衣食住三者俱瘪之人,谓之瘪三,此瘪三定义之一也。见《上海俗语图说》四八。

我们不与瘪三结通家之好,瘪三们家住哪里?我们无从知道,怎么能够看见他们住的瘪?

我们不做瘪三肚子里的蛔虫,瘪三们的肚子又不是玻璃透明体的,他们肚里装的什么?我们无从知道,怎么能够看见他们食的瘪?

是以瘪三之瘪之能映入吾人眼帘者,惟有彰身之瘪耳。而瘪三之瘪,必先瘪其住食,最后始瘪及其衣,此中程序,已详"捐钢叉"说,恕不赘。见《上海俗语图说》八〇。

衣之瘪也,亦由此而来,大概最先瘪者,乃在鞋袜,只因鞋袜比衣帽容易损坏,当衣帽尚未至瘪的程度之际,鞋袜也许瘪得不堪设想了,故瘪三之瘪必先瘪其脚,是为"瘪脚",亦曰"蹩脚"。

一张四方桌子,安放在光滑的地板上,四平八稳,安如泰山,如果折了一条桌子腿,桌面就要打翻,即使四条腿中的一条,偶尔短了两三分,桌子也会七高八低,这也叫做"蹩脚"。

人类在社会的立场,也与桌子一般,须将身体摆在安全的地位,才能立定脚头,不至于被人打倒,如果根基立得不固,纵然事业做得极大,禁不起一阵狂风,就将他吹倒了,他的结果免不得一个"蹩脚"。

有人说:现代做人,最妙是不要生脚,须将屁股装得圆兜兜的,像个不倒翁的模样,上身骨头的分量,减得轻飘飘的,比屁更轻,所有全身的重量完全挤在圆屁股上,那是任何外来的大力,也推扤不动他了。世界上有几位永远不会蹩脚的朋友,大概就是这种圆屁股式的不倒翁。

上海的普通人都称"麻子",如赤老麻子,朝阳麻子之类,惟有蹩脚人却与瘟生怄生等一律优待,也尊之为"蹩脚生",蹩脚之下加一个生字,便成为落难公子之流,也是文绉绉的人物了。

　　上海何以对于蹩脚人特别尊重其为生呢?原来上海的蹩脚人大半都是好出身,不是富商的后辈,就是显宦的子孙,自幼娇生惯养,金枝玉叶般的贵重,长大以后,吃着嫖赌,无所不为,刚出来做大少爷的时候,挥金如土,一半儿充阔佬官,一半儿做瘟洋盘,不多几年功夫,门槛也学精了,父母留下的造孽钱也挥霍光了,弄得鞋子也买不起一双,大少爷的脚于是乎开始蹩起来了。似这般蹩下来的脚,焉得不尊之为"生"呢?

　　至于瘪三,有的是从小"拉黄牛"(见《上海俗语图说》五〇),可算是三考出身,由小瘪三不次递升而为拆白党。还有一部分,就是上述的蹩脚生,逐渐以求深造,不多几年,由向熟人借钱起,以至占据地段实行"叮巴"为止,那就取消"生"字尊衔,实授为马路瘪三唎!此中过程,须视诸生之天分,而定时期之久暂,盖蹩脚生终带几分票友性质,一旦摆脱此生,擢入瘪三麻子队里,就能名正言顺的"吃俸禄"了,聪明诸生不过三年即有造就,而以能吃红珠子为第一条件。

　　图中的蹩脚生,大概是暴落难朋友,被女人赶出大门时,还余一个皮包,里面还保存着几张当票,脚上还穿一双漆皮鞋,此君尚未摆脱生的阶级,莫怪他要跌翻,"瘪三尚未成功,此生还须努力",祝他一路顺风。

一四六 吃 斗

"斗"有南斗北斗之别,北斗七星,是天空最明显的星座,当铜壶滴漏等器具尚未发明以前,北斗是一座天然大自鸣钟,古人以斗柄所指的方向,以测四时节气和晚上的时间,谓之"斗历"。此星关于人类文化甚大,故《史记》称"斗魁戴匡六星曰文昌宫",主文章之神曰文昌帝君,亦称梓潼帝君,文昌的侍从武官名"魁星",他手里拿一个斗,吃了斗里的墨水,就能中状元,是为"吃斗"。

南斗即二十八宿之斗宿,介于箕牛二宿之间,故"箕斗""斗牛"皆能并称。斗宿六星,排列略似北斗,具体而微,光度弱小,皆三四等以下星,肉眼几不能辨,惟因北斗光辉千古,南斗亦连带成名,(星经)南斗六星,主天子寿命,亦主宰相爵禄之位。

古人为尊重北斗,常与泰山并称,韩愈以六经之文,为诸儒倡,学者仰之如泰山北斗,见《唐书》,亦简称"斗山"。

世俗于病危时,亲友为之礼斗禳灾,(云笈七签)"丹元星天之斗君,主命禄籍,上法九天谱箓,中统鬼神部目,下领学真兆民命籍",礼斗之说,即基于此,俗称"拜斗",因斗领兆民命籍,拜斗就是叫救命。

为尊敬斗而拜斗,是应该的,但是具有野心的人,竟欲得斗而甘心,善做文章的人,靠了一枝笔,便想置斗于死地,他们希望写在纸上的文字射出光芒来,将北斗射灭,所以有"文光射斗"的夸大语。

《山海经》说:"巴蛇食象",后世用以喻人心不足的人。然而蛇与象,同居地球,还有接近的机会,热带的巨蟒也许有吞象的可能性,惟有文人的夸大,真堪令人失笑,说什么"气吞斗牛",斗在天空,可望而不可即,以其光芒微弱而推测之,至少也有几万万里的距离,那里有这种长嘴去把星宿吞入肚中?他不但要吞斗,并想再饶上一座牛宿,一颗恒星就是一个太阳系,比地球还大几千万倍,吞下去不怕胀杀吗?这个牛皮未免吹得太豁边了!

上海流氓的本领,比文人更大,文人的射斗是空虚的形容,吞斗是运气将斗牛远远地吸到身边来,然后张口吞食之意;上海流氓说得更加写意,他们居然一伸手就想将斗抓来,吓呜一口,就吃下肚去,所以他们动不动就要与人"吃斗"。

孔子曰:"壮之时,血气方刚,戒之在斗"。上海流氓不是圣人之徒,当然不理会君子的三戒,莫怪他们喜欢好勇斗狠,自古英雄好汉,都是打出来的天下,所以凡是创立事业都称"打天下"。流氓吃斗讲究白刀子进红刀子出,大腿上留个碗大刀疤,乃是吃斗的成绩,熬得一时痛,毋愁半世穷,有几位吃斗仁兄,找不到斗狠劲的对手,便拔出小刀子来在自己大腿上刺一刀,也算吃过斗了,以后就能横行无忌,到处"挨霸"。

吃斗一作"吃鬭",解释出来就有些不大冠冕,吃鬭者为吃而鬭也,"人为财死,鸟为食亡"。做了堂堂的人,似乎不该为区区之食而鬭,可以人而如鸟乎?然而上海瘪三确为吃而鬭的,不见他们鬭胜的结果,终是强迫败鬼,"拉台子"吗?拉台子就是请他们"戳祭"一顿,纵然事实上的拉台子都是干折现金,但在名义上总逃不脱吃字。

吃斗也能作形容词,譬如瘪三"升梢"后坐了汽车,就能说此人"吃斗"起来了。又如衣服穿得漂亮,也能说打扮得"吃斗"。勇猛或有魄力的人,都能称为"吃斗麻子"。近来的新名词,"吃斗"已改为"吃价",这与上江流氓的"值价"相仿,日本运来的新名词,凡高贵的东西,都叫作"有价值",吃价即有价值之意,如果你被人打痛了就喊"阿唷滑",你就是"不吃价"的人,无充"阿流"的资格。

自从"卫生丸"盛行一时后,上海的"吃斗"朋友已渐渐减少,因为斗的滋味已不似从前好吃,斗里好像盛着砒礵毒药,一个不得法,"吃斗"会吃脱小性命的,所谓吃价朋友,都是"嘴硬骨头酥"的居多,于是吃斗变作"吃抖",听见吃斗,心里就簌落落的颤抖了。

一四七 活招牌

三十年前上海打狗桥沿浜有一家药店,招牌外面加一层直立的木片,木片两面都写着颜色不同的大字,于是站在正面看时,是招牌上的字,走向左右斜看,是木片上的字,一块招牌能变三种颜色不同的字,大家便叫他"活招牌"。

十多年前,静安寺路华安大厦旧址是一片空地,某烟公司在龙飞马车行的屋顶上搭了大铁架,架上用电灯搭成一个抽香烟的人,那人是活动的,一口口的烟喷上去,最后现出"好不好"三个大字。现在爱多亚路的电灯大钟,大概就是从前的旧架改造的?这是活动广告,但是刚发现的时候,大家也称他为"活招牌"。

商店门口橱窗里,安放着活动人物,吸引路人驻足而观,在三四十年前只有棋盘街兴昌祥洋货铺有这种新奇东西,此外却并不多见。现在利用了电力使假人活动,比从前开发条的机器人益发做得巧妙,大家已见得呒啥希奇,但在乡下人眼中看来,还觉得交关好白相!也叫他们是"活招牌"。

招几个苦力,穿着奇形怪状的衣服,前后背两块大方牌,牌上是宣传文字图画,人夹在方块当中只露出一头四肢,活像《水漫金山》里的龟将军,在热闹街市上游行,也有掮着衔牌似的灯,一连串在路上走,这才是真正的"活招牌"。

从前的家庭小商店,有命年轻妻女坐柜台者,在开店老板的原意,想借此省用一个伙计,谁知竟收到了意想不到的效果,吸引了许多醉翁之意不在酒的顾客上门,生涯因而大盛。好事之徒便代她们上了许多封号,什么"豆腐西施","酱鸭西施","饭店西施"之类,都在上海享过盛名,艳迹喧传人口,因为那时候还在专制时代,黄毛丫头若妄称皇后,是要砍头的,到了民国时候,真的皇后已废,假皇后乃应运而生,西施便都摇身一变而为皇后,自命还是小姐身体的女人,也顶了皇后的头衔,到处去"摘囤头","搭壳子",皇后于是乎变了清道夫——扫地。

无论西施也罢,皇后也罢,在一般人的眼光中看来,其为"活招牌"则一也。何为活招牌?引一个和尚的说法来说明之:

(五灯会元)僧问慧然:如何是祖师西来意?曰:臭肉来蝇。

(又)《了元偈》曰:蚁子解寻腥处走,苍蝇偏向臭边飞。

禽兽不懂得吊膀子,雌雄不配对,不是要绝子孙吗?造物的上帝早就为它们设计好了,凡不善追逐异性的畜生,身上会发出一种异香或异臭来,让异性闻到这种异味,就要春心发动,如麝香之类乃是最著名的,其他如孔雀的美丽羽毛,黄莺的婉转啼声,都是天赋的吊膀子工具。

人类不幸被老朽所提倡的礼义廉耻等邪说所拘束,就不能到马路上去吁啦吁啦地叫喊异性,像猫叫春的坦白,然而麝类的异香,孔雀的美羽,却大堪效法,此女人之所以要用香水,及所以要穿漂亮服装的缘故也。

衣服华丽,刺激视觉,香气满身,刺激嗅觉,野鸡嘴里的"来啥来啥"!乃刺激人之听觉,但高等女士皆不屑仿效,可以无线电代之。(见《上海俗语图说》十二)凡此皆女人招揽主顾之活招牌也。

女人如此装修门面以后,便成了慧然和尚的臭肉,走在路上,已足以引诱许多苍蝇嗡嗡地叮梢,何妨将她陈列在店铺的橱窗里任人参观,一样的花钱买东西,情愿到她手里去买,既拓眼药,复亲授受,即使贵些,若把叫堂差的账一齐计算在内,还是很合算的。

男女一样是人,女人做了店员就会被人呼作"活招牌",这竟是一种侮辱,上海是最开通的地方,尚且有此卑劣心理,莫怪内地女子谋职业的障碍更多了,然而有一大半活招牌是自己召来的侮辱,因此把正经人也带累了。

卓文君嫁司马相如后,文君当垆,相如着犊鼻裈,与佣保杂作,后世播为美谈,这是历史上最有名的女子坐店堂,也就是现在的女堂倌,未闻有人讥为活招牌,大概是她身上太少刺激的缘故?

一四八 驼子跌跟斗

天生的东西,很有许多不可思议的,例如骆驼背上生两个肉峰,好像是天然马鞍,上帝赏赐它这一对礼物,是教它专到世界上来负重的。据动物学家说:驼峰中储脂肪料,以为乏食时营养之用,古人以为珍贵食品与熊掌一样名贵。

骆驼生长沙漠地方,它的蹄子与牛马的硬壳蹄不同,走路没有声音,好像我们穿着橡皮底鞋一般,这种蹄子是专为走沙路而生,南方的绑绑硬石路,和浆糊似的泥水路,都不相宜走的,南方人民难得看见骆驼,除非是走方郎中牵着的广告,乡下人不识货,称它为"肿背马"。

骆驼的峰,有单双之别,双峰像马鞍,单峰则块肉耸起,颇似背脊伛偻的残废人,世俗便把这种病态人的背比作骆驼的背,所以叫做"驼背",南方俗语又叫做"驼子"。

驼子背上负着一个大疙瘩,确是终身之累,因为脊骨转弯曲折,与身体的直垂线成为一个三角形,照几何学的原理,三角形之一边,必较短于其他两边之和,故驼子的身材必较健全人矮几寸,而四肢长度则与常人相同,又因背部隆起,头颈不得不被迫的下缩,这种怪相,曾有某评话家称他们有帝王之相,因为他们是"两耳垂肩,双手过膝",与刘皇叔的相貌一样尊贵。

驼子体态畸形,与身体的康健并无影响,除了看草台班戏比较吃亏,其他似无不便,我们替他担心的,只有睡觉问题,左转右侧,碍不着他的驼峰,应与常人无异,所认为困难的就是仰天睡的时候,像背心上垫了一个福建漆的硬枕头一样,请教他怎么能够服帖?

大家想像的驼子仰天睡觉,是把全身的重心点,一股脑儿支持在驼峰的尖端,头脚两面虚悬,好像是天平架上的杠杆作用,这叫做"两头勿着实"。我想驼子睡觉决不会如此愚笨,他没有练过武艺,驼峰上也不会有恁大的力气,如果真是这样顶着驼峰睡觉,那倒像玩把戏人的练功夫,可以随同马戏班去周游列国了。

惟有驼子跌仰天跟斗的时候,一时来不及翻身,身体顶在驼峰上,四脚朝天地乱舞,那才真的"两头勿着实"呢!不过这种姿势为时甚暂,一瞬眼工夫,驼子就翻过身来了,并且人类中的驼背究居极少数,看见驼子跌跟斗——还指定要仰天跟斗——却与铁树开花一样难遇,这句俗语无非是想像之词,究竟驼子跌跟斗,是不是"两头都不着实"?却无法证明。

驼子跌跟斗,与"屁股里吃人参"等一样,同是哑谜式的俗语,有此话不必真有此事,不过借驼先生的跌跟斗,来形容做事的"两头落空"。许画师却格外道地,画的跌跟斗在高堆上,平常人也会两头勿着实,若是驼子,便是双料的两头脱空。

上海的群众确有些幸灾乐祸的心理,在路上爱看人家跌跟斗,尤其跌的是女人,最好跌在泥浆里,包你有许多人拍手大笑,高喊"打翻活元宝"。驼子是残疾,不幸跌了跟斗,有同情心的人类,应该去扶他站起来才是,然而有一部分人却惟恐他跌得不能符合"两头勿着实"的条件,恨不得使劲再推他一下,这种心理未免太卑劣了!

类乎此的哑谜式俗语,各地皆有,上海也有不少,随便写几条出来:

驼子跌跟斗(两头勿着实) 四金刚腾云(悬空八只脚)
屁股里吃人参(后补)
船头上跑马(走投无路) 顶石臼做戏(吃力不讨好)
夜壶里燉鸭(独出一张嘴)
外甥点灯笼(照舅)舅谐旧 红头阿三踢飞脚(吓人一跳)吓谐黑
瞎子磨刀(快了)
丈二和尚(摸勿着头路) 丈二豆芽菜(老嫩)
歪嘴吹喇叭(一团邪气)
聋聋的耳朵(摆样子的) 魂轿里跌出牌位(勿受抬举)举谐鬼
癞团跳在戥盘里(自称自赞)
猪八戒照镜子(里外勿像人) 猪八戒吃钥匙(开心)
猢狲弄乱(勿出血勿罢休)
冷水汰乱(越汰越短) 瞎子吃馄饨(肚里有数)
麻子拍粉(蚀煞老本)
床底下放鹞子(大高八成帐)

诗曰：
云淡风轻近午天，傍花残柳过前川；
时人不识予心苦，将为偷闲学拜年。

这是有人改了千字咏驼子的，全诗仅易两字，便画出一个驼子来，倒也觉得有趣，因附录在跌跟斗后面。

一四九 扛 皮

皮者人之躯壳也,无论儒释道三教,皆有此说。

《韩诗外传》:延陵季子见遗金,呼牧者取之,牧者曰:吾当暑衣裘,君疑取金者乎。延陵季子知其为贤者,请问姓字,牧者曰:子乃皮相之士也,何足语姓字哉!遂去。

《史记》:足下以目皮相,恐失天下士。

儒家以外貌相人,曰"皮相"。

《圆悟》录:参时须参皮可漏子禅。

"皮可漏子",乃梵语"信封"之释音,亦作"皮壳漏子"。佛书以壳漏子比人之身骸,是佛教以皮信壳比人之躯壳也。

太上纯阳真君《了三得一经》:竟将五官六腑败坏于臭皮囊之中也。

是道家之比喻,以人之躯壳,为臭皮囊,人死谓之蜕化,犹蛇虫之蜕壳也。

扬州人白昼爱坐茶馆,入夜爱睡浴堂,故扬州有俗语曰:"白天皮包水,晚晌水包皮。"是亦以皮指人之躯壳也。又扬州等地,名流氓曰"青皮",是以"皮"指整个儿的人。

"皮相"之说,由来已古,上海人则更进一步,竟以躯壳之外的衣服为"皮",故上海白相人称衣服为"皮子",衣服丽都,曰"皮子挺刮",衣衫褴褛,曰"扛皮"。

"扛"字是上海土音,以肩承物曰"扛",与扛棺材之音字意义有别,同是以肩承重,一条扁担两头挂物,曰"挑",一根杠棒两人同抬,曰"扛",不用扁担杠棒,而以物的重心直接支在肩头上,如码头小工之负货袋,米店司务之独负五斗米袋,三十余年前龟奴之负小先生出堂差,上海俗演谓之"掮",亦曰"扛"。扛字之音,与英文"去"go 之过去词 gone 同,华文则难觅同音字也。戆人之戆字,正音读作"竹绛切"音"葬",若从上海俗音,则为"葛绛切",将戆字俗音读作平声,即成"扛"字之音矣。

"扛皮"之原意,乃指空心大老官之类,盖言其人已无更替之衣,所有彰身之具,全部扛在肩头也。"身上绸披披,家无夜饭米",可为扛皮作注解。

　　"穿在身上,吃在肚里",其人可谓扛皮矣,善谑者以此二语颠之倒之,改作"穿在肚里吃在身上",则情景更觉凄惨,意谓所有衣服典卖殆尽,俱变为食物吞入腹中,若再要吃,惟有将身上所穿之衣服剥下来易食矣!是真扛皮之尤。

　　扛皮流传日久,真义渐失,今日之扛皮,涵义甚广,所谓扛皮人者,不但衣帽不周,凡人所必需之物质,俱有缺憾,已与蹩脚人不相上下矣!

　　广义的扛皮,可作吝啬解,饕餮之徒,不舍得掏腰包,而爱吃豆腐,见美肴列前,即挨身上前吃白食,名曰"扛一顿皮",图中所示即此类扛皮人也。

　　尚俭之人,费十几只铜板吃一碗阳春面果腹,谓之"扛皮夜饭",此乃节俭之扛皮与吃白食者不同。

　　杠皮泛指价值低廉之劣货,如每枚一元之时计,谓之扛皮表,每席四元之酒菜,谓之扛皮酒水之类皆是。

　　上海女人有所谓"扛皮寡老"者,其解有二:一则指其容貌丑陋,一则指其不能如富家女之挥霍无度也。下流人更詈女人为"扛皮朽",朽非朽木,此处乃有别解,惟不便记耳。

一五〇 吹横箫

奉到许大画师命令云："照得《上海俗语图说》，常摊鸦片烟鬼臭缸，什么'老枪'，'燕子窠'，'打弹子'，'吞土皮'等等，实把烟同志挖苦透了。查上海烟同志，具有绝大潜势力，每百个上海市民中，至少有一个瘾君子，上海人口若以三百万计算，则上海一埠应有三万烟民。本图屡屡咒诅老枪，难免结怨烟民，如果他们结成团体，集合了三万根枪，三万个炮，向我们实行示威运动，只要三万人每人打一个哈哞，也会将人吓退，这真不是生意经了！本画师为消弭祸患起见，特地画一张富丽堂皇的吹横箫，并着令撰图说者须写一篇赞美鸦片的文字，以平烟同志的公愤，而免本报受枪炮哈哞之厄，事关安危，仰即照办，违干未便。急急如律令，敕！"

奉此，大画师胆大心细，深恐开罪烟同志，命为老枪捧场，足见老成持重，态度稳健，与一般想出风头而乱骂山门的触麻乱头子不可同日而语。这一张法绘真画得道地，你看那吸烟朋友是多么写意，一个美丽姑娘为他装烟，一个替他敲背，朋灯净盘，傢生考究，枕边有小吃，床头有花香，跷起了二郎腿，察察察的抽他两排枪大土，翻来覆去，多闻香气，左拥右抱，尽是娇娘，听听无线电，谈谈山海经，眼睛一霎，不知东方之既白，这真是神仙生活，请他去做国民政府主席，他一定拒绝。

鸦片烟的别名，本叫"福寿膏"，几十年相传的鸦片礼赞，是"为人不吃福寿膏，枉到人间走一遭"。这本是福气人享受的补品，穷人无福，要去学他们的样，这是自作孽不可活，莫怪要变成瘪三。

穷人抽烟，把吃饭穿衣的钱省下来，钻到燕子窠里去过瘾，这叫做"对八斤"。皱着眉头抽烟，抽得一径愁眉苦蹙，肩耸背弯，鸠形鹄面，柴骨灰颜。瘪三抽烟不叫抽烟,叫做"赏田毛",赏者吃也,田毛是田鸡毛的简语,田鸡原似"白虎",并不生毛,鸦片何以会叫作田鸡身上的毛？这理由我却还不明白。

富人抽烟,名曰"吹横箫",一来消遣,二则滋补,上海有公开大烟间的时代,招牌上原写着"洋药",这是给人医病的东西,不知是那一位聪明人发明了这种卧着的吃法,就被富翁们拿来当作消遣品了。鸦片始产于印度,而印度人的吃鸦片却不及中国人写意,据说他们只晓得把整块的烟土,像煨檀香似的煨出烟来,煨炉上盖一个罩,罩顶通一根管子,煨到烟浓的时候,几个人围炉而坐,捧着管子轮流吸烟,他们的烟瘾也不是天天发的,有的一星期过一次瘾,有的一两个月才过一次瘾,他们竟不懂什么是清膏冷笼,更不知道吹横箫式的抽法。

躺烟铺实是天下最有趣的事,一灯如豆,有人将他比作最相思的红豆,就是无瘾的人,横在烟榻上,望着一点相思豆,也不觉得厌气。据说死人头边点的幽冥灯,用意与烟灯一样,也是怕"徐大老爷"搁在板门上要厌气,所以点一盏灯陪陪他。

上海虽是文明世界,一男一女公然睡在床上,究属不很像样,如果中间点一盏烟灯,即使看见自己的老婆与人同床共枕,也不疑心她有不端行为,所以烟灯有调和两性的功能。

富翁恐怕儿孙狂嫖滥赌,容易倾家荡产,便劝儿孙吃上鸦片,烟瘾越大,越能守住家当不出大门一步。这种办法,二十年前的富家还很多采用的,可惜现在烟禁太严,有钱人抽上了瘾在内地容易被人敲竹杠,把这鸦片烟的大好效用几乎消失了。

鸦片烟还有一种最大的效功,就是抽上了瘾,能教人脱尽火气,谭鑫培唱戏所以能够炉火纯青,就是烟瘾大的缘故。

一五一 | **自扳砖头自压脚**

　　船夫摇橹,以手向外挤曰"推",向内挽曰"扳"。摇橹是一种手法,无论或推或扳,须轻重平均,船首始能直向前进,这与开汽车的舵盘一样,推扳得重一点,船头就要转弯,极容易与别船相撞闯祸,所以上海人对于碰不得的东西,手指不能乱触者谓之"推扳不起",这句俗语,就起源于船夫的摇橹。

　　向商店买东西,买客请求让价,也说"阿好推扳一点"?店家或说:"稍些推扳",或说:"推扳勿起"。这个"推扳",乃指货物的定价,像船头的直驶,不能有一些弯转,"推"送出也,"扳"涨进也,言价目之或上或落,其实是不通的话,店主应说"扳一点",顾客应说"推一点"才对,若顾客教店家"扳价",或店家教顾客"推价",这成了君子国的做买卖了。

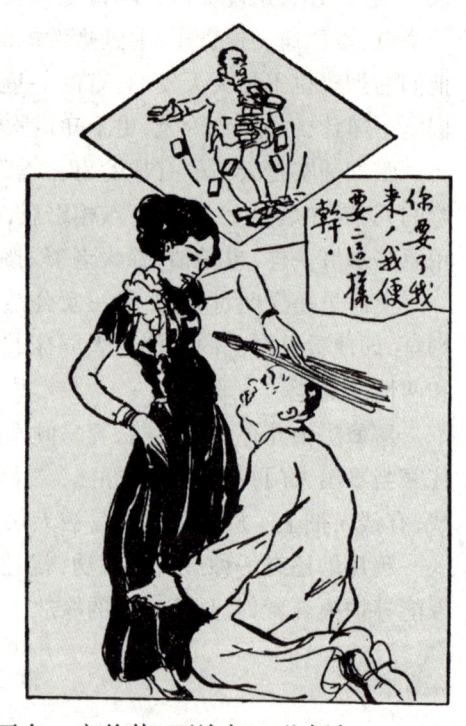

　　上海人称好东西曰:"勿推扳",是言东西有一定价值,不许打一些折扣。

　　人在发脾气的时候,傍人劝他,也说"推扳一点",这就是劝人"顺风篷不要扯得太足"之意,凡事总要留一个转弯的余地。

　　人心没有知足的,只想捞进,不肯掏出,合股份做生意也要凑成功"进宝数",年年接财神进门,却不想将财神送出门去,所以人人只知道"扳进来",而不想"推出去"。马路上挂的许多"大推盘"招牌,都半是虚伪的门面话,实际上是想借此"扳俏价"。

　　"推扳推扳",是上海人嘴里的口头禅,其实是只扳勿推,人人想提高自己的身价,就是人人想扳俏价,所以乡下人都望上海都市里趯进来,大家都想做长衫阶级,到上海来吃洋行饭,以至于弄得农村破产,失业恐慌成功了严重问题,"救了田鸡饿死蛇",只好大家在上海"死蛇迸",迸得大家同归于尽。

社会好像是一座蔽风雨的墙壁,应当通力合作,保持着墙壁的重心,大家才有倚靠,无奈自私自利的分子太多,都想独占这座靠山,你也望自己身边扳,我也望自己怀里扳,扳来扳去,终有一天哗喇一声响亮,将墙壁全部扳倒,弄得大家鸭屎臭才肯罢休。

扳倒了墙壁,累得大家不能蔽风雨,于别人果然无益,然而受损害最大的还是那动手扳者的自身,因为那墙壁坍下来时,第一个定是先压着他,向外推的人反压不着砖头,扳得最高兴的人,砖头也压得最重,这叫做"自扳砖头自压脚"。

"祸福无门,惟人自召。"就是"自扳砖头自压脚"的注脚,社会上被砖头压痛脚的人,都半是用自己的手去扳下来的砖头。

"物必自腐,然后虫生,人必自侮,然后人侮之"。做人如此,立国也是如此,中华民国已有二十余年历史,休说十年生聚,十年教训的好听话,只要把自己人火并的时期减短十年,眼前的国难也不至于如此严重。

老朽分子说:"吃小亏,就是占大便宜。"因为想占小便宜,才去亲自动手扳砖头,结果还是压痛了自己的脚,这是人人意料得到的事,但是无论如何聪明人,定要到砖头压上脚背,嘴里喊了"阿唷滑"以后,才想着"早知今日悔不当初"的古语。六国不能连横到底,终被强秦各个击破,当初不肯吃小亏,将来难免吃大亏。

商鞅变法,自己死于手订之法下,这是自扳砖头自压脚的好榜样。"薙人之头者,人亦薙其头。"古今来这种例子太多了。

图中的男人,头顶马桶甩洗,双膝跪在娘(?)前,我疑心他是改良《三娘教子》里的小东人,看了那女人喷出来的标语,才知道她是他要她来的,她要这样干,他不得不惟命是听。看他的神气,好像砖头压了脚,并曾觉得痛,只是痒徐徐酸溜溜的肉麻带有趣,大概此君是双料头皮肤,厚而坚韧,所以城砖打下来只当贺年片用。此君的镇静功夫,大堪钦佩,大有做国难时期的大员资格。

一五二 打回票

上海滩上开了这许多银行，真是十分闹忙，除了几十家总行不算，几家资本充足，信用可靠的银行，还在南北东西分设许多支行，有人说他们是银行"摆摊头"，倒也比方得有趣。

上海银行事业发达，足见上海富翁之多，黄包车夫每天赚几只角子，除了交付车租以外，余资还不够吃饭，他们决不需要银行，银行也决吸引不到这种户头。与银行往来的，应该都是有产阶级，富翁把现金存在银行里，盗劫贼偷都不必怕，要用钱时，身上带一本支票簿，无论盈千累万的数目，开一张票子，签一个字，就能教银行照付，真是便利异常。

上海的时髦朋友，人人身边有一本支票簿，我们看看好像他们尽是富翁，其实真是上海人说的"拆穿不得"，如果拆穿，一文不值。

照银行章程，开支票户头，最少要一次存足五百元，上海的时髦朋友今天存了五百元进去，取得了支票簿，明天就开一张四百九十九元支票，将存款支来还了人家，以后的空头支票便一五一十的开出去，到期不去解款银行当然不付，但见银行门口一批批的主顾出入，看看倒是生意兴隆，实在都是"打回票"的主顾，那张空头支票，揩屁股嫌得太小，竟是半文不值。

做生意全靠信用，开空头支票，照法律而断，应该是背信罪，如果是做买卖应付的货款而开空头支票，简直是欺诈取财。上海商家也有因空头支票被控因而判罪的，但是请人打回票的还是很多，鄙人也常常碰着打回票，所以看见了支票，就有点头大，生怕吃了空心汤团，还要看银行家的面孔，好像是我故意去寻他开心似的。

支票代替现金，免得危险，原是很好的办法，但是上海的时髦朋友，却利用支票来搪塞债户，阿三阿四，身边备有一本支票簿，你如向他索欠，他开一张十天半月的支票给你，在未到期以前，当然不便向他去索取，无形中被他延宕了许多日子，等到期不付，你再去与他办交涉，他又能敷衍你几天，这么一来，一个月就安稳度过了，若无支票抵挡一阵，少不得天天要避债咧！

张张支票打回票，难免名誉扫地，难在社会立足，聪明朋友便又想出了一种妙法，他在银行立两个支票户头，一个户头是信用卓著，存款充实，决不教人打回票，凡不得不付的款项，始开此项支票；一个户头是专为搪塞人用的，十张支票倒有九张退票，凡吃准持票人决不会以刑事起诉的弱种，就不妨请他多打几次回票。

从前上海银行事业没有现在发达，支票户头的资格限制较严，市面上不轻易看见支票，故打回票的名词不大听见。近来风气大开，空心大老官都知道利用支票骗人，打回票的事发生太多，所以打回票名词的用场也更频繁了。

访朋友不遇，谓之打回票，看影戏逢着挂客满牌，谓之打回票，看足球逢着下雨改期，谓之打回票。图中画的是吃肉朋友，在庄上唤来的咸肉，不是嫌她们太肥，便是太瘦，都不合他的胃口，掏两只角子出来打发她们走路，这是他请别人打回票。鄙人平生未上过肉庄，庄上的情形不甚了了，但觉得这个打回票的名词最确切，将来也许被她们占去变作专有名词。

杀头枪毙，也能算是打回票，因为这是"回到来的路上去"。

打回票的俗语是"以票代人"，如依据"好马不吃回头草"的格言说来，做人根本上就不该打回票，至于用票子来代替人的事实却很多，你们不见被强盗掳去勒索的人，都叫做"肉票"吗？

女人被骗去贩卖为娼，叫做"开条子"，条子即票子也。

一五三 抖乱

"抖乱"之抖,与"簌簌抖"之抖,及"抖擞精神"之抖,发音不同,簌簌抖音斗,抖乱音透上声,这是上海俗音,衣服上沾有尘土,提衣振荡以去之,谓之"抖"。孟郊诗:"抖擞尘埃衣。"

《公羊传》:临民之所漱浣也。疏云,漱斗漱也。浣衣既毕,又于水中振之之意,后音转而伪,或作斗数,或作抖擞,或言振衣,或又以言振刷精神也。

整叠乱物,曰"抖",如言抖被褥。

坚实之物,持器搅之使松曰"抖",如抖沙泥,抖饭。要扯铃者,用绳扯响,古时谓之"抖竹空",是用绳牵扯,亦曰"抖"。

又排列整齐之物,颠之倒之,使之紊乱,曰"抖",如抖纸,抖丝,抖线等皆是。这种动作,谓之"抖乱",我们现在要说的,就是这抖乱之抖。

凡鲁莽灭裂之人,上海话叫做"抖乱",年老者叫做"老抖乱",年轻者谓之"小抖乱",然而抖乱终以小的居多,老抖乱究属少有出见。

抖乱有扰乱秩序之意,抖乱足迹所到的地方,坐不定,立不稳,猫头上抓抓,狗头上拉拉,他自己无片刻安宁,闹得别人也心神不定。

抖乱是镇静的反面,大闹天空的孙行者是天字第一号的大抖乱,黑旋风李逵虽然也抖乱,已视猴子逊色了。后世虽有抖乱朋友,他们的抖乱程度,总不及旧小说中描写的人物抖得厉害了。

"抖乱"颇有革命精神,譬如我的书案,堆满了破旧烂纸,要想整理清楚,必先将杂物抖而乱之。又如改建房屋,必先将旧屋拆除,然后始能建造新屋。梁任公曰:"有破坏然后有建设",抖乱朋友,善为破坏工作者也。革命运动之暴发,打头阵做敢死队者,必为抖乱朋友,送死者,也是抖乱朋友。明哲保身的稳健分子,决不肯冒险去做抖乱工作,惟抖乱才有牺牲精神,然而终不免被人笑他阿戆。

不过,中华民国的革命,抖乱分子似乎过剩一点,所以从民国成立开始抖乱起,一直抖到现在尚未停止,看他们的趋势,好像不将全国的地皮抖乱得翻过身来,他们不肯罢抖的。

上海的小流氓,别名叫做"小抖乱",小抖乱是闯祸胚子,凡有"摆堆老"等工作,上级流氓发下命令,便需要小抖乱执行,小抖乱吃官司有分,做大亨便无资格。

瘪三要敲人竹杠,须先有借口,是为"装笋头",装笋头者,必先与陌生人接触寻衅,是非有抖乱精神不可,这也是抖乱应有的职务,一个人若是抖乱过了分,便有流入"十三点"的危险。

人有抖乱性者,每易受人之愚,大概是神经质的人居多,他们的脾气,像乡下财主请长工吃的块头肉一样,是"一触一跳"的。

惟抖乱始肯闯祸,惟抖乱始有真心流露,小抖乱天真烂漫,胸无城府,好动不好静,爱打开天窗说亮话,最容易得罪人,也容易受人利用,他与人相骂淘气,恨不得一拳将人打死,不到几分钟,便又嬉皮笑脸与人打朋,说过抖过,不作兴牵丝攀藤,做"蛙割乱子筋"的事。

一五四 曲死

清朝的辫子,当初不知是怎么发明的,把头发的四周薙光,中间留着一绺长发,平分三股,编成辫子,垂在脑后,真像一条尾巴,这种装束,既不美观,又不便利,想得出这打扮的人,额角头定有点皮蛋色。

为了这条辫子,也不知牺牲了多少汉族的性命!清初汉人皆以此为奇耻大辱,倔强的人宁可杀头,而不肯薙头,所以薙头担上直到清末还竖着一根小旗杆,据说这就是当年悬挂不肯薙头者的首级的遗迹,原来当初的薙头匠也操着生杀之权。

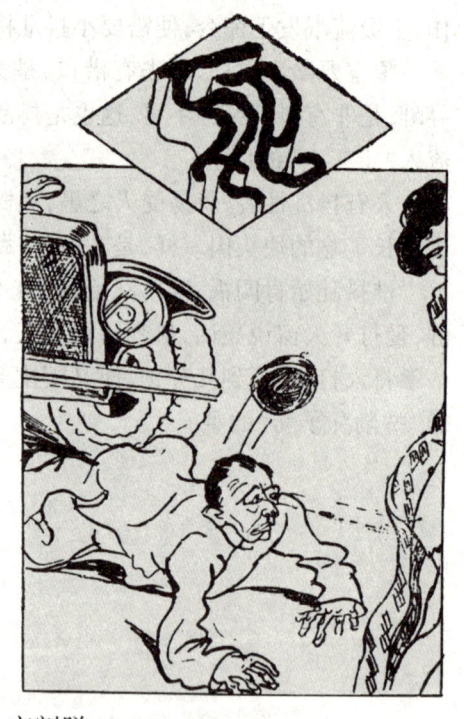

想不到这一条血腥气的辫子,到了后来竟会变成时髦人出风头的工具,我们的青年时代,还风行着油松大辫,什么前刘海,后刘海,蝴蝶编,衬小辫等花样翻得很多。每天服侍一条辫子,竟与女人的梳头差不多,直到光复以后,才将这半头烦恼丝一齐割脱。

辫子生在公子哥儿们头上,借此作为装饰品,或每天消磨些时间,都无重大关系,但在劳动阶级的脑后也拖着一条发辫,确成了终身之累,登坑作工,都要将辫子盘起,否则辫梢难免要沾污,或妨碍手脚,若是机器工人,辫子卷入车轮,更是性命交关!

凡是劳动界的人,都将辫子盘在头上,当时的辫子有两种盘法,一种是将辫子折叠,用瓣线系住在脑后,名为"得胜纠"。一种是盘绕在头颅四周,好像是系着一根带子在脑壳上,因为打的是松瓣,绕盘时候那松的部分自会生出一个棕子形的角来,所以叫做"出角辫子"。至于上流社会的斯文人,即使上毛厕登坑,也不过将辫子绕在颈项里,不屑放法劳动界的盘出角辫子。

乡下人到上海,下了码头,看见上海人的辫子没有盘在头上的,便觉得自己的得胜纠不很雅观，只得放下来也垂在脑后，但他们的发辫久经束缚，一时不易恢复原状，解放以后，依然曲折有致，看他们辫子曲度的深浅，就知道他们到沪的久渐，所以上海人目初到上海者为"曲辫子"，称不懂事的人为"阿曲"，亦曰"曲细"。

偏处一隅之穷乡僻壤，旧名"乡曲"。《史记》："豪强之徒，以武断于乡曲"。上海话却借用乡曲来做乡下曲辫子之简称。

曲细之细字，原作位卑之人解，《韩非子》："与之论细人，则以为鬻权。"《晋书》："奖群言忠义之心，抑奸细不逞之计。"奸细谓奸诈小人，后世乃专指间谍。《宋史》："翟汝文与奸秦桧相诟，目桧为金人奸细。"古时亦称"细作"，《通鉴》："回鹘吐蕃，皆有细作。"即今之军事侦探也。

可见"曲细"，乃是曲辫子的人，只因上海话"细"与"死"谐音，"曲细"便误作"曲死"了。

"曲细"亦作"屈细"，屈者冤屈也，北语：凡花冤枉钱者，谓之"冤桶"，亦曰"冤大头"，屈细盖亦此意也。

现在上海的曲细，已不作曲辫子或冤大头解，变作一种普通的骂人句子，"猪头三"之下，接着就奉赠一个"曲细"头衔，乃说他是一个不识不知的东西。

"屈细"出自美人的檀口，就变作"屈家里"或"阿屈"等名称。有的爱情浓厚的夫妇，竟用阿屈代替"阿大娘""阿二爷"等称呼，这个阿屈便与"饭桶"相仿，决不是恶意的骂山门了。

屈死屈死，上海地方真有许多屈死鬼，最多的是牺牲在阔人汽车下的屈死，其余如中流弹触电线的人，到了阎王殿上，自己还莫明其死的原因。

这些还是当场见效的屈死，更有许多杀人不见血的屈死，如咸肉庄的杨梅鬼，燕子窠里鸦片鬼，打花会的吊死鬼，凡此皆为慢性的屈死，比死在汽车下的急性屈死更多，只是我们不易觉察罢了。

一五五　白　虎

《尔雅》：甝白虎也。（注）汉宣帝时，南郡获白虎，献其皮骨爪牙。

《陆玑诗疏》：驺虞即白虎也，黑文，尾长于躯，不食生物，不履生草，君王有德即现。

《魏略》：文帝欲受禅，郡国奏白虎二十七见。

观此故事，可见古代的白虎，实是一种祥瑞，何以又会变作触霉头的东西呢？再查古本。

《礼记》：左青龙而右白虎，前朱鸟而后玄武。

《协纪辨方书》：天刑，朱雀，白虎，天牢，玄武，勾陈，为黑道六辰，天刑正月起寅，白虎起午，天牢起申，皆顺行六阳辰，朱雀正日起卯，玄武起酉，勾陈起亥，皆顺行六阴辰，是为黑道日。

又：白虎丛辰名，岁中凶神也，常居岁后四辰，如子年在申，丑年在酉，其下依此类推。

二十八宿之西方七宿，奎娄胃昴毕觜参，总名白虎。

官衙之东西角门，左曰青龙门，右曰白虎门，平时皆由青龙门出入，有大辟囚犯，乃启白虎门推出行刑。

据此，可知白虎有二，地上的真白虎，乃为祥瑞，天上的白虎辰，方是凶神；真白虎是兽类，有形状可见，白虎辰乃虚无渺茫的东西，所谓西方七宿，各有专名，搜遍天空，也找不出一颗白虎星来。

上海人以碰着白虎为不祥之兆，这是极端迷信的举动，与兜喜方为吉利，同样的无谓，白虎与喜神，都是无影无踪的东西，究竟碰着没有，只有大舞台对过"天晓得"。

因为白虎的不可捉摸,上海人便将白色的实物来代表白虎。

我们理想中的白虎,定是毛色纯白的兽类,远望好像无毛一样,于是上海人便将没有毛的东西来代表白虎,而以女性身上的东西为限。

上海人以在路上看见尼姑为不祥,尤以清早为甚,尼姑走在路上,迷信朋友要对她吐一口唾沫,用以拔除晦气,据说就是因为她的头上剃得精光洁白,无毛的脑袋,便将她当作白虎,而鬅鬙头却又不在此例,不知什么缘故?

女人因生理的变态仅有上身乌丝盘顶,而下部作牛山濯濯状者,上海也谓之白虎。上海人在冶游场中,偶尔遇见这种不毛之地,也以为大触霉头。

欧化的舞女,不惜祖裼裸裎以色相示人,为欲表示她们身体的清白起见,把全身不需要的毫毛,薙一个精光大吉,这是人造的白虎。

以上所述,都是有形的白虎,有忌讳的上海人家,娶了一个新娘子进门,而这人家恰巧在此时死人倒霉一齐来,弄得人亡家破,多疑的阿婆,便会移祸到媳妇身上,说她是一个白虎星进门。

妓院里的老鸨,尤多忌讳,新进门的妓女,如果接不到客人,或被巡捕房里捉去罚了钱,老鸨便要疑心这妓女是白虎;图中的老鸨便在当面开消,那个被她所认为白虎的妓女,若是那小姐连夜接到几户好客人,她就能由白虎一变而为青龙了。

白虎白虎!多少女人为你吃尽了冤枉苦楚!

一五六 叉鱼头

渔人捕鱼的方法除了张罗网扳鱼,设钩饵钓鱼以外,还有一种使铁叉叉鱼的方法。

《汾河湾》戏中的薛丁山,能够"枪挑鱼儿水面浮",这就是叉鱼。

我们到杭州去游西湖,常看见有人拿了一根竹竿,竹竿尖端缚着一个小铁叉,一头系着一根绳子,伫立湖滨,静静地对水中望着,看见水面上一动,他就将铁叉像掷镖枪似的,瞄准了方向,猛然向水中掷去,那鱼儿被叉住了,泼剌剌地乱跳,他得意洋洋地收回绳子,鱼儿便跟着叉儿上岸,两支锐利的铁叉尖已贯通鱼身,眼见着不得活命了。据渔人说:这叉鱼的方法,只能施之于黑鱼,因为黑鱼是鱼国的捣乱分子,若是安善良鱼,就不能用这种残忍手段去对付他们,他们对鱼也讲人道主义咧!

鱼类的头,似乎生得不及别种动物坚牢,且看煮熟后的小荤腥,鸡鸭的头非煮得极烂,很难夹下来,惟有鱼头,只要是熟的,轻轻地用筷子一叉,就教它身首异处。

牛羊猪头,体积较大,非筷子之力所能叉下,鸡鸭头又太小,不值筷子一叉,最宜于叉者,莫如鱼头,故上海有"叉鱼头"之谚。

"叉鱼头"与吃雪茄烟,外国火腿,滚蛋一样,同是一种侮辱,不过鱼头比雪茄火腿略微客气,较滚蛋则更进一步的动作,盖滚蛋者,并非教人真像蛋样的滚出去,只是口头提出的警告,鱼头则实行动手,用武力将人驱逐出境。叉鱼头的方式,是伸出手掌,张开虎口,叉向人的颈项里,用力一推,便将那人叉出大门口去了。乃是以人头当作鱼头,以虎口当作铁叉,鱼入虎口,好像癞蛤蟆吃天鹅肉,都是极难得的机会。

最容易吃叉鱼头的地方，是富翁与要人的门口，富翁怕穷朋友去借钱，看见衣衫褴褛的人上门，门公就会请你们吃叉鱼头。要人怕别人向他求差使，看见陌生面孔上门，也要用叉鱼头叉他出去。有时候自称无冕皇帝的新闻记者也会吃着要人的叉鱼头，不过他们的语气比较客气，鱼头改为"挡驾"，这是给面子与新闻记者，记者先生应该明白。

叉鱼头的踪迹，在戏院门口发现得最多，因为常有义务看客要混进门来看白戏，都被守门人将他们叉出去。上海的中国人，经营的商业而雇用红头阿三看门者，要以戏馆为最早，出了工资请他们来就是为了要请看白戏的中国人吃"叉鱼头"。

近年来上海看白戏的风气差不多没有了，大概是历年的叉鱼头吃怕了的缘故？至于内地，则以能看白戏为有面子，胸前挂一块阿猫阿狗的徽章，就能在戏馆里蹩进蹩出，有时候还能揩油坐火车轮船。不过无论看白戏，坐揩油车船，都以中国自营的事业为限，若是误入洋商戏馆或船只，照样会一声不响的吃了叉鱼头出来，所以凡挂洋牌子的戏馆或轮船，身悬徽章的老爷们都不屑照顾，这是老爷们提倡国货的精神。

古时有个"鱼头参政"，乃是宋朝的故事，《宋史》：鲁宗道拜参知政事，贵戚用事者皆惮之，目为鱼头参政，因其姓鲁，上半截是鱼字，且言骨鲠如鱼头也。

若以现代要人而论，监察委员高友唐颇有几分像鱼头参政，他的确请党国红人吃过几个叉鱼头，有一位党国英雄被他叉出国门，至今尚不敢回来，我们希望他努力，多叉死几条黑鱼。只可惜他的叉鱼头与内地戏馆一样，稍有势力的人，他就叉不动他们了。

一五七 穿扇面

中国是面子世界,面子是超乎法律公理的东西。

有面子的人,坐火车轮船不必买票,打官司能拒绝拘票,坐了汽车能横冲直撞,死后的棺材还能坐兵舰回籍,这些都是花钱买不到的面子。最小的面子是内地公务人员的看戏不用花钱。

面子的对待名词,是为"夹里"面子虚荣也,夹里实惠也。

既占面子,又占夹里,名利兼收,是社会上第一等大亨。暴出道的人,只要面子,不问夹里,这与新开店的大放盘的用意相同,志在宣传扬名,名至而后实归,将来自能一年四季大发财。有许多老白相,只在铜钱眼里翻斤斗,但求夹里实在,不顾一切面子,情愿让别人去出风头,所谓"人怕出名猪怕胖",这倒是合乎"明哲保身"的古训。

"三代以下未有不好名者"。上海的三代以上古人,死尸都掘不出一具,魂灵也被晚上的霓红灯与汽车声吓跑了,所以上海人未有不好摘面子者,最好是像大亨的面子与夹里兼收,不得而已思其次,宁舍夹里而扎面子也。

一件交涉的发生,譬如一条被头,只有一个面子与一个夹里如果地方的政见不同,一个爱面子,一个爱夹里,交涉就容易解决。万一他们两个都是"顶头货",大家都要占据这个面子,那就非把面子扯得粉碎不可了。

排难解纷,是上海闻人重要业务之一,解决一件纷纠,就是多造一件功德,也就是闻人的多增一闻。遇到双方都要面子的事,除了一个真面子以外,还能造一个虚面子出来,使得双方各占面子,像扇面一样"两面光鲜",这个虚面子就叫做"穿扇面"。

单独一张扇面,虽有名人书画点缀,望着很是光辉,却是软绵绵的东西,不能拿来派用场,所以穿出来的扇面,只是一个虚衔,里面没有骨子的,好像是官场中的咨议顾问等名目,既无干薪,又无实权,只能印在名片上看看,不能照开伙仓的牌头。但在爱面子的朋友获此,虚面子终比无面子好些,也就乐得卖个交情给穿扇面的朋友了。

穿扇面,一作"串扇面",自己有不便出面的事,串通一个比较有势力的人出面,如中国人自营的商业要挂洋商牌子,或营某种事业,背后非有靠山不可,因请大亨出面之类,是皆"串扇面"也。

也有人已到了大亨地位,不便再营低级事业,虽资本出自大亨,大亨只在幕后运筹帷幄,而串通小亨做出面老板者,如要人之经营上海地产公司,或向交易所买卖公债之类,都是串小亨出面的,是亦"串扇面"也。

向朋友借钱,明明是他自己的所有物,却要串一个人做出面债权者,以便将来索还时有所借口,这是社会上最普通的"串扇面"办法。

上司对付下属,为易于驾驭起见,每采用恩威兼施的手段,但是一人忽而施恩,忽而发威,态度不易转变,变得不好,威信全失,于是串通一人,一个扮红脸,一个扮白脸,红脸者发威白脸者施恩,做好做歹,便将部下做得服服贴贴,此亦"串扇面"之一法也。

凡事弄得无法圆转,只要一穿扇面,就能大事化小,小事化无事。人在光火之时,小扇子果然扇不得,若穿一张新扇面给他,将他的火渐渐的扇平熄下去,任何困难终易解决,这就是"串扇面"的功用了。

一五八　出后门

上海式房屋，哪怕是单幢头的东洋房子，无不有后门者。有许多人家，将客堂改作房间，前门永远闭塞，住户都由后门出入。在上海地方去访朋友。有一部分人家的前门是永远敲不开的。有的人家，前门与后门好像两个国度，前门出入的人，与后门出入的人，非但面不识相，并不知姓甚名谁，故钟雪琴之类的名片上，有声明从后门出入之必要。

在客堂里设床铺的人家，究竟不登大雅，上海多数中等人家，平常皆由后门出入，即有贵客驾临，亦无须开正门相迎，除非家里死了人，后门抬不进棺材，那才非开大门不可。至于上海人家的做喜事，都借旅馆饭店举行，家里实无开大门的必要。以后如殡仪馆能够减价招揽穷死人的生意，则上海人家的石库门可以全部堵塞，或当作太平门看待，除了火烧时由此逃命以外，竟无别的用场。

上海人为何如此重视后门，据说就是为了常常要"出后门"的缘故。

我们拿了一张西医开的药方，到药房里去配药，店伙计将药方拿了进去，我们在店堂里站了两三个钟头，尚未见配就，这定是药方上有了冷门东西，药剂师不好意思拒绝主顾，派小伙计到各大药房"出后门"去了。

英租界的收巡捕捐外国人，比催租吏更狠，他们到贫民窟里去收捐，更是面目狰狞，限时刻要收钱去，毫无商量余地，那时候十家倒有九家"出后门"去，借贷典质，凑了钱来，打发那像煞有介事的收捐人走路，本图所绘，就是这一幕把戏。

小人平地一声雷，忽然做了大亨，自有人去请他们题词作像赞等酬应文字，他们哪里能够提笔呢！只得出后门去请人捉刀了。应酬笔墨多的人，便将后门开在家里。

　　文人也有出后门的,有的成名以后,生意太好,自己来不及出货,将无名作家的文字用廉价购入,改署己名,就能高价出卖了,有的遇到掂斤两的文章,自己做不出,去请高手代笔,都叫做出后门。

　　宗族观念未除的老翁,抱子心切,而自己又与摇会一样气力大不出,连纳了几位姨太太,还是响屁也放不出一个,只得眼开眼闭的让姨太太出去轧姘头,希望她们借种回来,就能传宗接代了,这也叫做"出后门"。但为丈夫的有做"开眼乌龟"的嫌疑,故不很有人敢开这扇后门。

　　古时也有出后门的故事,四书上就有两件:

　　《论语》:子曰:孰谓微生高直,或乞醯焉,乞诸其邻而与之。

　　《孟子》:齐人有一妻一妾而处室者,其良人出,(按:出后门也。)则必餍酒肉而后反。其妻问所与饮食者,则尽富贵也。其妻告其妾曰:良人出,则必餍酒肉而后反,问其与饮食者,尽富贵也,而未尝有显者来,吾将瞯良人之所之也。蚤起,施从良人之所之,遍国中无与立谈者,卒之东郭墦间之祭者乞其余,不足,又顾而之他,此其为餍足之道也。其妻归,告其妾曰:良人者,所仰望而终身也,今若此! 与其妾讪其良人,而泣于中庭,而良人未之知也,施施从外来骄其妻妾。

　　孔孟二氏的语气中,似皆不直微生高与齐人的行为,"出后门"未免带几分虚伪,然而终是要面子人的不得已而为之。微生高"乞诸其邻而与之"的出后门,不愧为热心朋友,上海地方已经少有的了,若出后门行乞以养妻妾的齐人,这种空心大老官,上海却车载斗量,虽不致于一定行乞,但他们的餍足之道,比行乞更"来历不明"也多得很呢! 此上海人之所以重视后门也。

一五九 老虎党

灵犀先生是潮州帮的当铺小开,对于上海的当铺情形甚为熟悉,前在《社会日报》本地话里大谈当铺,把其中组织利弊详述无遗,并把吃朝奉的老虎党,也说得很透彻。本不必我再来费词,但是许大画师又画了一张老虎党来,我不能交白卷,只得把老虎党的命名略说几句:

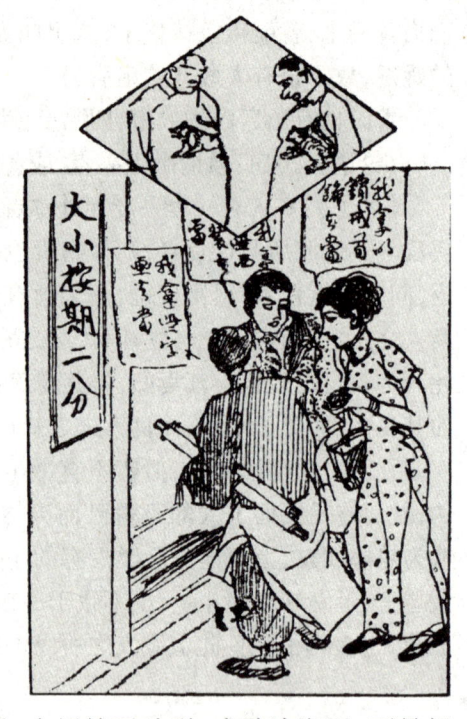

从前的耍货摊上有一种泥制的老虎,虎作圆形,仿籐牌的形式,虎口与虎眉上,皆粘着一条毛皮,泥型中空,两片合在一起,用皮纸糊牢,下片中心装着一个芦管做的胡哨,两片禽合,鼓动虎腹中的空气,老虎便会叽叽叽的叫起来了。

这种玩具是江北人的手制品,形状很是笨拙,因为面上有几根皮毛,所以叫做"皮老虎"。

小孩将皮老虎拿在手里,几次禽动之后,皮纸就要破裂,或稍沾潮湿,更易损坏,皮纸泄漏了空气,老虎就不能叫了,皮老虎即等于废物,只因皮老虎最易损坏,上海就产生了一种童谣道:

约约乎,皮老虎,小东门,十六铺。

"约约乎"的涵义颇广,此处则作"不坚牢"解释。老虎党中人专以改头换面的破烂衣服,假首饰,假古董字画等东西欺骗当铺朝奉,是说他们手里的东西,都像"皮老虎"一样"约约乎"所以叫做"老虎党"。

又有人说:老虎党之虎,乃纸老虎也,纸老虎装得与真老虎一样,骤见亦能吓人一跳,若遇目光锐利之徒,用手指一戳,就能穿一个大窟窿,老虎党虽善作伪,只能蒙混学徒,如果碰在老朝奉手里,纸老虎未有不戳穿者。

老虎党,个中人自称"跑老虎",这就是说做老虎党员全靠两条腿要去跑的,第一备了资本先要去跑货色,衣庄的"喝摊",古董钟表茶会上,都有他们的踪迹,放出眼力来看准了货色,用廉价购下,必要时还须加一番改造工作,然后再拿出去变钱。

货物在手,那就更要不惜脚步咧!南北东西的当铺都要跑遍,哪家的朝奉目光厉害,哪家的朝奉容易蒙混,他们腹中自有一册祕本的朝奉录。可见老虎党员也要目力脚步俱全,才有混充资格,挣几个钱也不是容易的。

或云:老虎党起源于"勃老虎",勃老虎乃打扑克之术语,译意"偷鸡"。打扑克者手中并无大牌,而放出巨注,欲以慑服对方,纯属虚伪手段,意义与老虎党之作伪可通。然打扑克风行国内,尚是近二十年事,二十年前上海是否有老虎党横行?当质诸典当小开陈先生矣。

一六〇 老虎头上拍苍蝇

上海是人烟稠密之处,上海附近并无深山大泽,上海市上哪里会有吃人的老虎敢窜入。上海之有老虎,只有动物园里的陈列品,这是打瞌睡的老虎,非但不想吃人,并且发不出虎威的了。日日夜夜上海虽无真老虎,而假老虎则遍地皆是。

"马路是虎口!"

上海电杆木上都贴着这样警告行人的标语,这是指风驰电掣的汽车,只因上海的穷人被汽车辗死的太多了,人是活的,汽车是死的,当然要怪穷人走路不当心,不能怪汽车开得太快,工部局把汽车比作老虎,还是十二分客气的表示,将血肉之躯去与汽车相撞,就是老虎头上拍苍蝇。

"虎疫可怕,扑灭苍蝇!"

上海每逢夏季,电线杆上又发现这样的标语:霍乱吐泻,外国名词叫做"虎烈拉",简称虎疫,虎疫早发夕死,且能传染,却也像老虎吃人一样可怕,苍蝇是虎疫病菌的运输媒介,理应将它们扑灭。

苍蝇身上有毛,毛里全是病菌,我们去拍杀苍蝇,不怕病菌跑到我们身上来吗?如果因拍苍蝇而染到虎疫,那就成了"老虎头上拍苍蝇"咧!

虎疫的可恶,就在要传染的不好,并且虎疫之虎不生眼睛,传染并不择人,不管黄种白种,都爱吞食此外国人之所以要劝中国人去老虎头上拍苍蝇也。如果虎疫只吃中国人,不吃外国人,那就不管他们腰眼上事,无须贴什么警告了。

有人说:汽车辗死的都是中国人,何以外国人也要用虎口来吓人呢?

外国人之爱中国,就在中国人的购买力特强,多死一个中国人,就是减少一分购买力,救活一个中国人,还能养儿育女,分化许多中国人出来,这许多中国人留在世界上,要吸多少盒大英牌香烟,要吃多少客来路牛尾汤,要用多少箱美孚火油,这笔账仔细算不得了。

　　老虎头上拍苍蝇，是拼了性命去干的事，冒了十二分危险，捱到老虎身边，苍蝇嗡的一声飞去了，老虎却张牙舞爪的向你扑来，你如无武松般气力，难免要被老虎攫去当色白大菜吃，不幸因此送了性命，你还是一个屈死鬼。

　　苍蝇在老虎头上乘风凉，与你有什么相干？你还怕老虎传染了虎疫因而翘尾巴吗？你要想去讨畜生的好，反被畜生一口吃掉，这是自讨苦吃，一点怨不着别人的，是以明哲保身的，稳健分子决不肯老虎头上拍苍蝇。

　　《战国策》：庞葱与太子质于邯郸，谓魏王曰：今一人言市有虎，王信之乎？王曰：不。二人言市有虎，王信之乎？王曰：寡人疑之矣。三人言市有虎，王信之乎？王曰：寡人信之矣。庞葱曰：夫市之无虎明矣，然而三人言而成市虎。

　　上海老虎亦"市虎"之流，皆纸老虎也。所谓"纸老虎不吃人，偏能吓煞人"。苍蝇虽小，嗅觉甚灵，当不致于向毫无血腥气的纸头老虎上去"吃血"，故市虎头上根本不会有苍蝇驾临，不必你去费心替他拍苍蝇。

　　提起拍苍蝇，《啼笑因缘》说部中的关寿峰，能以筷子夹住飞苍蝇，好像是很有本领了，但我在旧书堆里，又翻出两个本领更大的拍苍蝇古人：

　　《西阳杂俎》：张芬在韦皋幕中，有客于宴席上以筹碗中绿豆击蝇，十不失一，一座惊笑。芬曰：无费吾立，遂起以指拈蝇后脚，无脱者。

　　虎头之蝇，寻不出先例，古时只有鹰头之蝇：

　　《六帖》：君侧之人，众所畏惧，若投之以权，所谓鹰头之蝇，庙垣之鼠，为害甚矣！

　　虎头蝇与鹰头蝇的意思不同，老虎头上拍苍蝇也是一句谜语类的俗语，极言其危险也。

一六一　坍　台

伶人唱戏登舞台,弹词家登书台,教书匠登讲台,大力士登擂台,妓女登群芳台,和尚登施食台,演说家登演讲台。

以上皆是特种职业,才需要登台,寻常人类殊无登台的必要。人人免不得要登的台,是死后的灵台,上海人叫做"坐台",不吃羹饭的异教徒,如蒋介石夫妇冯玉祥马良等几位先生,当然除外,他们是死后都不需要坐台的。

现代政治家的出任,都叫作"上台",官场如戏场,做官如同做戏,官的上任如同伶人的上台,倒也比得很像,不过伶人的戏台是实质的,官场的政治舞台是抽象的,南京对江还有一个韩信拜帅的点将台遗迹。近代大好老的所谓登台,不过嘴里说说罢了,事实上却连"坐台"都不曾筑过一座。

伶工等的登台,是为了要使看客注目,不得不把自己的地位提高,以便全场观众都能看见。做官的上台,大概也是要提高自己地位的意思?人做了官,俨然高居民上,却不能像坐飞机似的,教他永远在云端里飘荡,所以要设一个空虚的台以承之。

"人往上爬,水往下流"。这是做人的格言,凡属人类,即使不是君子,也都"恶居下流",是以上海瘪三最爱"摘台形"。摘台形者,自己跳上台去,而将别人推下台来,这是最有面子的事;被摘台形者,就叫做"坍台"。这就是说他占据的无形的台,已被人拆坍,他以后只好站在平地上仰起了脖子看别人在台上出风头,天下大鸭屎臭,莫大乎此。

卑至瘪三尚须占据一台,瘪三以上,自当人各有台。可见活人之台,与死人的坐台一样需要,人而无台,不可以为人,尤其是上海人,更重视自己的台形,不幸台形被人摘去,虽赴汤蹈火以争,未为过也。

上海人的台形,水木作头不能营造,工程师无法打样,全靠各人的手腕去拉拢建筑,还须有人捧场,才能踏上路去,如果基础打来不固,而又被人暗"拆台脚",这个台就不大稳固,稍用气力一碰,就要坍将下来。

上海人坍台以后,还有一种搭台的方法,上海瘪三有语曰:"今朝让他收头会,明天你去收他的二会,他坍了你的台,教他搭了鹰架造还你的。"

摘人面子者,人亦摘还之,坍人之台者,人亦坍还之。这样循环不息的演化,流氓们才有生路可寻,社会上才有好戏可看,上海的市面才形成得如此热闹。

坍台,上海白相话又叫做"下面子"。人人要脸,树树要皮,面子者人生之吃饭傢生也,下面就是将人的面子除下,赛过夺去他的饭碗,他焉有不要与你拼穷性命之理?树剥光了皮就不得活,人下了面子就失却社会立场。下面子又如除去商家的招牌,使他不能营业,为老板者岂肯与人干休,所以上海人非把自己的台维持着,轻易不肯被人拉坍。

中国最著名的台,有周赧王的"避债台",曹操的"铜雀台",夫差的"姑苏台",李陵的"望乡台",梁武帝的"雨花台",严子陵的"钓鱼台",燕昭王的"黄金台",宋玉的"阳台",韩翃之"章台",这许多台都坍得无影无踪了!惟有胡汉民先生的"妙高台"尚巍然独存,他已在南京坍过一次小台,现在捧了这所又高又妙的台,住得安如磐石,当然不会再坍台了。

一六二 饭桶

人生呱呱坠地以后,离开了娘的奶奶头,就要吃饭。饭是什么东西,古人恐怕人不晓得,解释给我们听道:

"粟五变,一变阳生为苗,二变秀为禾,三变为粟,四变米出甲,五变为蒸饭可食"。见《春秋说题词》。

人类在茹毛饮血时代,当然不懂得粟五变为饭的方法,第一个发明吃饭的是什么人?《汲冢周书》告诉我们说:

"黄帝始蒸谷为饭。"

饭是人类的救命根原,俗传"七人八谷"以正月初八日为谷生辰。《武林旧事》载:

"冬至,都人最重,罢市三日,垂帘博饮,谓之饭节。"

正月初八日是"饭生日",冬至是"吃饭节"。现在奉行民国正朔,阴历已被打倒,大家把吃饭的时节都忘记了。

一样的吃饭养命,食肠则粗细大小,至不一律,劳动阶级一食三大碗尚未果腹。痨病鬼吃饭,像蟋蟀一样轻微。古人以善吃饭著名的,要算是老将廉颇。

《史记》:廉颇一饭斗米,肉十斤,被甲上马,以示可用。使还报王曰:"廉将军虽老尚善饭。"

一饭斗米,一日三餐,一担米只够他吃三天零一顿,上海的平均米价以每担十元论,他每月要吃九十元米,可算吃饭大王,如果吃包饭,饭作老板定要蚀煞老本,这位老将可算是天字第一号的大饭桶了。

上海人讥无用朋友为"饭桶",言其人的躯壳只能盛饭,不作别用,但饭桶乃饭的堆栈饭寄存在内,仍能倒出来给人点饥。人的饭桶,装了饭进去,随即分化为粪,即使呕吐出来,亦不堪重食,故人类乃无底的饭桶,应作"饭筒"始合。

苏东坡诗:"饭筒仍闵楚。"此"饭筒"却非上海的无底饭桶,说的乃是粽子。
《齐谐记》屈原以五月五日投汨罗,楚人哀之,每至此日,以筒贮米祭,今市俗置米于新竹筒蒸食之,谓之装筒,乃其遗事,亦曰筒粽。

"饭筒",大概就是现在切成一块块小圆片发售的玫瑰白糖粢饭糕之类?

饭桶在上海很出风头,因为上海的商铺,十有八九皆吃包饭,送饭的唯一工具就是饭桶,午晚两餐时间,路上担饭桶而过的饭师傅,络绎不绝,随地都有。所以上海的早晨"马桶世界",中午与傍晚是"饭桶世界",多数上海人的生命,就系在两桶身上,我们不能看轻马桶,尤其不能藐视饭桶。

饭桶虽然像阿木林一样无用,但存在他桶中的饭,他决不中饱,交给他三大碗饭,盛出来原是三大碗,决不敢揩一粒饭米屑的油。民众抗日捐款二千万,马占山将军只收到一百四十万,我就叹息中国的饭桶太少。

饭师傅送饭桶到人家,收回时未必一粒米不剩,上海瘪三专在饭桶出没之区守候,看见饭桶回家,便一拥上前,将桶中的余粒抢个干净,饭师傅照例不能拒绝,这是瘪三应得的权利,专门名词叫作"掏冷抢"。麦家圈望平街一带最多"掏冷抢"者,而以晚餐时尤为热闹,因为他们都是红珠子窠里的老主顾,非至日落,轻易不肯出山。

古人大概不很吃包饭的,故盛饭之器,不用木桶而代之以袋,饭袋为便于出门携带而置,如日本人的饭盒,别名叫作"便当"。因古人装饭不用桶,故无骂人饭桶者,而与饭桶意义相似的名称则有几个,排列于下:

(饭坑)人生禀五常之,性好道乐,学故辨于物。今则不然,饱食快饮,虑深求卧,腹为饭坑,肠为酒囊。《囊衡别通》。

(饭囊)今世士大夫但不读书,即称武夫,乃饭囊酒瓮也。《颜氏家训》。

弥衡云:筒或强可与言,余皆酒瓮饭囊。《三国志》。

(饭袋)唐末马殷据湘南,好奢僭,诸王子仆从煊赫,文武之道,未尝留意,时谓之酒囊饭袋。《荆湘近事》。

一六三 偷鸡勿着蚀把米

偷鸡是贼伯伯的专门职业,如果有人要修中国贼史,偷鸡贼应占一个重要地位。

中国以农立国,养鸡是农村的副业,描写农村风景的古文,都用鸡犬二种家畜来做点缀品。古代贼不及现在的摩登贼有魄力,像上海南京路的贼,一偷就是数十万元,古贼蹿入皇宫也偷不着这许多。

在农村里做贼的营生,放眼看去,都是些笨重的农具,盗窃五谷,一双手也取不尽多少。唯一容易变钱的热货,而且是便于携带的东西,就是散在田头屋角的鸡。

鸡是活货,偷鸡和藏鸡都有专门技术,手段高明的专家,一条裤带上能藏二三十只活鸡而不露一点痕迹,鸡藏在贼的裤带上,不许喔喔喔的叫,走十几里路放下来,鸡只只不死,这就非有研究的专家不可了。所以偷鸡贼不是冒失鬼可以混充的。

俗语说:"偷鸡勿着蚀把米"。其实偷鸡贼是不用米的,蚀米乃想像如此。偷鸡贼诱鸡入彀的方法,据说他们嘴里嚼着几节灯草,见有偷鸡机会,就将灯草喷射出来,一颗颗的像米粒一样,鸡不辨真假,争来夺食,他们往地下一蹲,鸡就到他们裤带上去了。偷鸡勿着,不过损失些灯草,蚀米是外行话。

偷鸡的专门名词叫做"采毛桃"。将鸡比作有毛的桃子,这样大的桃子,可算是王母款待八仙的蟠桃了,未免比得太大一点。或云应是"采毛逃"之误,因为田岸两旁并无遮蔽,易被主人看见,偷着了鸡就该速逃,否则难免"失风",采毛逃实含警戒意味。

中国最有名的偷鸡贼,要算梁山泊里的鼓上蚤时迁。据说后世偷鸡贼皆奉时迁为开山祖师,杭州天竺道中有一所进迁庙,被封为该乡土地,他虽弃邪归正,但以偷鸡为专业的后辈,仍要去求他的呵佑,所以庙里的香火并不冷落。

第二个有名的偷鸡贼,乃是《白兔记》里的刘智远,他就是挑水牵磨又在磨房里产子的李三娘的黑漆板凳,后来居然做成功皇帝,就是五代时候的后汉高祖。我以为偷鸡贼应该认他做祖师才是,皇帝总比强盗冠冕,像唱大鼓书的不认击鼓骂曹的弥衡,偏要认擂鼓的庄王为祖师,就因为弥衡不及庄王尊贵的缘故。后来一想时迁是对的,因为刘智远偷的是祭神用的熟鸡,偷鸡贼的业务是要取祝家庄的更鸡,两者科目不同,刘智远就没有这祖师的资格了。

想占别人的便宜,反被别人占了便宜去,俗语叫做"偷鸡勿着蚀把米",这句话犯了代偷鸡贼宣传的嫌疑,偷鸡贼原是做的无本钱生意,我们说他蚀本,偷鸡贼心里在暗好笑。

偷鸡蚀本的故事,如果要举例子,那么周公瑾的"赔了夫人又折兵",便是一个好榜样。"吃亏就是便宜",这是偷鸡蚀米后的忏悔话,不做偷鸡贼,决无蚀米的危险。

打扑克有"偷鸡"的术语,你想偷别人的鸡,被目光锐利的人捉着,反而大赔本钱,这是真正的偷鸡蚀米。

偷鸡乃"投机"的谐音,投机全靠运气,十分危险,蚀本居多,从前的交易所风潮,很有不少偷鸡蚀米的屈死。

有一位朋友曾发妙论道:偷鸡将鸡贼藏在裤裆里,故裤裆被认为摆鸡的地方,简称"摆鸡"。后来又将"摆鸡"二字颠倒过来,算作一种器官的隐语,我也不知这朋友的话有无根据?附记于此,以待高明教正。

一六四 翘辫子

古代中国男女皆挽发为髻,如现在的茅山道士,西夷多被发,孔子说的"发被衽",即指野蛮民族。

《汉书》:南夷皆椎髻。而西夷如寯昆明之属,则皆编发。

《晋书》:吐谷浑妇人辫发萦后,缀以球贝。

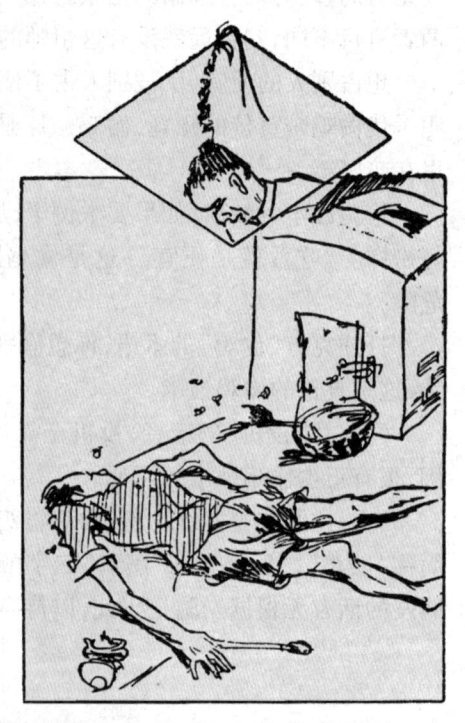

可是汉晋时代已有垂发辫的外国人了,大概头发的处理,与文化有关,野蛮民族任他披散脑后,编成发辫下垂,比挽发为髻尚退一步,所以清朝的强汉人薙头垂辫,实是教汉人开倒车。

《南史》载高昌男子辫发垂之于背,女子辫荡而不垂,此皆西方之俗。至于匈奴,据颜师古《汉书比余注》:则为发辫。依北史悦般国俗则为剪发。盖悦般本匈奴裔西迁者,东胡如鲜卑,拓跋,蠕蠕等,在六朝时已有辫发之俗,故南朝称北魏为"索头",后世满洲蒙古等之发辫,从其旧也。清兵入关,汉族之头亦蒙编发之羞,直至清亡,辫子始翘。

清兵为什么要强迫汉人薙头?据说就是为了便于"带龙梢",(见《上海俗语图说》一二七放笼)他们怕汉人造反,如果没有辫子,一个个都变成"滑头",捉住之后,不容易押解,若把几条辫子紧紧的系在一起,好像扎住了一串大闸蟹,就容易管束了。

辫者便也,留了辫子,本人虽觉不便,清兵都以为大便而特便,例如杀头,将辫子使劲一拉,人头颈便像鹅头颈一样突然增长,刽子手窥准了算盘珠骨,嚓的一刀,不偏不倚,人头就能落地。取消了辫子,须将绳子扣住脑袋,拉起来不及辫子得劲,岂非大不便当。

犯了杀头之罪照例须将首级悬挂示众,若有辫子,挽一个扣儿,骷髅头到处可挂,若是和尚头,非要特制一个木笼不可,这是何等的不便呵!

又如绞罪,或强盗上天平架,都要将辫子吊在铁环上,犯人才不能活动。如为滑头,又须有特制的网络将脑袋络起来,却减少了犯人后脑的痛苦,这又是大大的不便。

寻常辫子都是垂在脑后的,惟有用刑的时候,辫子才会往上翘起来,凡逢"翘辫子"之事,纵然不死,亦离黄泉路不远,俗语的"翘辫子",就是死的别名。

号令首级却非翘辫子不可,翘辫子乃专指号令而言,这是一句很恶毒的诅咒语,大概是军营中人首先发明的隐语?以后才渐渐的流行到一般社会中来。平常人的死,殊无翘辫子的必要,决不会因翘辫子而连想到死的身上去,惟限行伍中人,常常看见号令的首级,都是一条条辫子高高的翘起,才会发明这个妙喻。

上海人的死,又叫做"抬老三",没有黄包车时代,惟一代步的东西就是轿子,但"穷人坐轿,不是好兆",若非抬到医生家去看病,就是抬到衙门里去吃官司。穷人宁可跑断腿,轻易不愿坐轿,终身不被人抬乃是幸事,惟有死后的遗体,却终于免不掉要被人一抬,是以"抬"就是死的别名,"某人抬了",就是说某人死了,老三则与"麻子"义同,泛指人也,抬老三亦作"谈老三",这是谐音。

"老调"亦死之别名,人类活到百岁,亦难逃死的一关,死是人人必经的途径,称为"老调",言其千篇一律,与寿星唱的曲子一样味儿。

辫子是损己利人的东西,清朝逼我们留辫子,与替牛穿鼻子一样用意,藉此便于驾驭,这实是汉族的一种奇耻大辱!但是中华民国成立了二十二年,还有许多自命遗老的汉人,保存着辫子不肯割去,真不知他们是何居心?有人说:遗老们的辫子,是保留着预备将来最后的一翘。

亦有人说:人死以后,照例还要一次薙头打辫免得他到阴间去做蓬头鬼,但不能将尸身直立起来,仰卧在板门上打的辫子,其势不得不翘,所以"翘辫子"就是人生最后打的一条辫子。

现在大家都没有辫子了,但是翘辫子的俗语还没有灭尽,以后的辫子只好让所谓"满洲国"的忠臣去独翘罢!

一六五 电车路

中国敷设电车路,好像天津犹在上海之前? 上海之有电车路,乃在光绪末年,最先开行的路线,似是静安寺到老靶子路,以后才有圆路,圆路又分里圆路与外圆路两种。外圆路以北火车站为起点,由北浙江路入大新街,绕五马路、黄浦滩、北四川路、靶子路仍至车站。里圆路仅绕南京路、大新街、宝善街、黄浦滩,重入南京路一周,路线太短,乘客不多,不久就取消了。就是现在的六路,也比从前的外圆路扩大了一圈范围。刚行电车的那年,上海人有乘圆路车兜风的。

电车路实是很笨的东西,安设轨道,须先翻造马路,这就费了极大的工程。进步的电车,取消轨道,单用电线是为无轨电车,故后辟的路线,如十四路、十七八路等,

皆用无轨电车,最新的是公共汽车,索性连得电线都不必用了。我看以后的交通,电车应在淘汰之列,三五十年后,只怕要请它们到博物馆中去做陈列品咧!

我们到高房子去望下来,但见马路上的电车轨道,排列着一条条的并行线,好像老年人额角上的皱纹,上海人便用来做比方,凡是脸上有皱纹的人,就说他面孔上满布"电车路"。

青年是人生的黄金时代,可惜岁月如流,转眼即逝,犹如好花,费了一年溉灌工夫,开不十多天就落红缤纷的萎谢了。人生也是如此,青年光阴,好像在门缝里看跑狗般飞驶,用十万匹马力的力气也挽留它不住。而多数人的黄金时代都是随随便便的蹉跎过去的。

我在浴堂里曾经听得一位不认识的白相人对他的同伴这样说:

"人总是吃面情的,惟有阎罗王最是正直无私,凡人到了年纪,他就会不断的打

电报来请你动身到阴间去白相。他的电报分明码与密码两种,密码只有本人自己明白,共分三报:一报是眼花,第二报是落牙齿,第三报是耳朵聋,三报到齐,请预备动身罢!明码电报是大家看见的,第一报是替你在面孔上造电车路,第二报在你额角头上装电气灯(指秃顶),第三报,请你永远做长辈(指驼背),这三报到齐,也要快买棺材了!"

萧伯纳说:"女人都是娼妓,在妓院里卖淫,是做多数人的娼妓,良家妇女是做少数人的娼妓,不事二夫的节妇是做一个人的娼妓。面孔者,女人卖淫为娼之资本也,所以女人的毕生幸福,全靠一张标致面孔。"(见《华伦夫人之职业》)

老白相人知道阎罗王正直无私,那么阎罗王打电报给人,当然不会因女人的标致面孔而独获幸免,他在她们的面孔上筑了许多横七竖八的电车路,就是损害她们的淫业,宜乎要大起恐慌,可惜地球上的大律师都无"治阴法权",否则,大可以请律师告他一状,要求阎王的损害赔偿。

额角头上的电车路,不一定是阎王的明码电报,有的人从小就有很显著的纹路,俗名"抬头纹",据说这还是长寿的征象,因为"南极仙翁"头上的电车路比日升楼转角处更多。

但是,多数人的心里,宁可没有电车路而短寿促命,却不愿脸上筑电车路而长命百岁。尤其是女人,筑了电车路后,面孔就要走样,做多数人的娼妓,果然业务要受大打击,做一个人的娼妓,亦愁色衰爱弛,家主公娶了姨太太,她就难免要被打入冷宫,此女人之所以痛恨电车路。至于男人脸上有了电车路,将影响及于"搭壳子"工作,故亦未必欢迎。

图中的一对雌雄党,脸上皆满布电车路,犹能挽手同行,绝无厌倦之意,可算是难能可贵了!不过旁观者却在笑他们"肉麻当有趣"。

一六六 牵丝攀藤*

蛛丝韧而长,且含有粘质,一根细丝随风飘飏,被它搭着一点东西,便能粘牢,蜘蛛就此借它为桥,摆渡过去,千头万绪的丝从它的胖肚子里吐出来,牵一个富贵不断头。

蚕的肚子里更是满腹经纶,他特地为了牵丝工作才到世界上来的,他的生命也葬送在自己牵丝的坟墓里,他是最擅于牵丝的动物。

植物中也有会牵丝的东西,我们在夏季中吃的雪白嫩塘藕,看它的外貌甚为漂亮,谁知他是一肚子的牵丝,任你用吹毛立断的飞飞快刀,将他切成纸样薄片,总是藕断丝连,割不尽它的牵丝。

在我们的食品中,京菜馆里有一味著名的甜食,叫做扒丝山药,夹在筷子上,能牵几尺长的丝,须在凉水中浸过,迨扒丝硬化,始能送入口中,不定山药,别种甜食,如番芋之类,也能制成牵丝式。

无论什么东西,有了牵丝性质,便不能够直截痛快的一刀两段,所以上海话对于优柔寡断的人,便叫做"牵丝朋友",对于缠扰不清的事,叫做"牵丝事体",暧昧不明,也叫做"牵丝",男女发生了苟且行为,也说"两家头有了牵丝",许多恋爱自由的夫妻,都是先牵丝后拜堂。

---

* 编者注:在上海社会出版社 1935 年出版的《上海俗语图说》一书,此篇文末有特别说明文字:
汪仲贤先生,笔政甚忙,其撰《上海俗语图说》也,想到即写,写就即刊,时日一久,匆促间致有重复之文,"牵丝攀藤"乃有两稿,其间语意,虽不无有微同之处,但因汪先生妙笔生花,一篇自有一篇之精彩处也。

藤也像丝一样会纠缠,合抱粗的大树,也有被几根柔弱的藤缠死了。

《春秋》:祭仲谏郑庄公曰:"蔓难图也,蔓草犹不可除,而况人乎!"

蔓草就是藤,藤又分草本木本,草本藤如俗名"割人藤"的,砖隙瓦缝里都能滋生,荒芜园地中随地皆是,名贵花木,被他攀过几次,就会因伤致命。木本藤如紫藤花之类,被它攀上了大树,也能奴欺主似地克服大树,年数多了,但见藤身越长越肥大,腰围能比树身大几倍,他依附的主人却一年年的瘦弱下去,终于枯槁而死。

牵丝已经讨厌,外加攀藤,却有些可怕了,所以上海话对于脾气韧的人,"牵丝"之下复加"攀藤",极言其不爽气也。

有人将冗长的文字,比作妇人的脚带,言其长而且臭也,这也是"牵丝攀藤"之一种。在以字计值的文丐制度下写文,免不得有长而臭之弊,如古人的五言绝诗,很有许多千古不朽的名句,但写一首诗只有二十字,若以现在市面上的最高值的稿费,千字十元计之,每首诗价仅大洋两角,日写十首,月得六十元,这位诗人在上海只有住亭子间资格。

无线电盛行后说书先生大走红运,此中干脆爽快的书固多,牵丝攀藤的却也有不少,好在听书的人家都是有闲阶级,丝牵得长点,攀藤得曲折点,只要逗得大家开心发松,而达到娘娘太太公子哥儿们的消闲目的,就算尽了他们的职任了。

热天的苍蝇是牵丝攀藤主义的信徒,他们在身边缠扰不清,你一挥手,他们在你身边兜一个小圈子,又来向你表示亲善了。

许画师的意思,以为日本人采取的就是苍蝇的"牵丝攀藤"的手段,对于接收战区,总是一天天的拖延敷衍,嘴里也像苍蝇似的嗡嗡地唱着歌曲来谄媚我们,他们的目的却在想吸我们的鲜血。

"牵丝攀藤"的人,定是得痨病而死,决不会发瘰疬疹跳起身来就死,所以医生最欢迎牵丝攀藤的主顾,因为在他们身上可以多赚医药费。

一六七 狗皮倒灶

许大画师画了一匹母狗撅起了屁股，攻翻了一个风炉，题目却标着"狗皮倒灶"。许画师的这张法绘颇含几分幽默意味，上海地方以风炉当灶的人家，十有八九，有一部分人家也许连烧炭的广东风炉都不备，只有一个小小的打气炉，或搪瓷的洋风炉，所以在上海地方确可以把风炉当灶，若在别处也许要认为笑话。

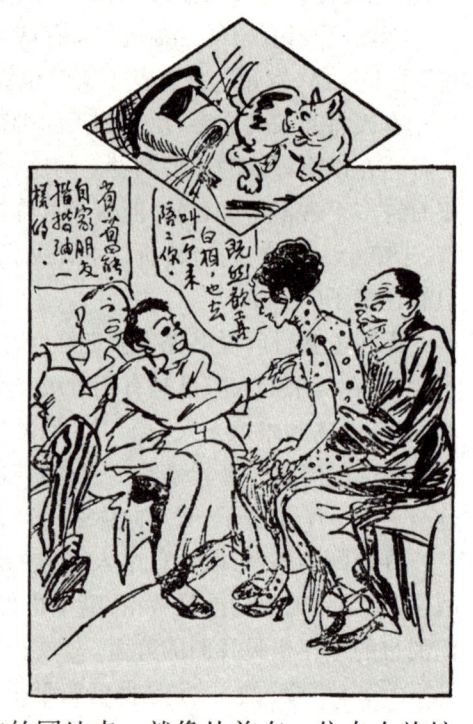

倒灶即倒运之意，已见《上海俗语图说》一三五，触霉头中说过，如今在"倒灶"之上又加了个"狗皮"头衔，涵义便显然不同，这就像人吃了山珍海味，在肚子里经过了一番化学作用，就变作臭粪，全部都改变了性质。

住在亭子间里的人家，人类所占的空间，已觉湫狭，何能再有地位养狗？但是有特别嗜狗癖的朋友，仍能在亭子间里辟出狗的园地来。就像从前有一位专在旅馆里表演人狗相交的艺术家，他的公馆不见得打在高大洋房里，而家中却养了几位小姑娘和两条犬叔公，这样的人家免不掉常被狗屁股攻倒洋风炉，风炉倒后，炉上炖的饭泡粥也连带打翻，粥炭交流，水火既济，弄得房里一塌糊涂，这就是"狗皮倒灶"的现状。

狗皮倒灶与牵丝攀藤的意义相仿，凡拖泥带水，不清不楚的事体，皆能以此形容。而类乎此的俗语在上海尤多，择尤列之如下：

"七勿搭八"，此先生阁之斋名也，即"牛头勿对马嘴"之意，推牌九者拿了一张三四，硬要与二六搭对，想吃人家"天巧七"的钱，人家当然不肯领盆。

"猪五杂六"，猪五匹，杂畜六匹搭在一起都要当猪肉卖，大有"挂羊头卖狗肉"意味。一作"嘴五塞六"，用五张嘴的力量，去塞住对方六张嘴，表示其能言善辩也。

"勿二勿三",或"勿三勿四",勿二勿三,数在二三之间,小数是两个半,大数就是"二百五",二百五者,四分之一的一吊,即半吊中之半吊,是为双料"半吊子"。介乎三四之间的勿三勿四,意同于此,数目增加,亦扩大"半吊子"之意,既不是三,又不类四,在"么二三"之间,盖言其"四不像"也,与"非驴非马"义同。

"杂合乱拌"是一碗大杂烩,一桶臭泔水,一辆垃圾马车,里面花样虽多,驳而不纯,赛过"烂污三鲜汤",人人见了都要摇头。

"搅七念三",三七念一的账,本就不容易管,何况在算账的时节,有人从而搅之,念一搅为念三,这笔账就更算不清楚了。或云:"七二三"是一种绕口令的名称,一搅就说错了,故称"搅七二三",然而上海人却都有"三个不相信"的脾气,无论如何难搅,也要与人"搅个明白",此社会之所以扰扰不休也。

"七嘴八搭"与"七张八嘴",或北语"七嘴八舌"相仿,七个人张开了八张嘴,伸出八条舌头。言其欢喜多插嘴也。

"叽哩咕啰",此为喁喁独白的像音词,如鸡啼之胶胶角角,虫鸣之啾啾唧唧,犬吠之猖猖汪汪,由人嘴里发出来的声音,即为"叽哩咕啰"。

"七缠八桠杈",七个人各执一个桠杈,大家势均力敌,也就相安无事,怎奈还多余一个桠杈不曾有主顾,七个人便用自己的桠杈为武器,去争夺那无主桠杈,七个人中间就起了纠缠,永远不得太平。

"蛙割卵子筋",蛙是否有卵子?蛙的卵子是否有筋?这问题须请动物学家来解决。从前在读书时候,记得史良材先生,曾对我们讲过蛙的解剖,此时不但我已忘记,只怕史先生自己也早已记不得了,此节我的破书堆里寻不出参考,只得阙疑。

"狗皮"对"蛙卵",倒是一个妙对,"狗皮倒灶",亦能对"蛙卵割筋",可惜下联把俗语分尸便不成俗语,不知读者诸君有巧对否?

一六八 吃五梅花

上海是个花花世界,而这花花世界的灵魂,便是女人,不,应说是女人中之花姑娘,因为在南市,在闸北,也照样有许多女人在活跃着,而其市面之所以不及租界系荣者,便是为了没有花姑娘之芳踪,"女闾三百,管子兴齐",岂无因哉!岂无因哉!

《梅圣俞花娘》诗曰:"花娘十四能歌舞,藉甚声名居乐府。"可见花姑娘之名目,并非无来历,因为花姑娘是花花世界的灵魂,所以花姑娘所聚在地便称花国花丛,花街柳巷,花姑娘便称名花,叫条子称征花,局票称花符,请客称做花头,吃酒称吃花酒,狎妓称拈花惹草,出了毛病,称花柳病,花样之多,真是五花八门。

上面所说的花样,经恕我腹俭,考据不出,只知《吕岩敲爻歌》有句云:"色是药,酒是禄,酒色之中无拘束,只因花酒谈长生,饮酒带花鬼神哭。"又李白《春夜宴桃李园序》:"开琼筵以坐花,飞羽觞而醉月。"但花酒之所以为花酒,却也找不出一个答案来。

当我第一遭去吃花酒时,一肚子充满了好奇与怀异的感想,以为只少所喝的酒,也必和普通不同,那知到了坐席之际,所喝的酒,却是黄酒、啤酒、白兰地,威司格,一点儿没有别的花样,即如普通所喝的代代花酒、玫瑰花酒、椰子酒、槟榔酒,都没有,于是我乃恍然悟到吃花酒者,不过一个空名词罢了,酒中又何曾有什么花啊!

但是到了九月里,在么二堂子里,却有真正名符其实的花酒可吃了,在么二堂子吃花酒,是不大有的事,因为她们是货真价实,童叟无欺的卖买,其正宗收入,便是"接夜厢","叫移茶",只要你袋里有六块大洋钱,便可教她跌倒在你铁蹄之下,元宝翻身,任你摆布。(现在夜度资却已增至八块了)不似长三姑娘之一味虚伪,要绷空场面,还说什么"下等行业,上等规矩",什么"卖嘴不卖身",而实际上呢?"烂污长三板么二",却是铁一般的事实。

么二虽然不注重吃花酒,到了九月菊花泛,她们便要来投机一下,在院子里将菊花扎得密密层,而美其名曰"菊花山",四出拉人来吃花酒,就正合李白"开琼筵以坐花"的一句话了。虽然在一班自以为是阔客,而以逛么二堂子为可耻的人,到了菊花山时,也都趋之若鹜了,有些长三姑娘们也都到那里去做主人,以示阔绰,俗有龟嫖龟之谚,而今以伎嫖伎,更可说是人心大变了。

在这里所吃的虽是真正花酒,却不称吃花酒,或是吃菊花酒,而称之曰吃五梅花,岂非奇谈!

原来菊花山时所吃之酒,是以五枱为单位,四枱酒一枱花,花者便是用菊花扎成的戏装人物,一枱花计得十六个花人,以分贻来宾,如因来宾不多,将酒减少,将花增加,也无不可,有的因来宾过多花人不够分派,便由主人预先添制若干,每个花人,约值三毛钱。照例被邀之客,在么二堂子里的票资,是只须三块钱,可是现在三元制似已打倒,只少也要报效六块钱,其他十元廿元,也皆有之,此则要看主客间之交情而定了。本来五梅的代价,是每枱十二元,合共六十元,可是此乃指其成本而言,客人所付,当然至少也要一百块钱了。

梅花五瓣,故上海人以梅花为五之隐词,吃五梅花者,即吃五枱头之别名也。在吃史上,有吃太阳,吃露水,吃西北风,此则吃起梅花来,似乎比较清高得多了。

《花史》:"铁脚道人常嚼梅花满口,和雪咽之,曰吾欲寒香沁入肺腑。"此其吃梅花之滥觞欤? 然今人所吃者,也不过吃其名而已。

梅为国花,正所以代表中国者,不幸得很,在前年"九一八""一二八"之间——花泛里——这朵梅花,竟也被日本矮奴吃去了一瓣,(汉满蒙回藏,五族共和,如今溥仪被立为伪国王,岂非去了一瓣?)此又岂非吃五梅花之言谶欤? 悲哉!

出丧的仪仗里,四个红黑帽围绕一个打凉伞的,俗语也叫做"五梅花",不过这是给人看的,而不是供人吃的五梅花,请不要缠夹。

一六九 雪茄烟

在某种英文课本上,记得读过一课关于吸烟的滑稽故事,大概情节如下：

有客自海外经商回国。亲友纷纷议论,都说他在外国得了宝贝回来,而轻易不愿示人。他的亲信仆人亦颇怀疑,偷偷地在钥匙孔里去窃看主人的行动,仆人看了大吃一惊,但见主人嘴里正在冒烟,他以为主人肚里失火了,急忙奔出去求救,来了许多热心的救火员,装了皮带向主人喷水,把主人嘴里的烟火总算灌熄了,那主人被灌得七荤八素,还是莫名其妙,待仆人说明原委,他才哑然失笑,对大众解释吸烟的误会,他们兀自不信,后来将灌潮的烟草取出来,当场试验,吸给大家看了,大家便称奇不置。

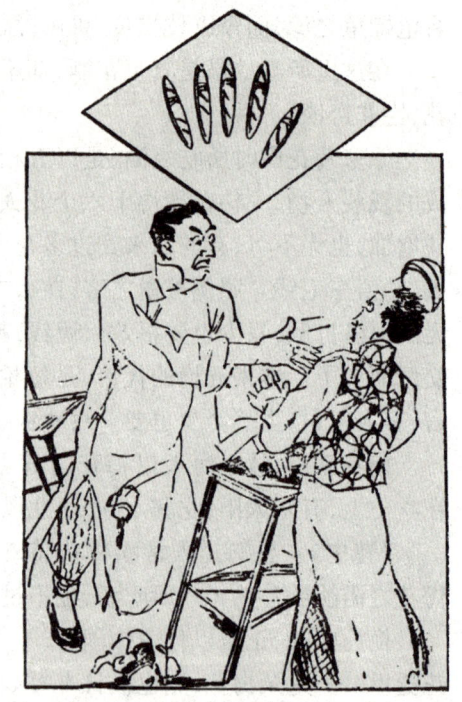

在中国的古画上,从未见到捧水烟袋的人物,除非是昭君出塞的番兵手里偶而提着一支旱烟管做点缀品,可见胡人的吸烟历史,还在汉人之前,但汉朝的匈奴是否已经懂得吸旱烟,这还是疑问,也许是画师的附会。

中国向不产烟草,烟草之种于明朝始由吕宋传入,今各省多种之,福建关东及兰州等处,所产尤为著名,吕宋 LuZON 乃菲列滨群岛北端最大之一岛,民间皆以吕宋代表全菲,只知吕宋不知有菲律宾的人现在还是很多。

烟草又名"淡巴菰",这与英文的 Tobacco 是一个来源,不知译的是那一个民族的方言？原义作何解释？恕我寻不出爷娘家了。上海人名干烟为"淡烟",许是淡巴菰的简称,用淡巴菰叶,并不切成烟丝,原张叶子裹成比手指略粗的烟卷,燃着就能吸食,其名曰"雪茄",乃 Cigar 之译音,此烟大半产于 Tirginia, 及菲律宾之 Manila,因为当初都由吕宋国输入中国,故中国人亦称雪茄烟为吕宋烟,而上海人于吃"雪茄烟"更有别解。

　　不争气的中国,自从鸦片交涉,被英国兵舰屈服以后,近百年来,屡受白种人的屈辱,外人的气焰日盛,他们虽在中国搜刮我们中国人的脂膏,而不把他们的衣食父母放在眼里,动不动就要举手打人,因为他们的体格强健,伸出手来像蒲扇似的一把,手指特别粗大,我们挨了他们的嘴巴,不说是吃了胡萝葡偏要说"吃了雪茄烟",这也是崇拜洋货心理的表现,说起来未免太难为情!

　　上海是华洋杂处之地,所以上海人吃雪茄烟的机会比较多些,这与吃"外国火腿"一样,同是中国人的羞辱。而中国人打中国人的耳光,有时候也称请吃雪茄烟,这是何等卑劣的心理,我也不忍再写下去,算了罢!

一七〇 识 相

相术的历史在中国甚为悠久,周内史叔服能相人,公孙敖尝请其相二子,事见《左传》。荀子有《非相》篇,孔夫子亦有"人之圣贤在德不在貌"之论调,可见当时相术已盛行一时,致受有识者之非难。

中国写真画不很发达,有之亦不传,故后世对于古圣贤之容貌皆无从认识,赖有相法,始能于文字中约略见之,如尧眉八采,舜目重瞳,禹耳三漏,文王四乳(见曹植《相论》),仲尼之状,面如蒙倛,周公之状,身如断菑,皋陶之状,面如削瓜,闳夭之状,面如见肤,傅说之状,身如断鳍,伊尹之状,面如须麋,禹跳汤偏,(见《荀子》)是皆因论相而附带及之者也。

中国最相识的古人,相传为"麻衣仙翁",著有相经行世,他的门徒陈抟亦善相。其余如管辂,姑布子卿,袁天纲等,皆以善相闻于后世。

相士现在已成专门职业,上海不但有住头等大旅馆的男相士,并有开设相面店的女相士,也算女子新兴职业的一种,她们专为年轻男子相几时能交桃花运,并能由人书条子叫到妓院或旅馆中来相面,因此营业特别发达。

"善观气色",是相面先生的招牌,其实这四字乃是现代的人生哲学,现代的做人法,无论处世待人,皆须"善观气色",故上海人懂得"识相",不识相者,事事吃亏,处处讨厌,常常被人视为"文旦壳子"。

上海人对于不识相朋友,称为"蜡烛",敬酒勿吃吃罚酒的脾气,上海话叫做"蜡来勿识相"。

识相朋友,虽不必像女相士一样,用两只贼眼乌珠一眼不瞬的对人的面孔仔细端详,但他们却也随时随地留心着别人的声容笑貌,尤其是当着上司的面前,如果在人家心里不快活的时候,即使去拍马屁,也有拍在马脚上的危险。

上海多识相朋友,所以红头阿三或安南阿四在路上无故打黄包车夫,便不会有人去解劝,"为人莫作出头人",识相朋友决不肯做"出头椽子"。识相的格言是"各人自扫门前雪,莫管他家瓦上霜"。

图中的一对男女正在开秘密谈判,他们的朋友蹑手蹑脚地远而避之,是亦识相朋友也。如果他走过去惊散他们,他们面子上虽然也会与他招呼,但是心里少不得要恶狠狠地骂他几声"杀千刀"!他占有的既非你的恋人,又不是你的亲故,将来她凸起了大肚子扭他去打官司,也用不着你上堂去做证人,此时避开,叫做乐得识相,君子曰:此公参得"识相"三昧矣!

一七　捞锡箔灰

绍兴有三件名产，一师爷，二老酒，三锡箔。现在单说锡箔：

绍兴的锡箔，销行全国，锡箔是冥国银钱的原料，就像阳间的生银，所以绍兴人隐掌冥国的金融权，绍兴锡箔产量的多少，可以左右冥国交易所的银价，绍兴制造锡箔的工场罢工，足以使冥国的金融界全部崩溃，绍兴锡箔工人具此绝大潜势力，亦可以自豪矣！

锡箔，用锡锤成薄片，敷于纸上，以为楮镪；据说锡箔焚烧后，鬼拿去就能当作银锭用，但是我们的政府并未派大员到鬼国去考察过，锡箔在鬼国是否通行无阻，至今尚存疑问。

锡箔又称纸钱，此制由来已古。

《鼠璞》：纸钱起于殷长史，南齐东昏侯剪纸为钱，以代束帛。

《清异录》：周世宗发引之日，金银钱宝，皆寓以形，雕印文字，黄曰泉台上宝，白曰冥游亚宝。（现在烧锡箔每盛以纸袋，袋上印有冥宝字样，本此。）

《封演见闻记》：古者亭祀鬼神，有圭璧币帛，事毕则埋之，魏晋以来，始有纸钱。

《云麓漫钞》：古之明器，神明之器也，今以纸为之，谓之冥器，钱曰冥财。

依此看来，锡箔之创造，原于古代的殉葬，因值钱的圭璧币帛，埋入土中，未免可惜，乃发明纸制品以代之。

锡箔经过焚烧以后，锡为金属，原质不灭，锡箔灰内仍含有多量锡质，乃有绍兴人背了特制的竹筐到大街小巷去收买锡箔灰，收了去仍能化锡制箔，鬼国的圜法乃得以流通。

上海为消费锡箔的最大口岸，多数烟纸店兼营兑换银洋，亦兼售锡箔及冥国钞票等鬼物，人鬼两界，无不称便。上海的媚鬼之徒何以如此众多？因为上海地方多大善士，亦多大恶人，大善士不但赈济活人，还能惠及孤魂冤鬼，大恶人畏怨鬼缠扰，须平赤老怨气，二者皆需要锡箔，故锡箔之销场在上海特畅。

每逢大小月底之夜，街头随处可以听见"要哦长锭"的声音，同时又有瘪三，身负洋铁箱，一手提小油灯，一手执扫帚，像猎狗似的到处巡视，目的就在一家家门口烧残的那堆长锭灰，大家便称他们为捞锡箔灰人。

从前的阴历七月里，各业公所都要举行盂兰胜会，俗称打醮。最盛的是南市药材行的打醮，每一个打醮，沿路皆须烧多量长锭，投机的瘪三跟在后面，专捞锡箔灰，常常弄得争夺打架。锡箔灰值钱甚微，尚有这种现状发生，沿路的孤魂冤鬼，为了攫长锭而酿成的争执，我想定比瘪三更烈。

锡箔是给鬼用的东西，捞锡箔灰是揩鬼的油，上海话对于想取非分之财的举动，称之为"捞锡箔灰"，意谓其人手臂太长，连鬼用的钱财都想分润。

纳贿，上海人亦讳为"烧长锭"，打醮与大小月底的烧长锭，上海人谓之"太平锭"，人怕被鬼揶揄才烧长锭给不认识的鬼，目的在求太平，做了违法的事，像做了贼一样虚心，也怕有人去作弄，纳贿亦为求太平，用意与烧长锭给鬼一样，所以纳贿与烧长锭可以并作一事。赌场与花会筒等机关，把这两种费用都列入正当开销。

捞锡箔灰须要趁热，连火带烟一齐捞入，才不会被捷足者先得。受贿赂者也，须有捞锡箔灰的精神，第一条件，须不怕烫手，如果畏首畏尾，那就一辈子没有发财希望，此锡箔灰之所以要"捞"而不容扫也。

收纸锭灰的绍兴人，确有一种捞锡箔灰的艺术，人家将灰卖给他们，他们用蚌壳来测验含锡量的多寡，又用手到灰里去淘一回，不知用何手法能捞去一把，好几斤锡箔灰被三五个收灰人捞过，就会损失一半，这才是实行捞锡箔灰者。侵蚀马占山捐款的人，大概也学得这种艺术？

一七二　黄三河阵

《封神演义》中的许多神仙鬼怪排的阵图，内中有一个离奇的阵名叫做"黄河阵"，主排此阵者，为财神赵玄坛的三位令妹，芳名叫做琼霄，云霄，碧霄，据说她们就是门角，田角，坑山三位姑娘。坑山姑娘就是司圊厕之神，门角姑娘就是新年里小儿女抬的紫姑，她们的法宝乃是剪刀和马桶，马桶别名"混元斗"，老寿星南极仙翁尝见厄于此斗。

"黄河阵"排得真是厉害，任何顶天立地的英雄好汉，或神通广大的仙人，走入阵中，就会昏天黑地，迷失本性，阵中但见烟雾迷漫，不辨东西南北人在阵中，扪之无物，扣之无声，像喝醉了酒似的东撞西歪，等不到一周时工夫，肉体就化作一阵轻烟，消灭得无影无踪。

"胡说《封神榜》，乱说《西游记》"。世界上那里真有这种事实，无非是哄骗人的鬼话罢了！"黄河阵"更其荒唐之尤，所以上海话对于虚无缥渺的无稽之谈，就用"黄河阵"来做代表，亦曰"黄三河阵"，因摆黄河阵的是三个女子，至于何以不说"黄河三阵"？或"三黄河阵"？那是我也莫名其妙。

上海话于虚伪的东西，皆称之为"黄落"，如野鸡报上登载的新闻，常有某某军收复东三省，某某大亨遇刺等怪事，上海人称这种把戏为"黄落戏"。

不禁霜侵的树木，到了秋天，树叶就会逐渐焦黄，再加西北风摧残，黄叶乃纷纷坠落，是即上海话"黄落"之意也。

树叶焦黄坠落后，有的被人扫去当柴烧，有的长埋在泥中，落叶不是化灰，就是化土，两者都是化有为无，叶落在地，决无生根复活之理，黄落就是指黄叶落后一无归宿，惟有化作泥灰耳。

树叶未落之前,先变黄色,叶色泛黄,离落不远,故"黄落"简语,就是一个"黄"字,如言某事黄了,即黄落之意,近来亦称"唱滩簧"。

事体之黄,犹树叶之黄,每由渐而至,事体骤生变卦,易引起反响,必渐渐地使人淡忘,始能收事半功倍之效,是即目今政治家所采取之治民政策也,无以名之,名曰"黄色主义"。事既黄矣,落必随之,叶落如覆水,断难重收续胶,故事体之黄而且落,亦如血肉之躯陷入"黄河阵",不久必磨骨扬灰,烟消云散,魂灵儿亦不知去向。

"黄三河阵"又含糊涂之意,酒后的谵语,胡天胡地,不知所云,上海话可以"黄三河阵"形容之。上海人评论国家大事,辄曰:"操伊拉!大老先生平常日脚黄三河阵,一眼勿动天君,东洋人张牙舞爪,珠花野味,三个白兰花一来,江山失去半边,他们负国家重任的人都是这样黄三河阵,我们何必干乱硬,大家黄三河阵黄下去吧!"

黄,上海方言亦作"假"字解,如假造的金银首饰,上海谓之"黄货",而金子亦称"黄货",这两句话毫无分别,须看使用的地方,始能分辨异同。

"黄河阵"又是一种赌博的名称,上海妓院里打麻将叫做"碰和",其实碰和与麻将不同。碰和又名"碰同棋",用的是二十一张不同样的牌九牌,每样五张,共计一百另五张,凑的都是不同五子分相等搭子,打法比麻将复杂,现在苏州尚有流行,上海几乎失传了。碰和又分正碰与歪碰二种,正碰即同期,歪碰则谓之"黄河阵",较同期更为复杂,因无规则可循,故称歪碰,"黄三河阵"或即起源于是,言其横冲直撞,毫无理性也。

一七三 杨树头

有真才实学的人，未必就飞黄腾达，不学无术的人，未必就不能平步登天。世间很有许多通才博学的人，穷得天天当裤子买瓦片饼吃，目不识丁的朋友，反而坐汽车住洋房据高位做大亨，如果没有两个鼻孔，管教人气得七荤八素！在无可奈何之中，惟有归之于命运，人不交运，倒眉磕眬，秦叔宝的卖马当锏，就是一个榜样，一旦时来运转，那就家中泥土变黄金了。

休说人要交运，就是草木也要交运一样从泥土里生出来的东西，椿树能做人类的"城隍老"的代表，萱草也能被认为"坑山姑"的代表，竹称君子，松号大夫，柏为节妇，梅乃处士，都能受世人的恭维。惟有杨柳却浑身无一是处，开的杨花，被人当作淫荡妇女的象征，说什么"水性杨花"，杨絮又被认为飘泊无依者的代表，"章台柳"是任人攀折的东西，"蒲柳姿"又是轻贱的东西，"路柳墙花"，更是站马路的野鸡一样烂污了，你看阿要气数！

杨柳身上竟无一根值价的干枝，柳叶比做美人的眉毛，这是摆样儿的东西，毫无一些实用。杨柳又比做女人的腰，却不是平常女人而为舞女的腰，舞女是靠腰混饭的，舞女的腰是专被男子搂抱的，杨柳所代表的却是这种腰，这是何等刻毒！

杨树的嫩枝，直立风前，只因骨干不坚，难免随风飘动，上海人便詈心无定见的人为"杨树头"，言其东风来向西倒，西风来又向东倒，自己毫无自主权。

杨树头岂愿随风颠倒，实被强暴的风力迫之使然，风力要他倒东倒西，他若不随，就有被目为反动分子的危险，我们讪嘲杨树头，却不知杨树头的苦衷，又有谁明白杨树头的冤枉？

世人学了杨树头的特性，作骑墙派的行为，犹如飞蛾，专望亮处扑去，又像苍蝇,爱向臭处觅食,昨天保皇,今朝革命,明天共产,后日倒又亲日了。今日之我不妨与昨日之我宣战,明日之我也许打倒今日之我他是信奉"不倒翁主义"者,任何压力加在他身上,总不能使他倾跌,他像"马浪荡"一样多才多艺,随便什么职位部能充任,他又有过人的体力,同时能兼任三五十个阔差使。

杨树中国产得极多,到处都能看见一两株。杨树头式的人,中国也产得不在少数,随时随地也能发现。政局常常变动,不做杨树头,决不能永远保存饭碗,那般忽起忽落在政治舞台上像走马灯似的来去的红角,就是最具杨树头性者。

连续不断的倒戈运动,颇得杨树头的生存诀窍,一般拥护打倒式的标语,有人以为前后矛盾得可笑,其实这是发挥人类的杨树头的特性,在标语的字里行间,隐约看见有一只只饭碗在跳跃。

一七四 牛奶棚

牛,六畜之一,能耕田,其肉可食,其皮可吹,其奶可饮,其油可熬,其溲可做药,其血可衅钟,为用之大,不胜枚举。但是一班君子人,即不愿闻其声,也不忍食其肉,尤其是一班善男信女,认为牛是千万吃不得,吃了罪过的,大概他们(或她们)因为牛是大畜生,若把它吃下肚里去,万一作怪起来,那倒不是玩的,于是有许多大畜生,便侥幸得不死,而小畜生便无噍类矣!是则可知做畜生,也是要做大的好,更何况乎人?

据说牛身之上,最富滋养质的,要算牛油和牛奶,牛油可熬成膏,用以涂在面包上吃,而西人之吃面包,更是少不来牛油。——便是"洋泾浜话"所谓白塔油——至于牛奶,为用更大,不独吃面包的朋友,喝起咖啡来,要加入些牛奶,就是不吃面包的人,也都喜以牛奶为饮料,一般小孩子,尤多靠牛奶养活长生的。

牛奶的种类很多,有牛奶粉,有罐头牛奶,但据说这些制过牛奶的效力,都不及新鲜牛奶来得卫生。因此,有人便设牛奶棚,养了好多头牝牛,喂以很好的食料,而取其奶,盛以玻璃瓶,每日清晨送至预定的人家,以供取饮,你在巷头弄底,可以见到人家大门外,钉有一只好似信箱的东西,便是用以置牛奶者,以免敲门之烦,故此我们便可知道牛奶棚者,牛奶之出产地也。

曾闻有人戏问其所狎之妓女道:"我请你吃白塔油,阿要?"妓作娇嗔曰:"接眚人,侬自家去触祭!"这就奇怪了,白塔油是可吃的东西,妓何为而娇嗔?岂彼乃吃素耶?思之重思之,始恍然悟到白塔油之色白而微黄,有腻性,且略带腥气也,然世间断无怕吃鱼腥气之猫,彼殆亦"黄熟梅子卖青"耳?又闻有人戏问其妓曰:"你身如此壮,是皆牛奶之功也。"妓亦薄嗔,起欲殴之。这个,我根据白塔油之发明,自然是思过半矣,因知牛奶初不一定是出在牛身上,即人体上也何尝没有牛奶?

听说好在风月场中跑跑的人,都会笼得快活林中鸟而归,所以冶游后第一步成绩,便是拎鸟笼,(读作弔笼)如许大画师插图中那位朋友,看他摆手摆脚,步履蹒跚,而那女人对小孩道:"阿囡!去看看爸爸带些什么回来?"其实,那男子所带回来的,便是拎着一只鸟笼,不,拎鸟笼附带生意经,便是牛奶棚,所以那男子所带回来的,也可说是两瓶牛奶。到底人类的聪明,还及不得狗,那女子所不知的带些什么回来,那条狗却已闻其腥气,而叮在后面,馋涎欲滴了。

我写到这里,却也不愿再兜圈子了,老实说罢,开牛奶棚者,滴白浊也。白浊者,花柳病中之一种,小便困难,尿中含脓白汁,因其色香味和牛奶相仿,故比之为牛奶,而滴白浊者,既涓涓不绝,滚滚而来,自然和牛奶棚一样的富丽,否则又那里含有这一大批的来路货牛奶呢?同时,我还考据到牛奶棚的小开是斗酒诗百篇的李(谐漓)白,牛奶棚的老板是酒中仙的李(谐漓)太白,虽说白与太白,二而一也,然其资格则不同,太者正见其老,而白者则白浊也。

但是人类到底非牛可比,涓涓不尽,将成江河,这又是如何得了,故开了牛奶棚的人必须找人修理,以免后患,因为白浊在花柳中,虽说较轻,却较难治,如若不治,将成终身隐疾,病苦难宣。

一七五 酥桃子

　　樱桃较桃子具体而微，因其累累如璎珞，故名。上海瘪三称嘴为"樱桃"，称能言善辩之人为"樱桃"，已见本图说一二九。有时亦简称嘴为"桃子"。

　　瘪三之桃子，以刮辣松脆者为贵，如近年来畅销市上之玉露水蜜桃之类，揭去一层皮，里面包含多量水分，桃肉用不着咀嚼，入口便酥，滋味果然极佳，但非瘪三界所需要的桃子。

　　在上海吃空心饭的人，文不能拆字，武不能卖拳，居然手面阔绰，富埒大亨，他们所倚仗的就是一张锐利尖的桃子。

　　"讲斤头"是瘪三重要任务之一，当上海的中国大律师尚未十分发达的时代，民间发生了纠纷而需要中间人调解时，除对簿公庭外之唯一途径，只有上茶馆去"吃讲茶"。茶而曰讲，当然要请能言善辩之士出场帮忙，上海的白相人便应时而兴，以代人排难解纷为专业，他们所得的酬报，就是在赔偿损失费之中，抽几成厘头，谓之"脱帽子"。

　　凭三寸不烂之舌，将大事化小，小事化无有时也许反其道而行之，无事化有，小事化大，是皆非有苏秦张仪之才不可。所以白相人的拳头，尚不敌桃子重要，拳头大臂膊粗的人，只能派在"排华容道"助威势的用场，运筹帷幄，折冲俎豆，还要仰仗桃子尖的辩士。

　　譬如国际联盟会议，乃是一个扩大的斤头场合，与人正面冲突的乃是外交家的嘴，大炮炸弹等武器，只能做讲斤头的后盾。流氓的拳头也是如此，若是辩士的桃子太酥，拳头有时也会失却效用，而酥桃子的人根本就无充任讲斤头选手的资格。

　　酥桃子虽然无用，但颇中吃，如近日市上充斥的玉露水蜜桃，固人人爱吃者也，故酥桃子变为流氓之"吃屑"，因其入口即化，吃了决无鲠喉咙的危险。

水蜜桃多含水分，手指头重触一下，就会出水，含有酥桃子性的人，也像乱头子上的肉，一点推扳不起，轻轻一碰，也要出水，人身上出的水是什么？上身是眼泪鼻涕，下身是屎粪齐流。

酥桃子永无出道之日，决不能在上海乱人界中占一个位子，因为拳头尚未沾着他的身体，已经上下身四水乱迸，嘴里狂喊救命，乱称爷叔，这种人除了供乱人做吃屑以外，竟无一点用处。

明明做了上风事体，到了场面头上，满腹理直气壮的大道理，却期期艾艾说不出口，被人"三吓头"一来，就此吃瘪，结果要请人吃"相红茶"，"拉枱子"赔礼服罪，这就是"酥桃子"的行径。我国历年的外交失败史，就是全部酥桃子传记。

与酥桃子性质相仿的是"胡桃肉"，胡桃外包坚壳，要吃他的肉，非重重敲打不可，这是用以比具有蜡烛脾气的人，敬酒不吃吃罚酒，须打得他体无完肤，才肯将肉全部供献出来，但是我以为胡桃肉还比酥桃子硬气些，有宁为玉碎，不为瓦全之志。

上海话称懦夫为"好吃果子"，酥桃子亦好吃果子之一种，豆腐之所以易吃，因其没有骨头，并无纤维质的筋，吃时不患噎哽，吃后无须吐渣，酥桃子有豆腐的美点，而不像豆腐那样淡而无味，拿到手就能吃，豆腐须加油盐和别种菜蔬同煮始能下饭，酥桃子则可免烹调之劳，不必经庖丁之手，阿猫阿狗皆得而食之，吃酥桃子比吃豆腐便当，但是多吃桃子也有下痢的危险，所以吃豆腐的生意还是抢不去。

上海的马路英雄，原有吃人的嗜好，折梢的别名叫做"吃吃伊"，将伊的血吸干，谓之"吃瘪"，伊就变作"干血痨"了。他们的吃人，绝对不管别人的死活，故有"吃死人不吐骨头"之谣，死人尚且不肯饶赦，岂有见酥桃子而轻易放过之理，狠客在吃酥桃子时连核吞的，桃核总比死人骨头容易吞些。

一七六 死蛇逬

　　从前我在人家晒台上,看见一条蛇与猫斗,那蛇盘在一个大竹笾里,圆圆的一大堆,足有大号脚盆般圆周,一个蛇头适居中心,伸出来有尺许长,摆着弯弓般姿势,恰像一个鹤颈,两目怒睁,注视着猫,两条细而长的舌头,像闪电般忽隐忽现。

　　那头老雄猫,拱起了背部,像搭的一座高桥,尾巴朝天直立,像竖着一根棋竿,眼珠扩大得像桂圆,张开了嘴直向蛇呵气,喉咙里呜呜地骂山门。

　　猫的涵养功总不及蛇,它们两个像戏台上的英雄与好汉"比粗",注视了几分钟,猫终于忍耐不住,少不得要"猫手猫脚"地用爪去抓蛇,看见猫爪过来,蛇将头往后一缩,等猫发过了性子,蛇头又恢复旧有地位。

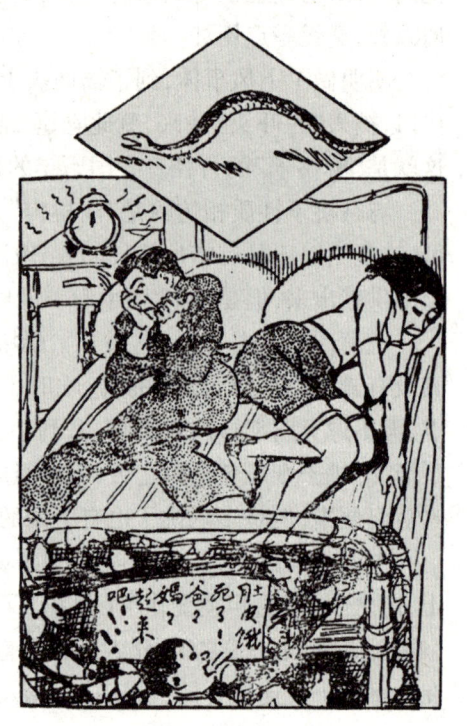

　　猫与蛇穷逬包,大家不进不退,固守着原有战线,人不敢去惹蛇,但也不敢驱走猫,只怕猫走开之后,蛇要乱窜到屋子里来,只得由它去监视着蛇。

　　自晨至暮,它们的阵线毫无变动,看的人也厌倦了,关了露台门由它们去继续夜战,到了明天,蛇与猫都已不知去向。

　　动物中最爱动的是猢狲,醒着时几无一刻安宁。最静的只怕就要数到蛇了。蛇是冬蛰的动物,交冬以后,就在窟中蛰伏,须听得春雷发动,它才慢慢地苏醒过来,这一觉至少要睡三个月,身体始能渐渐地活动。蛇练就这种潜伏功夫,所以善逬,十天半月不进饮食,也满不在乎,要论逬包的功夫,猫真不是它的对手,若教蛇与蛇斗,至少要逬三日三夜才开始对咬。

　　活蛇尚且如此善逬,何况死蛇?蛇死在地上,只要肚皮不向上泛白,形状与活蛇无异，若被别种动物看见，还以为它是活蛇与它迸起包来，那是谁也及不到它的涵养功夫，如果两条都是死蛇相迸，只有迸到大家全身糜烂为止。

"死蛇迸"是一句上海俗语，言人不声不响，三拳打不出一个闷屁，他不抵抗，也不屈服，只用一副镇静工夫，不惜时间，与人作长时期的穷迸包，迸得对方知难而退，他便算占着胜利了。

死蛇迸有时可利用作退敌的武器，略举数例，以备读者采用：

拒绝债户——虱多不痒，债多不愁，善欠债的人，逢到债主临门的时候，任他们叫嚣怒骂，他总是闷声大发财，死蛇迸几个钟头，债主自会撤退。

白扳对煞——如果在你情人的屋里，发现了你自身是一对白扳之一，你若要想占领你的情人时，就该施展些死蛇迸的功夫出来，包你能占最后的胜利。

制服丈夫——"一哭二骂三上吊，四勿吃饭五睏觉"。是为女人应付丈夫的五级制，眼泪是女人的武器，以之抵抗，男人未有不屈服者，若哭而无效，继之以骂，最后的一着，就是睡在床上与男人迸包，所以睏觉是第五个阶段的抵抗法。睏觉即"死蛇迸"，是为不抵抗之抵抗，印度的现代圣人甘地发明的无抵抗主义，就是采用中国女人的"四勿吃饭五睏觉"的御夫法，也就是上海话的"死蛇迸"主义。

日本人强占东三省我们先是呼天抢地号啕大哭，我们的政府极力劝人民镇静，教我们用女人的死蛇迸法，去迸出胜利来，可惜日本人的心肠太硬，我们睡在床上诈死，他们的拳头还像雨点般下来，逼得我们走投无路，只好实行第三法悬梁自尽，我们上吊，他还来拉脚，事到今朝，勿吃饭亦无效力，只有大家实行睏觉主义了，这不是妇人的法子不灵，要怪日本人太不懂怜香惜玉。

图中是一对夫妻的死蛇迸，大家背对背的迸着，谁先开口就是谁表示屈服，家里弄得儿呼女号，都置之不问不闻，他们这一对都是甘地主义的信徒。

一七七　崇明人阿爹

凡人都爱向风土人情个别的异族打趣，而于文化较低，或有特别嗜好的民族，更加以恶意的讥讽，形容得他们一文不值，因此引起了民族间的恶感，影响于邦交极大。

英法各国在中世纪时代就爱调侃犹太人，莎士比亚的《威尼司商人》剧本中，那主角守财奴歇洛克就是犹太人。名著《爱梵词》(林译名劫后英雄略)也把犹太人写得十分卑鄙龌龊。美国人受了欧洲的传遗病，所有文艺作品中的嗜利忘义之徒，都半装在希伯来人身上，他们对于神皇贵胄的中国人，似乎也没有好感，在他们眼光中看出来，最高贵的中国人，就是开洗衣作的老板。

中国人一向自视很高，自称中华，即处于世界中央，有居高临下之意，一切异族皆以蛮夷戎狄目之，直到海禁开后，屡受剑辱，才知道夷戎之可怕，然而自大的遗传性，却至今尚时时流露。

上海是中国受西方洗礼最早的地方，上海人自称得风气之先，内地新事业皆惟上海的马首是瞻，上海人原有老祖宗的自大遗传性，再加拾得一些西洋人的牙慧，上海人便越发把自己的地位看高了，见了内地土老儿皆鄙之为"寿头""屈死"，都是不识不知的东西。上海人到了内地，也会被人另眼看待，以为凡是上海人都是见多识广，挥金如土的阔佬，竹杠便一五一十的敲上来，我到内地去游玩，就不愿自称上海人。

上海人惟我独尊在他们眼光中看出来的异乡人，都含几分讥讽侮辱的意味，把想得起的几种写在下面：

南京拐子徽骆驼　　江阴强盗无锡贼　　江北猪猡　　江西老表　　绍兴师爷　　昆山城隍　　天上九头鸟,地下湖北佬　　京骗子(指北京人)　　山东人

吃麦冬　　江西人钉碗(自顾自)　　丹阳客人(单洋谐音)　　无常一到性命不保(指无锡常州人)　　江西人觅宝　　崇明人阿爹

本篇单说崇明人：

崇明是扬子江口的一个沙岛，在轮船未通以前，由吴淞到崇明须乘沙船，赛过漂洋过海一样烦难。因为交通不便，风气难免闭塞，上海人理想中的崇明人，以为个个是不识货的饭桶，买东西最易上当，凡是价不廉物不美的东西，上海人便说：

"去卖给崇明人的阿爹！"

关于崇明人阿爹的故事，老年人有这样一个传说：

上海未开辟租界以前，热闹市场汇集在小东门一带，一条小东门大街，好像现在的南京路，大商铺戏园酒楼都开设在附近，因为十六铺是船只交通荟萃之处，客商都要在此逗留，市面极盛，那时各处的航船都有一定船期，惟有崇明船须风平浪静才能开行，往来每无确期。从前客商向店家购货，照例可以"包退回换"，但日期相隔太远，店家便能借口拒绝。

当时有一位崇明老者，在小东门某店家办了些应用货物，那店家欺他年老乡愚，将次等货卖了给他，崇明老人拿回家乡，才觉察上了当，他一时气愤就此痰厥身亡。家人料理罢丧事，便由老人的孙子拿了货物到上海来向店家办交涉，店家问他"是谁来买的东西？"他说："是我阿爹来买的。"店家明知道他阿爹已经死了，却对他说：

"既是你阿爹来买的，应该叫你阿爹亲自来调换。"

那崇明人的孙子见店家蛮而无理，又欲为阿爹报仇，便扭那老板到县衙门里去打官司，他的官司总算打赢了，但是"崇明人阿爹买上当货"的故事，却也因此留传千古了。

芦粟是崇明的名产，上海人卖芦粟，即使是广东来的，嘴里也喊着"包甜崇明芦粟"，所以芦粟就是崇明人的代表，崇明要选岛花，惟有芦粟花才能当之无愧。本图绘着一位捐芦粟的老人，我们一望而知，这是"崇明人阿爹"的商标。

一七八 鬼操皮

圣人云："男女饮食,人生大欲。"实则男女之私,比较饮食尤为重要,人不饮食,死者不过自己本身,人不男女,将影响及于子孙,人类就要绝种,世界就要毁灭。如果佛光普照全人类,大家实行禁欲,则世界将无小和尚出世,百年以后,修成正果的人升天变佛,修不成功的人入地狱变鬼,地球上不见人迹,只见佛鬼,上海四马路也就变为西方极乐世界,大戈壁沙漠里也看不见一点红尘了。

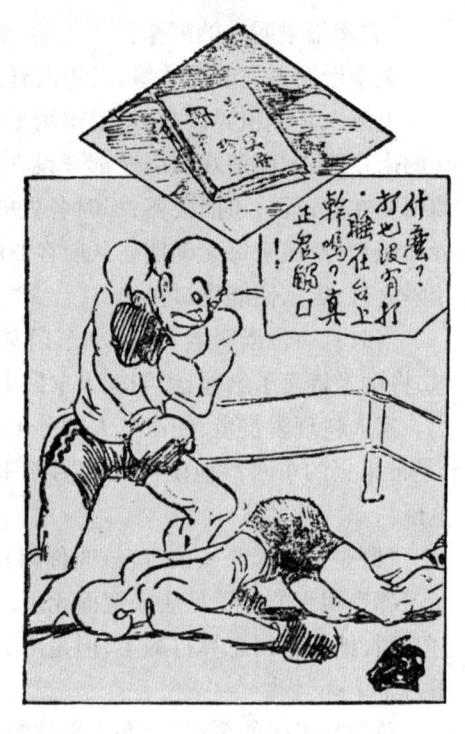

天下本无真是非,惟以习惯相传的为是为非,我们便从而是之非之,例如我们的祖先若以生吃父母的肉为大孝,又出几位圣人之流阐明吃父母的道理,加以鼓吹提倡,大家便会相信吃父母为大孝,法律也许定下专条,把养父母的人处一等至三等徒刑咧。

男女饮食也是如此,若是习惯相传,人类须钻在被窝里瞒着别人的耳目始能吃饭,男女之事不妨看狗连连的样,在光天化日之下当众表演,这样一转移,试看世界是什么现状?开茶馆饭店的老板,将与花烟间一样不名誉,沿街卖冷面酸梅汤的小贩,将与野鸡拉客犯同等罪名。公堂审问吃饭案子,须禁止旁听,以其有关风化也。朋友交际,不敢请人吃饭,只能教家主婆出面请朋友来实行男女。

因为人类的习惯,已把男女看得十分神秘,所以大家开房间须要偷偷摸摸地去干,像某名士在日记上大有"某夜敦伦一次"。非但少有,并要被人耻笑,此君虽然胆大,也只敢在事后简略记载,不敢当着人前公然行事,更不敢把小动作一齐公诸于世。

这桩事说出来,在现在的世界里,总觉得不大冠冕堂皇,人犹如此,何况于鬼,鬼原是见不得人的,所以不大方的人,便说他是"鬼头鬼脑"。鬼的男女工作,当然玄之又玄,秘之又秘,人的男女,已是私弊夹帐,事同"鬼操皮"者,比尼姑养尼子更加不可告人之事也。

"鬼操皮"仅仅是一句譬喻话,所以上海人的鬼操皮,不限定男女两性间的事,男与男,女与女,都能有鬼操皮事体发生。凡属瞒过了第三者的耳目,说不可说的话,做不可做的事,都能称之为鬼操皮行动。如果你不爱看别人在你面前交头接耳,你尽管可以当面申斥他们道:

"你们不要鬼操皮!"

鬼字在上海话中含有暧昧之意,亦能兼作动词,例如上海话说:

"侬常朝来鬼落鬼作啥?"

这就是问你日常来走动干什么?语气中带着几分你有事要求他而不便告人之意。

妓女租小房子养汉,这是实行鬼操皮,所以有人说这句俗语是妓院中发明的。她们瞒了人到小房子里去工作,滑稽者流便说她们去鬼操皮了。"养小鬼"的隐语也是从此中产生,因为鬼操皮的结果,难免要养出个把小鬼来的。

关于鬼的言行,上海俗语中尚有不少,随手录几则,注释如下:

鬼迷滴答——谈恋爱也,秘密会谈也,不大方也。

鬼头鬼脑——义与上同。

鬼哭——哭鬼之动词,吝啬也。

鬼打朋——缠扰也,障碍也。

鬼弄送——阴损也。

鬼算盘——贪小利也。

鬼讨替身——贾祸于人也。

鬼打墙——走投无路也。

鬼话连篇——多谎语也。

无鬼不死人——言有阴谋中伤者也。

生病人与鬼商量——徒费唇舌,事无指望。

引鬼上门——自召烦恼也。

鬼摸大蒜头——七颠八倒也。

鬼相打难为病人——甲乙相争,牵累及丙也。

一七九 叫句子

骂人，要有骂人的艺术，曾经有人这样说过：市上并有"骂人的艺术"，"骂人百法"等专书发行。这些大概都是骂学专家的大著，恕我都没有拜读过内容如何，无从介绍。

骂人也是人生必要技能之一，你如善骂，就能抵抗别人之骂，你有了骂名，别人怕骂不过你，即使你有可骂之道，人家也不敢来骂你了，是以骂者自卫之保险马甲也。

我不懂骂人的艺术，但不艺术的骂送入耳朵也知道难听，泼妇骂街，三日三夜不肯罢休，态度声调都不见得美观，大家听了都觉得刺耳讨厌。

上海俗语有"愿与苏州人相骂，不愿与宁波人白话"之说，可见声调之美与骂人的艺术也大有关系。扬州戏有"王婆骂鸡"，

杂剧有"探亲相骂"，这是专以骂的艺术邀人赏鉴的。不过这两出戏的骂法不同，探亲是短兵相接的骂，尚不脱村妇式的典型，王婆的骂就比较的艺术化了，她为了失却一只鸡，而不知偷者是谁，并无相骂的对手方，只得把她浑噩的脑筋中所能想像的各级人物，一齐翻出来痛骂一顿，以消她胸中郁勃之气，所有骂的声调语意，皆不同凡俗，如王婆者可谓骂学博士骂界皇后矣！

指桑骂槐，打鸡骂狗，都是声东击西法的骂，此中小有技巧，大概也算艺术化的骂，这种骂法，普通上海人谓之"太平山门"，瘪三界则谓之"叫句子"。

张三欲与李四寻衅，而又不屑直接予以警告，便在李四身边用不二不三的语调去讥讽或辱骂复故意提高声浪，使大家一句句字准腔圆的听入耳中，这就是"叫句子"，亦叫做"朗声"。

提高嗓门大喊曰"叫"，"句子"指有断落之言语，"叫句子"照字面解释，即高声

发言也。近代的群众运动或举行会议，都有喊口号的一个节目，这才是真的"叫句子"。许大画师因此话不易表现，便画了一个吹的叫子做商标，"叫子"两字中间的"句"字却没有着落，照我的意思，不如画一个张开大嘴喊口号的革命演说家，不知许先生以为然否？

　　叫句子的效用，有以下几种：

　　激怒敌人——你想与人决战，他高悬免战牌，使你无用武之地，你就该在他耳边大叫句子，激怒他的肝火。

　　虚张声势——照叫句子法规定，叫者并不指明对方的姓氏，你叫了句子后，对方若被你慑服，你就算扎了面子，你若自审势力不敌对方，听见你叫句子，声势汹汹的来责问你，你不妨抵赖得一干二净。

　　借端索诈——你想敲人的竹杠，而无所借口，便当着众人大叫句子，自有人出来询问原因，你就当众数说他的罪状，自有和事佬出来担任调解，你就可以开出要索条件了。

　　借此解嘲——你若受了别人的侮辱，而又无力翻本时，为保持你的尊严起见，不妨背了那人的面，大言不惭的高声叫几回句子，以挽回你已失去的面子，但须注意围绕你的听众，若有把敌方的心腹在注听，你的句子就不能叫得太激烈。

　　"项庄舞剑，志在沛公。"叫句子的用意亦与此同。"汉夫骂座"，可算是历史上最有名的叫句子者。

一八〇 跑弄堂

比较狭小的街道，北方谓之胡同，京苏各地谓之小巷，惟有上海人才叫做"弄堂"。

弄者，玩弄也，堂者，听堂也。若照字面解释：弄堂应是玩弄之厅堂，与舞厅，画室，讲堂等一样，好像是一间大厦的名称，世间断无露天所在而称之为堂的。弄堂弄堂，此路不通。

且出后门，翻阅字典：

弄，玩也，戏也，侮也，奏乐曰弄，如弄箫，梅花弄。

弄字始终翻不出小路之义。

上海的弄堂，亦写作"衖堂"，再翻衖字：

衖，巷之俗字，元始读作弄，见《霏雪录》。

至此，我才恍然大悟，原来上海的唐家弄张家弄等地名，本应作唐家巷张家巷，民间写了俗字便成唐家衖张家衖，衖字从共，大家都读了别字，始变作弄音。那时元版康熙字典尚未印行，百姓不会翻字典，所以这个白字，一直读了五六百年，后来有人发现了这个错误，而民间读白字已成习惯，万难纠正过来，索性用一个同音的弄字来代替衖字，字义是否讲得通？那就顾不得了。

弄堂的爷娘家总算访明白了，且说上海的弄堂：

上海弄堂房子，不管他是否适合于人类居住，总算是上海人新发明的特别建筑物，百年前的中国式房子，决没有海派的弄堂，百年前的古人，决无从领略一上一下的亭子间滋味，这是适合于寸金地的上海市民的新建筑。

上海最古的弄堂，是在热闹中心点的四马路小东门等处，最初只有行商字号租来作临时办事处，或营妓女的香巢，因为他们不得不挤在商业荟萃之区，普通住民很少住弄堂房子的。

三十年前的上海城内,很少弄堂房子,数得清的几处,如东街的安仁里,是三开间三楝进深的大厦,租户都是客籍的富室。又如庄家桥南首的邻圣坊(?),租户都是作场或贫苦小贩。上海城内居民之住弄堂房子者,非富户即贫室,中等阶级绝无仅有。其后市面日渐扩充,地价日长夜大,新造出租房屋,尽改作千篇一律的弄堂式,因其占地较省也。今日的上海出租住房,除了贵族化的洋房以外,已尽是弄堂了。而且内地新辟市场的出租屋,也造成弄堂式,大家都称为上海房子。这种单调的鸽棚式建筑物,有人说取法于殡舍而加造一层楼,将来恐有蔓延全国之势。

因为上海的房租太贵,一楼一底的石库门里,最多可以租近十家住户,一条弄堂里有二三十号门牌,就有二三百家户口,每户平均三四口,就有近千个人口,新造弄堂,一亩地能造八至九幢,那就是每亩地要住二三百人,这就像义塚地一样闹猛了。

弄堂里人口密集,对于生产上必需的应用物品,其消费量亦足惊人,于是有一般投机小贩,专在弄堂里叫卖日用品或食物,总名都叫做"跑弄堂",因为他们的主顾几乎全是弄堂住户。

跑弄堂者,自朝至暮,由昏达旦,川流不息的跑着,我尝为之分门别类的统计过,共有二百五十多种不同的行业,本文因限于篇幅,不能细说,其中还不时有新兴行业发现,如近来有几个专卖草纸的宁波人,那就是从来所没有的。

时在夏季,到了晚上,弄堂里的居民,三五成群的坐在门口乘凉,那时就有一对对的老枪男女,拉着胡琴,唱着小调,来慰藉弄堂居民的疲劳精神,大家凑集几只铜板,就能畅聆几分钟的通俗歌曲,这是亭子间嫂嫂们的夏夜唯一娱乐。

卖唱的男女皆有,大半是老枪居多,女的不是十二三岁的黄毛丫头,就是四五十岁的徐家好婆,声音娇滴滴的,在灯光下一看她们的面孔,管教吓人一跳,大概是被红珠子所熏,皮肤都变作纸锭灰色了,如果去查问她们的身世,内中确有几个是出过大风头的花丛胡调健将。

在妓院与旅馆弄堂里,穿堂入屋的卖唱人最多,此中也有唱得很好的,听说有一个唱京调的名叫"小艾虎",曾被伶界大王梅博士所赏识,想提拔他到舞台上去唱戏,后来不知怎样不提起了?这是雄飞先生说的,大概不假吧?

在弄堂里游行。无论是小贩卖艺,都是跑弄堂营生,但是,现在的上海俗语,"跑弄堂"却被游行卖唱者占去作为专门名词了。

一八一 把 脉

动物血管,分布周身,使血之流行循环不穷;发血者曰动脉,迴血者曰静脉,血液从心脏中发出,由动脉输送全身,成为波流,因动脉管之弹力,使脉跳动,是谓脉搏,亦曰脉息,人体脉息之最易检察者在两腕间,医家用以验病,是谓"把脉"。

中国旧说,向以部位分配各经,如"寸关尺"之类,几全以切脉为治病要点,其验迟速,以呼息为标准,故曰"脉息"。至西医实验之说,则谓动脉之跳动,仅可验心脏发血之迟速,以定人体之强弱。

无论中医西医,看病都要"把脉",把脉之目的,就在检验人体血液跳动之迟速,血液之于人身,犹灯中之油,灯无油则息,人无血则死,惟血液多少,亦宜恰如其分,血太少,便成贫血症,血太多,也要血管胀破,跳起身来就死,西医谓之脑充血,中医谓之中风。

人而无血则死,人而无钱亦不得活,上海瘪三,谓钱曰血,此名称定得最最确切,本图说已言之屡矣。惟钱之与血,微有不同之点,即人身血液过多,会中风而死,人生的钱则多多益善,故世间只有穷鬼,而无富鬼,中国虽有"财多身弱"的俗语,然而"心广体胖"的人究居多数。上海的各业大王,未闻有多财而翘辫子者,(被强盗绑去撕票者除外)打中头彩发财票者,亦未闻暴富猝毙也。

医生检验血液,谓之"把脉",瘪三探察人之钱囊,亦曰"把脉",一名"诊血",此语与以血为钱一般确切。

四个人坐下来搓麻将,输赢用筹码代现,一局终了,大家结账,那个大输家身边却分文不带,向赢家展颜一笑,这笔赌账就算勾销,上海话谓之"歇力笑",他赢了钱却是照样要拿进去的。赌场中遇见这种鸭屎臭朋友,心里邪气不窝心,这也有一个专门名词,叫作"空叉袋斛米"。

为防患未然起见,在未入座之先,对于态度不明的朋友,宜一把他的脉,检查他身边可有充量的血,瘪三的术语,谓之"亮梢"。

马路上的杀猪英雄,当他们用手枪将你轧住的时候,就要动手摸索你的衣袋,检验你是否一个"旺血党"?他们大半是隔着衣服探验的,亦曰"把脉"。吃精麻子走夜路,都把钞票塞在袜统里,就为避免把脉,瘪三的把脉,与公务人员的"抄把子"相同。

上海野鸡拉客人,都半是三个人服侍一个,两人挟持客人的双手,一人动手把他的脉,这也是她们的一种经验,只怕费了许多手脚,拉了一个户头进门,袋里却不名一钱,岂不是"白弄乱"。

野鸡把脉的结果,知道那人血脉甚旺,那就死也不肯放松的了,在马路上还客气些,若被她们诱进了暗弄堂,那时野鸡老鸨一窝蜂的上前,将他围困垓心,他若还要倔强,那就实行绑票手段,将他像戏台上的活擒张任似地,四脚朝天的抬进鸡窝,乡下人常常被她们摆布得唤救命。

如果把到客人的脉息全无,是为"董卓",因上海俗语称冻疮为"死血",董卓者,"冻瘃"之谐音也。野鸡过见董卓,便弃之如敝屣,即使你去向她们逗引,她们也不会来理睬你。初到上海的朋友,被万道灯光所炫惑,少不得要出外去瞻仰上海之夜的风光,最好是袋里少带现钱,免得走近野鸡区域,被她们擒去做俘虏。

本图所绘就是野鸡把脉的一霎那,在上海走路,除了巡捕抄把子,瘪三剥猪猡以外,还要防备野鸡把脉,我们的身体太不自由了。

剪绺贼在行使他们的职权以前,也要经过把脉的手续,否则,恐怕"偷鸡勿着蚀把米",血未捞到手,不幸失风,照样要"跌囚牢"。在电车里乘客拥挤的时候,你须格外留神你的衣袋,有人挤到你身边来,你就该用手按住口袋,恐怕那挤你的人就在偷把你的脉。

一八二 吃精麻子

猪肉是我们中国人的国肉,中国人说"吃肉",肉字上不必加马牛羊、鸡犬豕的头衔,就知道吃的是猪肉。

肉类中以猪肉的肥油最多,除年老人有特别嗜好以外,普通人都爱吃瘦肉,上海俗语曰:"好肉生在骨头边",近骨头的肉当然是瘦的。

肥肉,上海叫做"壮肉",瘦肉叫做"精肉",善吃肉的朋友专拣精肉吃,遇事爱占便宜而不肯吃亏的朋友,上海人谓之"吃精朋友",就是用吃肉来代表他的精明。

我们平常吃的食物,有一大半是废物,变成了渣滓由下部排泄出来,腑脏里所吸收的只是小部分滋养料,科学发达以后,就有提炼物质精华方法,食物如麦乳精、鱼肝油精、酱油精、杏仁精等,用品如香水精各种油精等,用少许精液能抵多量物质,用者莫不称便。

物质被提炼后,所余糟粕,等于废物,譬如在菜馆里吃廉价的鸡鸭,厨子已将鸡鸭的原汤提去做别种鲜汤,剩余鸡鸭肉,吃在嘴里像破絮一样,毫无味道,所以善吃的朋友,不愿吃鸡鸭肉,宁可吃鸡鸭的原汤,原汤即鸡鸭之精华也,是为"吃精麻子"之一又解释。

中国的道家有采阴补阳,吸收纯阳等说数有一班妄想白日飞升做神仙的朋友,误信了这种邪说,便用种种欺骗手段去诱惑童贞男女,实行吸食精液。又有人以为童男子的精液最为滋补,不惜以身试法,引诱子弟同宿,半夜里实行禽兽行为。前几年上海的某私塾教师曾犯过这种案子,近来又在报上看见长沙也有同样案件发生,都闹得满城风雨,这都是中了道士的毒,我以为像这种人,才是真真的"吃精麻子"。

我还听得过一种"吃精"的奇法,据说用一个黑枣子,塞在童身女的私处,经过一周时,童女的阴精全部吸入枣中,取出吞食,是为间接的采阴补阳法,连吃七七四十九颗,就会长生不老,每个童女经过三次怀枣以后,就会面黄肌瘦,精神萎顿,如再施术在她身上,也许就要送命。

这种真是无稽之谈,我看与其费了许多麻烦手续,去吃这种污秽东西,不如直截痛快的吃人粪为愈,因为粪在人腹内也留存一周时以上,这是精华的结晶,吃了一定大补,若能觅得老枪的粪,则精华更足,因为老枪须十多天始泄一粪,在肚子里炼得像糖炒栗子一样坚硬,一定比黑枣子的滋补力更强,"吃精麻子",如有意于此,请到燕子窠的马桶里去觅宝。

"吃精麻子"专吸人之精华,而舍弃其糟粕,江浙两省,号称富蔗之区,中国精华悉寄于此,但是近来也弄得农村破产,民不聊生,因为江浙的精华已被历年的"吃精麻子"吃光了,现在只剩了一些油滓,而后来的"吃精麻子"尚不肯放松,犹将他们放在石臼里拼命的榨出油来。世界在不断的进化着,吃精麻子的吃精方法也随着进步,莫怪大家要骨瘦如柴。

上海的"吃精麻子",永远不买吃亏东西,即使要置办一件家用杂物,也要淘几十家店铺,非比较得最廉价的东西不买,店家见了吃精麻子惠顾,也要头胀得笆斗般大。

"吃精麻子"永远不做吃亏事情,与朋友交,不占便宜不罢休,做事爱打小算盘,买小菜用廿四两秤,做二房东住了白房子还能赚钱,裁缝师傅落不到他的衣料。最吃精的麻子,老婆的开销可归别人供给,别人家的子孙会留在他家主婆肚子里,女儿的摩登装束,更不必他自己掏腰包了。

一八三 | 药水铃

上海号称得风气之先,上海人对于科学常识还是十分幼稚,凡属略有化学作用的东西,叫不出名堂,就以药水名之,如伪质的小银元,谓之"药水八开",燃电石的灯,谓之"药水灯",用电池的叫人铃,谓之"药水铃"。

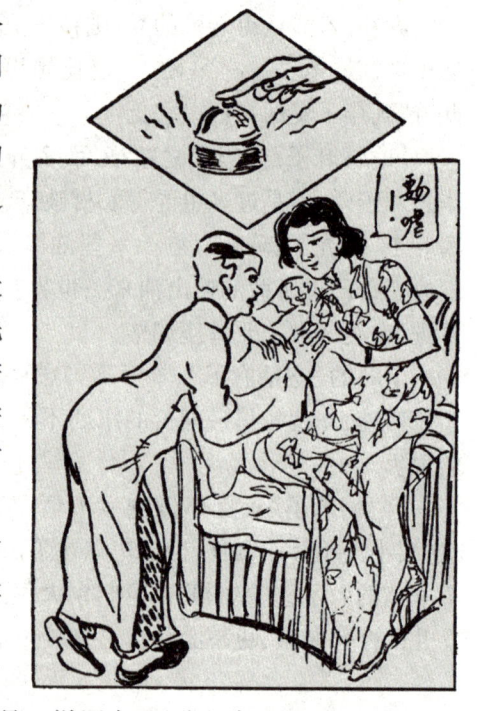

中国人经营商店,以前只有番菜馆最为欧化,所谓药水铃者,也在番菜馆中最先见之,那时电灯尚未发明,壁上装着一个按铃机,像馒头般大小,中间有一颗白的小按钮,轻轻地用手指向钮上一按,远处便会叮铃铃地响起来,大家见了便觉得非常新奇。

那按机形似馒头,又是与人的手指常常接触,于是就引起一般人的奇思,把话详到歪里去了,拿"药水铃"比作女人的乳头,"揿药水铃"就是摸女人的奶奶,这与唐明皇把杨贵妃的乳头比作"软温新剥鸡头肉"是一样用意,无非是象形的譬喻罢了。

关于女人的乳峰,却有一番变迁历史:四十年前的女人,都用肚兜束胸,谓之"抹胸",抹胸之制,富户都用红绸缎盘金或绣花,上用金炼系在项间,红黄相间,衬以雪白的皮肤,在当时已是最足以教人销魂的装束了。贫民肚兜就用一方白洋布裹在胸前,夏天,到近郊去走一趟,即能看见束肚兜的女人。

肚兜后面只有一根细带,不能用力收紧,只可以用他来保持胸部的温度,和阻挡别人的视线,那时的时髦衣服行得特别宽大,乳部纵然膨胀,隔衣也看不出来,故事实上殊无束乳的必要。

后来风行了腰身瘦小的衣服,外衣像紧身袄一样,胸前的那两大堆肥肉就起了问题,肚兜是不适用了,束胸紧马甲便应运而兴。这时代的女子时髦装束,讲究胸前压得平坦如壁,所以马甲的钮扣钉得极密,如举行一次深呼吸,就要绷断几个螺甸钮子,时髦女子的马甲,不是穿破,都是绷破的,这是"药水铃"的潜伏时期。

最近几年,女子服装忽然欧化,摩登女子以乳峰高耸为美观,久受压迫的"药水铃",此时便大大的解放了,只是苦了一般半老徐娘,她们的药水铃早已压扁而成为叉袋奶了,现在要他恢复旧观,他却不听指挥了,为求美观而免于落伍起见,只得装两颗不会颤动的假"药水铃"。

从前的束胸制,是妓女发明的,因为妓女矗起了两个大奶奶,很容易引起人的肉感,阿猫阿狗花一只洋叫一个堂差,都能动手去一按她们的药水铃。那时候妓女的脑筋还很守旧,以为女人的奶奶无故被人摸去,引为莫大耻辱,把胸前刓平得像板门一样坚硬,有人要想去染指,她们就挺起胸脯任人摸索,人家摸着石栲铁硬的一块,自觉索然寡趣,也就相与敛手,所以束胸是一种消极抵制摸奶法。

现代的道德观念较前进步,女人惟恐不能以肉感引起异性的欲念,所以时髦女子都是双乳高耸,莫说用手去摸,就是教毛头小伙子看见了,心里也会火辣辣地。

药水铃的效用是传递消息,用以代话,上海下层阶级的人把按药水铃,代作摸奶的隐语,也含传递消息的用意,记得在某种神秘书(好像是《双梅暗庵》丛书)中见过,摸索乳头是引起女子兴会的必要动作,那末按药水铃也像叫人铃一样,凭借电力去唤起对方的同情,不过此事须绝对两相情愿,如果看见人家门口装着叫人铃,不管三七二十一去伸手乱揿,人家开出门来看见是陌生人,至少要骂几句山门,若是不客气些,还要请你吃雪茄烟咧!

上海西门城内庄家桥北,有一条弄堂名叫"摸奶弄",这条弄堂不到二尺宽,两人不能并行,大块头要偏过身子才能通过,若有一男一女对面走来,难免要被迫的摸奶,所以有这个名称。后来路政当局因弄名不雅驯,曾改为"莫赖弄"(?),我久未注意该弄,不知最近是否存在?这是与揿药水铃有关的上海掌故,因联想及之。

一八四 仙人碰仙人

"仙人本是凡人做,只要功夫道行深。"上海原有这句俗语。

仙凡之判,原来就在功夫上,功夫深了,自然就会有道行,得了道,自然就会成仙,所以上海人攫得社会地位,别名叫作"出道"。上海人的出道,就同仙人得道一样。

仙人得道要炼气炼丹,经过许多艰难的魔劫,上海人的出道,也不是容易的事,例如:由马路瘪三出道而为大亨,其间须经过"跌囚牢","背皮郎头"等等必要过程,身上拿不出几处刀疤,就不能称为"吃斗麻子"。

仙人得道,须赴过几次五百年一度的蟠桃会,瘪三出道,须经过几次大械斗,讲过几次大斤头,两者皆有他们的相当履历。故上海流氓在丑表功的时候,必大声宣言曰:

"地两格到过三千年王母蟠桃会,大好老也见得多哉!上刀山,下油锅,滋味都曾尝过,既然要与我碰,那末,仙人碰仙人,各有三千年道行,大家碰碰看!"

观此,则上海流氓居然以仙人自命了。

道高一尺,魔高一丈,得了道的仙人,功夫道行越深,越容易招人嫉妒,自有魔鬼去缠扰他,或偷盗他所炼就的仙丹。出道后的上海人,何尝不是如此,他若在社会上锋芒太露,或是太要扎别人的面子,即使他的法宝厉害,自有不怕死的人出来与他绞过明白,所谓"砍倒大树有柴烧",这也是刘邦微时见秦始皇前呼后拥的走过,私念"是可取而代之"之意。

"棉纱线扳倒石牌楼",上海滩上也许是常有的事,石牌楼倒后,"灯草也许能作拄拐",这叫做"小鬼跌金刚",非所谓"仙人碰仙人"也。

如果是仙人与仙人结了不解冤仇,那是各人祭起法宝来,各有各的神通,各有各的神秘,真是五花八门,神出鬼没,比《封神榜》《西游记》更加好看。

上海常有仙人碰仙人的事体发生,以前是很秘密的打一场大架,决斗的结果,白相界中总有一部分势力消长,也许会冒出几个新大亨来。现在的上海仙人却不容易得道了,因为世界日趋文明,武力已难取必胜之权,近代仙人须靠金钱,面子,势力,后援,数者并重,才能保持他们的仙班,万不是凭野蛮的武力就能压服人的。

现在仙人斗法,大有偃武修文之势,大概第一件法宝总是"广告战",我们常留心看《新》《申》两报的封面广告就能看见"仙人碰仙人"的活剧,那一去年之《啼笑因缘》交涉其最著者也。

两虎相争,必有一伤,禽兽尚爱惜羽毛,岂有仙人而不惜道行之理?是以仙人碰仙人的结果,终是太上老君出来调解大家各归仙班,和平了事,我们想在云端里看他们杀一个你死我活是不可能的。

图中画的一对男女,用秽物为武器,这是虾兵蟹将之流的斗法,距得道神仙的程度尚远,仙人的相碰,决不是如此穷凶极恶,因为上海仙人的法宝,就是花花钞票,大概势均力敌的仙人相碰,总是钞票多的战胜钞票少的,所谓有钱使得鬼推磨是也。

一八五 白脚花狸猫

猫为家畜之一，与狗一样，都是很会谄媚人的动物，猫的性子比狗柔顺，身体比狗娇小，故最得闺中人的怜惜，锦茵花底，都是猫儿栖息之所，深闺寂寞，这是最好的伴侣，所以猫一名"女奴"。

从前上海城内凝河路蕊珠宫司阍人于宫中蓄猫数十头，各种各色，无奇不有，阍人非富有之家，宁可节衣缩食，以供猫食，是可谓于猫有特别嗜好者矣！

至古人之蓄猫最有名者，当推张博。

《南部新书》：连山张大夫博，好养猫，众色备有，皆自制佳名，每视事，退至中门，数十头曳尾延颈，盘接而入，以绿纱为帷，聚其内以为戏，或谓博是猫精。

《记事珠》：张博好猫，每自制佳名，曰东守、白凤、紫莫、袪愤、锦带、云图等，其价皆值数金。

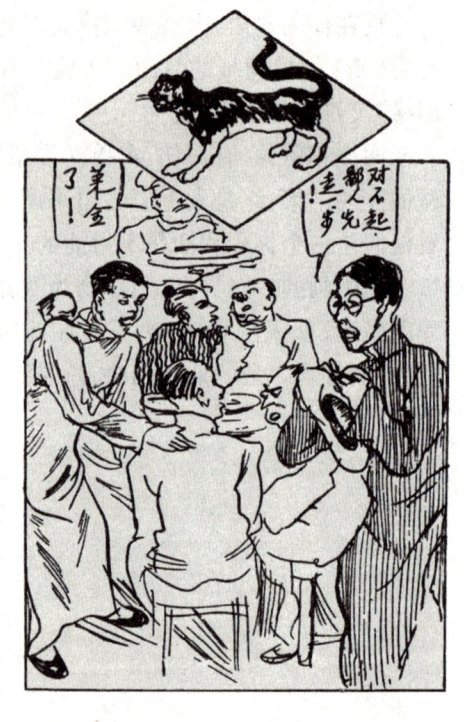

南方最贵重的是北京狮子猫，毛蒙茸下垂，有类雄狮，故名。《老学庵笔记》载：秦桧小女名童夫人，爱一狮猫，忽亡去，立限命临安府访求，凡狮猫悉捕至，而皆非也；乃赂入宅老卒，询其状，图百本，于茶肆张之，后因嬖人祈恳乃已。

自从大家知道鼠疫的可怕后，居民对于蓄猫，便越发觉得需要，卫生当局更有奖励人民蓄猫者。猫比狗易饲，并且不会像狗那样乱咬陌生人，家里房屋小些，蓄着也不觉讨厌，所以上海地方蓄狗的都是有产阶级，猫则十分平民化，亭子间嫂嫂也有蓄猫的资格。这与乡村情形适成反背，乡村人家则家家养一条黄狗，猫却不一定要养的。

猫与狗之性情不同，狗认人不认地，猫则只认房屋而不认主人的面孔，所以狗能随着主人出去坐汽车兜圈子白相，猫却像不出闺门的旧式女子，不肯跟了主人出门一步,但它们到了春性发动之期,出去自由恋爱时,即使越过几百家屋面,隔了七八天工夫,它们依旧能寻着原主人家回来,不作兴迷失路途,这是猫的特别办识力。有时候主人搬了场,猫却坐守旧屋,不肯遽去,足见猫是不认识人的,因此上海人对于翻过面皮不认人的朋友,谓之"猫面"。

《山川记异》云:"燕真人丹成,鸡犬俱升仙,独猫不去。"可见猫的脾气真是固执极了,它宁可不去登仙,不愿舍弃生长之地,所以人家蓄猫,须从小就养在家里,长成以后的猫是万万养不家的,即使你勉强捕来,缚住它的脚,请它吃鱼吃肉,它叨扰你一两餐,等你将绳子解去,它就会一溜烟的逃回家去。

上海俗语曰:"白脚花狸猫,吃罢就要跑。"借此形容养不驯服的人,其实吃罢就跑的猫,固不限定脚的颜色,即黑脚黄狸猫,照样也要吃人家的白食。

放白鸽的女子,得了身价,骗取财物后,陪人做几天临时夫人,就想远走高飞,这就是取法白脚花狸猫者。

上海的新闻记者,颇喜吃豆腐,编辑棹子上常有不相识的人请他们吃饭,他们就抱了白脚花狸猫主义去赴宴,吃饱了肚皮,一抹嘴就跑,回去痱子都不生一粒。

上海话对于坐立不定的人,也称之谓白脚花狸猫,他赴友人之约,刚正坐定,未说满三句话,就要起身告辞,这种大半是时髦人,公事太忙,不能久坐,正与时髦妓女的"响勿见"一样。但是也有无事忙的朋友,到处不肯有五分钟的静坐,这就有些"抖乱"性了。

做生意人也有白脚花狸猫脾气者,这是马浪荡式的朋友,三天饱饭吃过,就想见异思迁,另换行业,商店主人见了白脚花狸猫式的伙计最是"头大"。

一八六 马马虎虎

马马虎虎,好像不是道地上海白,而近年来的上海人口中,却也很风行此话,不妨就将它当作沪语,拿来谈谈。

我曾经在"一塌涂糊"图中解释过"模糊",一见本图说,以为在人的眼镜外面涂一重浆糊,睁眼望去,凡物都幻作烟波缥渺,视察不能真切,只得遇事模模糊糊,不可去认真办理,所以做事徇私苟且的人,都称之为模糊。

模糊是一句俗语,此语起原固不可考,就是这两个字究竟如何写法?也无从考证,而这句话的用场却极广,并且找不到同样意义的代替字,所以只得各人各写,好像是外国文的译音,绝无意义可寻。

模模糊糊的东西,上海话叫做"搭浆",这显然与我说的与浆糊有关的解释相合,所以写作"模糊"最为近似,但字音尚未能尽合,恐怕读者误解,故不能普通的采用。

"马马虎虎"写的人也很多,勉强为之解释如下:

马是家畜,虎是吃人的猛兽,二者之外,貌与性质显然有别,三岁孩子都能分辨,马马虎虎者,见了马当作虎,见了虎也能当作马,不必去仔细分别。更扩而充之,凡是四只脚的动物,都能归入马虎二大类别,吃草的便是马类,吃肉的便是虎类,吃人的是虎类,被人吃的是马类,一切动物皆用此归纳之。

再说得马虎一点,马即是虎,虎即是马,都是四脚畜生,何必斤斤较量为它们分什么类别。赵高指鹿为马,言鹿者都是不肯马马虎虎的戆徒,莫怪他们要获杀头之罪,彼言马者方是马虎主义的信徒,故能居高官享厚禄,古代如此,现在何尝不如此?"眼开眼闭"是马虎朋友的惟一处世妙诀,假装痴聋,方能遇事不惹风火。

马马虎虎,有人亦写作"马马狐狐",狐狐即虎虎也,反正是马马虎虎的鬼皮操勾当,管他娘虎也罢狐也罢!

"埋埋狐狐"是一种写法:

《国语》狐埋之而狐搰之,是以无成功。

狐性多疑,故既埋藏,而又发掘以视之喻疑虑太过,事终无成也。此与埋狐朋友的个性适巧相反,埋狐明友遇事苟且,埋入以后,决不耐烦再去发掘重视,故"埋狐"与狐埋狐搰的古典不相关,不过有些老先生不敢写无来历的字,想借此影戤罢了。

"埋埋呼呼",也有人这样写法,这竟像小孤孀送新死的丈夫下葬了,不然,为什么要一面埋着,一面呼号?

经手救国捐,埋埋呼呼就能中饱数十万。要人犯了国法,马马狐狐就能毋庸查办。黄包车夫违了警章,塞两只角子给巡捕老爷,马马虎虎就能免撬照会。模模糊糊虎虎马马,反正中国的一切,都埋葬在这一堆烂浆糊里了。

"卖虎"在上海,却另有一种别解,共含有"出风头","写意","漂亮","海外"等几种意义,例如:

(甲)你这件衣服新做的吗?

(乙)每尺八元半,你看如何?

(甲)嘿!真卖虎!

× × × ×

(甲)那几部汽车是干什么的?

(乙)迎接宋部长回国,这都不晓得,屈死!

(甲)嘿!真卖虎!

× × × ×

(甲)这是谁家的大出丧?好长的道子!

(乙)你不看报吗?昨天四马路上打杀的一个大亨。

(甲)嘿!真卖虎!

一八七

陌生人吊孝

中国人的家庭,一向建筑在宗族主义上,所以中国人的爱家甚于爱国,不愿绝子绝孙,宁可亡国以后做异族的奴隶,中国人屡受异族凌辱屠杀,而人口并不减少者,原因也就在此。

有钱人要子孙,为了想保守家产,无钱人要子孙,为了想养老送终。其实这两种理由,都未搔着痒处,最大的原因,还在死后的几顿羹饭,没有子孙,死后无人供祭,怕在阴曹做饿鬼,无子孙烧纸钱,怕在阴曹做穷鬼,为救济鬼世界的贫乏起见,大家便努力去养儿子,于是乎中国的人口便造成了世界的最高纪录。

孟轲老夫子看来也是怕做饿鬼的人。所以他要造两句"不孝有三,无后为大"的格言出来。鼓励他的儿子去努力下层工作,天下后世的登徒子便借这格言来做娶小老婆的挡箭牌。

有一位旷达的诗人,曾把儿孙当作陈列书房的古董玩器,有钱人的书房里,不陈列几件古董,便觉得不很富丽,但是只能留着绷场面,若问实用却一些没有,儿子也是如此。

儿子的最大用处,就是父亲死后,跟在几百个瘪三排成的大出丧道子里游行的几个钟头,因为瘪三是花钱买得到的,儿子却花了钱买他不到,即使能买,这代价定比全部瘪三要大千百倍,中国人的重视儿子,原因也许在此。

因此可得结论,儿子的用场,当老子活着时,他们是家庭间的装饰品,老子死后,他们是灵台旁边和出丧道子里的重要点缀物。

世间的孝子,惟有父母孝儿子,才是真孝,儿子孝顺父母,总带几分勉强性,所以我们只看见老子抱了儿子哄儿子欢喜,不看见儿子扶持着老子,哄老人家快活。儿子交的朋友,老子怕儿子上当,往往十分注意,老子的朋友,儿子嫌得老蔬菜们讨厌,往往不认识的居多(老子的阔朋友,儿子想借重他们自增声价者,当然是例外)。所以老子死后,突来许多吊孝的陌生人,儿子看见了莫名其妙,只有直挺挺躺在板门上的死人肚里明白。

"陌生人吊孝"是一句谜语类的上海俗语,隐射的是"死人肚里得知"。这句话的意思与"天晓得"相仿,而含义却比"天晓得"深刻,"天晓得"只是简单的"莫名其妙","陌生人吊孝",却有诅咒的意味,言人做了暗昧不明的事,别人无由侦知其内幕,惟有做亏心事的人自己心里明白,而明白此事的却不是活人,是躺在板门上的新鲜死人,这不是很恶毒的诅咒吗?

家主婆看见自己的老公带着一个漂亮女子在路上很亲密的谈笑,问他:"这是什么人?"他涨红了脸说:"她是我朋友阿三的爱人。"家主婆披着嘴说道:"陌生人吊孝,死人肚里得知!"这就是隐约警告他:"你不要瞒吧!我早就拔出苗头来了。"他如果是陈季常主义者,听了这句话心里一定非常着急,本图所示就是这样的一幕。

这个年头儿,陌生人吊孝式的把戏,真是多得数也数不清,最近的清查救国捐问题,古物南迁的盗卖问题,凡此种种"天晓得"的奇事,除了舞弊当事人心里明白以外,局外人谁也缠不清他们这笔乱毛账?"天晓得!天晓得!"我看天也不会晓得,只有死人肚子里晓得,结果弄一个死无对证,也就马马虎虎完结了。中国事都是如此,好在有例可援。

上海接连被打死几个大亨,至今如石沉大海,杳无消息,莫说凶手难捕,就是被杀的原因也无人猜测得出,我想那被害人心里,终有些明白的,这才是真的陌生人吊孝咧!

一八八 玉皇大帝

"玉皇大天尊",不知他姓甚名甚?家住那府那县那乡村?他的爹姓甚?他的母姓甚?教人无处去打听。他是何年何月上天庭?是那一位天神帮他定乾坤?他的前任是什么人?怎样打进"南天门"?我抬头问他他不答应。这件把戏实在教我难以猜论,好不教我纳闷煞人也呵呵!

拿了这个难题目,实在无法可想,只得对他唱几句徽调,以作开场。

"玉皇大帝"是蚱蜢头的道士胡诌出来的空中帝皇。道士的祖宗,世传是汉朝的张道陵,可知汉朝以前的下界众生,尚不知虚无缥渺之天上有这样一位太上皇帝。

中国的道士一向都不很得意,直到宋朝的触霉头皇帝徽宗手里,道士先生才大大的出过一番风头。徽宗把天下搅得七荤八素,才不得已而下台,禅位给他的儿子钦宗自封为"道君皇帝",足见他是一位道教的忠实信徒。

古人称天曰"昊天",言元气博大也。(书)钦若昊天。(尔雅)夏为昊天。皆言气之皓旰也。后世以为浩大如天,应有一位统治天空之神,便伪造一个"昊天上帝"出来,道家就尊之为"玉皇大帝"。

宋徽宗因为要捧道士,便为玉皇大帝另上尊号曰:"太上开天执符御历含真体道昊天玉皇上帝"。

《道书》:"玉帝居玉清三元宫第一中位。"又曰"玉清,上清,太清,三境皆天帝所居"。玉帝即"天帝",亦号"玉皇",民间口头统称"玉皇大帝"。这个"三元宫",可不是上海武昌路的那个"三元宫"。"玉清宫"也不是上海附设在"城隍庙"大殿傍边的那一所。究竟坐落在何方?若要盘驳,性命交托!

玉皇大帝是什么模样儿？三元宫里那位，我没有见过，玉清宫里的是五绺长须，头戴平天冠，手捧金圭，恭恭敬敬的坐在龛子里。法身不到两尺长，他与城隍老爷比起来，一个是堂堂九五之尊，一个是区区七品县令，身份相差几千级，但是玉皇大帝附属在城隍庙里，烧香人都给他一个不瞅不睬大帝显然被城隍吃瘪，好像有点鸭屎臭吧！

你若要认识玉皇大帝，而又懒得到"玉清宫"、"三元宫"等处去拜谒，那末，你只消掏几只铜板到附近蜡烛店里去买一张玉皇大帝的纸马，就能认识他的尊容了，因为玉皇大帝与灶家老爷一样，上海的大烟纸店都有得出卖的。

江南风俗，每逢新年，人家中堂都要换挂神轴，在神轴的最高层，坐在最中间云端里的，那就是玉皇大帝，可见他是统治神仙的最高阶级官长，一切神道，都俯伏在他的座下，听候他的命令指挥。

天庭的组织完全模仿下界的专制政府，而一个家庭就是政府的雏形，一家之主，等于一个元首，也就等于天上的玉皇大帝，家主公者，一家之主也，理应他是玉皇大帝的地位，然而上海人的家庭则不然，家主公却轮不到他做玉皇大帝。

"情愿惊天动地，勿要得罪玉皇大帝"。上海的内行家主公都守着这样一句格言。此玉皇大帝乃指家主婆而言，因为家主婆的威灵显赫，实不下于玉皇大帝，偶而得罪了她，管教吵得你六神无主，家里扫帚颠倒竖，这句格言，确是受过玉皇大帝惩罚后的经验之谈。

以玉皇大帝比家主婆，不是没来由的，当夫妻两口子淘气口角的时候，家主婆哭道：

"家里除了灶家老爷就是你大，当然没有人敢戤碰你呵！"

"不错！"家主公哭丧着脸说："我比灶家老爷还小一级，但是你呢？你简直是玉皇大帝呵！灶家老爷都要受你的节制，何况是比灶爷还小的我呢！"

因此玉皇大帝便成为一切家主婆的代名词，谁要得罪了她们，便把男人打入十八层地狱，命阎罗王永远不准他们超生。

摩登太太不相信迷信的，当然不承认天上有玉皇大帝这件东西，她们的黑漆板凳不敢称她们为玉皇大帝，便奉她们为上帝。上帝的威权比玉皇更大，人类的始祖，"亚当"与"夏娃"，就是上帝亲手制造的。男人因为要求太太加工赶几个小人类出来白相相，所以不得不拜倒在上帝的高跟皮鞋之下。

一八九 | 过桥拔桥

人类不是两栖动物，入水难免溺死，行路若遇江河阻隔，欲登彼岸，如无慈航普渡，势非借助桥梁不可，虽然近来的时髦人大都练得一手游泳艺术，遇到"野渡无人舟自横"的尴尬地位，也许剥衣裳脱裤子，跳下水去像田鸡似的游泳而渡，只是两岸都无更衣室的设备，湿淋淋的衣衫穿在身上，未免减却风头，到了冬天非游泳节季，摩登男女是否能够行下水礼？这渡河涉水，又应有问题发生。所以河面上的桥梁，即使全世界的人类都成了游泳大家，还是有存在的必要。

我们在旧小说上时常看见，做开路先锋的重要职务是"逢山开路，遇水搭桥"。他们走的一定不是国民政府建设厅筑的公路，一路上都要小兵们临时开辟出路线来，搭的桥也是搭搭浆浆的临时建筑，但能使大军勉强渡过，以后就要拆去的。这种马虎建筑物，上海话叫做"搭桥"，若为形容词，便叫做"搭搭桥桥"，或称"搭里搭桥"，上海话借此形容不坚固的东西，此话的来源，大概即因此而起。

上海的捉蛇叫化子，常用两句格言劝人道："大阴功修桥补路，小阴功买蛇放生。"

借此表明"修桥补路"不是轻而易举的事，非有大善士舍多量资财不为功。古代的地方政府，没有建设局公用局等机关，更不曾发明航空筑路建设奖券的聪明筹款方法，所以修桥补路的工作，政府可以不负责任，百姓要想便利，只有自己去募化银钱来修筑，如果大家不肯掏腰包，那就活该你们"走投无路"。蔡状元在福建造了一道洛阳桥，后世便编了许多神话出来颂扬他的功德，因为造桥不是官吏份内应做之事。

无论如何"搭桥"的桥梁,那怕一条独木桥,总不是一个人的力量所能搭得成功的,是以搭桥必须要请人帮忙,俗语说:"人不为己,谁肯早起?"当你在渡河的时候,请人帮忙搭桥,那帮忙的人自己当然也想渡河,才肯赤心忠良的来帮助你搬运木石,他若不想渡河,任凭你唤破喉咙,他只会"搀侬瞎子"咧!

　　世界上尽有自私自利的人,当他没有渡登彼岸之前,会求爹爹告奶奶的哀求人帮忙搭桥,等他自己过了桥,生怕别人也过桥来夺他的利益,他刚正脚踏实地,就会掉过头来,用力将独木桥抽去,使你永远在对岸徘徊歧途,有时候那帮忙人刚走在桥中间,他也不管三七二十一,竟狠心的将桥梁拔去,眼看别人跌在水里挣扎,他便掉头不顾而去,这种半吊子的行为,上海人就叫做"过桥拔桥"。

　　"过桥拔桥",上海话亦叫作"有事有人,无事无人"。在瘪三社会里,这是最犯忌的事。上海近年来发生的许多"田鸡吃癞团"式的暗杀案子,究其原因,大半皆不出"过桥拔桥"的范围,因为落水的人看见过桥人的志高气扬,未有不怨气冲天者也!

　　穷汉子渐入佳境,上海瘪三谓之"落路",亦称"上桥"。风头上人渐被社会淘汰,成为时代落伍者,便说"某人落桥了!"因为桥浮在水面上,人立在桥上,总是高踞在水平线以上,是以上海瘪三异常重视这条桥。

　　道路崎岖,上海话谓之"七桥八裂",亦用以称脾气倔强的人,因为桥下须行舟楫,桥面总是拱起的,凹凸的平面,上海话叫作"桥",七桥八裂的人永远不能使他们熨贴,他们最会鼓动风潮,使大家感到不安宁。

　　"过桥拔桥"的手段,古人采用的甚多,尤其是历代开国帝王,几乎个个是半吊子。

　　"狡兔死,走狗烹,飞鸟尽,良弓藏"。

　　这几句伤心话,大可以做"过桥拔桥"的注脚,后世的功狗应该可以觉悟了吧!你们半生汗马功劳,为了忙着代人搭桥,等你们自己要想过桥的时候,被人拔去桥梁,落在水里再喊救命,那就来不及了。

一九〇 谢谢一家门

中国人是一个神秘的民族,中国人说话也带几分神秘意味,譬如说一个"好"字,照字而断,应是赞美之意,但是用在某种场合,语调稍以改变,便会与原意完全相反,变作诋毁的意思。

例如:在剧场里喝彩,一样唤一个"好"字,有"正好"与"倒好"之别,"好"字下不必加以任何说明,大家一听就知道是正是倒。

一个人受了别的人侮辱,或挨了打,到了气极的时候,也是连声唤"好!"这个"好"岂是真"好"。

长辈知道小辈做了荒唐事,唤他来当面教训,开口也是"你好!"或是"你做得好事!"这个"好"分明又不是好意。

其他如"你养得好儿子!""你交得好朋友!""你买得好东西!"这许多"好"字,都含有讥讽意味,"好"就是"不好"。

凡此皆是中国话的神秘,不是外国人所随便学得会的,外国文中也断无这种与字义完全相反的注解。

上海话中的"谢"字,也与"好"字一样,有时也与原意完全相反。

据《字书》所载,谢字之解释,除姓氏不计,共有下列数义:(一)辞去也,《史记》:谢绝宾客。(二)辞不受也,《史记》黯伏谢不受。(三)衰也,淮南子,若春秋有代谢。(四)花落曰谢。(五)以辞相告曰谢。《汉书》:厮养卒谢其舍。(六)自认其过曰谢,《礼记》:从而谢焉。(七)拜赐曰谢,《汉书》:安世尝有引荐,其人来谢。

统观以上注解,却找不出上海人嘴里所说的"谢"字意义,举例以明之:

(甲)唉!侬看,第只寡老崭哦?

(乙)谢!

这个"谢"字,表示乙的意见与甲完全不同意即"第只寡老并不崭"。
有时候一样一个"谢",意义竟大相反背,例如:
(甲)明朝阿三请侬吃饭,侬去哦?
(乙)谢谢——我没有这种胃口。
这里,乙表示拒绝的意思。
(甲)明天阿三请侬吃饭,侬去哦?
(乙)谢谢——未吃先谢,敲钉转脚。
这就表示十分欢迎了。

像这种说话的神秘,只有上海人嘴里会说。上海话的"谢"字,多半是表示恶劣的意思,所谓"谢"者,其人对于某种事物,已经试过后,有了上当的经验,以后与人谈及,便赐以"谢"字批评,劝人不必再去上当,此谢乃含有"力辞"之意,故言及"谢谢",必拱双手,以示痛心疾首,不敢承教。

中国是宗族思想极发达的国家,古代的法律有灭族惨刑,后来虽有人主张"罪不及孥",然民间的习惯,终不肯放松别人的家族,所以我们骂人,难免要牵涉到人家的父母亲族,娘与妹子最是倒霉,常会无端的受人侮辱,不客气些,更会想入非非的要去奸污别人的祖宗,或发掘人家的祖坟,这不是大笑话吗?

上海人也未能免俗,开出口来常会带着别人家族,有时候竟会把"操伊拉"一语当作赞美词,并作了多数人的口头禅。有几位仁兄竟用此为发语词,不先来一句"操伊拉"便不能说话。

"谢谢"之下加一个"一家门",这也是宗族思想的表现,意谓一家人中出了一个坏蛋,连这家门口里的人都不是好东西。"谢谢一家门"未免太武断了。

向人表示谢意,也是很客气的举动,"谢谢一家门",连人家的娘姨大姐都谢在里面,与请帖上写的"阖第光临"一样,人家听了应当欢喜才是,但是上海人听见了"谢谢一家门",反而都要生气,这就是上海话的神秘了。

一九一 脱底棺材

人的最后归宿,无论贫富贵贱,免不得一死,死了以后,更不免要装入棺材,国父孙总理装外国定造的玻璃棺材,谭延闿张作霖等大亨,睏国货楠本棺材,富翁们睏沙枋棺材;时髦人活着睏铜床,死后睏铜棺材,我的朋友徐卓呆夫人死后睏大首饰盒式的柚木棺材,中等人家死后睏广漆棺材,路倒尸的瘪三,或发堂收殓的无家属尸首,一律睏四块头松板的风凉棺材。棺材的形式,随死人的身份而异,棺材的价值,视死人的资财而定,棺材虽种类不同,其为抬老三朋友所睏则一也。

上海骂人,常说"此人死了没有棺材睏"。可见上海人把睏棺材一事看得非常重要,死后没有棺材睏,比生前没床铺睏更凄惨可怜!我以为也是习惯使然,有许多民族的风尚,死后皆不睏棺材,大家也就不以为奇了。

例如日本人的死尸就仿三寸丁武大郎的办法,一律举行火葬,将尸首的灰像中国的胎胞似的,装在小罐子里,然后照样入土安葬,据说这样可以省得死尸占据有用地皮,免得郊外垒垒都是荒冢。

有许多野蛮民族,将死人的尸首挂在树上,任飞鸟啄食,可抛弃野外,任猛兽拖去当点心,死尸消灭得无影无踪,算是上天去了,子孙的心里才觉痛快。

战场上的英雄,在开战交锋的时候,性命拿在手里,一个不小心就会把命丢了。贩卖仇货的奸商,不怕恫吓,不怕吃炸弹,胆子算得大了,但他们也不敢到火线上去开几家临时棺材店,做一票投机好买卖,所以战士们死后多半没有棺材睏的,"马革裹尸"便成了武装同志的雄壮口号,但是真正马革裹尸的勇士,决不是在报纸上发表谈话,或抗敌通电上常以马革裹尸自期的人,因为他们都是预备睏沙枋棺材的。有几位先生也许把寿器和生圹都预备周全了,他们也要马革裹尸,只怕战场上没有这许多马革,还要到民间去借几张牛皮来吹大了再用。

　　穆哈默德的信徒,死后也不用棺材埋葬,他们的遗骸由家里运到坟地上,是用一个轻便的木匣,雇四个伕役提在手里,我们有时候在路上遇见,看他们好像不大费力似的,足见此中分量很轻,用不着六十四个档的龙头杠。据说这木匣的用场,等于活人坐的轿子,抬到坟地并不与尸首同埋入土,他们掘好了墓穴,将尸埋葬后,出空了匣子,以后又能继续搬运别家的尸首。这种办法确是非常简单而又节省金钱,外教人的确可以模仿,有一班无知之徒,便说回教徒死后睏的是"脱底棺材",其实并不脱底。

　　我们中国人毕生所用的木器,要算死后睏的棺材最为坚固,中国人称死为"千古",至少也称"百年",人类活到一百岁的很少,故人类的用具,其坚固程度无须用到百年不坏,惟死人的棺材,都希望用到一百年以至一千年以上,并且只能一人独用一具,亲如夫妇也不能合睡一口棺材,而况睡入棺材就此算数,没有重大变故,不许中途换睏一口,所以非做得特别坚牢不可。你看别种木器,可有比棺材更笨重的吗?即使是发堂收殓的施棺材,也比穷人活着睡的板铺牢壮些。

　　死人睏的棺材,断无脱底之理,如果善堂里发的施棺材,装了尸首进去,扛起来就会脱底,那不是经手人揩了路倒尸的油,定是棺材师傅故意偷工减料,这个烂污未免撒得太大了。

　　"脱底棺材",上海话拿来比作撒烂污的人,这就同善堂里的施棺材一样,善堂的经费大半是众人头上捐募下来的,经手人应十分廉洁才是,谁想他们竟会在死的穷人身上揩油,做了脱底棺材给人睡,这真是刀头上舔血吃,杀人不怕血腥气,天字第一号的辣手。

　　又有一说:"脱底棺材"乃言人不可信任也,专门撒烂污的朋友,活着是无有一天不掉枪花的,后来他居然死了,将他钉在棺材里,用生漆固封,总以为他不能再翻门槛了,谁知他的死是假的,预先制就一口脱底棺材,等到更深人静的时候,他从棺材底下钻出来,又去撒烂污了。

　　还有一说:棺材是最笨重的东西,轻易不便移动,而棺材之重,其重在底,脱底棺材里面不能盛死尸,放在地上俨然一口实心棺材,谁也猜想不到他会脱底,以此比喻人的轻浮失实。

　　人家死了人,买棺材所以盛殓尸首搬运出门,若是脱底棺材,抬棺材者仅抬了一个空壳出去,棺材心子仍留在家中,这种棺材要来何用?烂痾岂不是撒得不大不小?

以上的是几位朋友的见解，我觉得理由都不很充分，我以为"脱底棺材"乃表示人之来无影去无踪，犹神龙之见首不见尾。其人死后，朋友们去送殡，走到半路，抬棺材人忽然大叫"棺材觉得减分量了"，大家奔去看时，原来棺材已经脱了底，死人已不知去向，报捕房，托包打探，登报悬赏，始终不见他的踪迹，"脱底棺材"就是指这种人。

老婆在家里将要生产了，他急急忙忙的出去请产科医生，半路上遇见了阿金姐，拉他到小房子里去窝心，他陪她睡在小房子里，三日三夜没有下楼梯，等他回去，老婆已经扛到"宁波会馆"。

前敌将士忍饥挨冻，发电给后方民众求援，民众捐了血汗金钱交给经手人，经手人拿了钱去花天酒地狂嫖滥赌，等他的钱花完，半壁江山也完了。

家里失火他出去，借电话报告救火会，走到朋友家里，恰巧三缺一，他坐下去打六十四圈麻将，等他回去，弄堂口已打好竹笆，禁止出入。

母亲病危，医生命他去敲开药房门买药，他溜到跳舞场里去玩了一个通宵，明天搭早车陪爱人去玩西湖，等他回来家里已在接耸。

一九二 乱嗅大麦头

连本同图绘的朋友,将老婆拿到赌场里去作孤注一掷,这些都是"脱底棺材"的行为录。

以鼻嗅物,上海人把嗅字读作哄去声,音同起哄之哄,本文之乱字,乃同音借用字,上海人口中之乱,多半是指男性的流质排泄器。

廿五年前之上海城内,从西门到大南门的那一个瓜得里,还是多见草木少见人迹的地方,每逢春秋佳日,上海城里人不出城门,照样可以到郊外踏青,"黄泥墙桃子"是上海最著名的产物,也就产生在这个区域内。现在呢?只有"文庙公园"里几株老树还是当年旧物,其余的"客路红桥岸,人家白扳扉",早已不知去向,所有一切的一切,都已市廛化了。

记得有一次,邀了两个小朋友,同到半村半廓的西南道上去散步,过了西仓桥浜,向学宫行去,但见路傍尽是迎风摆动的狗尾巴草,有一个狡狯的小朋友,俯身下去拔了两根在手里,笑嘻嘻地说道:

"这草有种一股异香,你们闻到过没有?"

我们听了便不由自主地将鼻尖凑到他手中去乱嗅,结果是闻不到一点香气。那个说谎的小朋友却拍手大笑道:

"乱嗅大麦头!乱嗅大麦头!"

我们方知道上了他的当,原来狗尾巴草的形状,与小麦穗相像,上海土话却将麦穗叫作"大麦头"。我们闻了一闻,他就说我们"乱嗅大麦头",他的意思以为我们的脑袋都变成生殖器了,以为占着极大便宜,所以表示非常得意,我们几个上当的人,心里都非常懊丧,但是总算学了一个乖。以后各人如法炮制,又去愚弄了别的孩子，才算把今天的蚀本捞了回来。

"乱嗅大麦头"，是一句道地的上海俗语，这是乡下人讥笑城里人的轻薄话。

"不辨菽麦"，是春秋时的典故，（周子有兄而无慧，不能辨菽麦。）不能辨菽麦，是举一个例子，借此形容其人之愚笨，以为做人连这一点常识都没有，较此更大的事，他更不能辨别了。

其实，生长在都市中人，只知道烧饭的是米，煮面的是麦粉，生平那里有机会去看见菽与麦的真状，说也惭愧，我就是一个不辨菽麦的愚人。

城里人偶而下乡去游玩，看见田里种大麦，一根根的像狗尾巴似的随风成浪，城里人看着好玩，却不识是什么东西，拔一根在手里，再三嗅弄，互相品评，仍不识什么名堂，乡下人在傍看着暗暗好笑，便讥讽城里人为"乱嗅大麦头"。

乡下人进城，往往受城里人的嘲弄，上海人赏给乡下人的雅号最多，如寿头，屈死，阿木林，猪头三，曲辫子等类皆是。原因是为上海的东西日新月异，乡下人到上海，但见五光十色，好像刘姥姥进了大观园一般，耳闻目睹都是些叫不出名堂的东西，上海人说话向来刻薄，对此岂有不要嘲笑之理？其实莫说是乡下人，就是住在上海的市民，若是多时不到热闹场中去走动，也会变成阿木林式气，就是在下便有许多新奇东西没有见识过，有时候难免被要人视为屈死。

上海人见识广，外洋运来的新奇东西，皆以先睹为快，自命是第一等吃精麻子，就是可惜到了乡下，看见田里种的大麦都不识货，被乡下人讥笑一句"乱嗅大麦头"，这是乡下人对上海人的一种复仇主义，拿上海人的鼻头当作生殖器。

一样是田里出产的东西，不识大麦头的人未必就识得稻花，何以不说"乱嗅稻花头"呢？原来城里大少爷下乡，不是上坟，（上海人叫作"挂墓"）便是踏青，那时正在清明前后，正是大麦结穗的时候，其他时期，城里人的足迹难得下乡，所以他们只有机会嗅大麦，稻花是什么样子，竟有终其身无缘觌面者，他们那里嗅得到稻花香呢？

"盲人骑瞎马，半夜临深池"。这是"乱嗅大麦头"的绝妙注释，许画师这张图，画得最是真切。

冒失鬼的举动，上海话谓之"瞎乱撞"，这句话就从"乱嗅大麦头"中蜕化出来的，更说得坦白痛快些，就是"乱不懂一张"。

或云："乱嗅大麦头"与"触麻乱头子"意义相通，我以为未必，沪语"触麻"乃"抖乱"之意，与冒失虽相似，但与"瞎乱撞"不同。

"乱嗅大麦头"，有时也能用以表示失望，与"拆空老寿星"相似。

一九三 阴阳怪气

阴阳是抽象名词,《字书》注解,仅言阴者阳之对,阳者阴之反,亦说不出所以然来。古代的阴阳家就是极神秘的东西现在的论阴阳者,只是借此骗钱糊口,科学昌明以后,都要送他到阴间去的。

《春秋繁露》:君臣父子夫妇之义,皆取诸阴阳之道,君为阳,臣为阴,父为阳,子为阴,夫为阳,妻为阴。阴道无所独行,其始也不得其专,其终不得分功。

古人极迷信阴阳,天地间事事物物,皆能归入阴阳二类。我们若把《春秋繁露》的话推而广之,则吃饭是阳吃粥是阴,小便是阳,大解为阴,租界为阳,华界为阴,打野鸡为阳,轧姘头为阴,吸纸烟为阳,抽鸦片为阴……

记得在幼学上读到这样两句:
"孤阴则不生,独阳则不长。"

可见天下万物,必须阴阳调和,然后始能生长,好像电灯一样,必须阴阳两线交合,然后方能发光。

阴阳之必须调和,犹之乎我们出恭时候必须尿粪同流,若有尿而无粪,或有粪而无尿,则阴阳两道,必有一道出了毛病,非请医生修理不可。

然而上海人的见解则不然,他们以为阴阳调和,必无好结果,阴阳相触,所产生的只是一种怪气,所以上海人有"阴阳怪气"的俗语。

气,又是一种虚无缥渺的东西,例如:屁者气也,虽然有声有臭,但是无形无踪,谁也不能抓一个屁送到卫生局去请求检验,所谓阴阳怪气,究竟怪到什么程度?却无法查考。

"阴阳怪气",并不是阴阳交媾而能产生一种怪气出来,这句俗语的解释,并不如此简单。他的意思是说：

"不论阴气阳气，都能算作一种正气，现在这种气，说他是阴，他倒有点像阳，拿他当阳，他又变成阴了，他是像'雌孵雄'一类东西，无以名之，只得称他为怪气，凡属似阴似阳，不阴不阳，又阴又阳之气，皆能称之为阴阳怪气"。

这样解释，似乎很通畅了，上海对于脾气带粘性的人，谓之"温吞水"，说他冷水，又有些热气，说他热水，却有点冰手，这就是"阴阳怪气"的特性。

又有人说：阴阳怪气并不如此解说，上海俗语有曰："热气换他冷气"，热为阳，冷为阴，我用十分阳气，换他十分阴气，这样两股气相触，造成的就是"阴阳怪气"。

用这两股气来观察上海社会，即上海的一切现象都变成"阴阳怪气"了。

男性（阳气）追求女性（阴气），女性不睬，阴阳怪气。

野鸡（阳气）拉客（阴气），客人不去，阴阳怪气。

穷人（阳气）向富翁（阴气）借钱，富翁不肯，阴阳怪气。

黄包车夫（阳气）向客人（阴气）揽生意，客人不要，阴阳怪气。

客人（阴气）叫黄包车夫，（阳气）车夫交班阴阳怪气。

可举的例子太多了，不必一一写出来，由读者们自己去想像罢！

或云：阴阳怪气是一句预言式的俗语，这句谶语就应在阴阳交替的身上，当阳历年已过。阴历年未到，官家机关，都以为度过新年了，而老百姓偏不承认，还在预备着过年的打算，在这一个月时期中，社会上往往弄得不阴不阳，造成一种怪气。

有人曾填西江月一首，形容这阴阳怪气之新年：

一路装成元旦，几家虚掩双扉？

问他何事锁愁眉？指点煌煌告示，

官署公开椒颂，家庭未晋辛卮。

年年两度祝新厘，且看阴阳怪气！

一九四 卖羊三千

银钱不花在刀口上，遇事容易受人欺骗，行动寿头寿脑，带三分阿木林色气，上海人为这种人起了个专门名字谓之"瘟生"，亦曰"洋盘"。洋盘的来源，本图说已经注解过了，现在要讲"卖洋"，与"洋盘"有点儿连带关系，所以再行提及。

"洋"是上海人最崇拜最欢迎的东西，凡物加上一个洋字头衔，便觉得特别高贵，所以上海最出风头的人是洋人，上海最大的商业是洋行，上海最受人尊敬的职业是洋行买办，上海人最欢迎的货物是外洋的来路货，上海人最希望的是发洋财，上海流氓最靠得住的牌头是洋盘户头。

洋字的对待名词是"土"，上海人情愿与洋里洋气的朋友轧淘，而不愿与土头土脑的人同跑，因为洋盘究竟还带几分来路货的气息，土者国产也，上海人有俗语曰："中国人终做不出好事体！"中国的纯粹土产，当然不配上海人的胃口，在这洋气冲天，洋毒已深入骨髓的上海地方，居然有人大唱提倡国货的高调，徒见其不自量力耳。

或曰：爱国，现在已成为一般人的时髦装饰品，因为要趋时髦，不得不学爱国，因为要表示爱国，不得不忍暂时之痛，买一两次国货衣料，（或许是人家的赠品，强迫她们不得不穿。）此摩登女士所以加入国货商场之时装表演也。

有一部分上海商店，猜透了上海时髦人的心理，把东洋来路货改头换面，冒充国货发卖，货品又好，价钱又便宜，并能博得推销国货的美名，真是何乐而不为？在时髦人心里呢，正愁不好意思走进东洋店里去买他们心爱的东西，有人代他们改头换面正是求之不得，嘴里问着"不要是东洋货吗？"心里却惟恐这是真正的中国土产，买了回去，即便被人识破是仇货，好在有商家代他们受过，自己不必负丝毫责任。

这一手把戏,上海话叫做"卖洋"。

"卖洋"俗语刚发明的时候,中国地方尚未发见过抵制日货的标语,所以这句话的意思,恰巧与上述的把戏翻一个身,那时候爱国尚未交运,大家做梦也不曾想到购买中国土产就能表示爱国,所以那时候的商店反而将中国货冒充东洋货或西洋货发售,门槛精的顾客,一看商标就知道滑头,便圆睁怪眼,大声斥道:"你们卖洋!"

以土产冒充洋货,从前谓之"卖洋",现在用洋货冒充国货,论理应称"卖国"才合逻辑。

卖洋的起源如此,后来凡是作伪诈欺行为,皆谓之"卖洋"。上海是一个滑头世界,作伪的方法,花样百出,有的以真作假,有的以假为真,忽真忽假,亦假亦真,教人如堕五里雾中,终究分辨不出,卖洋花样,约略估计,至少应有三千种之多,所以叫做"卖洋三千"。

又有一说:卖洋之洋,即洋盘之洋,洋盘最易受骗,专门卖给洋盘的东西,譬如金头苍蝇,外貌非常光辉,里面装的却是满肚子粪,但求瞒过目前,钱骗到手就不负责任,这也是一种作伪的行为。

老白相有了资格,便不愿意在人前卖老,故意装得像曲死一样。富翁有了地位,便不愿意在人前夸富,故意穿了破旧衣衫,扮成蹩脚生的模样。有真才实学的人,不愿意露才,故意呆头呆脑,装作不识不知的样儿。官吏穿了青衣小帽,到民间去私行察访,与人谈话,假作痴呆。强盗劫得巨赃,仍扮作乞丐相,被巡捕捉了去,还唤极天冤枉。小人得志,见有穷朋友上门,便托病不见,装腔作势,搭足了松香架子。(如图)凡此皆可以谓之"卖洋"。真人不露相,故意假装洋盘,瞒蔽别人耳目,教人上他们的老当,钻他们的圈套,故上海人对于卖洋的人,称为"老口",言其轻易不肯吐露口风。

上海人还把"卖洋三千"当作一种语谶,三十五年前,一块大洋只兑八九百文,一角小洋,最多只兑八十几文,小洋照市贴水,只贴制钱三五文,自从铜元出世,洋价渐涨,但每元亦不过兑一千余文,那时候就有"卖洋三千"的俗语了,大家终以为一洋不值三千文的,岂知到了前几年,洋价作到三千以外,大家便说"卖洋三千"是仙人的预言,现在果然被他说着了,将来只恐还有别种俗语要应典咧!

"洋"与"羊"原是通用的,许先生画的一只羊,标价大洋三千元,我看了却有些害怕,一只现洋,能换三千元纸币,那是中国的钞票,不是与俄国卢布票,德国马克票一样的不值钱了吗?那时候中国该如何糟糕呵!我希望许画师不是"许仙"的投胎,不要被他说着。

一九五 勿杀头

"蛇无头而不行,鸟无头而不鸣,人无头而送命"。

蛇无头只是不能游行,还能延续几分钟生命,鸟杀去了头,尚有力量挣扎着拍几下翅膀,惟有人类最无用,杀却了脑袋,立刻挺尸在地,牵都不会牵一牵。据说越是下等动物,头颅越不在乎,苍蝇杀去了头,身体照样能够若无其事的展翅飞去。

人的头既然如此重要,合该保持着不使杀去方是,但是上海人却有一句怪话,叫做"勿杀头"与"杀头"。

用几句对白来说明这"勿杀头"与"杀头":

(他)侬这双齷里龌龊的手,勿要在我头上乱摸,勿杀头!

(她)阿要热昏,我的一双手敬得菩萨,上得台榻,再干净呒不,勿比你们男人的手,倒处乱摸乱挑,从来不想着用清水汏汏,那才真个勿杀头呢!

(他)你要杀头,我偏教你勿杀头。

(她)谁愿意勿杀头,人人要想杀头的,谢谢侬!勿要打朋!

在不懂上海白的人,听了这种攀谈,也许要惊骇逃走,杀头何等可怕?而上海人竟以打朋的语调出之,并且还说"人人要想杀头",那是上海人的不怕死精神,真比抗日救国的东北英雄更伟大,人人都有视死如归的勇气,连女人都不愿意"勿杀头",以此精神抵抗敌人,何敌勿克?

原来上海人口中的"杀头",并不是真愿意牺牲大好头颅,所谓"勿杀头",乃不吉利的别名,意思与"触霉头"相同。"杀头"也者,即"勿勿杀头"之意,就是"并不触霉头",所以上海话的"杀头",反成了吉利名词。

扬州女人骂人,开口就是"砍头"的,砍头照例只砍一刀,上海女人则比扬州女人狠毒千倍,不骂人则已,开口骂人,就要人"杀千刀"。有人根据此点,便断定扬州女人比上海女人的心肠慈悲,其比数为千与一之比。

扬州人的砍头,就是上海人的杀头,那末扬州人骂上海人杀头,上海人听了应该欢喜了,而事实上却并不如此简单。

上海人何以称不祥之事为"勿杀头"？我也想不出理由。有人说:"勿杀头"应作"勿失头",这个"勿"字应作"勿曾"二字解。"勿失头"的故事,上海民间曾有这样传说：

当年"白莲教"作乱,地方上有识之士都不信傍门左道能成大事,时常当众倡言反对。岂知"白莲教"的党羽甚多,他们白天听见了反对的论调,就暗暗的打听那人的住址,到了晚上,便遣人去暗杀,杀了人还将头颅盗去,暗示那人是受的天谴,一连几天暗杀了几百个人,便弄得人人自危,大有朝不保暮之势,清晨亲友见面,都拱手相贺道：

"昨夜恭喜,总算你我都勿曾失头。"

那时候的"勿失头",是一种侥幸之词,而其来源却属是一种飞来横祸。后来"白莲教"逐渐消灭,大家还有些谈虎色变,所以提起了"勿失头",总以为是不祥之兆,至于以"失头"为吉利,那就是附会了。

据许大画师的意见："勿杀头"应作"勿湿头",所以他画了一个土耳其式的沐浴桶,人在桶中沐浴,浑身全湿,单保持头部的干燥,这可算得想入非非了,亏他转湾抹角的想得出来,真是佩服！不过头都勿湿,何以见得就是不吉利？我却想不出解释的理由。这一下子,我又被许先生难倒了。

上海人所认为勿失头的事,我且举几件出来：

清晨出门,看见光头的尼姑。

在晾在竹竿上的女人裤裆下走过。

被女人打荤耳光,有的人还不许女人的手指触着脑袋的任何部分。

深夜听见狗哭,早晨听见鸦啼。

老鼠脱脚,落在身上,老鼠求签,家里蛇与猫斗。

母鸡上屋,主失火。

毛头鹰在人家屋上叫。

七里死人,穿重孝的人到家里来。

黄包车垫子被妇人月经所污。

灶君老爷无故跌出龛外。

新婚之夜,花烛灭熄,花轿断杠。

茶脚泼在身上。(限于宁波人,理由想不出,希望读者诸君告诉我们。)

跌断木梳,打翻马桶。

中国人说话最欢喜牵涉到别人的母亲,"他妈的"一语近来大时髦,已成了我们国有的口头禅,上海人也是中国一分子,说话岂能忘了"他妈的"？所以"大勿杀头",就会变作"勿杀伊拉娘格头"。实在天大的"勿失头",终归他本人自己担当,与"伊拉娘"毫无相干。

一九六 捞横塘*

横塘转舵见横山，两岸清幽一棹间；
此去五湖多捷径，烟尘回首见城阘。

苏州山明水秀的风景区域，聚于西乡。横塘是近郊的小市集，离胥门约十里，舟行至此，转舵西南，群峰在望，渐入山水佳境。南行，经上方山麓，出石湖，或西去，行尽横山，入兴福塘，出胥口，皆为由苏州入太湖之最捷水道。我们久居都市，偶驾扁舟，容与此中，未有不羡慕范大夫者，回望姑苏城中之万瓦迷离，便觉得有些腻烦了！

"上有天堂，下有苏杭"。据我个人的偏见看来，苏州的天堂应是指西乡的风景区域，若论阊门的热闹地带，也与上海的黑暗地狱差不多，是以照我的武断，横塘就是天堂地狱的分界，市镇虽小，在苏州确是一个重要地点。

在江南地方，四乡以横塘为地名的很多，几乎每县都有一个横塘，大概河道总是东西流者居多，凡贯通南北的水道，都能称为横塘。苏州的横塘是指从枫桥到横塘镇的那一条塘，也是南北向的，所以横塘也可以说是普通名词，意思与城里的横街一样。

上海的水道，几乎全部填塞，都改筑为马路了，所以在上海市上，仅有某街某路，某弄某里，新的时髦地方还加了某坊"如梅兰坊"某村，"新民村"却无用塘字为新地名的。然而上海市上的"横塘"，却是很多很多，不论何时何地，都有"横塘"发现。

---

* 编者注：此篇与"棺材里伸手"最早是以"捞横塘与棺材里伸手"为题在《社会日报》刊发的。考虑到上海话俗语条目的不同，这次重新整理出版时依然以两篇呈现。

俗称沿河的街道谓之"塘"，河的两岸皆有路，便有上塘下塘之分。乡间之塘是走的，上海之塘乃是捞的，所以此横塘与彼横塘之间，竟大有分别。

据赌鬼说：上海横塘之来源，乃基于赌博中之牌九，横塘应作"横宕"，小心朋友不敢独下孤注，乃分注于上下两门，一吃一配，尚能收回原注，不受分文损失。取法于摇滩之"打杠子"，下注于天门带上下门者，谓之"撇角"，下注于上下两门者，谓之"横宕"，言其注码专作横里输赢，而宕在赌台中间也。

赌台上常有眼快手快之徒，仅下少数横宕注码，或竟袖手傍看见庄家拿了"鳖十"，下手正在忙落乱配钱之间他乘人不备，伸手捞了一注大筹码，掉头就走，等人追问，他早已溜得不知去向，即使被人捉穿，好在赌场下注码，无需签字证明，尽有抵赖余地，行使这种伎俩的专门名词，就叫做"捞横宕"。

有人说：宕者宕款也，账簿上的悬宕款项，往往多时不能结算，悬宕稍久，大家淡忘，有人见而垂涎，便从横里伸出一只手来，将他全部捞去，随手将账一笔勾销，教人无处查考，此之谓"捞横宕"。

又有人说：差遣人到某处去公干，他走到半路，忽然改变方向，先去干他的私事，上海话谓之"打横"。命他经手的银钱，他营私舞弊，独望自己袋里装进去，孔子曰："君子行不由径"，他舍正路不行，专抄横路，所以谓之"捞横宕"。

总而言之："捞横宕"，是一种经手人的营私舞弊的不道德行为。上海人做事，无论是吃公事饭或生意饭，在应得薪水以外的不正当收入，谓之"外快"，如贿赂，小账，回佣，花红，兼薪，额外酬劳等等，皆在外快之列，惟有捞横宕的外快，竟是盗窃行为，最为无耻。

民众助给东北抗日军的捐款，经手人拿去自己享福，这种横宕，未免捞得有些血腥气，说一句迷信话，将来传给子孙，只怕养出孩子来要没屁眼的。

一九六 棺材里伸手*

与"捞横宕"相类的俗语,上海实在太多了,本图也画过几张雷同的,如"吃血"、"捞锡箔灰"、"劈巴"、"黑吃黑"等等,皆是意思相仿的俗语,但是这许多还是活人做的事,最厉害而要钱要得可怕的,莫如"棺材里伸出手来"。

棺材人人知道是死人的公馆,活人睏棺材的,在中国可说是绝无仅有,前几天报上所载,外国某处殡仪馆减价拍卖棺材,有一位贪便宜朋友,买了一口回来当床睡,据说非常风凉,这种事在外国也是罕有的奇闻,所以外国通讯社会打电报去报告全世界。中国人最多讳忌,谁也不肯去拓这种便宜货。

"铜钿银子,生不带来,死不带去"。上海人也有这种旷达的俗语,人死盖棺,只要多烧些锡箔给他就够了,还要钱来何用,然而竟有棺材里伸出手来要钱的,这叫做"死不明白"。

世间真有棺材里伸手的事实吗?我总以为这句俗语未免形容得太也过火。有位朋友告诉我:这也是谜语式的俗语,"棺材里伸手",隐射的是"死要铜钱",就是"要钱不要命"的意思。

"棺材里伸手",不限定是上海俗语,好像各地方都有这句话,那末,要钱不要命的,不一定是上海人,并且不一定是中国人,这是全人类的共有特性。

---

* 编者注:此篇与"捞横塘"最早是以"捞横塘与棺材里伸手"为题在《社会日报》刊发的。考虑到上海话俗语条目的不同,这次重新整理出版时依然以两篇呈现。

棺材里伸手,也要看事体去的,如果是份内应得之财,如生前的贷出款,或供职机关的养老贮蓄抚恤金等,这些都是他死后应该给家属承受的,取之并不伤廉。若是贪赃舞弊的钱,人死以后,还要命子孙去与人斤斤较量的索取,那就难免要被人家牵死人头皮了!

一九七 拆空老寿星

福禄寿三项占全,为我们中国人最理想的人生观,但是我们恭维上海人,只能对人说:"你真好福气!"却不许说:"你真好寿气!"

祝人长寿,似乎并无恶意,但在上海地方与人谈应酬话,如果当面谀人"寿",那真成了"马屁拍在马脚上"了,因为单用一个"寿"字,在上海辞典中应作"傻""呆"等字解,上海土话叫做"戆徒"。

呆子未必长寿,乖巧的人也未必就短寿促命,起初我也莫名其妙,写了一个寿字,对他仔细端详一会,忽然领悟。

城里人称乡下人为"土头土脑",寿字是一个土字的头,上海人称乡曲为"寿头",即隐射一个"土"字,后来又为他们取了两个"阿土生""阿木林"的雅号,都是指"寿头麻子"而言。

南极仙翁,不知何许人也,亦不详其姓氏,欲问其啥格路道?《史记天官书》曰:"狼比地有大星,曰南极老人,老人见治安,不见,兵起。"

又《封禅书寿星祠注》曰:

"寿星盖南极老人星也,见则天下理安,故祠之以祈福寿。"

他原来是天上的一颗星宿,因其位居极南,名字又取得吉利,人间便将他拉来做了一位主寿的征象。老人星与地球的距离太远,天文台的望远镜的力量,至今尚无法观测寿星的真面目,只好凭古人的想像力,创造一个老寿星的古怪模样出来,这就是我们在画图上所见的那个冬瓜式脑袋,雪白长髯垂过肚脐,手里常捧着个大蟠桃的怪老人了。

真的寿星无缘见面,我们所看见的寿星,除了画的以外,尚有泥塑木雕纸糊的寿星。据民间的传说：古代有一个神经病患者，他与杞人忧天一样，常忧着自己不能享长寿，天天怕死，处处去访求不死药，人人都笑他是疯子，当时就有一个乖巧的人哄他，说是老寿星是司寿命之神，你若虔诚求之，必有效验。

疯子信了那人的话，用重价去收买了许多泥制木雕纸糊的老寿星回来，一天到晚对他们焚香礼拜，寝食俱废，不多几天，疯子非但不能长寿，反而害了重病。

疯子请医生看病，医生说他病入膏肓，无药可救了，他便大大的着急起来，他想老寿星之所以不死，肚子里一定是吃了仙丹，现在自己将要死了，只得路急无君子，偷盗他的仙丹来吃了定可以救命。

于是疯子将供奉的老寿星，一个个拆开来，实行"抄巴子"，希望在肚子里获着救命仙丹，但是，全体老寿星都被他拆空了，结果是一无所有，大失所望！所以后来凡是遇着失望的事，都说"拆空老寿星"，单语只用"拆空"两字。

世间的事事物物，原本都是空的，如果你想一一揭开他们的内层，结果都会使你"拆空老寿星"的。我们只好马虎些度日，不要去学那怕死的疯子。

"拆空"一作"尺贡"。记得还有这样一个典故：从前有一位为富不仁的人庆寿，有一位幽默的画家，绘了一张寿星图去庆祝，图中画的一个老寿星正在伸手接受一个童子贡献给他的玉尺，富翁不察，悬在中堂，不久就被人觉察，说是画中隐含"尺贡老寿星"之意，富翁连忙将画收去，这笑话却传遍人口了。

许画师绘的是一个失恋的男子，接到了恋人另有新欢的凶信，他失望之余，气得昏厥过去，这确是大大的"拆空老寿星"。不过我以为此君的失望，应改为"拆空王母娘娘"，因为那使他"拆空"的是女性，而纸马店里发卖的与老寿星配偶的异性是"王母"，他们这一对都是主寿的星君，应该要男女有别才对。

一九八 胡桃肉

上海地方多流氓蔑骗,同时亦多洋盘小开与瘟生麻子。这几种人物自有他们相互的密切关系,洋盘是流氓财源的来路,瘟生是蔑骗生意的根本,若无洋盘瘟生,上海那里能容许多流氓蔑骗的存在,一个洋盘能养活一群流氓,一个蔑骗也能玩弄多数瘟生,这样新陈代谢,维持着上海的灯红酒绿纸醉金迷的热闹市场。

上海的流氓蔑骗们尝发豪语曰:

"天下的洋盘瘟生是死不完的。"

流氓蔑骗以洋盘瘟生为衣食父母,理应特别尊重才是,但他们却不把洋盘瘟生当养命的粥饭,反说:"这是我们的吃屑。"

"吃屑"是琐屑的食物,如瓜子花生之类,不能常饱的,比点心还低一级,乃消闲遣兴的食品。他们所认为特别好囤头,便称之为"好吃果子"。

果子有干果水果之别,水果之好吃者,莫如"酥桃子"。(见图说第一七六)干果则种类甚繁,如八月里的中秋月饼,月饼中有所谓"百果馅"者,为此中佳品,名为百果,其实并无一百样果子,主要的几种,无非是胡桃,松子,瓜子,杏仁,龙眼,青梅,红丝而已。此中肉头最厚,最能够供咀嚼的,就是"胡桃肉",所以胡桃肉是好吃果子中之最好吃者。

胡桃肉虽然好吃,然而从壳里剥出肉来,却要费一番手脚,因为胡桃不像酥桃子,在果子中要算它的壳生得最结实,非用力敲打不能取出它的肉来。

敲胡桃肉,也要有些手法,一味用蛮劲,壳虽敲碎,肉已糜烂,不能供食,白费气力,敲得太轻,又不能攻破它的硬壳,无法吃它的肉,是以一记敲下去,须看准部位,不偏不倚,用眼眼调的巧劲,才能一剖两爿,如图上所绘的样子,然后再用细磨功夫,将显露在眼前的肥肉,整块的剔出来,若有破碎,就不算功夫。不信,许画师倒是吃胡桃肉的老手,你们看他一记敲下去,胡桃恰两半,一点没有歪曲破碎,手法真正不推板!

蔑骗吃瘟生,都半使用软功夫,惟有流氓遇见了具有蜡烛脾气的小开,才不得不下"辣手"对付,他们又有一句格言,叫做"蜡烛不点不亮"。

"吃胡桃肉",意思与"点蜡烛"相仿,举一件故事出来,介绍上海流氓的吃胡桃肉方法:

某小开,不愿别人叫他"洋盘",所以包围着他的"跟镲头人",都尊之为"相府",他家里有钱,但财权在他父亲手里,他为了结交朋友,写了许多"待天父年"的借据给人,并且口头允许朋友们,待父亲去世以后,尽量的资助他们,好在他父亲奄奄床笫,终不久于人世的了,一班狐群狗党对他都抱着无穷希望,时常把银钱去接济他。

后来,小开的父亲老开果然寿终正寝,偌大遗产到了小开手里,他忽然大彻大悟起来,知道结交这班流氓之有损无益,办罢丧事,就绝对不与他们往来,流氓有上门来找他的,他更命守门人一概挡驾,非但口头应许人家的利益不履行,就是出立给人的借据也只还本钱,不认重利,否则就请了律师与人打官司。

一群流氓守了几年小开,好像耕熟了田地,正预备收获,不想来了一场天灾,农田竟无粒米收成,大家失望之余,便思设计报复。

不多几时,小开忽然被人绑架去了,一连几天,毫无消息,小开家里都是女流,那里去寻线索,后来打听得小开从前曾结交过一班流氓,反托人去请他们来商量营救之策,结果花了许多银子,才将小开救了出来,小开感激他们救命之恩,又拿出钱来酬谢他们。

流氓知道小开是天生的胡桃肉脾气,以后绝对不开口向他借钱,如果要想用他的钱,只消略施小计,教他先受一点小痛苦,再挽人与他开谈判,他就施舍得非常爽快。

上海流氓拆梢,往往先用强硬手段将人殴辱一顿,然后与他讲"拉台子"的条件,据说非如此不足以慑服寿头麻子。

日本人对付中国的手段,就是取法于上海流氓的"敲胡桃肉",他们先采取断然手段,占据了我国的土地,然后与我们开和平会议,这就可以任意要索,为所欲为了。

"笃笃笃,胡桃肉,一斤胡桃两斤壳,吃了你的肉,还了你的壳"。

这是上海近年来发现的童谣,有人说:就应在闸北的战事上,闸北被日军一度占据,待我们收回,已成一片焦土,这不是"吃了我们肉,还了我们壳"吗?

一九九　卖面孔

有人说：咱们中华民国是一个"面子国"，凡事都以面子当先，上至国家法律，下至一切琐屑章程，在有面子人看来都是具文，惟有没面子的小百姓才应该受法律章程的拘束。不信请看国立的考试院，好像已经屡次开科取士了，录取的人才谅也不在少数，但是每逢一个大官上任，少不得都要登一则拒绝亲朋荐差使的大广告，这就可见有面子人的荐信，效力远在考试院的合格证书之上。有脚路的人决不屑去参与什么考试，金榜题名录上，决寻不出当代要人的小舅子一类人物。

要人在公馆里推牌九，抽鸦片，叫条子，门口有警察保护着。警察局里拘押的烟犯、赌犯、私娼等东西，都是小宁波，小蜡子一流没面子的无名小卒，"只许州官放火，不准百姓点灯"，这都是面子问题。

上面也未能例外，也许上海人把面子问题看得比别处更为重要，因为上海多流氓，流氓是靠面子吃饭的，被人下了面子去，就该拚了性命去争回来，上海的许多仇杀案子，多半因为面子扎得太足，那班被下面子者无力争回，只得与人拚一个你死我活，由此可见面子是流氓的第一生命。

上海人的面子，亦称"面孔"，面孔大的人，事事占便宜，就是到杂货店里去买一点零碎东西也能特别公道，因面孔大的人不易多得，所以上海人把"看你面孔大"一语当作讥笑人的话。

面孔大了以后，面皮也会一层层的加厚起来，厚面皮可以随时剥去，剥了一层又一层，像手术精巧的煮鸦片技师的烘膏一样，剥得越薄越大越见工夫，但是一个人只需要一张面皮，皮剥得太多了，面孔过剩，便将他们贮藏起来，预备乘机出卖。

宁波下流人骂人,有一句叫做"卖爹卖娘",娘岂能像猪猡般论斤出卖?我们听了已觉得奇怪!而上海人的"卖面孔",则较卖爹卖娘尤怪!

一个人在社会上有了相当地位,自然会有人去向他买面孔,面孔的代价几何?大概须视面孔的大小而定,恕我没有去向人买过,自己更无多余面孔出卖与人,所以不知道面孔的确实定价。

"卖面孔"也有不收代价的,如图上画的那位热心朋友代替黄包车夫向印度阿三卖面孔,如果印度阿三买了热心朋友的面孔,立刻将坐垫还给车夫,这朋友未必就能白坐一趟黄包车,这是一件大大的蚀本生意。上海多乖人头,这种白卖面孔的生意,大家都不大情愿干的,所以马路上看见巡捕撬黄包车照会,路上行人都掉头不顾,像这位热心朋友,真是上海人打话"少有出见"的。

"吊杀鬼拍粉,死要面孔"。这是上海讥讽没面孔的人偏要争面孔的俗语。面孔多的人,能像图上那位朋友挑了一担,减价拍卖也无人要,没面孔的人想买一张面孔都不可得,上海确有这种供应不符的现象。我以为要想免除这种恐慌,为调剂面孔市面起见,须请几位有面子的人物出来,在上海设立一个面孔交易所,将一切过剩的面孔,无论是红面孔、白面孔、大面孔、小面孔,以及一切诸色面孔等,一律征求收集起来,先假座大足球场开一个大展览会,以资提倡,这倒是洋洋大观呵!

二〇〇　老　调

"行腔使调"是伶工的技巧,歌唱无论中西古今,皆有一种特别腔调,行使了腔调高唱歌曲,其声韵自与平常说话不同,势必有几分矫揉做作,所以我们称工于作伪的人,谓之"装腔作调",意思就是说他在平常说话时,也装得像唱歌一样。

歌曲是人类最早的发明物,人类发明歌唱,远在发明文字图画以前,大概人类能够说话之后,就会编出简单的歌曲来随口乱唱,借此舒散忧郁,或表示快感,所以野蛮民族,即使没有文字,却有很动听的歌谣,它们的腔调,大半是从善鸣的鸟类学习的,这才是真的天籁。

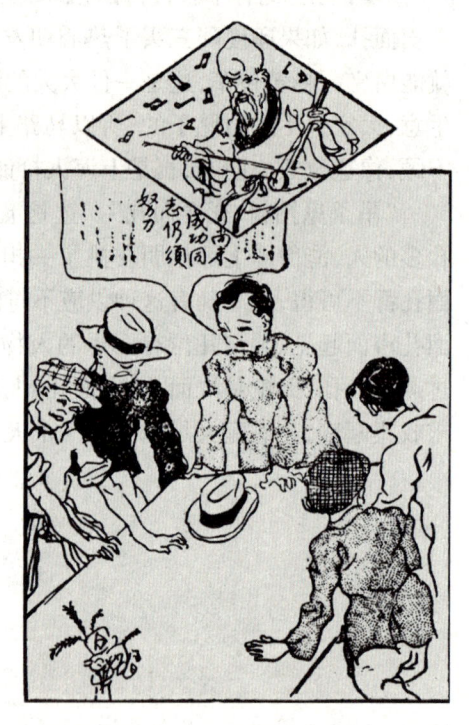

中国的古歌,在诗经里可以窥见一斑,可惜经过迂腐的孔子的删削,也许把真正的民歌给他删得失传了,又被他下了"思无邪"的三字批评,多数的民间恋歌,更被后代的腐儒注解得歪曲了。

古歌的词句,虽然至今尚有留存的,可惜古歌的腔调,竟无法揣摹。有人说:也要怪留声机器发明得太晚了,否则"关关雎鸠"的老调传到民国二十年,则洋货店大减价的新式吹鼓手也许不屑采用"毛毛雨"的调子咧!

不过三十年前风行社会的时髦京调"过了一天又一天","小东人,闯下了,泼天大祸"等调子,现在也被人认为老调,已改哼谭派的"昔日有个"和"听他言"等新调子,所以"关关雎鸠"的曲谱即使传到现在,也被人认为是落伍的"老调"。

"老调"在上海也是一句俗语,凡是例行公事都能称之为"老调",最普通之"老调"代表两事:

"若无老调,性命难保,老调过门,尽管笃定。"

此"老调"是指上海人说的"铜钿银子"。上海是一个特别区域,凡事都比别处特别,若在内地公务人员偶有需索,或攫取少数贿赂,必难瞒过当地人的耳目,不久就会有撤职查办的危险,上海是一个畸形组织,人口又多,勒索行贿,不妨公然为之,被害者或不懂举发的门径,或即使懂得,亦恐结冤,因此把"烧小锭"视为当尽的义务。大家把这件事看得惯常了,所以见人伸手,便知道他是要"老调","老调"也者,言其习惯相传之旧例也。"有钱使得鬼推磨",这也是民间常唱的"老调"。上海人嘴里的"老调"可以代表一切钱类,上至数万元的庄票,下至一只铜板,都能叫做"老调"。

"辫子一翘,就此老调。"

此"老调"乃指人类的死,无论贫富贵贱,都难逃这重死的关口,所以死也是人类不得不照办的例行公事。上海样样东西都翻新花样,惟有死的一关却掉不出新枪花,现代的新死人,与几千年前陈死人的面孔一样难看,死的样式也与古人一样直挺挺的睡着,竟没有站着死的,这是人人应唱的老调,上海人说:"阿三老调了!"就是说"阿三死了",这句俗话颇有达观的意呀!

上海下层阶级的人,伸出一个当中指头来,对人说"侬懂一张老调!"这个老调又是另有所指了。还有看见一男一女走进旅馆,也能说:"他们俩进去老调了!"这是人人猜想得到的"老调"。

七十岁老公公,只会唱昆曲,或"厄子花开六瓣头"一类的山歌,很少能唱外国影片里听会的《璇宫艳史》的新调。依此推论,年纪越老的人,所唱的调子也越老,中国的长寿老翁的代表是"南极仙翁"老寿星,所以"寿星唱曲子"便成为"老调"的隐语。

寿星唱曲子的老调,意义与上海话的"老调"微有不同,这个老调,含有"耳朵里听出老茧"之意,上海俗语又叫做"老太婆焐粥",颇有人人厌弃的意味。

二〇一 如意算盘

如意是印度的产物,随同佛教同时输入中国,梵语乃"阿那律"之义。当初的如意,柄端原作手指形,以示手所不能及者,搔之可以如意,故名。

《潜确类书》:明皇背痒,罗公远折竹枝为玉如意以进,金刚三藏于袖中取七宝如意,玉如意,即化为竹。

如意柄端又有作心字形者,制作原料,计有骨角竹木玉石铜铁等类,长凡三尺许,和尚登坛讲经,皆手执如意,暗记经文于上,以备遗忘,其作用颇似考生之私藏夹带。

古代将帅亦有用如意指麾军士者。

《梁书》:韦睿拒魏于邵阳,乘素木舆,执白角如意,麾三军,一日数合。

中国古时有搔杖,以搔背痒,又有牙笏,以备记文启事。如意则能兼二者之用,所以自从印度僧人携入中国以后,大家便乐于使用,成为极时髦的用品,上流阶级几乎人手一具,出外携带,好像是现代的手杖,陈列案头,也是重要文具之一,所以如意见于古籍者极多。

近世的如意,已比古如意减短了一倍,如意头亦多改作芝形云形,久已失却了如意的实用,仅因如意的名称吉祥,作为富家案头的装饰品。

算盘为商家之重要工具,若言实用,真比如意重要千万倍,但因中国自古轻视市侩,所谓士大夫阶级,都不屑与谋什一之利之徒接近,商人用的算盘,亦被他们连带的看轻,所以中国古书很少谈到算盘的。

钱大昕《十驾斋养新录》:"古人布算以筹,今用算盘,以木为珠,不知何人所造?亦未审起于何代"?

陶南村《辍耕录》有"走盘珠""算盘珠"之喻,则算盘一物,似于元朝已有之矣。

408 上海俗语图说

算盘的来历，在几百年前已经无法考证了，这位算盘大发明家不幸生在中国，他的姓名竟湮没不彰，还不及那毫无实用的如意，尚能追究出一个根源来。

如意是被文人认为极清雅的东西，算盘是一种俗物，所谓"萝卜勿轧菜淘"，这两种永远碰不到头的东西，怎么也不会聚在一起，然而上海俗语中偏有一句叫做"如意算盘"。

"一只手拿如意，一只手拿算盘"。如果真有人这样拿法，却和穿了西装戴大红风帽一样贼腔。这两句上海俗语原是讥讽人的，上海话又叫做"独腹心思"，用一件象形的器具来比喻，便叫做"独幅棺材"，具有独腹脾气的人，便称之为"独头"。

"如意算盘"是指一相情愿的朋友的独腹理想，他把预期的美满希望，都打在自己的算盘珠上，以为诸事都能如他的意志一一实现，其实天下的事，变化多端，那里都会尽如人意呢？"如意算盘"等于痴人说梦，傍观人都知道打者的谬妄，而在打算盘的本人看来，总以理想有实现的可能，时时以如意算盘安慰着他的心灵，世间像这般"捏鼻头做梦"的人真不知有多少！

打如意算盘的人，都半是不肯为生活努力奋斗，而坐在家里静待幸运之惠临者，最好是张开了嘴睡着，希望天上掉几只烧熟的天鹅肉下来给他吃。

"两相情愿脱裤子，一相情愿吃官司"。如意人打的如意算盘，纯是"一相情愿"式的，但求自己称心如意，不顾别人要"吊人中"，如意算盘是极端的自私自利者。

买了一张发财票（现在改称奖券）回来，离开彩日期尚有一两个月，他一手拿如意，一手已在算盘上支配他得了头彩后的用途，在他的心里估量起来，那五十万的奖金稳稳地可以到手，未开奖以前，好像是暂寄给人家手里，届时伸手就可以取到，所以他的洋房图样也打好了，汽车买什么牌子的也决定了，理想中的太太也在照相馆的橱窗里选中了，单等喜信一到，在几个钟点里就能行进宅结婚礼，这是本图所绘的一相情愿朋友。

可惜打如意算盘的人，往往容易将"稳瓶打碎"，这就是"不如意事常八九"呵！

二〇二 牛牵马绷

《左传》齐伐楚,楚子使与师言曰:"君处北海,寡人处南海,惟是风马牛不相及也;不虞君之涉吾地也,何故?"

"风马牛"原是两件不相干的东西,但是自从司马迁报任少卿书,自称"太史公,牛马走"。把牛马二畜的皮条拉拢在一块儿,于是"牛溲马勃","牛头马面",也都捉起对儿来了,上海俗语之"牛牵马绷",大概也是这样拉扯成功的。

"马牛羊,鸡犬豕",马牛二公,同属六畜中的大亨。马能帮助战士,驰骋疆场,杀敌卫国;牛能帮助农人,耕耘田地,救济活人。他们俩,一个儿经文,一个儿纬武,厥功甚伟,凡属人群,皆利赖之,断非鸡鸣狗盗之流所能望其项背者也。

两个巨头并峙,即使不为争权夺利,仅因区区面子问题,也许就此弄得大家面红耳赤。我们并不谈国家大事,就以唱戏的两个巨头——梅兰芳马连良来打比方吧,声望,包银,资格,以及戏馆的牌子,都是梅居马上,但马连良部下所蓄秘书发的各报宣传文字,即使是梅马合演的戏,也要把马连良先生的大名压在梅兰芳上头。(梅兰芳大概因为身份到了,不必更赖中国报纸捧场,所以近来专载戏剧文字的刊物上,只让马连良先生独出风头了。)

梅马争长,事实上还是梅居马上。我们的牛马,究竟是谁在上面?好在它们(或它们)连大众文都读不通,更不会打笔墨官司,由我们随便打发,决不至于引起意外纠纷。我现在要解释的是"牛牵马绷",就以牛居马上吧。不过马大哥如果请了律师,引"马首是瞻","毋为牛后"的古典出来打官司,只怕提倡"牛马走"的太史公也要被他吃瘪的。

牛马二畜之不能相容,除掉"风马牛"以外,还有几个证据可引:

张载榷论:"牛骥同牢,利钝齐列,而无长涂犀革之决之,此离朱与瞽者同眼之说也。"

《易林》:"牛骥同堂,郭氏其亡!"

邹阳上梁王书:"使不羁之士,与牛骥同皂。"

文天祥《正气歌》:"牛骥同一皂,鸡栖凤凰食。"

以上皆是马党的论调,所以一致抑牛扬马,不许它们同淘。"牛牵马绷",也许是与这几位古人唱同调的上海人所发明的,它的意思是在讥嘲一班勉强将牛马二公拉拢在一堆的人。

譬如从前北平开的扩大会议,把许多党派各别的人物,勉强凑合成功一个大杂烩,这就是"牛牵马绷"的组织,所以后来弄得"蒲鞋出髭须,一场无结果"。

"蜀中无大将,廖化作先锋"。这也是"牛牵马绷"的表现。上海市面近来大不景气,多数人都在牵东补西,度着"对百筋"的生活。你与朋友相逢,若问他"近来如何得意?"他定会对你笑道:

"牛牵马绷,过一日算两个半日。"

究竟此四字是何来历?大概马载重,牛耕田,二物的工作效用不同,但是人家的牛马不能齐备,需要载重时,家中无马,只得用牛去代劳;反之,无牛的人家,需要耕田,也只得烦马到田里去工作。这叫做无办法中之办法,上海人所谓"急绷绷"是也。

杜甫诗曰:"牵萝补茅屋"。茅屋虽漏,牵萝补之,聊蔽风雨。牛牵马绷,虽未全具牛马,幸喜马能代牛,牛可替马,彼牵此扯,足以绷住极场面,尚未至"拆穿西洋镜"之地步,破落户,败乡绅,都有此凄惨景象。

上海还有一句俗语,叫做"牛牵马",这可不是"绷"字的歇后语,乃是三个人勉强打麻将,或挖花之谓,大概就是"牛牵马绷"的简语,以其勉强凑合成局也。

二〇三 鬼头关刀

关羽是吾国最通俗的神道,他与孔老夫子并称文武二圣,而实际上比孔夫子的势力更大。

旧式薙头店,茶坊,酒肆,和一切与下层阶级接近的商铺,堂前都供着关老爷的红脸神像;孔夫子只有从前坐冷板凳的私塾先生家里供一尊哄小孩子的泥像以外,别人的香烟就无机会享受。

人家小孩子寄名给关老爷的很多,凡是乳名关囡,关宝,和一切关字辈的小把戏,都是关老爷的干儿女。孔夫子只会收几个虚名的穷酸做门徒,却没有人肯拜他做干爷,是以连初一月半的香烛元宝都骗不到手。

孔夫子庙每座城池里只有一所,关帝庙则无论僧寺道院里都能附设。孔圣每年只有春秋二季吃两次冷牛肉,关帝则一年四季皆有善男信女去烧香斋供。就拿上海来说:一所硕果仅存的孔庙,早已改做公园,关帝庙则除却西门大街和大境两个大本营依然香烟鼎盛之外,还有大小不一的武圣宫,关圣殿等分发行所,东西南北区不下数十处文圣人的风头实不逮武圣万一。

关羽实是中国历史上最交红运的人物。他所以能够获得这样稳固地位,全靠罗贯中的宣传力量。关羽如果是有良心朋友,应该不折不扣的付罗贯中一笔巨大广告费——至少也该分一部分锡箔灰给罗先生。

关羽走了红运,连他当年使用的武器也会随着主人走运,现在凡是长柄的大刀,一般人皆称之为"关刀",要货摊上卖的木制长柄假刀,玩童们也叫它"关刀"。

据《三国演义》告诉我们:关云长手中使用的名为"青龙偃月刀"。关公画像,和戏台上三麻子扮关公所持大刀,刀上都现着龙形,这正与演义相符。

"鬼头刀"是什么东西?说大书的评话家,和小本子的侠义小说,好像都提起过,他是没有长柄朴刀一类东西,大半是山寇用的兵器,杀人的刽子手用的似乎也名"鬼头刀"。反正鬼头刀这件东西,不在十八般重要兵器之列,名称既不高雅,样子又不美观,使用的都不是具有八面威风的大将,乃是一件不上台盘的东西。

关云长,丹凤眼,卧蚕眉,枣红脸,绿盔绿甲,全身披挂。跨下赤兔胭脂马,外加五绺长过小腹的美髯,身傍横一柄青龙偃月刀,这是多么雄壮的一员儒将!如果将他手里的青龙刀换了一把鬼头刀,这就与现代武装同志手持通条打鸦片烟枪的火扦一般不成样了!

鬼头刀应该是操刀鬼曹正之流的梁山小头目拿的武器,而上海俗语却把"鬼"与"关刀"合成一个名词,"鬼头"好像是"关刀"的形容词似的,这似乎有些侮辱关老爷。"鬼头关刀",竟敢胡说八道,不怕关老爷的保镖周仓带了天兵天将前来"讲斤头",上海人真个胆量不小!

"鬼头关刀"照字面看来,应是一个名词,但在上海话中却是一句形容词。鬼头关刀者,鬼鬼祟祟也,北方话谓之"捣鬼"。鬼而能捣,岂非欲啖鬼肉?欲把鬼肉制成宁波人吃虾酱蟹糊之类?北人胆量也就不输南人。

"事无不可对人言",凡心地坦白之人,平生不作亏心之事,决无鬼头关刀之必要时多鬼头关刀行为者,不是作奸犯科,定为营私舞弊,所有社会间的一切黑幕,皆于鬼头关刀中造成之。

吹牛皮者,为自己宣扬功德,惟恐传播不广,宜于在人前张牙舞爪,鼓足精神以吹之;拍马屁者,为谄媚行为,惟恐受人讥嘲,宜于背了人面,轻描淡写,鬼头关刀以拍之。故鬼头关刀者,为拍马屁朋友应具之态度也。

鬼头关刀,亦交头接耳之列名也。追逐女性者,无论在社交如何公开之社会里,在未成交以前,免不得须经一番鬼头关刀的过程。因为男女恋爱总带几分神秘性质,所谓"妻不如妾,妾不如偷",偷就是鬼头关刀,若不鬼头关刀,那就索然无味了。故吊膀子男女,皆懂得鬼头关刀的真解数。

不过,鬼头关刀,只能适可而止,若鬼头关刀用得太过了分,也许要做刀头之鬼。上海发生的情杀案中二主角——杨炳琥与一妃老六——就为太鬼头关刀而送了命。他们究竟是怎样死的?大家看了报都有些模糊一妃的一生多角恋爱,真是全本鬼头关刀。

鬼头关刀终究解释不出正确意义,有人说:这是"鬼头鬼脑"之音讹。第一个"鬼"是上海土音,第二个"鬼"应读国音,就与"关"字仿佛了。"脑"与"刀"声音近似,有说别的可能。

同一"鬼"字,为何要分两种读法?

大英大马路,为何要读作"大英渡马路"呢?上海俗语自有这种莫名其妙的读法,大概为了调和音节,使上海话格外好听些。

二〇四 吊人中

人体的正中部分,照全体算起来,应推"肚脐"为最中,不信,但看玩把戏的小孩子,有时能将整个身体,四肢脱空,支持在一个中心点上,那中心点就是肚脐眼。

但是,据我们的习惯,"人中"并不是指肚脐,所谓"人中"乃指鼻下唇上的两道隆起肌肉之中间一小部分而言。脑袋在形体上已不是全身的中枢,故脑袋的任何部分,都不配称"人中"。即使单就面部而论,则开门见山的鼻梁应为中部,也轮不到鼻尖下端偏居正南方的那道浅浅的肉沟。

不要看轻了这一方小地盘,据说人们的性命乱子筋与它却有重大的关系;我国的旧习,凡人到了将要断气的时候,只要用指甲狠命的望嘴唇部上揩下去,就有起死回生的效力,比打救命针更灵。

为什么死人弥留的时候需要"揩人中"?据家里常常死人的朋友说:凡是病人到了将与世界告别之前,都会发生几种危险的现象,最显著的就是"人中"部分,它会渐渐的缩短,上嘴唇掀起,使与鼻孔相接,甚至于一寸多长的"人中",也会缩得一分不剩。"揩人中"就是阻止人中缩短,间接也能挽回病人的生命。

恕我不是殡仪馆的职员,对于死人的经验,实在浅薄得很,死人的现象是不是如此?我无法妄下断语。最近上海有好几万男女影迷,都不怕路远,赶到胶州路殡仪馆去看阮玲玉的死人面孔,阮尸陈列在礼堂的锦盒里,究竟有没有"人中"?只要问一问数万影迷就知道了,我却没有闲情逸致去吊陌生人的孝,所以不敢乱道。

人中缩短的现象,上海俗语叫做"吊人中"。人中一吊,无常随后即到,小性命就此不保,一切完了,纵然是大亨,难免化作小赤老。

据此,"吊人中"就是"去死不远"的别名,真上海女人常有这样一句口头禅云:

"地只浮尸,要死快哉!"

这就是"吊人中"的注解。

"吊人中"的真义如此,至于平常上海人嘴里常说的"吊人中",却不一定是指人之将死,不过是一句譬喻罢了。

比方:现在是不景气的社会,商店没有买卖,好容易度过了年关,总想银行钱庄仍旧可以放款给他们,过了新年,便能活动,谁知晴天里来一个霹雳,银钱两业鉴于市面的险象环生,齐抱审慎态度,不肯随便放款,许多靠银行钱庄掉头度日的商店,听得此信,大家都要"吊人中"咧!

在戏台上,角色听得一个"不好了"的消息,立刻气厥身亡,于是傍边的配角用大袖挡住他的脸,叫一声"醒来",然后唱起"听说是"的倒扳。据说挡袖就表示"掐人中"。气厥身亡的戏班术语,名叫"气椅儿",也可以做"吊人中"的说明。

中国相术,以人中之长短,定人类寿命的大小。"猪八戒"型的面孔,人中一定很长,也活得最久,大概吃半打安神药片,也不会送殡仪馆的吧?

二〇五 吃屎忠臣

京戏《打龙袍》的包龙图，因借大放花灯讥讽宋仁宗皇帝，几罹杀身之祸，当黑面孔的包文正被绑金殿的时候，就有这样两句唱词：

"自古忠臣不怕死，怕死原来不忠臣。"

中国历史上的忠臣，都以龙逢比干为模范，因为他们两位都是尽忠而死的。忠臣的不怕死乃是事实，对于这句话的注解，《左传》上的荀息说得好：

"臣竭其股肱之力，加之以忠贞，其济，则君之灵也，不济，则以死继之。"

诸葛武侯的"鞠躬尽瘁，死而后已"，大概就是套用荀息的旧话。

"忠臣不怕死"是一句俗语。作史的大文豪爱用古香古色的辞藻，古忠臣的口中即使说过这句话，到了大文豪的笔端，也许会改变了样子，所以像这样的俗语，惟有在稗官小说，戏曲盲词中去寻觅。

尝见戏台上演越王尝粪故事，当越王勾践在尝试夫差的臭粪时，那个扮太宰伯嚭的演员在傍调侃道：

"这才是忠臣不怕屎，怕屎不忠臣！"

吴语："屎"字与"死"同音，引得哄堂大笑。

上海俗语的"吃屎忠臣"，也许就是由越王勾践的尝粪古典蜕化出来的。

忠臣当然不是指奴颜婢膝的皇家走狗。现代忠臣，可以分作两种：一种是诚实勤俭，忠于职务，肯负责任，不善掉枪花者；一种是并无真才实学，专仗吹牛拍马，博得主人欢喜，主人用他做自己的耳目，他便成为"火腿绳"般的东西，终身吃定主人，做一个吠尧的桀犬。

这两种忠臣,还是后者比较值价,花钱的大爷们就欢喜这种忠臣。

在上海做忠臣,说是一定要有能吃屎的勇气,我看纵然是小人之尤,也无勾践般好胃口,这句俗语原不过说说罢了,未必真有此事实。

自动的忠臣吃屎,果然难觅这般赤胆忠肝的大英雄大豪杰,被迫的为忠于职务而吃屎,在上海倒是常常看见的。

"某某大律师为办理讼案结怨于人,昨日在法院门前,被暴徒抛掷粪秽,满身沾染黄白物,并饱尝异味,令人不可向迩。追大律师呼援,警捕赶到,暴徒已潜逃无踪矣。"

这种新闻,我们在报纸上已屡见不鲜。律师为保障人权,维持法益,受了当事人的委托,自应挖出忠心来为当事人辩护,以尽天职。他越是忠心于当事人,讼案的对手方越是恨他,结的冤仇也越深。等到案件判决,败诉方面的人不怨自己理由不充分,反怨对方律师的铁齿钢牙生得厉害,他们无可泄愤,只得去请忠心的律师吃屎了。不明事理的人往往会做出这种可笑的行为来,然而大律师苦矣!

请忠臣吃屎,上海有个专门名词叫做"摆堆老",堆老就是屎之绰号。上海瘪三有包办摆堆老者,如与人结怨,可纳若干代价,命瘪三包摆堆老,万一阵上失风,当场被捕,也不会咬出指使人的姓名。因为不是事主御驾亲征,有时候瘪三先生认错了面孔,也许误摆到陌生人头上去,那时这一位吃屎朋友就不一定是忠臣了。常有大大的奸贼也得幸遇吃屎机会而博一时美名,这叫做"吃了对门,谢了隔壁",可算吃屎吃出"外快"来。

"看斗牌尽忠保国,吃硬乱无处伸冤!"

这两句是上海人看打麻将的格言,意思与吃屎忠臣相仿。别人打牌,你作壁上观,输赢与你无涉,他打牌为什么要你代出主张?打对了,未必见你的情,不幸打错了,他就要怪到你身上来,少不得把当中指头直伸到你嘴中来。然而,看斗牌人,除非有特别关系外,没有不尽忠报国的,此明哲保身之所以难能可贵也!

有人说:"吃屎忠臣"乃是一句讽世的俗语,因为现在的世界,不知好歹的人太多,你代他忠心做事,他非但不见你的情,结果听信了谗言,就会请你吃屎,以作酬报。这是劝人做不得忠臣,凡事只要看看冷眼,多吃饭,少开口,乃是最妥当的处世方法,尽忠报国看斗牌的人就是好榜样。

二〇六 对百筋

在下去夏因推窗不慎,右腕为玻璃所创,划破了一块肌肉,创口像嘴样一张,医治了一个多月,创口总算痊愈,只是小指与无名指再也不能伸直,里面时时觉得酸麻,受了一点冷,更觉难受。这几日天气很暖。我还是离不开一个热水瓶,别人看见了都很奇怪!

我的手指,百药罔效,据说是肌肉里割断了一根主要神经,已无法补救,恐怕就此要终身残废了!

神经是西医的名称,我们的国医,只知道有"筋络",平常人就叫做"筋"。

"夹忙头里胖牵筋"。上海有这么一句俗话,"胖"就是"腿","胖牵筋"文言谓之"抽搐",国语叫做"抽筋",胖牵筋突如其来,疼痛难忍,患过这毛病的人,都知道这滋味是何等难受!

胖牵筋发作的时间很短,最多不过一两分钟,并且很少有两三条筋同时牵动的。

一两分钟,单牵一条筋,尚且如此难熬,如果多数筋络同时牵抽,这滋味虽没有人尝过,大概同触电一样不好受,连牵几分钟,也许要死的。

"对"者拉也。这是宁波土话,亦作"抽"字解。"抽他出来",译作宁波话,便为"对其出来"。"拉住他"谓之"对牢其"。宁波话的"对",或许另有一个挑手傍的俗字,可惜我不是宁波人,不会写宁波杜造字,只得用"对"来代替。

"对百筋"乃阿拉宁波话,流行于上海滩,白相人尤乐于引用,相习已久,遂忘其为宁波话。正似英国话 Half 之类,被上海人引用之后,凡属合伙分拆等,都称为"哈夫"了。

"对百筋"依字义解释,乃全身筋络下总动员令,同时一齐抽搐;"百"者言其多数也。

在下只有手指头一根筋绷紧在肌肉里,已觉得酸麻难熬,行动不便;偶然几秒钟的胖牵筋,更是疼痛得动弹不得,何况是全身抽筋?现在新发明的电刑,据尝过滋味的人说:比任何刑罚都难忍受,即使是江洋大盗,上了电架,也不敢隐藏半句口供。这是电流通入人体,借人身的神经系统为导线,凡有感觉的地方,都会酸麻疼痛。肉体万难抵抗,以此惩治盗匪,探问口供,真是百发百中,收效极大。"对百筋"大概也是如此"对"法,其难熬程度,可想而知。

俗语"对百筋",非真的几百条经络全部对动也,是这一个譬喻,言穷汉度着非人的生活,物质精神,供养俱缺,终日愁眉哭蹙,无一丝乐趣,其人的苦恼正和"对百筋"没有分别。

有人说:对百筋应作"堆百斤",乃喻穷人度着困苦生活,好似身上长期堆着百斤重量的东西,极言其担负之重也。如此解释,亦具理由。惟身堆百斤,犹属人类能力所及,请到黄浦滩去一看码头小工,重大的货包由他们运输,大半堆压在背上,看他们伛偻着背,热汗直流,估量起来尚不止百斤。"堆百斤"的痛苦实不及"对百筋"百分之一。所以欲形容人生痛苦,还是以"对百筋"为是。

上海自"一二八"以后,各种商业皆受着重大打击,市面大不景气!一向认为东亚繁华中心的南京路,竟有许多商店在暗中大喊救命。去年冬季,市上就多谣啄,说是南京路上有七十几家大商店应受发封处分,当局为维持市面起见,不肯依法处理,大家才得苟延残喘。此项谣传若确,则上海许多装潢华丽的商店,无非门面好看,骨子里都度着"对百筋"生活!俏皮朋友便称大减价商店楼上吹打的乐队为"对百筋调"。

有人不懂得"对"字的解释,以为必有两人始能相对,故将穷苦生活分作三段阶级:

(一)独自睡在家里受苦,是为"孵豆芽"。

(二)穷人在外活动,度着浪流生活,谓之"滚钉板"。

(三)二人共孵豆芽,或夫妇牛衣对泣,就叫做"对百筋"。

租界严厉取缔赌博以后,有一部分海上游侠儿生活大感困难,大家觌面,惟有摇头长叹,相对说一句"对百筋",则一切说不出口的惨痛,尽在这三个字中表现出来了。

没头脑的朋友,家里没有钱开伙仓,家主婆剥了一条裤子下来,教他拿出去典钱换米,他变到了钱走过朋友家里,看见三缺一,就坐下去搓五百铲,连输了六铲,把当票都输给人,他只好收收紧裤带,回去与家主婆对百筋了。

百业凋零,工厂收歇,上海失业问题甚是严重,十个人站拢来总有个把对百筋的,整个上海社会,只怕也快对百筋了!

二〇七　一只袜

鞋袜的进步，在中国还是近四五十年的事，在四五十年前的中国式鞋袜，与汉魏唐宋元明朝的中国鞋袜，似无多大区别。自从通商以后，皮鞋与洋袜进口，我们的脚上才起了一度革命。鲢鱼头的鞋子，到现在还能苟延残喘，中国袜却尽被淘汰得无影无踪了。

本文单说袜子：

中国布袜，只有白色的，据我的年龄所见，古董人穿土布长统袜，时髦人穿洋布短袜，老年人在冬天有穿棉袜的，还看见北派卖把式人有穿黑布袜的，那是懒得洗涤的缘故，上流人不屑上脚，富翁间有御狐皮袜者。

古人有穿红袜的，（唐六典）"王公一品至五品朱袜，六品至九品白袜"。（元舆服志）"绯罗锦袜一两"。清朝的官都穿靴子，即使一品大员，也用不着绯罗锦袜了。

班固与窦宪笺："将军怜固，乃赐以王躬所著瑇瑁袜二具。"瑇瑁袜是什么东西？大约总不是真用硬绷绷的东西穿在脚上，不过颜色类似瑇瑁罢了。

人的脚，左右不同，故皮鞋不能左右互易。惟有袜，即使是二十五两银子一双的摩登女袜，恐怕也是左右通用的吧？所以鞋子穿破了这一只，那一只也成废物；袜子只要颜色相符，犹能将就通用。故一只袜照样能废物利用。

两只袜谓之"一双"，古称"一两"，亦曰"一缅"。

《晋起居》注：愍怀太子赐典兵中郎将复绔袜一缅。

一只袜，无论老宏茂昌的乌龟牌（注）布袜，或三十年前风行一时的鹰球牌纱洋袜，或摩登女郎一直穿到裤裆里的长统丝袜，左右两只，绝对可以通用，没有一丝一毫的分别。

因此"一只袜"与彼"一只袜",形式相同,绝无区别,所以上海俗语指两件相同的东西,谓之"一只袜"。

"天下乌鸦一般黑",在上海人口中说起来,也可以说:"天下乌鸦一只袜。"

有时形容两件东西十分相像,更能重复颠倒以言之,谓之"一只袜,袜一只"。

例如:甲问:"唐季珊与张达民孰优?"

乙答:"一只袜,袜一只,都是浑蛋!"

"一只袜"似乎带几分贬意,大概指坏的方面居多。"一只袜"在上海俗语中已成为一句形容词,相貌类似,谓之"面孔一只袜"。性情相同,谓之"脾气一只袜"。多半是指丑脸恶习。

"一只袜"还是上等人的口吻,如在下流人的嘴里,那就很不雅驯的要说"一只乱里触出来"了。还有"一对大辣苏",意义也与此相仿。

现代世界,有人厌恶"一只袜",以为凡事皆无进步,我却只怕"一蟹不如一蟹",但能年年维持着"一只袜"的常态,就该心满意足,快不要多生妄想罢!

有人说:"一只袜"乃"一只唛"之误,由广东人传来,因为广东人称商标 Trade Mark"唛",同一商标的货品,当然品质没有什么异样。

西洋风俗有以一只袜派用场者,乃耶稣佳圣诞节时出现的那个穿大红袍的外国老寿星,俗称圣诞老人,他手里拿着许多不成双的袜子,里面袋得饱饱的都是玩具糖果,用以分赠儿童,每人只有一只袜,可惜我不是耶稣教徒,不知这一只袜是什么出典。

注:上海的乌龟招牌,有人以为是大舞台对过的文魁斋登明的。其实这两只乌龟,并非创作,乃是模仿袜店的。从前宝善街上,触目所见皆是宏茂昌招牌的袜店,有几十家音同字不同的袜店,还不难辨别,最妙的是两家贴邻,自命都是起首老店,挂的同样是宏茂昌三字,两家的装潢排场,都是一模一样,商标同是天官记;两家宏茂昌为了争夺招牌缠讼不休,包龙图复活,也审不清他们的真假。他们便在门口各挂一块乌龟招牌,同用针锋相对的标语,互相对骂。不多几年两只乌龟竟被时代淘汰,乃让文魁斋的乌龟独出风头。

二〇八 尖头把戏

行驶高速率的船只，为减少水面的阻力起见，船首都是造得锐利尖的，如驱逐舰，鱼雷艇等，果然船头尖得像利刀；就是绍兴人的脚划镗锣船，速率比无锡快增加几倍，船身像裙带鱼般狭长，乘客睡着翻身都要预向船老大打招呼，船头也是模仿着裙带鱼的尖头制造的。

不但是水中的东西，尖头比钝头行得快，就是岸上的东西也是如此，用马达行驶的跑车，须造成橄榄式的车身，也为减少空气的阻力的缘故。

飞鸟的头是尖的，故能日飞千里，夜飞八百。猫头鹰的头笨重得像狸猫一样，飞起来就不能如鹰隼的敏捷了。

我们平常习见的走兽，以黄鼠狼的头最尖，故上海人称它为尖嘴黄狼；尖嘴黄狼偷了小鸡，飞样的奔逃，猫狗家畜都追它不上。还有跑狗场里，几千个赌徒视为"性命乱子筋"的舶来狗，也比我们豢养的阿黄阿花之类的国货狗的头尖得多，所以它们的脚跑得特别快，它们的享受比我们蹩脚人优越得多。

由物类的尖头，可以证明人类的尖头。凡是尖头的东西，永远跑在笨头的前面，所以尖头的人比普通人容易飞黄腾达，尖头人常跑在时代前头，所谓"识时务者为俊杰"，就是指尖头人而言。

尖头人所以容易升官发财，就因为他们善钻，他们如小客栈的臭虫，见缝就钻；又如水银泻地，无孔不入。钝头人往往推车撞壁，碰得头破血淋，尖头人即使在无孔的壁上，把头顶上去，也会像螺丝钉一样钻入深处，结果总能开辟一条新路出来。

相传昔贤陶皋面如削瓜，他就是一个尖头的古人，大概他就是一位善钻朋友。通俗小说《玉夔龙》中的侠贼杜雀桥，据故弹词名家赵小卿为他开的相，说是上下皆锐的橄榄式的尖头,故能飞檐走壁,做出许多轰轰烈烈的惊人事业。我们在画上或庙里见的雷公,也是个尖头,故能钻入云霄,一鸣惊人。

人类能生就一个尖头,那真是几生修来的宏福,但是上海人对于尖头却有些不大识货,称之为"尖头把戏"实含有几分藐视之意。

上海人嘴里的"把戏",并不是什么尊称。山东人玩的露天猴儿戏,上海人谓之"猢狲出把戏"露天幻术,也叫做"出把戏"。可见把戏实是一种供人玩弄的东西。

把戏原是猢狲的雅篆,父母溺爱儿女,也称之为"小把戏",这是以人比畜,用意与替儿子取名阿猫阿狗相同。据说拿儿女当作畜生般贱视,孩子就不会夭逝,实则是极可笑的举动,称儿子为"小把戏",自己就是"老把戏",也就是承认自己千年不死老猢狲。

长江路里拜老头子的风气大盛,老头子称自己的"底老"徒弟,也叫做小把戏,这就不限年龄了,哪怕是白胡子老公公而辈分幼小,老头子在人前背后也称他们为"这是我的小把戏"。

尖头把戏,依字义解释,乃指善钻营的人头畜鸣的东西而言;然而上海话的尖头把戏,却并不这样专门,凡是爱打小算盘,占人小便宜,爱用小手段使人小上当,爱扇小扇子引起小纠纷,诸如此类的行为,皆得归入尖头把戏队里,上海人亦称他为"小刁码子",隐语叫做"乡下人不识秀眼",暗射"小鸟"二字,上海音鸟刁同音,小鸟即小刁也。他们的拿手戏,是"两面三刀",这把刀真比二郎神杨戬手里的三尖二刃刀更凶,他能杀人不见血!

"尖头把戏"以小字当头,事事在小处着眼。此小字却异于"潘小邓驴闲"之小,乃北平俗语"小心眼儿"之小,譬如隔壁三嫂嫂在后门口买菜,讲明了每斤一百文,却用廿四两头大秤,秤锤打得像翘辫子一样不算数,秤好了以后还要捞一把添二棵做饶头戏。邻居便称三嫂嫂为尖头把戏。

隔壁三嫂嫂之流,尖头把戏之小焉者也。尖头把戏之大者:如政客之小扇子,能扇起极大纠纷,致以干戈相见;又如管理故宫宝物之委员,能把国家公物往自己家里搬运;又如赈灾委员能把灾粮吞入自己腹中。总之:我们这个国家,上至大人先生,下至里巷细民,自私自利的尖头把戏产生得太多了,以至于弄得如此一团糟糕!

二〇九 海外大奇谈

在水面交通尚未十分发达之前,海洋实是一种极其神秘的东西。

因为人类无法到达漫无边际的海外,但凭各人闭了眼睛的猜想,于是乎造出许多奇谈来。若要证明这许多奇谈的虚妄,势非亲自冒险去做漂洋过海的鲁滨逊不可。

关于海外奇谈的记载,中国古书,已多得不可胜数,"山海经"可谓集其大成。"木华海赋"说得好:

"何奇不有,何怪不储!芒芒积流,含形内虚。"

《博物》志:"海中有三神山,以金银为宫阙,仙人所集。"

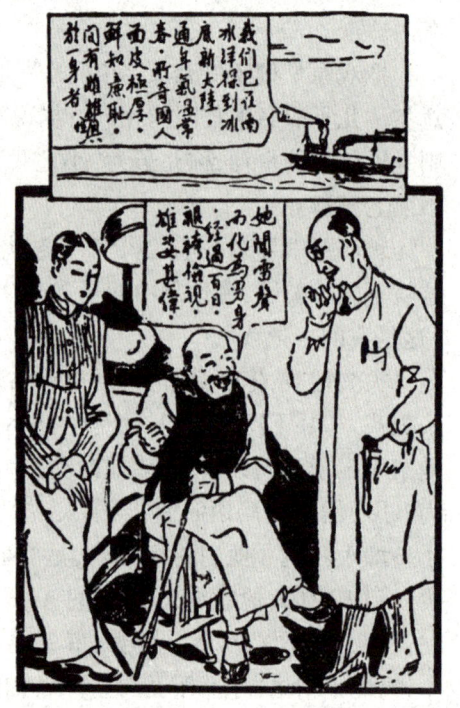

在古人的简单脑筋中想像出来,海外的动物,不是神仙,便是妖怪;海外的植物,不是仙丹,便是毒药;海外所产的却无一件不是宝贝。

无人敢拼了性命去考察海外的实际情形,任凭什么话都能随意瞎说,譬如:张三说:

"海外人类,日以灵芝草为粮食,故能长生不老,爬藤蜕壳。"

老四说:

"海外人类,朝生夕死,寿命短促,毕生仅食宿粪少许。"

以上两说,绝对相反,但因死无对证,谁也不能确定他们谁是谁非。

自从哥伦布发现新大陆后,海外的秘密一旦揭开,奇谈的谣言应能渐息。近来的科学进步,在飞机上可以俯察海外的一切实在情况,证明神仙洞府,全部梦话;南北冰洋,草木不生,生物更难活命,纵有神仙寄居此中,也觉毫无生气,还有什么趣相?

"海外大奇谈!"也是上海俗语,如依照字义解释,应兴"吹牛皮"之类相似,其实不是的。

上海人口中的"海外",乃"夸大"或"自负"的别名,有时也可以当作"荣耀"解释,例如:

"癫皮阿四今朝大出丧,来得格海外!"

此"海外"乃作"体面"二字解。又如:

唐季珊说:"阿拉先白相张织云,后白相阮玲玉,电影明星,呒啥稀奇!"这句话只能让他海外。此"海外"即含夸大与自负之意。

"海外大奇谈"乃在"海外"之下加一个形容词,言其"海外"之甚也,变成了一个形容词。

凡属海外大奇谈的朋友,态度十分倨傲,挺胸凸肚,昂首天外,目中无人,大家对他都有些看不入眼。

上海俗语,颇有字面与意义完全风马牛不相关者,"海外大奇谈"即其一例也。

或曰:"海外"并不与意义毫无关系,盖形容说大话者,谓之"海阔天空",海外即含自大之意,自大为臭,有了猪狗臭(腋臭)病,自己并不觉得,站在他下风的朋友却有些难熬。彼好为"海外大奇谈"者,其本人亦不觉海外,傍观朋友总见得他有些"海外"得血血叫也。

贫儿暴富,爱摆架子,生怕别人不知他暴发,除了平常穿得特别漂亮以外,若遇死了姘头,就是他"摆海外"的机会到了。上海的许多大出丧,多半是借了死人替活人"摆海外",真为打发死人出门的,惟有一面镗锣,一竿纸幡的小户人家耳。

二一〇 额角头

纵然是披毛载角的畜生，除了希见的犀牛以外，很少把角生在额角头的正中间的。上海话却把额的正面叫做"额角头"，正不知是何道理？

"头上出角"，在上海是一句骂人的话。"人怕出头猪怕胖"，出角即出头之意。凡事爱作强出头，闹得人人侧目，大家都看他不得，便想法要打倒他了。

"即使他头上出角，我也要扳他下来。"

这是流氓与人斗狠劲的话，但不过是一种形容词，人类若真的出了角，那是变了妖怪，可以陈列到游戏场去卖野人头，借此还能发一笔小财，此生就不愁衣食了。

额角头是南方话，苏州人打蓝青官话，把额角头念作"鸭骨头"，那才真要笑煞北京人咧！

上海人最重视额角头，据说凡是幸运朋友，额角头上都有三盏雪亮而又无形的灯火，这三盏灯火，关系人生幸福至大，万一不慎扑灭了，其人就会倒霉磕睏，事事碰钉子，处处霉触头。故迷信额角头的朋友，平时十分郑重安置他的帽子，如果是戴的西式呢帽，入室非脱帽不可，他把帽子除了下来，须环视室中，找一个高钉子上挂起来，切忌随意放在椅子上，因为椅子难免不被女人刚刚坐过，坐椅子的女人难免不刚刚碰着"身浪来"，刚刚碰在刚刚上，他若糊里糊涂的将帽子重行戴上头去，额角头上的三盏明灯，顿时就被扑灭，此人的霉头就一五一十的触进了。结果是：赌钱包输，吊膀子脱钩，讲斤头被人吃瘪……

额角头来无影去无踪，幸运朋友，额角头常在家里，一年四季，好像过的都是黄道吉日诸事大利。额角头有时不翼而飞，本人尚莫名其妙，如上述帽子的故事，乃失去额角头之一种。其他触霉头事不一而足，如早晨看见尼姑，被女人打耳巴掌，看见老鼠脱脚,飞鸟撒粪污及衣帽,打翻马桶,以及宁波人的茶脚泼在身上,和其他一切不祥的遭遇,皆足以损害我们的额角头。大概额角头的脾气最难服侍,稍微得罪了他一点,他就要生气而宣告失踪的,所以凡是做事不顺手的人,都是"额角头不在家"。看来额角头也会出门长旅行的。

额角头即使在家,也有高低亮暗之别。额角头高者,凡事都能遇难成祥,化险为夷;额角头低者,到处都会碰着赤老作祟。然而额角头的高低,却无一定尺寸,譬如:甲乙二人同行,忽起一阵狂风,吹下一块大招牌来,正碰在甲的头上,乙却未损毫发。人家便说甲的额角头太低。但是也有人说,甲的额角头还算高的,幸亏没有碰在致命的地方。

一样是从孵豆芽出身的乱人,有几个一帆风顺,飞黄腾达,挤入士大夫之林;有几个依旧故吾,还是一条裤子一根绳的度着"对百筋"生活;还有几个更触霉头的,也许还在提篮桥囚牢里吃太平俸禄唎!一龙生九种,或上云霄,或入泥涂,谁也说不出理由来,似这般莫名其妙的升沉,惟有归诸额角头的高低问题了。

额角头是人人皆有的东西,上海人却有两个额角头,一为有形,一为无形,有形之额角头纵被人敲开,也无关大体,惟无形之额角头却关系重大,一生妻财子禄,全靠这看不见摸不着的东西上。如果有人能发明一种测量无形额角头高度的仪器,专为上海人测算额角头的高低,那是非发一票大财不可。

有时候见人把瓜皮帽推上头顶,用手在前额轻拍三下,然后咳嗽一声,据说这就是使额角头增加亮光的动作。这样拍过,能使额角头上的三盏灯重放光明,一切鬼魅都要退避三舍。在戏台上被阎婆惜活捉的张三郎就有这样一个动作,但是他的额角头早已不在家里,拍破了脑门也属徒然,所以他终于被阎婆惜捉去见她的本家阎罗王了。

除了精光的癞痢头之外,凡是额角头上亮晶晶地放光者,大家都公认他是交好运朋友;反之,额角头上暗淡无光者,便是倒霉人。赌场中的输钱份子,注码押到哪里,输到哪里,其人额角头一定极黑,众赌客便须避开他的注码,谓之"避黑"。额角头的黑度最深者,颜色会像皮蛋一样,上海话谓之"额角头皮蛋色"。

额角头皮蛋色的人,走路都会打磕睡的,这不是别人,就是每日要打几千粒弹子的红丸窠里的老主顾;在火轮磨坊街一带,时有额角头皮蛋色的仁兄在街头蹀躞。

年纪老了,额角头渐起变化,现出许多与眉目并行的皱纹,上海话谓之"额角头上筑电车路",像其形也。

"太阳头上冒火光",这是京戏班里的一句官众唱词,每逢发怒的情节,达能通用。"大阳头"就是上海话的额角头,俗话动怒谓之"发火",上海话则称"火冒"。

人身之火，究从何处冒起，上海人告诉我们说："额角头上鬼火冒。"原来额角头上虽无烟囱却是冒火的出气洞，证以"太阳头上冒火光"戏词，两说颇相符合。

北方人称大亨为"大脑门儿"大约也是额角头高的意思，上海人称巡捕房的西总巡为"大头脑"意思就微有不同了。

额角头的文言曰"颡"。隆隼广颡，帝王之相，可见做皇帝也要靠额角头。历史上最有名的是"尧颡"，堪与"舜瞳"媲美，苏东坡称为"舜瞳日月，尧颡山河"是也。做到皇帝的人，当然额角头比平民要高得多了。

我以为古人中当推"南极仙翁"的额角头最高，不信请看人家中堂挂的福禄寿三星图，寿星的额角头比例起来，有的较半个身体更长，我看尧颡也要被他吃瘪。

额角头皮蛋色还有救，最怕是"额角头勿来去"！人死以后，额皮贴紧脑骨，失去了活动力，变成"额角头推勿动"，这种额角头，上海人谓之"死人额角头"，是大家最厌恶的一种额角头。

二一一 定头货

商店的货色，计分两种，一种是"门市货"，亦称"现货"；一种是"特制货"亦称"定货"，俗语谓之"定头货"。

"定头货"仅适合于定制客人之用，别人买去不能派用场。反过来说：凡具有特种性质的货物，寻常商店未能具备，非特别指定式样专制不可。

例如：像我们这种中等身材的人，非但鞋帽都有现货可买，就是要买洋装，也不妨到头坝浪，用身体去配穿现成货。如果是长人常树德，他的脑袋比平常人特别大，帽子店里没有他的"头寸"，他的脚比平常人特别长，鞋子店里也没有他的"脚寸"，那就非一一定制不可。又如上海名医吴莲洲先生，他是天生的前后驼背，所有的长袍短套，皆须前后凸起双峰，平常衣服穿在身上断难服贴，所以他的衣服都是"定头货"，将来子孙都不能遗传的。

两只铜板一个的生煎馒头，乃是普通货，考究朋友要吃"四十个头"，形式差不多大，不过皮子薄些，肉馅大些，这就是定头货了。

"定头货"乃货品之具有特别性者也，上海话则凡属性情比平常人有些异样的人物，俗语亦称之为"定头货"。

定头货的价值，大概总比普通货稍微贵些。贵的原因有二：一则形式与普通货不同，或是特别大，或是特别小，或是带几分畸形，制造手续比较麻烦；一则定头货的制造质料，要比普通货道地些，所谓"双料头货色"是也。

定头货的人，大概也是双料头身体，气力比平常人特别勇猛，这是形式上的定头货。比方：张阿三是一个大力士，南到铁厂，北到夷场，打过七八十场相打，从未被人吃瘪过，后来遇见一位狠客李阿四，一拳打了张阿三两个洞，抬到仁济医院养伤去了。大家便说:"张阿三狠天狠地,今朝也碰着定头货了!"

有时候,定头货不一定指身体的结棍,凡是势力的强弱,手段的高低,也有普通货与定头货之别。例如:白大律师辩才无碍,他经手办的案子,从未失败过,不幸遇见了一个黑大律师,将他驳得顿口无言,面红耳赤,使他全军覆没,体无完肤。这就是白大律师碰着定头货咧!

"强人自有强人收,自有强人在后头!"这叫做"一码吃一码,钉头碰铁头",大家都是定头货,双方吃抖起来,比三本铁公鸡更好看。

定头货又含有逢着出人意外的劲敌之意。日本人吃瘪中国人,像两指捏田螺,稳牢牢的,一二八之夜,竟会遇见不怕死的十九路军与他们抵抗起来,这也是定头货呵!

定头货的相对名词,谓之"搭浆货",亦称"东洋货",因为东洋货都像浆糊搭成的一样。上海最著名的搭浆货,乃巧玲珑的出品,都是死人用的冥器,都是浆糊搭成的,仅具形式,活人不敢派用场。

搭浆货又名"吓哎货",花钱买了回来,开始一用,就唤"吓哎",货品也就呜呼哀哉了!

二一二 急令牌

一样的做神做鬼，和尚的超度亡魂，与道士的召神请将，二者却大有分别。

和尚是主柔的，念起经来，阴阳怪气，有气无力，上海人打话："温吞水"式气。道士是主刚的，作起法来，神气活现，手舞足蹈，大法师的鸦片烟起码要多吃几分。

因为这样。所以相信神鬼的人家都如此主张：

召鬼请和尚；

退鬼请道士。

和尚的手段比较和缓，故与鬼神的感情特别浓厚，他们去召鬼请神，一呼就到。好像是妓女的恩客，飞笺叫局，总较打样堂差来得快些。不过鬼神来后，每爱与他们缠扰不休，须像骗小孩子似的哄走，这就未免太麻烦了。

道士退鬼，采取断然手段，态度强硬殊属太无礼貌，乒乒乓乓几下，就能将一切邪神恶鬼一律吓退，手续至为简单；不过鬼神去后，心中皆怀怨恨，下次再来，都不愿上当，所以也要像"落水鬼骗上岸"似的哄来。道士召鬼，像桂花妓女请嫖客做花头一样吃力，似乎也太麻烦。

道士作法事，有时候毋须召神请将，但需驱邪退鬼，如接眚、净宅、起灵等等，只消一名道士，拿着一个摇魂铃，三言两语，念念有词，不到五分钟，就能毕事，真来得爽快。如果这种鬼戏也去请教和尚，那就应了"造屋请到箍桶匠"的俗语了。

道士几乎以骗鬼为专门职业，是以凡遇设坛作法，定须把几件退鬼神的法宝陈列在法坛中央，他们的法宝，我也叫不出准确名称，大概是"七星旗"，"打神鞭"，"定魔铜"，"斩妖剑"，"急令牌"等几种。

法宝中的鞭铜等东西，都是木质金漆，陈列着摆样子的，那柄宝剑，虽属铁制，也是"割乱勿出血"的东西,惟有那块"急令牌",却的确是真崭实货,当时就能拿出来派用场。

"太上老君急急如律令敕!"

道士先生弄得无可如何,就这样大叱一声,同时将令牌急碰三下,纵有穷凶极恶的厉鬼,也会吓得退避三舍。"太上老君"是道士的救命王菩萨,急令牌是道士的救命针,如碰急令牌尚无效力,那是即使请到龙虎山的正一法师来,结果也是"鬼迷张天师,有法无处使!"

碰急令牌,是道士的最后一着棋子。中国人,除却异教徒以外,家家免不得与道士发生关系,请了道士来家,免不得要听他们碰几下令牌。尤其是家里死了人以后的接眚,令牌到处乱碰一阵,有小孩子的人家,吓得都要躲藏起来。急令牌是人人听惯的声音,上海人便借他来当作"背城借一"的代名词。

"狗急跳墙,人急悬梁"。碰急令牌,距悬梁尚有一间。譬如道士退鬼,急令牌一响,鬼即闻声远遁,则为道士者就可毋庸着急。故令牌虽碰得镇天价响,形势尚未至十分紧张程度,万一令牌碰下去,好像碰在棉花堆里一般,一点声息都没有,鬼不闻令牌声,当然无所恐惧,不必逃避,那才真个要急煞张天师咧!故上海人在碰急令牌之际,先要问一句:

"这记急令牌不知碰下去阿响勿响?"

道士的令牌,在作法的时候,不妨一碰再碰以至数十百碰,似乎有些不大郑重。上海人的令牌,却非待危急之时不肯乱碰,并且只能偶尔救急,不可乱碰。急令牌常碰,就会不灵的,那就是碰勿响的哑令牌了。

上海人的急令牌究竟是什么?请举事实说明之:

春秋,曹沫之要挟齐桓公,急令牌也。

韩信之背水列阵,急令牌也。

项羽之破釜沉舟,急令牌也。

急令牌者,成败利钝,在所不计,有行险侥幸之意。上面举的例子,这几位古人的急令牌都是碰响的,故能名传千古,永垂不朽。碰急令牌而勿响者,古人也就很多,例如:

荆轲刺秦王,图穷而匕首见。

张良之博浪锥,一击不中。

汉献帝之衣带诏,终被曹操搜去。

凡此皆急令牌之碰勿响者,皆成千古遗恨!

我们的少帅张学良大相信"明哲保身"的格言了,在九一八之夜,不肯碰一记急令牌,以致东北沦亡,在历史上留下莫大污点。

上海人的碰急令牌，关系当然不及上述诸事的重大，然而逢到碰急令牌时，也视为"性命乱子筋"一样重要。

李阿毛欠了一屁股两窟窿的债，到了结关日子，设法到几十块钱，移了东来补不得西，他索性硬一硬头皮，以此为赌本，奔到回力球或跑狗场中去碰一记急令牌，如果博得一本万利，就是令牌碰响，一切债户都能理楚，万一碰勿响，只得溜之大吉！

张阿狗，衣食住都不讲究，手指头上却常戴着一只几钱重的赤金戒指，有人笑他要出风头；他说："我岂好出风头也哉！因洋钱钞票放在袋里，每是随手用光。兑此以防万一，遇有尴尬，好向当铺柜上碰急令牌耳。"

王阿大不及张阿狗阔绰，他没有金戒指，只有一件出客穿的长衫当急令牌；如遇开不出伙仓的日子，就送到"娘舅家"去暂寄。

赵阿二穷极无聊，假名庆寿，印了几百张请帖，四处分散，结果像募捐似的收集了几十块钱。这也是一记急令牌。

周阿三花两只角子买了一支假手枪，守在僻静马路口，遇见单身行人，便出枪恫吓，剥一只肥猪猡，客串一次，下不为例。这也是一记急令牌。

上海的急令牌，种类繁多，不及详述，请读者举一反三，心领神会可也。

二一三 豁 边

"积点成线,积线成边,积边成器,积面成体。"这是几何学的定理。

古语以善措辞的人说话为"不着边际"。这就是说此人说话圆浑,以为浑圆的东西是没有边沿的。其实这是一种错误,据几何学的原理,浑圆的球体是积多数大圜面而成,每个大圜的弧线就是球体的边。

据此,凡是成形的东西,无不有边的。无论是平面或立体,无边即不能成形。边的新名词谓之"轮廓",若无轮廓,则一片模糊,物质全部消灭,日月星辰,化为乌有,还有什么地球世界?

上海有一句俗语叫做"豁边"。豁者破裂也。故缺嘴唇的人谓之"豁嘴",破裂谓"豁开"。"豁边"就是有形的物质缺了一条边,换一句新名词,就是"轮廓模糊"。这是照字面解释。

上海俗语的豁边,这边字非指物质的轮廓,乃指人事而言。边者范围也,出乎范围之外的事情,皆谓之豁边。从前林琴南译小说,用了一句"出于意表之外",新文学家尝讥笑他,后来大家引用而加以刮弧,便成流行一时的新典故,此语大可以作豁边的注解。

今天,日丽风和,天高气爽;入夜,月明如镜,万里无云;似这般好天气,大家预料明天一定是晴天;岂知明天起身,狂风暴雨,暗无天日。天有不测风云,岂是被人轻易所能估量得煞,大家都猜豁边了。报纸上登的天文台的气象报告,也常闹这种豁边笑话。

在路上看见一位幽娴贞静,仪态万方的女士,总以为她是大家闺秀,或是上海的所谓名媛,有人见她美而艳,目逆而送之,不惜脚步,一直送到八仙桥。她走到一

家矮蹋门口,墙上燃着一盏白壳圆电灯泡,上面很明显的标着几个阿拉伯号码,她回眸向盯梢朋友一笑,高声说道:

"倷笃奔得蛮吃力,阿要请到伲搭去坐一个局?"

盯梢朋友至此才恍然明白,原来他是一只淌牌。这不能怪女人,要怪他自己看豁了边。

一二八时代的蔡廷锴,大家都恭维他是民族英雄,曾几何时,忽然变节,成为叛国的罪魁祸首,全国舆论对他都表示大大的失望,从前期许他为党国柱石的,此时却估豁了边。

豁边除掉可作"失望"解释以外,还能作"错误"解释。

"老大,我买只新手表,你猜值几钱?"

"照这种货色,不过值十七八块钱。"

"哼! 老口失撇! 你估豁边了,这是白金的,二百零八块,还是后门货。"

豁边又能作超出预算解。

开头阿二,袋里装了五只老羊,请朋友上馆子吃饭,只点了四样菜,吃了三斤酒,账单开上来,共计八元六角四分,小账尚不在内。阿二眼睛"地牌式"了! 说被客人吃豁了边。

黄三和是吃死人不吐骨头朋友。他在公司中当小职员,月入不过几十金,而为跳舞,跑狗,回力球,三场的老主顾,每月所挣,不够他一夜花费。他的钱用豁边,只得拆烂污,卷一票公款,到外埠避风头去。报纸上登载悬赏缉拿的照片,皆黄三和之流的豁边朋友也。

上海有许多空心大老官,和许多徒有空场面的商店,都是入不敷出,天天过大年夜,算来算去,总是一个豁边? 但是他们的生活却过得很是优舒,我真弄不懂他们,所豁的那条边是用什么方法弥缝的?

凡是越轨行动,和超出范围的事,皆得谓之豁边。善吹牛皮的朋友,海阔天空,无远勿届,最怕是傍边坐着一个冷人,一两句冷言冷语,就能使他的牛皮吹豁边。

现在甚嚣尘上的农村破产,在上海人嘴里说出来,也能说是农村豁边,连带受着影响的就是商业不景气。上海马路上,大减价旗帜飘扬,几乎触目皆是,大家都说这是不景气的表现,其实也就是表现商业的大豁边,盖豁边也能作蚀本解也。商界俗语,某号"豁"多少? 就是亏蚀多少之意,在结账时期常能听得这种语调。

中华民国是合汉满蒙回藏五族而成,自从溥仪被日本人像牵线木人头似的牵出关去,成立了一个所谓"满洲国"以后,我们整个国家便在东北方豁掉了一个大边。这个大豁边,是我们的奇耻大辱,我们应当努力充补此边,莫使金瓯有缺!

二一四 吼 狮

狮者师也。(草木释名)狮为百兽长,故谓之狮。狮、一名狻猊,又名白泽。

龙吟,虎啸,鹤泪,马嘶,鸡啼,狗吠,动物的发声皆有专名,狮子便以善吼闻于世。

狮子为热带动物,狮子吼的典故,出在印度传来的佛经上。

《释》典:譬如大狮子吼,小狮子闻,悉皆勇健。

《传灯》录:释迦生时,放大智光明,照十方世界,地湧金莲花,自然捧双足,一手指天,一手指地,周行七步,目顾四方,作大狮子吼云,天上地下,惟吾独尊!

以"河东狮吼"形容悍妇,也是出于爱谈佛经的苏东坡口中。东坡与陈季常游,季常自谓饱参禅学,其妻柳氏最悍妒,季常每设宴,客有声妓,柳氏则以杖击照壁大呼,客多散去。东坡因作诗嘲曰:

龙邱居士亦可怜,谈空说有夜不眠;
忽闻河东狮子吼,柱杖落手心茫然!

河东,柳姓也,杜诗有"河东女儿身姓柳"之句,古代泼悍妇,未必就是柳氏一个,惜无大文豪如苏东坡者为之品题,乃独让她出足风头。后世怕老婆朋友,都推陈季常为开山祖师,惧内别名谓之"狮常癖",柳氏娘娘亦足以自豪矣!

提及了"狮吼",人家就会联想到圆睁杏目,倒竖柳眉的雌老虎身上去,昆腔中有一部"狮吼记",那是专门描写怕老婆的好戏,平常所演的"梳妆""跪池""三怕"等三出,是最精彩的部分,陈季常与柳氏,形容绝倒,颇堪发噱。经戏剧的宣传,"狮吼"二字便越发脍炙人口了。

上海人嘴里常说的"吼狮",却并不是怕老婆的典故,他的解释,离题十万八千里,既与狮子无关,复听不见什么吼声,简直是狮头不对犬嘴,若不详为注解,异乡人听了竟莫名其狮子头!

心中烦闷,上海人叫作"发吼狮"。天气闷热,不阴不阳,上海人叫作"吼狮天"。蛮而无理,与人寻衅,上海人叫作"寻吼狮"。两人结怨,积有宿仇,上海话也叫作"他们有吼狮"。其他如办事棘手,交涉困难,以及一切障碍之发生,皆能称为"其中有吼狮"。

照上面所举的例,不是与"狮"与"吼"都毫不相关吗?于此可见"吼狮"已包含几种意义:心中的吼狮是"懊恼",俗称"懊糟";天气的吼狮是"烦闷";寻衅的吼狮是"装笋头",湖北人谓之"找皮片";结冤的吼狮是"嫌隙",最流行的上海俗语谓之"有难过";困难的吼狮是"障碍"。吼狮的含义的确很广。

大概吼狮二字,是有音无字的俗语,我要想找寻两个同音字,而意义近似的,想了三日三夜想不出,只得胡扯两个比较有意义的"吼狮",然而解释仍与原义相差太远。

勉强解释一番:吼者虹也,上海人称天上的虹为"吼"。虹每于夏季出现,而现虹的时候,必在忽晴忽雨之际,盖虹之组成,乃因日光穿过雨水,经折光作用而成,若非日光与雨先后并见,则虹不能出现。将要见虹的时候,也是将要下大雨的时候,此时的天气最为闷热难熬,故谓之"虹时天",译成俗语,叫做"吼时天",其他种种"吼时",都是由此演绎出来的。

但是,"虹时"二字用在天气上,还能合理,若"懊恼"、"寻衅"、"嫌隙",等等都称"虹时",只怕令人如堕五里雾中,更摸不到东西南北。我用"吼狮"代替之意,因狮怒则吼,发怒的时候,心里当然不大好过,用以表示烦恼闷损挑衅等意义,似乎勉强还牵拉得上一点点。

商店受不景气影响,登了大幅封面广告,门口做了许多噱头,买一尺,送一丈,结果还是不能号召主顾,伙计们爬在柜台上打磕睡,老板却愁眉哭脸,心里大吼狮而特吼狮。

铁甲车游街,兵士在马路上练习巷战,一半是"排华容道"给我们看,一半是惹我们动怒,这才是"大寻吼狮"咧!

据老上海说:上海自开埠以来,从来没有经过这样坏的市面,三百六十行没有一行不在心里大发吼狮。

上海人的吼狮,或许是有几头太狮少狮在他们的心房里大掉狮子,掉得他们坐立不安,六神无主,五脏六腑都要翻过身来,这狮子发的是无声之吼,所以别人听不见看不出,只有发狮吼的朋友自己心里明白,有哇啦不出的难过,别人竟无法描写。

附注:此题画意非常难以设想,许画师即以"蛮妻劣子紧钉鞋,气闷烟管湿稻柴"为画之会意云。

二一五 零碎伯伯

琐琐屑屑的东西,俗语谓之"零碎"。

"零碎"乃"整个"的对待名词。零者奇零也,碎者破碎也。凡无生命的东西,解剖以后,仍能派用场者始有"零碎"的名称。如绸缎店剪剩的零头绸布,建筑师用剩的竹头木屑,肉庄售剩割不正的猪肉,商店被客拣剩的一切底货,酒菜馆的零拆碗菜,诸如此类的东西,都叫作"零碎"。

拆散以后,毫无用处的东西,便无零碎可言,但是无生命之物却不在此列。譬如:无线电收音机,须装配完成始能收音,但收音机是无生命的死物,拆后重拼,仍能收音,有许多爱研究的朋友,买了一份线路图便能按图索骥,自去购买零件,装配成功一座收音机,收音成绩照样满意,故无线电机器虽是整个东西,照样可以零碎拆卖。

有生命的生物,即使是虫蚁草芥之微,若将他们分部拆开,即便丧失生命,故生物没有零碎的。

人类亦属生物之一,一人占据一个单位,断乎不能分拆。若把一人分割为二,验尸的法官仍当他一个整人看待。虽然戏院卖票,有童仆减半的规定,而入座看戏,还是整个的童仆,不能教人把一半身体留在门外。

照理,人类是不能零碎的。不过,有时候须把同样的人类,勉强分做若干门类,有许多尴尬人无类可归,便只得称他们为零碎了。譬如:以人的职业分作军政农工商学六大类,吃报馆饭与吃戏馆饭的我,就无类可归,在整个社会里,我就是一种零碎。

公然称人为零碎的,那就是戏班中人了。一个戏班乃集合多数伶工而成,生旦净末丑,江湖十二色,有一种杂色,专门担任杂角,京班中谓之"旗锣伞报,院子过倒"，总称"零碎"。零碎的地位比跑龙套高出一筹，因为零碎是要化妆开口的，不比龙套像活动布景一样。

除了戏班里，别处称人为零碎的就很少见；而上海俗语称小孩子为"零碎伯伯"，伯伯是老年人的尊称，如不是直系家属长辈，决不肯胡称小伙子为伯伯。零碎伯伯若照字面解释，几如"少年老头"，而上海话的真义并不指此。

零碎伯伯，名义虽尊，实含一种轻蔑之意。人家遇有婚丧喜庆，左邻右舍的小孩子齐来观光，屋里虽觉热闹，只是他们像猢狲般东跳西跃，又似蚤虱般向人胁下跨中乱钻，弄得办事人碍手碍脚，行动困难，却也不便得罪他们，大家只得皱着眉头说：

"这班零碎伯伯真无办法！"

此零碎伯伯心存厌恨，却又不敢开罪，名为尊重，实则讥嘲，受之者未必欢迎，但也不便反唇相讥，因此语并无侮辱形式。

江湖游侠，槛内好汉，依字辈大小而分阶级，称直系晚辈为小孩子，有时亦用零碎伯伯为代名词，此则不限年龄，仅有髭须满面之徒，投入小老头子名下为子孙，他只得屈居零碎伯伯之列。

瘪三专收马路流浪儿为门徒，自居于"爷叔"之列，教导孩子去"掏冷枪"，"拉黄牛"，"赶猪猡"，"抛顶宫"，和其他一切作奸犯科的技能，他们的技术语谓之"养小鬼"。爷叔依小鬼生活，小鬼倚仗爷叔势力在马路上活动，爷叔视小鬼如财产，养得越多，进益越丰。爷叔部下的小鬼，亦似报贩占有的阅报户头，照样可以在瘪三市场上公开买卖。

瘪三手中的小鬼，亦尊称为零碎伯伯。这班零碎伯伯是什么样子？我们在大出丧中可以窥见一斑，大出丧的仪仗愈盛，则集会的零碎伯伯愈多。名为大出丧，实际上就是小瘪三的展览大会。

大出丧的事主一时想召集盈千名零碎伯伯来替他们绷场面，这是比请求名数党国伟人在讣文上写几句光辉门第的像赞更难，这些都是由自命爷叔的老瘪三包办的。老瘪三夹袋中有的是大批零碎伯伯，一声命令，小鬼云集，自会把主人预备的许多家私，掮向马路上出风头去。

关心社会问题的知识阶级，每谓马路瘪三，不特有碍都市观瞻，且与治安有关，理应严厉取缔，一律由官家收容，送入游民习艺所中去学艺。我以为大可不必多此一举，如果把上海马路上的全部零碎伯伯，一扫而光，那末阔人死后想出风头将大感困难咧！

二一六 牵丝攀藤[*]

祭仲谏郑庄公曰:"蔓难图也!蔓草犹不可除,而况人乎!"

"蔓"就是牵丝攀藤的草本,祭仲用来比作抱有绝大野心的共叔段,可谓十分确切。爬藤科的植物,初生时仅有一些嫩芽,若不及早芟除,眼看它日长夜大,依附着大树直上青云,年深月久之后,便会喧宾夺主,把合抱大的百年乔木,纠缠得萎靡不振,变成一株枯木。

"牵丝"与"攀藤",似是两事,"牵丝"者犹如蚕在山上作茧,蜘蛛在檐头结网,吐了一根丝出来,转瞬便成千头万绪,令人寻不着头路。然而蜘蛛的一根游丝随风飘飏,丝头附有粘质,粘住了一处,就能算作他的地盘,把网儿组织起来。譬如蜘蛛结网,一面粘牢屋角,一面附着树枝,另一面结在电杆上,这三件东西原是不相干的,由蜘蛛从中牵丝拉拢,就发生了互相纠缠的关系,故牵丝可作"纠缠"解释。

上海人谓男女有了苟且行为,是为"牵丝"。

"阿三与阿金姐牵丝过了"。这就是说他们俩已发生过肉体关系。

以"牵丝"比作上海社会的露水姻缘,实属妙极切极!因为蜘蛛的丝网,制作虽极精致周密,然而并不坚牢,一经风吹雨打,便易全部毁损,上海的轧姘头也是如此。初轧的时候,不妨海誓山盟,言甜语蜜,几度牵丝以后,就此劳燕分飞,各寻替身。他们的丝一旦中断,便似鹞子断线般不知踪迹。牵丝之丝,情丝也,"春蚕到死

---

[*] 编者注:此篇文章在上海社会出版社1935年出版的《上海俗语图说》一书,编排在同名文章"牵丝攀藤"(本书第166篇)之后。

丝方尽"，上海滩上的情丝却从来没有这种长度，他们的丝也许至死方尽，不过都是寸寸断的，每寸换一个牵法，临死时也许再换一根新丝去纠缠新恋人。

"攀藤"乃进一步的纠缠。苏州拙政园中有文征明手植紫藤，可见藤类不似游丝，能延长极久的生命。即使是草木的藤，繁殖以后，支离蔓延，不可究诘，非经严霜，不肯凋谢，若用人工芟除，古人祭仲已知其不易。"野火烧不尽，春风吹又生"，春草尚不易薙，何况蔓藤！

牵丝仅表示发生肉体关系，攀藤便像肉团子似黏在一起了。男人如大树，女人便似附着的藤，她本身不能直立，须依附树身始能生活。根深蒂固的大树犹能勉强支持，若是根基浅薄的小树，禁不住藤的攀附，几年以后就会枯死。上海马路上来来往往的千万个漂亮女人，有几个是能够独立生活的？她们多半是爬藤式的寄生物。

一株藤不一定攀一棵树，一棵树也不一定攀一根藤，故上海的男人不一定占有一个女人，女人也不一定依附一个男人。此上海牵丝攀藤的男女纠葛之所以多也。年深月久的藤攀在大树身上，藤身与树身往往合成一体，到了那时，就休想拆开。如欲使他们分离，不是斩藤，便须截树，两者之中，定要牺牲一个，这就是近来报纸上登载的连篇累牍的离婚拆姘头案子了。

上海男女，牵丝者多，攀藤者少，取其易于分拆也。然而当男女"搭壳子"之初，旁观者就说他们牵丝攀藤，其实是丝还没有牵成，哪里来的藤攀？盖此语含有善颂善祷之意，预祝这一双雌雄党将来能如藤之攀结也。

牵丝攀藤除却代表男女苟合外，尚有别种解说：

丝如一团乱丝，藤如割人乱藤，若欲理清乱丝，芟除乱藤，确非一时三刻就能办到，遇着急性子人，尤其视为棘手，故牵丝攀藤者，用以代表婉转曲折之事，麻烦复杂之词。王大娘的脚带，又长又臭，见之者，莫不厌恶，是亦牵丝攀藤之类也。

"一遍一遍又一遍，二遍三遍四遍五遍，六七八九连十遍，听得耳中生老茧"。长舌头根朋友说话，即使是三言两语可以解决之事，也要不厌絮烦，唠唠叨叨，三翻四覆，七嘴八舌，杂格乱拌，说一个不罢休，其实翻来覆去，终是这两句话，上海人于此谓之"炒冷饭"。爱翻陈年宿古董之旧案者，则谓之"吃了新鲜饭，撒出隔夜屁"。是皆在牵丝攀藤之列，我这段文字却不怕读者讨厌，也写得特别牵丝攀藤些。

隔壁养媳妇偷吃半块鸡蛋糕，被婆太太骂了三日三夜，俗语谓之"老太婆焐粥"，是最有名的牵丝攀藤。

石路小衣庄上买衣服，店伙不肯直截痛快做买卖，顾客还价之后，须走过几家门前，然后高声唤他回来，如是三五次，始能成交。据说牵丝攀藤是他们的营业秘诀。

弹词家说陈娥翠下楼梯,须拉长至十余天之久,这样的牵丝攀藤,谓之"卖关子"。

牵丝攀藤是一种交际艺术,做人太直爽,到处吃苦头。因此,无论说话作文,我们皆宜学得牵丝攀藤些,否则就有触礁碰壁的危险!

二一七 黄熟梅子

梅树结实,立夏后熟,生者青色,谓之"青梅",熟者黄色,谓之"黄梅"。初夏时,东南滨海之地,因季候风方向由西北改为东南,水蒸气多而地面尚冷,故常湿润多雨,适当熟梅之候,俗因称其时曰"黄梅天"。

梅子留于枝头,等到夏至时候,青梅子自然会变黄色;但是梅子已成黄熟,那就永远不能还原变青了。这与人类的须发一样,青年人满头乌黑,眼睛一霎,黑头就变作苍头;再一转眼,洋灰鼠脑袋又变成棉花老寿星了。

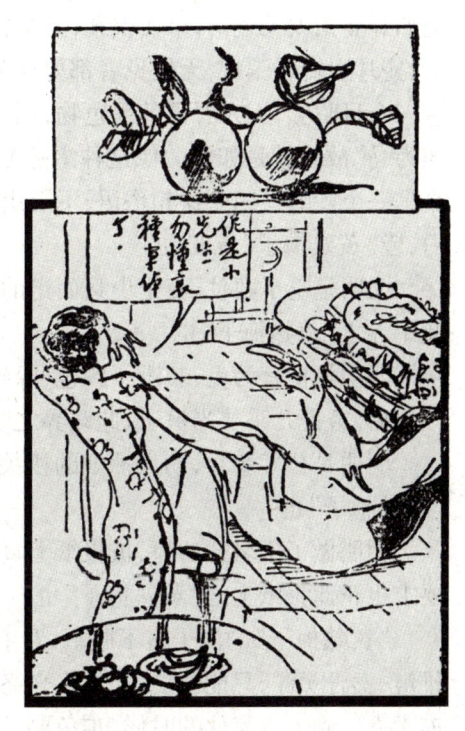

上海俗语有一句"黄熟梅子",也就含有感逝青春之意。这是隐语式的俗语,"黄熟梅子"隐射"卖青"二字,这还是一个粉底格。"青"与"清"字谐音,"卖清"者自诩清白,不承认有混浊行为也。

"黄熟梅子"俗语大概起于妓院中之"尖先生",事实上早已成了"大先生"而对外宣言犹以"小先生"自命。小先生亦称"清倌人",大先生,就相对的称为"浑倌人"。以后俗语流行渐广,凡属良家妇女之冒充童子鸡者,也一律称为黄熟梅子。——虽然良家妇女并没有"清""浑"的头衔。

"黄熟梅子卖青"在三十年前上海流行的四句头山歌中时常有得引用,看了下面这支山歌,则"黄熟梅子"的意义大概可以明了了。

(其一)栀子花开心里青,结识私情吭淘成(一);夹紧仔屁股还想冒充原生货(二),黄熟梅子卖啥个青?

(其二)烂污婊子触千人(三),走拉路浪搭架形(四);敌两个(五),穷爷勿买侬格帐(六),黄熟梅子卖啥个青?

(一)恒河沙数。(二)处女。(三)曾与一千个男性接触。(四)搭架子,即像煞有介事。(五)我辈。(六)"勿买账",即不放在眼里。

"黄熟梅子卖青",此"青"字颇有"清倌人"之意。

青梅子吃在嘴里刮辣松脆,有如檀香橄榄。梅子黄而且熟,放在嘴里便酥烂,有如烂桃子。这两种味道,凭谁都能辨别,何况梅子已经变了黄色?纵然是瞎子不辨颜色,只消手指触到,青梅子硬绷绷地如小姑娘的新剥鸡头肉,黄熟梅子软绵绵地如好婆太太叉袋奶,事实俱在,万难冒充。而有人偏想将黄熟梅子当作青梅子出卖,掩耳盗铃自骗自,无怪见者都要掉头不顾。

众目昭彰,人人看见的黑色物,而当事人偏偏老着面皮硬争是白的,赵高的"指鹿为马"故事就是如此。像这种淆乱黑白的行为,用"黄熟梅卖青"的俗语来形容,真是一个妙喻!因此这句俗语,不限用于妇人身上,凡是社会间一切硬要面子的辩白,皆"黄熟梅子"流亚也。

明明是吃了败仗,弃甲曳兵而走的吃瘪将军,偏偏要说是缩短防线,保全实力,此军界之"黄熟梅子"也。

明明是贪官污吏,装满了腰包,躲到租界中去享福,偏偏要说为官如何廉洁,卸任以后,穷得几乎要当裤子,此政界之"黄熟梅子"也。

明明是公卖鸦片,劝人抽烟的机关,偏偏要挂一块禁烟的招牌,此中国特有之"黄熟梅子"也。

明明做了不名誉的事,被报纸上宣布出来,偏偏要请律师像煞呒介事的写信去要求更正此报纸上之"黄熟梅子"也。

"黄熟梅子"的例子多不胜举,看了上面几个,其他当能悟会,然事实为最后之雄辩,卖青卖洋,只能蒙混一时,将来终要"赤老绷"的。浑倌人只能在未脱裤子以前卖青。到了真家伙的时候,难免要显出黄颜色来。梅子黄时,"天要落雨,娘要嫁人",纵有回天之力,也属无法可想,把已经黄熟的梅子。勉强染成青色,无奈他不久就要由熟而烂的,西洋镜就此拆穿,一班"卖青"先生,行见其毛屎坑越掏越臭耳!

二一八 勿领盆

我们偶尔去探访名胜，看见漫山遍野，尽是奇花异卉，心焉爱之，连根拔了几株回来，备着精致花盆，要想种活它们。谁知不多几天，枝叶渐渐枯萎，终于变为干柴，不要说花朵了，连新叶都不肯苞一瓣出来。

我们于失望之余，便去请教园艺家，据说：盆栽的植物，最难使其"服盆"，尤其是野生花木，多数是不肯"服盆"的。

听了园艺家之言，使我领悟了这句"服盆"的上海俗语。

对人五体投地的佩服，或是被人用暴力所屈服，上海话皆谓之"服盆"。这是以对手方为花盆，自己比作野生花草，情愿被人移植在盆里，以后不敢再发野性，永远被盆征服，是为"服盆"。

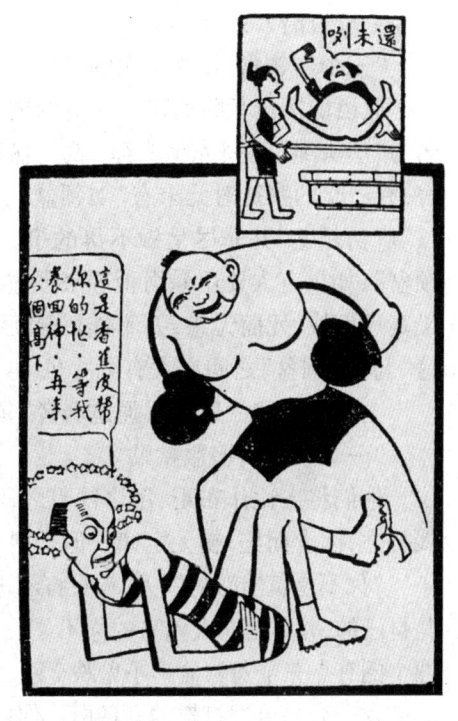

还有养蟋蟀的朋友，新蟋蟀刚养在盆里，开盆视察，蟋蟀见了光就会跳跃出盆；日子久后，驯服在盆中，就没有出盆的危险，据说这也叫"服盆"。

服盆亦曰"领盆"。上海俗语称佩服为"领教"，领教与服盆合在一起，化成简语，便为"领盆"。这是我的解释。

但是，也有人说："领盆"实属"临盆"之误。"临盆"人人知道是妇人养儿子的别名。妇人，任她如何泼辣，到了养儿子的时候，少不得驯服如羊，依头顺脑的听候稳婆的支配。故"临盆"亦曰"服贴"，如宜僚弄丸，一任摆布，绝无抵抗能力。

"勿领盆"者，为"临盆"之否定词，无论对人对事，皆有不信任的表示也。

譬如：去年风行上海的蝶子大仙，据曾经试验过的朋友都说非常灵验，凡属亡魂皆可召来与活人作笔谈，所谈十有九验。有一位朋友娶了一位妓女，弄得焦头烂额，妓女已适人而去，朋友情恋故剑，犹想重收覆水，祷于蝶仙，蝶仙竟指"放屁"二字斥之,见者无不失笑。于此神奇鬼戏,大家都说得活龙活现,但是我没有目睹,对他总有点"勿领盆"!

一群大力士在马路傍举仙人担,斗狠劲,有一位骨瘦如柴的老枪,看人轻而易举,他也"勿领盆"起来,伸出两条鸡爪疯的膀子,也去试验一下,结果迸得吐了两口鲜血,膀臂几乎折断,回去连服了几包伤药。

洋盘赌钱,爱烧冷门,输上了火,巴不得把身体都睏上去,此亦"勿领盆"也。

上海俗语云:

"三个勿领盆,捋光串头绳。"

此语即指洋盘赌而言。从前的鹅眼钱都用草绳穿成一串串的,穿钱草绳的专名为"串头绳","捋光串头绳"就是输得一文不剩,止余一根光绳。此语为赌场格言,有经验的赌徒对此未有"勿领盆"者也。

"勿领盆"并非尽是做不得的事。我以为凡是世间的真理正义,自宜不得"勿领盆",如果有人要用暴力歪理来强迫我们"领盆",我们就应有反抗的精神!为正义真理而战,死而无怨,万不能随随便便的领盆,至被人屈服而自堕人格!故"领盆"与"勿领盆"之间亦大有分寸也。

上海流氓往往用手段强迫弱者"领盆",他们有语曰:

"一烙铁烫得服服贴贴。"

他们将人比作布疋,用烙铁熨之,不怕他不服贴。所谓烙铁,或指暴力,或指金钱势力,因人而施,初无定律。但是遇到"勿领盆"的朋友,便又有一种说词:

"你不是黄浦滩的铜人,拳头打不进的,我又不是九房合一子,死不得的,小身体是自己的,并不是向人租来的你不是三头六臂,我不是冬瓜将军,不妨绞过明白。这两个倒有点三个勿领盆!小鬼跌金刚,棉纱线扳倒石牌楼。真叫勿领盆来勿领盆!"

这一套是流氓打架的开场白。你勿领盆我,我也勿领盆你,一场恶架打成功了。

暴日常派军队,全副武装,驾了铁甲车在虹口一带游行示威,这就是想吓得我们领盆。

我们的国家所以弄得如此一塌糊涂,也是为了领盆与勿领盆的界限太不分明了!

中国人对中国人,都不肯领盆,所以甲方上台,乙方拆壁脚,乙方上台,甲方拆烂污。这样轮流不息的勿领盆,就是中华民国的全部历史。

中国人对外国人,难得勿领盆,便增添一个国耻纪念以后只好事事领盆。最近偌大一个辽东半岛就被我们的少帅领盆掉了!这样的接二连三的领盆,就是中国近百年的外交史。

国事与人事,事态不同,事理则一,应领盆者,不宜捣乱,应勿领盆者,万勿屈服,如此始克立足于世界设或倒行逆旅,未有不"捋光串头绳"者也。

二一九 摆拆字摊

"文不能拆字,武不能卖拳",人生无一技之长,乏"看家本领",一旦落魄穷途,生机告绝,如"恶居下流"而不屑荣任伸手大将军者,惟有借安神药片找出路,此上海近来自杀案件之所以多也。孔二先生枉为至圣先师,手下虽有三千个小孩子,七十二名大亨,只因他不曾学得拆字的江湖诀,一旦尴尬,在陈绝粮,几乎做了"穷斯滥矣"的小人!

不要小看了摆拆字摊,实是斯文末路的救命饭粮,尤其是上海的几位拆界名流,上门拆字,先挂号,日拆几号,严定限制,不肯多拆,怕伤脑筋,小事一元,号金加一,细谈终身,详批命书,起码十元,如遇贵命,竹杠大敲,三百五百,呒啥稀奇,设砚地点,三东一品,头等旅馆,富丽堂皇,有如达官巨商。更有拆字名家,如小糊涂之流,租屋于冲要马路,南面高坐,信口断事,像煞衙门官吏之听讼,此非拆字摊,已成拆字店了。

若夫街头屋角之冷拆字摊,他们的大宗收入,还是仰仗娘姨大姐,车夫阿三,以及堂子先生们的代写书信,名为拆字摊,而写信副业反有"香火赶出和尚"之趋势。

拆字先生的工具,主要者为秃笔断墨,砚瓦,水盂等物,一齐装在一个盘中,以便查照会的巡捕来时,携摊逃避,简易轻便。应酬场中,如妓院酒馆等处,为便于请客征妓起见,也备有一个文具盘,大家也就称此盘为拆字盘,以其形相似也。

有几位吃笔墨饭的朋友,随时随地,呒笔伸纸,就能坐下来挥洒珠玑,文不加点,立刻交付手民发排,某记者常在局票背后写文章,一时传为佳话,人家也称他的作文为摆拆字摊。

自从跳舞场盛行后,摆拆字摊又有一种新解我从来不曾尝过搂抱滋味,以后也不想进跳舞学堂去当学生，或是追随听潮溢芳二公之后去向丁师母投门生帖子，所以我永远没有做拖车资格但是有时被情不可却的朋友拉进舞场去观光，当乐声起处，朋友们与女伴皆翩翩起舞，留我一个子，清打清呆瞪瞪的坐着，看守桌面上的茶杯香烟皮篋之类，舞场里对于这种看台子的客人，便称他们为"摆拆字摊"，像其形也。

"摆拆字摊"实是最无味的事，眼看别人成双作对的去搂抱，他孤苦伶仃的坐着，厥状颇似失群的孤雁，其味有酸从中来之难熬，舞场中的拆字摊，又非时髦拆字先生可比，正似维尔蒙路上的冷拆字摊，摊傍向来不见主顾包围。

到舞场中去摆拆字摊者，大概不外两种人，一种是有志上火山的人，学跳未成，不敢贸然下海先往场中实地考察。一种是居留本埠的屈死，（在下就是一份子）或来自内地的洋盘，未见过时面，藉摆拆字摊以资观光，前者含有欣羡的目光，后者露出好奇的神态，面部表情，显然不同。

近来市面大不景气，舞场不免感受影响，聪明的老板为吸引舞客起见，每日傍晚举行所谓"茶舞大会"者，规定女客进门，仅取茶资五角，男客则分文不取，并奉赠精美茶点，有洋式蛋糕，中式粽子等品，男客可牛饮清茶，饱嚼点心，不需破费分文，故大家趋之若鹜，营业特别发达。起初只小舞场有茶舞会，近来大舞场也有专做茶舞生意的了。

到茶舞会中去摆拆字摊，最为合算，因不需破钞，并有清茶点心果腹，一餐饭馆，借此扛皮，吃饱看饱之后，擦擦嘴就走，谢都不需道一声，天下便宜事，莫甚于此。

不过如此扛皮，只能偶一为之，如果常常光顾，舞场老板的家主婆都要蚀光，万一被老板打翻拆字摊赶出门来，本文却不负责任。

二二〇　横竖横

生理学家说：人生的肌肉共分两种。

（一）随意肌——能随人的意志直接指挥之肌肉，如手口足，与面部的肌肉等是。

（二）不随意肌——不受人的意志而运动的肌肉，如心脏的跳动，肠胃的蠕动，与一切内脏的运动等是。

另有一种"半随意肌肉"，人的意识只有指挥他们一半动作，还有一半指挥权仍保存在肌肉自己手中，如肺部的呼吸，眼帘的启翕等是。惟耳朵的外廓，是宣布独立的，人类的耳朵，不像驴子的耳朵能随意改变方向。

我们的心脏是属于不随意肌肉之类，照例不能自由支配他的运用，何况将他的地位改变一个方向，更是不可能的事，但是俗语却有这样一句道：

"把心横过来！"

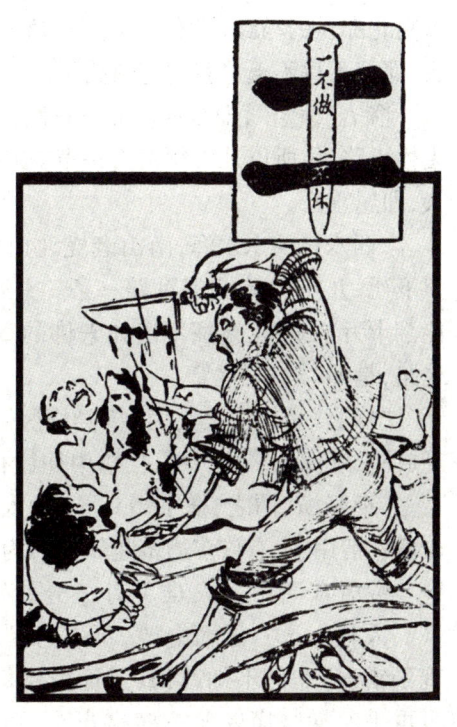

心脏生在肋骨里面，他的职务是专司血液的新陈代谢，把污血改为鲜血，然后由动脉输送全身，人类始得赖以生存。如果人身的血液流动停止，立刻就能死亡，纵然请世界最大医学家来，也无方法移动心的位置，所以俗语的"横心"在事实上是绝对不可能的。

人把心横了过来，则平常做不出的事情，都能一齐做将出来。上海俗语称"良心搬场"，也许就是"横心"的别名。良心搬场，最远不过搬到腋下，上海话谓之"良心蹲到夹肋子底下"，这还有药可救，最怕是良心根本失了踪，这叫做"良心蹲坑撒脱了"，变作一个毫无心肝的东西。

"横心"也许是"狠心"之音讹，只因国音"狠横"二字类似。狠心的上海新名词亦称"辣手"。

上海文法,每于形容词间加一个叠字,便为过甚其词,如"交关"之前重叠一个"交"字,"交交关"便是十分交关,"横心"之下重叠一个"横"字,便成"横心横",即"横心"之甚也。

"横心横"亦作"横竖横",这又是一种解释了。

地图上附列的指南针,都是一横一竖,合成一个十字架形,横的指东西,竖的指南北,是为四个正向。"君子行不由径",小人始走斜路,但是我们走路,如果立到像闸北那样的马路,没有几条是直角形的,横的东西也走不通,竖的南北也要碰鼻头,那就不得不逼迫我们走斜路了。

俗语"横竖",即东西南北方正路皆已试行,实属无路可通,只得逼入东北角里去抄小路了,所以凡人顿足唤一声"横竖",就是坚决的表示他要走入邪路,若非害人,即属害己。

"西水黄河东水海,南山老虎北山狼。"横里是死路,竖里也不得活,绳上不死刀下死,九九归原,总是死路一条。上海俗语又谓"横里竖搭阁",孙行者一个筋斗能翻十万八千里,终翻不出如来佛的掌心,"换汤不换药",弄来弄去,终究是一条老路,是即"横竖"之意。

"横竖"重而言之是为"横竖横竖",再把重言简化之,是为"横竖横"。脱了裤子放屁,好像是多此一举,俗语中往往有这种莫名其妙的句法。

"横竖横"谓之"横字当头"。为人若抱定了横竖横主义,便毁灭了一切理智,全凭感情用事,有许多逾范越轨的行为,都是实行横竖横主义的结果。

俗语常说:"圣人难免有三分错",这是由孔子的"过则勿惮改"的格言而来。人孰无过?过而能改,不失为君子。横竖横主义者自己犯了过失,已经发现了错误,非但不知改悔,反而依错就错的直错到底。古人犯过,一之为甚,其可再乎?横竖横者但把横字当头,可以一而再,再而三的撒烂污下去,此之谓"脱底棺材"。

横竖横主义者,大半志意十分坚决,有时也能借此成功大事业,例如古人的"背城借一","破釜沉舟"等,也是横竖横的大无畏精神。

是非只有两条,大路抱了横竖横主义,向正路上勇往直前,自能成功英雄豪杰;若往邪路上乱撞,也会沦于瘪三麻子。如以上海的近事来说:秦理斋夫人的自杀,只因心中存了一个横竖横,便会下毒手将她的三个可爱的儿女都毒死了,呜呼!横竖横。

东三省已失,索性双手贡献,把一个热河省也附带奉送。这也是横竖横,让日本人凑一个双双喜。

上海人信奉横竖横主义甚多,拿了十块钱出门赎当的人,看见有人搓五百铲,坐下去连输了三铲,赎当已经不够了,横竖横,把余钱都买了航空券,预备发一票大财,结果连末尾都不着,此君只得熬了一冬天的冻。

横竖横有时也会把人逼上梁山去做歹事,不会拍马屁的忠厚人,被人冤枉他营私舞弊,他把心一横,索性卷一票财物潜逃,这也是极平常的事。

横竖横,有人说应写作"横直横",即横冲直撞之意,附志于此,以待考证。

二二一 滚钉板

上海俗语之出典于戏剧者极多,例如:"华容道","郎德山","夏侯惇"等,皆是最普通的。至若以诸葛亮为坐黄包车人,以张飞为桥,那是更深一层的学问,是为小瘪三们的专门切口,非普通人所尽能了解的了。

"滚钉板"语亦起源于舞台戏剧。当二十年前,《九更天》一戏是很风行一时的;尤其是小连生(即潘月樵)的九更天,更是妇孺皆知,社会一致公认的拿手好戏,因为这出戏没有整段大套的唱工,纯以做工见长,而小连生正是一位没有好嗓子的名伶,专以做作表情擅胜,《九更天》适配他的胃口,于是就被他唱红了。

《九更天》的主角是忠仆马义只因他的二东人被奸夫淫妇所害,诬陷他是杀人的凶手,拿到当官,逼问他杀害的人头,他没有杀人,当然交不出来。马义以为有了人头,东人就能脱罪;回得家去,就把自己的爱女杀了,要想藉此救他的东人,岂知弄巧成拙,反把东人的罪名坐实了。马义便到文太师处去上控。文太师的法定规矩,对于上控人不问是非曲直,先要滚过钉板,然后再问口供。马义毫不胃惧,就在文太师座前滚起钉板来了。

当滚钉板的时候,演员上身脱得赤条条地,假须挽起结来,脸上抹得油光光地,在戏中全以跌扑见长。那钉板是演员自备的私产,是一块长方的木板,板上确有几十根五六寸长的钉子,不过这钉子是牛皮做成而带有弹性的,染成墨色,望着与铁钉一样。我们在幼年时代,眼看着伶人在钉板上翻筋斗,有的人还在背上"带彩",真如鲜血直流,看了确有就怕人。

马义滚钉板,是拼着性命去的,包围着他的尽是面目狰狞的校尉,恶狠狠地相向,没有一人肯哀怜他的冤枉。像这种不屈不挠,勇往直前的精神,的确有令人钦佩的价值。

上海流氓没有马义般义气,他本身也没有什么屈天冤枉,然而他们也时时需要滚钉板。他们并不是像戏台上一样,真的拿了一块钉板到人前去翻筋斗,他们的钉板是无形的,注意就在一个"滚"字,上海人有句俗语,叫做"仅一个身体去滚",此"滚"即滚钉板之滚也。

滚钉板之滚,与"滚蛋"之滚,大有分别。滚蛋为人驱逐,乃被动的滚;滚钉板乃自动的滚,含有与环境奋斗之意。鲁滨逊之漂流孤岛,探险家之深入北冰洋都是抱着滚钉板主义去的。

滚钉板主义者,须有大无畏精神,他不避一切艰难,不惜牺牲性命,在万恶的社会中挣扎,被他滚过了钉板,就能得见天日齐于大亨之林;不幸牺牲在钉板之下,只能自怨身体娇寡,怪不着别人。所以滚钉板者,上海流氓应有之过程也。流氓到了"一条裤子一根绳"的时候,惟有与人硬干,穷干,死干,此为滚钉板之"三干主义"。

从前瘪三穷无聊赖,便到赌台上去胡闹,仅挨一顿饱打,他绝不叫饶,赌台上没奈何他,只得尊称他为好汉,以后就能送他一份俸禄,似此情形,确有马义的拼死精神,足当滚钉板主义者而无愧。

"一二八"之役,听说有勇士身怀炸弹多枚,卧于当路,任暴日铁甲车辗过,炸弹爆烈,人车同归于尽,此亦滚钉板主义者也。这,非但与前面瘪三的滚钉板有天上地下之别,即马义也当之有愧色也!

所以滚钉板主义,是值得提倡的,但只是属于为国与为社会方面。

二二二 跟屁头

"一个屁有少多长？"

一个乡下人问一位自命博学的老先生。老先生向来没有被人问倒过，今天却有些对答不出，侧了头沉思有顷，说道：

"小把戏！口说无凭。你去拿一个屁来，我能量给你看。"

"量而后知，就不是博学。"乡下人说。

"屁之为物也，无影无踪，目不能见，手不可扪，屁者气也，气不可量，屁岂有长度耶？"

"这些普通常识都不知道，枉为博学，还是我来来教你吧！一屁等于十寸，十屁凑成一丈。"

"科学方法，最重实验，你的学说，有何为证？"

"这是三岁小孩子都知道的事实，屁，一尺（撒）一个，十个屁不是等于一丈吗？"

以上所述是一个老笑话，我借来解释上海俗语的"屁头"。屁既有头，当然还有尾巴。有头有尾的东西，岂有不可测量之理？那末，乡下人说的"一尺一个"不一定是笑话了。

"屁头屁头"，屁岂真有头耶？"跟屁头"究竟作何解法？我写了这三个字出来，对他们静默三分钟，耗去了半支香烟，始恍然贯通，明白其所以然。

上海小抖乱，照着了小开牌头，或守着了大亨牌头，便日以继夜，一步不离，像苍蝇见了鲜血似的，永远叮在各该牌头的屁股后头，他们的术语叫做"跟屁头"。这是一句缩短的简语："跟屁头"者，即"跟在牌头屁股后头"之称也。

在近古时代的上海，城内南市尚未通行车辆，老爷或少爷们出行，皆以轿子为唯一代步物，大爷出门，须要带一两名二爷随身伺候，除了观察大人或县太爷身边的二爷,得在四人轿后坐一顶青布小轿以外,其余寻常缙绅人家的二爷,照例只能靠着两条腿在轿后奔驰。当时的跟屁头,乃专指这班"三壶客人"(注)而言。轿夫吃饱了饭工作,肩头上受了压迫,下窍每多泄气,二爷跟在下风,距离不敢过远,张口飞跑,虽亲尝轿夫之屁,还是不敢息足,紧紧跟随属后,此"跟屁头"别号之由来也。

(注)专司茶壶酒壶夜壶之人。

跟在屁后,应称"跟屁梢"才与事实符合,"跟屁头"实在是不很通顺。有人说:屁脱窍而出,必先闻屁头,但能循头而跟,当无迷失路径之虞。跟头而舍梢,亦"宁为鸡口,毋为牛后"之意。况香烟余烬,或称烟头,或称烟屁股,头与屁股本无区别故跟屁头与跟屁梢,一而二,二而一者也。

上海人称奔跑曰"出屁头",这不限定跟在别人屁后,即使单独驰骋,亦能叫作"出屁头"。英文运动家之长跑曰 Run,短跑曰 Dash,如百码赛跑,即名 Dash 而不曰 Run,出屁头之意等于赛跑之 Dash。我们能说一般大运动家都是追着别人屁股后头奔吗?因此,对于这"屁"字,我还是怀疑着。

后来,终究被我访问出来了。据说这"屁头"之屁,实是一个别字。"出屁头"应作"出辔头",即骑在马上放辔驰骋之谓。人的奔跑也叫做"出辔头",乃是形容他跑得像马的放辔一般快。得此满意解释,我心始安。

"出辔头"既得正义,则"跟屁头"不难迎刃而解了。跟屁头之屁,当然也宜校正作"辔"。从前的上海少爷班子,也爱骑马白相,尤其是龙华汛里,在一路桃花红十里的环境中策马加鞭出辔头,未始不是韵事,然而两条腿的二爷要追随四条腿的快马同出辔头,这个滋味也就不大好受!"跟辔头"实是一种苦差使,他的起源大概也就在此,颇含有讥嘲的意味。

现在的牌头,无论其为大享小开,大半都备有黑牌汽车,跟辔头者如须忠于职务,跟在汽车后头飞奔,只怕要跑断条狗腿!世风不古,被跟者既无辔头可出,则跟人者自无马辔可跟只好跟在人屁之后,所以"跟屁头"倒也名副其实。

跟屁头者以牌头为衣食父母,牌头到东,屁头跟到东,牌头到西,屁头亦跟之而西。屁头之唯一职务,是靠两条健腿,出牌头之差遣奔走。譬如:牌头要叫只寡老,屁头就须出屁头去叫来;牌头要吃某种东西,屁头就须开快步去设法得来。屁头者,名义上是朋友,实际上伺奉牌头比仆役还要周到,牌头亦何乐而不为弄几个义务当差在屁股后跟跟呢?

跟屁头对于牌头,或者觊觎其财,或者凭借其势,当然有一种固定目的,否则,何必去做别人的牛马呢?牌头则利用屁头可以培植潜势力。或喜其使唤便利,或爱其能解寂寞(凡跟屁头者多数擅拍马屁)偶尔解囊资助,也是乐意的。双方互相利用,主宾融洽,除非树倒猢狲散,永无分离之日。

近年收门生的风气大开,跟屁头者大半拜牌头为师,名份既定,一方面应该随侍,一方面理当差遣,他们便益发名正言顺。所以现代的跟屁头,并不是十分不体面的行为。

昔者孟尝君门下常养三千客,这就是说他家里常年有三千个跟屁头朋友追随左右,后来幸亏有两个鸡鸣狗盗朋友救他脱险。可见养跟屁头朋友,不是没有益处的,古人已为他们证明了。

上海另外有一种专在包打听茶会上跟屁头人,别名又称"蟹脚",这是一种实习生的地位,跟过几年之后,就能实行"捏卡",与寻常的跟屁头稍有分别。

二二三 卖野人头

自称文明国的人,往往瞧不起文化落后的民族,称他们为野蛮人,其实越是野蛮人,在人类中的辈分越高,因为人类祖先都经过茹毛饮血的阶段,到了二十世纪尚在度着茹毛饮血生活的野人,也许就是祖先的兄弟行,如果藐视他们,似犯数典忘祖之嫌。

人类有历史可考的,只有短短的五千年,从我们的猿祖宗进化到没有尾巴的人类,其间经过若干千年,就无从查考了,这一个时间,我称他为"野人时代",野人至少是五千年前的古人。

文明人虽鄙夷野蛮人,但甚重视野蛮人的东西,所谓"古董",年代越久,越是值价,一鳞半甲,也会价值连城。中国是世界闻名的古董国,最近有将清宫古物运到伦敦去展览的盛举,在下也去参观过一次上

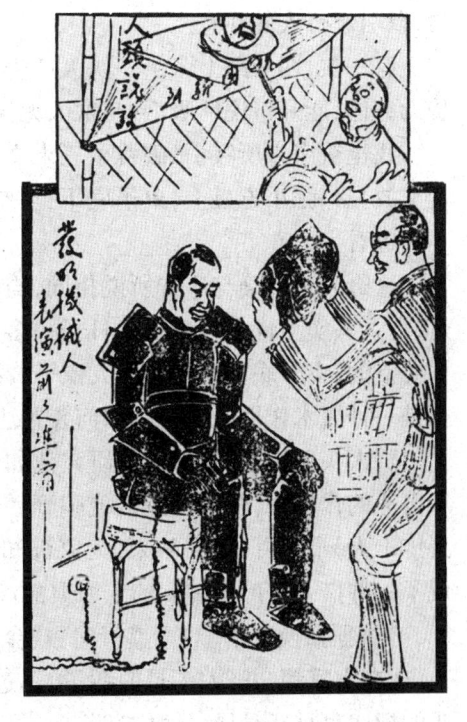

海的预展会,真是琳琅满目,美不胜收,不过我们看了却有些惭愧,无论是书画铜磁各器,都觉得今物不如古物,运到外国去展览,显示中国的艺术几千年来并无多大进步。

古物尚且可贵,如果觅得几个亲手制造古物的古人来公开展览,都当然更可贵了。汉魏唐宋元明清的古人,还不算稀奇,最好是三代以上的太古人,把他茹毛饮血的生活,当真表演一番,定能哄动全世界的考古家来参观。

凡胎俗骨,断无活几千年不死的,如果活人难觅,即使弄一个古代死人的骷髅头来,照样也能有号召看客的力量。既然是死人的脑袋当然不能开口说话,看客无法向他盘诘,自无方法证明他活着的年代,那末,即使找一个今人的脑袋来代替,也就不怕露出马脚来了。

这种以"今人头"冒充"古人头"的把戏，上海人称之谓"卖野人头"，因为古人就是野人。

据我所知道的"卖野人头"还有一种掌故可考。

三十年前，四马路青莲阁楼下，常有各种杂耍和新奇东西在此展览，第一次到中国的活动电影，也在此地初次发现。（好像后来的上海影戏托拉斯"雷摩斯"，即发祥于此？）那里也有东洋魔术，也有稀奇古怪的动物，门口都挂着五花八门的图画，以引起行人的注意。

有一次，四马路上张了一块大广告，画的是一个大野人头，画上注明此人有脑袋无身体，能开口说话吸烟，与常人无异。

我也被广告所吸引，破费了三十文进去一广眼界，见那野人头放在一个盘里，盘又放在一张小方桌上，桌子底下，空空洞洞，还有电灯照着，不过观客只能远望，不许近看。

这野人头的确与广告所说相同，与活人无异，大家都觉得很奇怪，一时轰动远近，野人头卖了许多钱。后来日子一多，便被人看出破绽来了，原来那盘子像枷一样镂空的，桌子底下装着两面大镜子，看似临空，实则那人的身体藏在镜子背后，完全是一种魔术作用。那镜子如何装置法，姑守秘密，免得有人偷去贩卖野人头。

野人头明知是假的，为了研究他如何假法，我也花了好几次冤枉钱，等到我真看出他的作伪来，洋钱已经被他骗到手了。像我这样的戆大，当然不止我一个，一人传十人，十传百，传到后来，大家都知道野人头是骗人的玩艺儿，"卖野人头"便成了一种借夸大广告骗人的上海典故。

当"狸猫换太子"戏剧盛行时，戏台上的包公也采用玻璃棹方法卖过不少野人头，现在大家都知野人头是假的了，不过上海地方的骗钱方法却层出不穷，卖野人头的把戏也日新月异，且举二例：

某店大赠品，购货一元，奉送麻雀牌一副，有人去贪便宜，所谓麻雀牌乃是纸牌，只值几只铜板。

某店大减价，绒线衫每元三套，有人去买，原来是小号洋囡囡穿的。每套只有几寸长，他们广告上并未说明尺寸，客无以难，只得一笑而罢。

以上皆卖野人头也，尤其是外埠人最容易上当，他们的目的也在吸引汇款购买的瘟生们。

二二四　　纣　王

桀纣二王，为中国历史上的两个标准昏君。

两位宝贝的行为，好像在一个模型中印出来的，桀迷恋妹喜，纣宠嬖妲己，桀作肉山糟丘，纣造肉林酒池，桀杀忠臣关龙逄，纣杀忠臣比干，桀囚汤于夏台，纣囚西伯于羑里，汤放桀于南巢，武王驱纣于鹿台，纣自焚死。

桀纣的暴虐程度相仿，一样是亡国之君，不得善终，他们承担的万古骂名，也等于半斤与八两之比，然而桀的臭恶声名，远不及纣王那样深入民间，这是什么缘故？

我们看见三家村的柴扉上都贴着"姜太公在此百无禁忌"的标语，这不知是什么朝代发明的，恕我腹俭，一时还不出爷娘家，如果是先有《封神榜》小说，后有这姜太公标语，那我们就不能不承认通俗小说势力之伟大了。

姜太公既能深入民间社会，则与姜太公站在敌体地位的纣王也能像"一人得道，鸡犬升天"的例子，附带的扬名万世了。知有姜太公者，无不知有纣王，同时还知纣王身傍有两个佞臣叫做费仲，尤浑，凡是"照小开牌头"而帮同撒滥污的左辅右弼，上海人皆直呼他们为费尤二公。据此，纣王之所以能传诵人口至今不衰者，皆《封神榜》宣传之功也。

纣王在上海占的势力比任何地方都雄厚，上海人口中的纣王，已不是专门名词，由递嬗变化而形成一种动词或形容词了。如用新式标点，纣王二字傍边已无须加标什么符号，也许是上海的书业特别发达，《封神榜》一书家喻户晓，故纣王一语流传得如此普遍，纣王的用场也特别繁多了。

上海俗语图说　　459

"那末侬要纣王哉！"

这是十二分道地的上海话，纣王即"遭殃"之意，这句是上海的古代俗语，不是新发明的隐语，并且不是像"挨血"等下流口吻。上海的缙绅先生在冠冕堂皇的席面上也能"纣王"不已，千金小姐也能把"纣王"挂在樱桃口边，都不会被人看轻。

上海普通俗语，多半与吴语可以通用，惟"纣王"一语，据我问过的苏州朋友，都说苏州并无"纣王"，可见纣王乃上海的特产，尚未推销出口到外埠去过，这不是道地的上海俗语吗？

中国历史上的帝王，比纣王更遭殃的也多得很，如徽钦二帝被金人掳到塞北去驾崩，崇祯帝自缢煤山，遭的殃也不在小处，何必定要舍近就远，去找一个耶稣纪元以前的倒霉帝王做代表呀？此事我也莫测高深，心里却有些怀疑起来。

也许是两个同音字念别的，搜索枯肠，惟有"受枉"二字可与"纣王"勉强相近，但是"受枉"与"遭殃"的意义相差太远，似乎也说不通。

现在惟有举几个例子出来说明"纣王"的语意：

半夜里坐汽车去兜风，开到前不巴村，后不巴店的荒僻马路上，汽车忽然抛锚，唤不到救应，只得烦劳两脚车走回来，奔得浑身臭汗淋漓，见人大呼"今朝纣王"。

朋友请他吃饭，约定先到先等，他去等了几个钟头，朋友不来，只得要菜先吃，岂知他忘记带钱，朋友却放了他的生，弄得剥了马褂偿还菜钱，结果他也大呼"纣王"。

在朋友家里打罢十六圈麻将出来，眼眼调遇见特别戒严，穿过几条马路，幸无阻碍，到离家不远处，警察不肯通融，回去的路也被阻断，既不能进，又不能退，只得在弄堂里站着等天明回家去大喊"纣王"。

今年市面大不景气，商店老板都在愁眉哭脸的喊"纣王"。近来地产跌价，道契不能派用场，上海的富翁，多数搁浅，如果一旦银行不许提现，钞票只剩倒九折，富翁都变作穷汉，则上海市上熙往攘来的都是"纣王"了，我总希望这句预言不要实现才好。

二二五 私裤子

"龙师火帝,鸟官人皇,始制文字,乃服衣裳。"

这是在私塾里读过的千字文,上身为衣,下身为裳。又看见原始时代人类的画图,上下身赤裸,只有肚脐下两胯间,围着些树叶或兽皮等东西,即神农伏羲等帝王之尊,也是如此打扮。

可见人类的障身之具,是先发明"裳",后发明"衣",遮蔽下体的"裳",又是没脚管的围裙。日本人无论男女至今尚服用这种裙子,路上行人遇见一阵大风,掀开裙子,可以看见他们裤下缠着尿布般的东西,可谓大有古风。

裤子,是人类文明已有相当进步后所发明的东西,古人称女子的内衣为亵服,实则衬里短衫的秽亵程度,还不及衬裤之甚,因此旧式妇女的裤子,不肯与男裤同洗,怕

把妇女的秽亵由水中传染给男人,因洗衣作没有这讳忌,旧式妇女便不肯送裤子出去洗,说是怕罪过的。

从前的官府坐轿子出门,最恨民间当街晾裤子,官轿前面鸣锣喝道的差役人等,看见有当路晒衣服的,老远就喝吆人民收去,如果小脚太太收得慢了一些,官轿宁可在半路"打戳",决不肯马虎钻一钻裤裆。据说钻裤裆有关老爷官运,认为大触霉头,大概老爷们早已忘记自己的身体也是从他老太太的裤裆中钻出来的。

韩信在流氓的胯下钻过钻,后世认为千古大辱。幸亏韩信所钻的还是男人的胯下,如果在白相人嫂嫂的裤裆里钻过一钻,只怕后来的韩信就不会交那步被萧何追回来登台拜帅的红运,韩信的大名也遂不会见于史册咧!这是信仰裤子哲学的人生观。

在中国人眼光中看来,裤子是私弊夹账的东西,既不能登大雅之堂,又不能公开陈列,洗过的裤子最好是阴干大吉,不许其见天日,故上海人有"私裤子"的俗语。

因裤子之私,上海人便借来代表一切秘密行动的人物。上海的私裤子,男女皆有,凡是行动受人监视,自己不能自由的人,皆称之为"私裤子",试举例以说明之:

鸨母价买的妓女,俗语叫做"套人",言其人已钻进铜钱的圈套,就像披枷戴锁的囚犯一样,一切自由均被剥夺,嫖客便称她们为私裤子,如果要想与她们发生肌肤之亲,非得她们的债权人特许不可,谓之"通天"。

富家子弟拿了父母的钱去读书,实则在外面吃喝嫖赌,无所不为,写一封匿名信给他们的父兄,就可以将他们一一递解回府,永远监禁,上海人也称他们为"私裤子"。

以此类推,凡属营私舞弊,以及违法瞒人的勾当,皆私裤子之类也。

有人说:私裤子应作"私窠子",起初专指私娼,上海人亦称"私门头",或"半开门",以后逐渐推广到各种社会,凡营私的人皆称"私窠子",为什么不称私门头或半开门?大概因为人身上不能开门的缘故。

又有人说:应作"私锞子",古代没有洋钱,市上通用的银锭,谓之"锞子",戏台上背心落地,四肢腾空的筋斗,名叫"摔锞子",像元宝之形也,私锞子者,私铸之锞子也,与现在的私板洋钱,药水八开一样意思,故私锞子亦称"药水八开",以代表私人。

还有人说:私裤子乃"死苦子"之误,言其人受种种束缚,不得自由,万分痛苦,因以死形容之与"苦脑子"同意。然而事实上的"苦脑子"与"私裤子"的性质却大有分别,"苦脑子"应作"苦弱子",北方骂人无用,谓之"弱种",打了蓝青官话,就变音为"脑种"了,弱种与"私裤子"当然有异。

有一位滑稽朋友说:"私裤子"之"私"字,沪音读作上声,应作"屎裤子",是说那些偷偷摸摸出来寻欢作乐的人,大半心怀鬼胎,一旦被他们的"管头"侦知,追踪来寻,吓得满裤子都是屎,因有此佳名。这样解释,未免太也过火,然而私裤子的提心吊胆,则于此可见一斑。故上海老白相有格言曰:"愿与光棍背包,不愿与私裤子同淘",因为常与私裤子同淘,将来终有一天要弄得"鸭屎臭"的。

二二六　吭手洒锣

在公共场化的墙壁，庭柱上，我们时常可以发现一种红纸的警告，就是"谨防扒𢫦"四个大字。

"𢫦"是一个民间杜造的俗字，音与手字同，意义乃专指三只手，除了用在"扒"字之下以外，别无用场。此字为《康熙字典》所不收，在江南的庵观寺院，茶坊酒肆中时有发现，北方是否也有此字，我却没有留意，大概这总可以算是真正的民间文学了。

世俗称"三只手"是肱箧者流的别名。手所以拿东西者也，正大光明的拿东西，用不着瞒人，做贼的拿东西，不向东西的主人打招呼，不得不使用魔术手法，掩蔽别人的眼睛。所以在贼的固有两手以外，另外还有一只秘密手爪，专乘人不备时伸出来，取别人的财物。上帝赐予人类只有两只手，这是人人应有的私产，决不能因为此人以

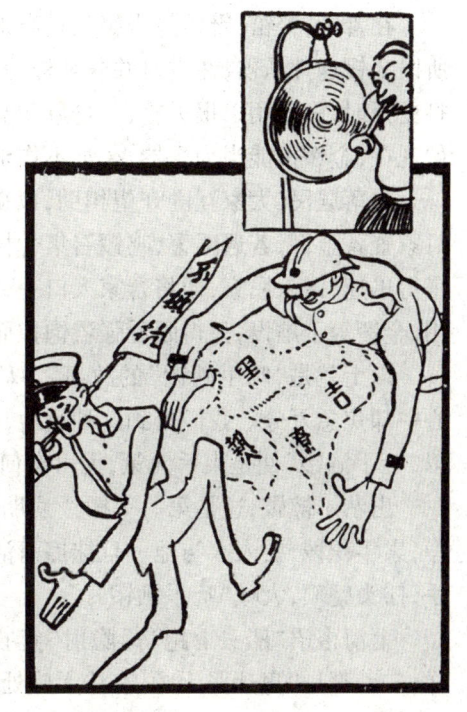

偷窃为专业而多赐一只手给他。所谓三只手者，乃是有两只手的人而能派三只手的用场，这是专家技术，非有相当训练不为功。

我在游戏场的人堆里，曾经眼看见这扒𢫦先生实施三只手的技巧，这也是夏季的事，一位穿短衣的仁兄，落开了嘴看戏台上的滑稽表演。他起初也知道扒𢫦的活跃，很郑重的时用双手掩护着他衣袋里的皮筴。后来被一个小孩子在他肚子上一挤，觉得手放在胸前不大舒服，便将双手反绑在后面，他的傍边站着一位长衫同志，双手交叉胸前，脸笑嘻嘻的望着舞台上的表演，但等那短衫仁兄看得得意忘形的时候，那长衫同志渐渐由胁下伸出一只手来，探入那人囊中，皮筴已随手而出。那短衣仁兄觉得有异，连忙反身抓住长衫同志在他身上搜检一番，并无皮筴影踪，原来贼赃已传递给伫候在人丛中的同党了。结果，反是失主向三只手先生赔礼道歉，一

场风波始行了结。

三只手原是人类中之超人,那第三手的权利,不似张竞生博士发明的第三种水,断非人人可以享受的。我们平常人若被强暴所威胁,将我们的双手紧紧束缚,我们就无法行使手的职权了。

用手不断的敲锣,俗话叫做"洒锣"。有人说:洒锣应作"筛锣",言其像筛糠一样不断动作也。此字无关宏旨,且不必去考证它。

在警钟,警笛,警铃等告警工具尚未发明以前,旧式的惟一鸣警方法就是敲锣。所以金锣这件乐器,在古时并非纯粹的娱乐东西,其主要用途,如军队的鸣金收兵,打更报时,民间用以报火警,集群众等皆是。无端鸣警,就要引起民众的惊慌。不像现在,金锣仅能当为乐器,久矣不作别用了。

村落居民,大家互勖守望相助,以御暴力的侵略。他们守望相助的方法,就是每家置备金锣,若遇匪警,鸣锣召集合村壮丁,集中群力,抵抗外侮。但是盗匪有时来得迅速,侵入民家,便将合家人口一一捆缚,使事主眼见有锣悬着,却无法用手使用,金锣等于虚设,只得眼看强盗饱掠而去,一点奈何他们不得。

以上就是"呒手洒锣"的故事。双手被缚,不能再生出第三只手来鸣锣告警,心中却焦急万分。我们处到这种境地,还有什么法子可想,惟有听天由命而已。所以"呒手洒锣"便是束手无策,无可奈何的代表语。

出恭不擦臀,这是第一等撒烂痾朋友,别人接替他的后任,不能不代去揩拭干净,累年积秽,要人家与他一旦抹擦清洁,的确教人有些无从着手,那时只有搓着双手,摇头蹙额,大喊"呒手洒锣"了。

上海俗语"船头上跑马"隐射"走投无路"四字,此话颇与"呒手洒锣"有些相像,二者都是"鬼迷张天师,有法无施处"的状态。

前年上海大企业家黄楚九之死,牵倒了日夜银行,连累了许多平民,后人代他清理遗产债务,便有些"呒手洒锣"。近来的纱业大王要想撒手告退,将事业托别人管理,别人不敢接手,使他无法摆脱,不住地叫苦连天,看来中国的纱厂事业,也有些弄得"呒手洒锣"咧!

中国任何事业,都半没有精密的计算。结果皆弄得"呒手洒锣",只得以不了了之。社会事业如此,国事,家事,以及个人身上的事,也无不如此。许多跳黄浦,开房间的自杀朋友,皆"呒手洒锣"的表演。

或谓:"呒手洒锣"乃"无收拾处"的音讹,言其如一团乱丝,无从着手整理也。此说亦可通,因附志之。

二二七 唱滩簧

滩簧在光绪末年,始成功一种职业,以前仅是爷们清唱的消遣玩艺儿,故当时的唱滩簧亦称"清客串",除却坐着清唱以外,遇有赛会迎神打醮赈鬼等盛事,他们聚了八位清客,组织一班丝弦乐队,随同会众游行街市,奏的乐谱,调子急促,谱名就叫做"行街"。这班清客串,非大面子不易请到,为赛会中最名贵的节目。现在这种行街国乐队,也变为职业化了,名称仍是清客串,身上还穿着绸长衫,保持着清客爷们的场面,不过他们的流品已比洋货的军乐队更低一级,小出丧里也有他们的队伍了,情形甚是凄惨,大概是当初发明的爷们所不及料的吧?

昆曲,道白文雅,唱句晦涩,只能供文人雅士的赏鉴,普通听众对之茫然。光绪初年,有苏州钱姓,取昆曲弋腔中比较有情趣的单出戏,将唱词一律改编为七字句,另创一种民间俗调,意在人人听得懂其中意思,所改的又是昆曲中的精彩戏曲,故深得听众欢迎。虽然,唱昆曲的人却讥笑他不登大雅之堂。

滩簧比昆曲易学,只要学会了几句腔调,任何唱词都能信口唱出。初发明的时候,唱者未能熟习词句,都将唱句抄本摊在桌上,像和尚放焰口般目观口念,当时无以名之,称为"摊唱";又因是姓钱的人发明的,亦称"钱摊"。

"唱滩簧"似乎不像一个名称,因改为"滩簧"。簧字乃因袭二簧而来。乐器上的发音机谓之簧,胡琴有两弦发音,为唱微调的主乐,故称"二簧"。摊唱亦以二胡为主乐,可与二簧认同宗,所以"唱滩唱"便改为"唱滩簧"。后来流行的戏皆甚熟练,唱者引"摊唱"为羞,故讳"摊"为"滩"。

"钱滩"虽甚风行,但听者犹嫌其缺少趣味,此则限于昆腔题材太沉闷,无法可想；乃有人在钱滩之后，加唱一二支引人发笑的小戏，取名"嚎滩"。

"嚎滩"计分三类：一类是专说笑话的，如"马浪荡"等；一类是卖旦角小曲的，如"荡湖船"等；一类是编成的滑稽故事，专供丑角与旦角插科打诨的，如"卖青炭""卖草囤"等。其中以第三类最不容易编，故嚎滩发明至今，唱来唱去，只是那几支老调，一共只有十几出戏。

因为嚎滩唱在钱滩之后，故亦曰"后滩"，"钱滩"便变成"前滩"了。

清客串时代的滩簧，甚为名贵，非有熟人聘请不唱，主人须款以盛筵，礼之如上宾，唱台须设在大厅正中间，台面外向，宾客须北面仰首而听，适与清音台之面礼堂者相反，借此表示他们身份之高贵。

林步青是最有名的清客串，他能将最近发生的时事，编成四字句的"赋"，插入后滩中唱，听者皆服佩他的口才敏捷，遇有喜庆，皆转辗托人请他来唱，使他应接不暇，因而损碍他珠宝商的正业，有人体谅他的苦衷，把酒菜钱千折现金给他，他也乐于接受，以后索性定出一种价目，每台滩簧取价八元，清客串由此便变成职业化了。

那时每台滩簧，规定须唱八出戏，前后滩各四出，自下午二点钟起，须唱至深夜十二时始散，日场唱前滩，夜场唱后滩，宾客坐席轰饮时，他们是要休息的。这还顾得些清客的身份。自从女滩簧崛起后，每台滩簧只唱两出，女主角到场，唱两支小曲就走了，前后时间不到两个钟头，这就与妓女出堂差无异了。

后来的滩，已成了一种专门名词，前滩后滩，因为是苏州人唱的，谓之苏滩，上海人唱的谓之本滩。其余宁波无锡常州杭州等地，皆有本地人发明的各种地方滩簧。近来更有什么化装滩簧，与花鼓戏无异，那就与"滩唱"的原意相去太远咧！

不好，我为了解释上海俗语，背了这许多滩簧历史，离本题太远，赶紧掉头罢。

"唱滩簧"系近年流行的俗语，功败垂成，或中途消灭的事，皆谓之唱滩簧。

俗语的起源，乃滩簧二字的象音，滩者坍也，簧者黄也。"为山九仞，功亏一篑"，这座山定是坍倒了，结果等于没有堆山一样。黄即"黄落"之意（见前图说）古人的"黄粱梦"，即滩簧注解。

有人说：唱滩簧俗语是妓女发明的，妓女邀请嫖客捧场，约定日期来做花头，届期，房间里的台面摆得七端八正，尽等客人来了好坐席，谁知客人却放了她的生，失约不到。妓女要人捧场，大概都是逢到"烧路头""抬仙人"等妓院大典，客堂里念宣卷打唱，甚是闹猛，邻院妓佣见她房中滩了酒席无人来吃，便说她在房间里唱滩簧原带着讥笑的口气。现在却成为普通俗语，也有自称唱滩簧的了。

摊开了台面，终于黄掉，是为"摊黄"，现在却不限于妓院，各级社会都能常唱滩簧，尤其在这不景气的时代，唱滩簧者更多。

有一位朋友将历年心血所积的三四万金，创办一种新事业，事前广邀亲友投资,大家都点头答应,等他的资本耗尽,亲友全拔短梯,弄得他不上不落,几乎全家都要上吊。因为这位朋友平常爱唱滩簧,俏皮先生便说道:"他专爱唱滩簧给别人听,人家都听腻了,现在该由别人唱还几支滩簧给他也听听咧!"

我则以为在滩簧专家面前唱滩簧,好像是小堂鸣唱"天官赐福"给老郎神听,孔子门前卖文章,鲁班殿上弄大斧,未免要贻笑方家呵。

二二八 背娘舅

女人称丈夫的父亲为舅，外甥称母亲的兄弟为舅，男人称家主婆的兄弟为舅，三个同样的舅，辈分相差了两代。

以上是书面的称呼，俗语却大有分别，第一个舅为阿公，第二个舅为娘舅，第三个舅为阿舅，舅字上加了一个头衔，阿舅是平辈，娘舅就成为长辈了。

在重男轻女的国里，妻子的地位比丈夫吃亏得多，甚至于做妻子的家族也连带的要受人糟蹋，在上海地方做人家的小阿舅，是被人讥讽的最好资料。到了北方，舅舅更是倒霉，竟有被人入的可能性，"入你的舅舅"，乃成了一句口头禅。舅舅居然能入，真成了笑话奇谈！相形之下，还是上海人文明得多。

上海人占口头便宜，爱戏呼别人为阿舅，那就是表示他间接的想做人家姊姊妹妹的恋人，他自己有了姊妹，也认为一生遗憾，因为免不得要出去做一两次阿舅，而受人家的讥嘲。

娘舅虽是长辈，其为人之舅则一，少不得也要被人取笑，"背娘舅"就是一种取笑娘舅的方法，将人驼在自己背上，便称那人为娘舅，虽说尊称其人为长辈，却是间接代自己的父亲讨那人的便宜，竟谓此人的姊妹曾与自己的父亲发生过关系，始能当得起娘舅的尊称，他的父亲是否同意，他却不问的，成了儿子强奸父亲，岂不是大笑话？

"背娘舅"起初原是戏谑，后来却弄假成真，变为路劫夜行客的一种手段，与小说上的"肉馄饨"、"板刀面"媲美。

肉馄饨与板刀面是水上英雄的暴行，陆地上既不能吃生煎馄饨，又不能手执笨重的切面大板刀在路上往来,这两种方法只能适用于水面,陆上实施的另有轻便方法,行险侥幸的是"打闷棍",比较稳便的就是"背娘舅"。

打闷棍者,手中至少须拿一根二三尺长的木棍,这就容易引起人的怀疑了,而且打不打由他,闷不闷由人,如果他一棍打下去,那被打的人不高兴就闷,反而高声喊叫起来,岂不大大的危险?万一遇见一位双料头身体的定头货,与他来一个反手接棍,反被定头货打闷,这便如何是好?

背娘舅便无以上危险,身上束一根腰带就是武器,决无人疑惑他是暴动分子。黑夜间蹑足至孤身娘舅背后,乘娘舅不及回头时,突施断然手段,用带子紧扣娘舅的脖子,喉管阻塞,决不怕娘舅叫出声来,扣紧了带子,便不能松劲,将娘舅背对背的背在身上,一口气奔几百步路,这倒需要一把蛮力,把娘舅背得半死半活,估量娘舅毫无抵抗能力,这才放倒在地,任凭他摆布。他承继了娘舅的财物,却不管娘舅的死活,取得的衣服财物,等天色微明,就送到另一娘舅家去存放。

背娘舅者,往往将活娘舅背成死娘舅,确带几分危险性,不过背娘舅不比打闷棍,非随地可行,至少须有一段荒僻道路可以供他出蹩头,路上还不能碰见一人,否则就要"失匹",如无长路,我想广场总要有一片,背了娘舅兜圈子也能收同等效果。

从前上海没有拆去城墙的时候,背娘舅者都潜伏在大南门外的城河浜上,行人皆视此为畏途。后来为外甥者皆嫌此手术麻烦,都藏一柄小刀子,对娘舅实施恫吓,也能取得财物,手续简单得多。不过大家仍沿旧习,照样称他为背娘舅,这就等于告朔饩羊,徒拥娘舅虚名而已。

科学进步,背娘舅者亦有新式设备,摒除腰带小刀等旧武器,改用新式勃郎林袖珍洋枪,娘舅名义始正式宣告废止。现在的娘舅已一律改称"猪猡",背娘舅改称"杀猪猡",我们随时随地皆有被杀的危机。

"叫声侬娘舅老猪猡",在《东乡调》中曾有这样一句唱词,据说就是娘舅化作猪猡的语忏云。

许晓霞道:好像在七八年前,到汉口去吧?正在上码头当口,看见一桩骗局,骗得非常发松,受骗的那位朋友,并且做了骗子的大舅子。那回故事,似乎和汪先生所写的这篇文章,意思颇为吻合,就此剪影一下,作为本题的画材。

事情是这样的:当时有一位旅客,带了几件行李,在码头上大约是等待同伴?而且他是一位老出门,所以小心翼翼坐在行李上面,看管他的行李。忽然面前一人对他跪下叩头,口称"娘舅!大娘舅!久违!"不止。他见是外甥这样多礼,免不得急忙起身来搀扶,谦让不迭。这个当儿,骗子的同党就在他的背后,轻施猿臂偷了行李,拔脚飞跑,旁人只以为是他们派人来接取行李的。骗子呢,还伏在地上喃喃自语了好一回,等到他的同党去远了,方才抬头起身,见了旅客,装作面红耳赤,推说认错了人,说了许多抱歉话,悻悻而去。那位旅客起初愕住了,后来非笑他不该如此孟浪,及至重复坐下去时,谁知坐了一个空,四肢朝天摔了一个锞子,两件行李,早已不翼而飞。

汪仲贤道:这是戏台上演过一幕滑稽戏,戏名"骗术奇谭"。看来那两个骗子也是戏迷,将戏台上的题材偷来实地试验一回。可惜这位旅客没有看过这出戏,否则,擒住了外甥交给警察,定能将同党招供出来,追回他们的贼赃。

二二九　黄　绿

黄,在中国是最尊贵的颜色。皇帝穿的是黄龙袍,住的是黄墙黄琉璃瓦包围的宫殿,其余一切仪仗器物都以黄色为主。官吏若不经皇帝钦赐而私用黄色衣物,便谓之僭越,须受重大处分,平民百姓更休想与黄色亲近了。帝王如果有权干涉,一定不许百姓吃黄米饭,撒黄色粪的。

有人说:因为中国人是黄种,故以黄色为尊,正与欧洲白种人之尊崇白色一样。我都以为不然,因为中国人之尚黄,远在自己知道自己是黄种之前。

黄既如此尊贵,宜乎应受民间重视才是,而事实上却并不如此,凡是失败的事,皆以黄为代表;"这件事黄了",就是没有希望的意思。

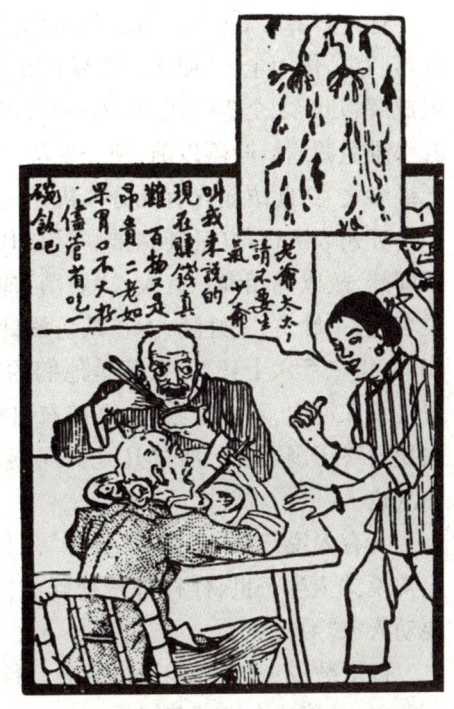

皇帝身上穿的龙袍,大臣身上穿的钦赐黄马褂,颜色果然十分鲜艳,不过穷人穿着复染过的黑布袍子,经过了三个黄霉四个夏,黑颜色渐渐泛出黄颜色,衣服的主人也就现出萎靡不振,倒霉瞌睡的样子。俗语的黄,也许就是指此而言,若与黄龙袍黄马褂相较,那就此黄不及那黄了。

伶工唱戏,要腔时忽然要出了轨道,术语叫做"黄腔",也简称"黄了",黄腔一黄三千里,正似火车,出轨找不到根据,弄得一场无结果。俗语的黄,也许由此发生,此又一说也。

康健人肤色红润,那是全仗血液循环,由皮里透露出来;如果人类有了病痛,血液亏损,面色渐渐黄瘦,及至由黄变白,那就去死不远了。是以黄为死的预兆,乃大触霉头的颜色。此黄之又一说也。

人死以后,大家怕见他的尊容,盖一张黄纸在他脸上,还怕被风吹去,纸上压一把剪刀,据说是借此压邪的。如说"某人黄了",就是指他脸上一张黄纸,乃死的别名。此黄之又是一说。

黄,上海人谓之"黄绿"。黄是穷人倒霉颜色,以此表示绝望,理尚可通。绿是黄与青混合而成,色彩鲜明,与黄合在一起,正是霓虹中相连的二色,如此娇艳,怎么也算倒霉？我有些不懂。

据博物君子说:霉斑初生时是白色,如不洗刷,日久就会变成绿色。那末,黄不过是泛色,绿简直是霉了。东西发了霉还有什么用处？黄绿就是废物的别名。

这样解释实属牵强。黄绿也许是"黄落"之讹。由黄而落,乃指经霜的树叶,叶落归根,化为尘土,便无影无踪的消灭了。当春光明媚之际,枝头绿叶与红花相映成辉,乃叶之全盛时代;秋风一起,严霜随之,除掉松柏等少数乔木外,其余的树叶都难免凋谢。叶落以前,须先变黄,由黄而落,乃树叶萎谢的过程,故黄落表示虚无缥缈之意,此语颇含有几分禅机。

苏州人听得敲门便问"陆顾？"以代"哪个。"据说陆顾两姓为该处大族,来者非顾即陆,故以此相询。有人说"黄落"应作"黄陆",亦由苏州人发明,因为从前有两位名士,一姓黄,一姓陆,专在茶坊酒肆信口开河,说话没有一句作准,常常使人上当,每年三百六十日,天天都是他们的"愚人节",后来喝醉了酒深夜经过渡僧桥,失足跌在河中,双双呼救,人家披衣出视,见是黄陆二人,以为他们又在说谎,便不去挽救终于溺毙了。所以凡是捕风捉影之谈,皆谓之"黄陆话",即以黄陆二人为典故也。

又有人说:"黄陆"实是"枉碌"之伪,"枉碌"也者乃"冤枉劳碌"之缩写也。俗语常说:"人生一世,样样都是枉碌的。"为谁辛苦为谁忙？无常一到万事休,所以要劝人家"看穿点!"

以上数说:意义皆能说得通顺,所以一并存之,以待考证家的证实。黄绿之来源既得,且谈谈上海的黄绿故事。

王三少家拥巨资,纵情声色,爱上了一位名妓,卿卿我我,爱好逾恒,妓有需索,无不奉命维谨,妓女对他,也是海誓山盟,愿与厮守终老,大家都羡慕这一对郎才女貌的璧人,以为海枯石烂,爱情不变的了。曾几何时,王三少的全部财产尽行消耗在她的无底洞中,他蹩脚了,重去找她,她立刻翻转面皮,将他当作陌路人看待,他便喟然叹曰:"婊子无情,我把真情用在婊子身上,真是黄绿!"

人情似纸薄,当我们得意的时候,酒肉朋友,日日包围,马屁拍得团团转转;一旦我们不幸失意,从前的知交一个个销闻匿迹,不知去向,偶尔登门去拜访他们,就会借故挡驾。世多锦上添花,哪有雪中送炭！交朋友也是黄绿的!

十年生养,十年教训,在此时期中,捧在手里怕冷,含在嘴里怕热,花了许多金钱,费了无数心血,好容易把儿女教养成人,如果是女的,嫁了女婿就胳膊望外弯,若是不争气的男孩子,嫖赌吃穿,样样俱全,形成一个高等流民;即使能够独立谋生,老子向儿子伸手要钱,总不及儿子向老子要钱的痛快,更有听了媳妇的话,把父母当奴隶般看待。老夫妻于是相对长叹曰:"养儿女总是黄绿的!"

"无常一到,万事皆休",可为黄绿一语作注解。不过人们天天嘴里唤着"黄绿",而实在却无一时一刻不浸润在名利二字之中,人生未免太矛盾了!

世间黄绿事,实在太多了,例子举不胜举,吃尽黄绿痛苦的人,最易生厌世之想,到了万分消极的时候,叹一声"黄绿"就会大彻大悟,有的服安神药水,生鸦片烟,有的跳黄浦,唱三上吊,有的遁入深山,剃度出家,以修来世,不知来世投了人生,还是一个黄绿!

"别样都是黄绿的,惟有大拉司是真的!"

这两句格言多数上海人皆奉为金科玉律,其实这是廿世纪的人生哲学,岂但上海全人类都是如此?

政府天天唤着收复东北失地,小百姓耳中听出老茧来了,幽默的上海人忽造谣言道:"收复失地的军队已开到天通庵隔壁了!"

天通庵隔壁是什么去处?我起初也不懂,后来才有人告诉我,原来天通庵车站隔壁是黄陆路。

二三〇 勒杀吊死

《论语》：君子之德风，小人之德草，草上之风必偃。

小人都是杨树头，随风倒，君子提倡于前，小人步武于后，上有所好，下必甚焉。

现代社会上的人类，不像戏台上的古人，脸上既不涂色彩，画脸谱，身上的服装，头上的帽子，又分不出忠奸善恶，君子小人都无特别标识，我们的肉眼竟辨不出谁是君子？孰为小人？我只知道社会上有地位有声望的人，他们的言行便容易引起人们的注意，无名小卒，则死活都无人顾问。

上海近来的自杀风气大盛，这不能不推几位社会名人提倡之功也。自从大名鼎鼎的阮玲玉女士因恋爱纠葛，服安眠药片自杀后，在这一个多月内，报上的自杀新闻，几乎无日无之。别的事都能看人学样，自杀居然也有多数人追随名人之后而大学时髦，这是啥格路道？

原来名人死后，报纸为登特大新闻，舆论皆加惋惜，社会皆赋同情。无名小卒生前默默无闻，便想死后大出风头，于是前赴后继，大家相携往死路上投奔。

同是死路一条，走的方法却各各不同。服安眠药片是时髦死法，但不及杨炳琥的手枪自杀痛快。推测自杀者之心理，虽欲求死，却不愿多受痛苦，安眠药的名目好听，自杀者以为服后即能安然睡去，永远不醒，可以不感丝毫痛苦，故大家都爱采用此药，实则安眠自杀，未必似理想中那样安逸。

吃生鸦片烟自杀，虽有几十年历史，然而也不是中国古法，吾国旧有的自尽法，计有自刎，碰壁，投崖，投水，自焚，吞金，服毒，自缢，自勒等数种。

自刎，碰壁，投崖，跳楼，死得最快，可说是跳起身来就死。服毒药的死法，不快不慢,恰到好处,最迟缓的死,就是自缢和用绳自勒而死。以上所述死的速度,是否事实？因为我对于寻死路毫无经验,不敢确断,这是一般想寻死路者之猜想如此。

因自缢与勒死之死得迟缓,故上海俗语借此形容不爽快的动作,谓之"勒杀吊死"——死字音细上声。

勒杀与吊死,也许比服毒死得更快,只是死后的人不能再开口说话,无法向自尽同志声明误会；并且人类只有一条性命,死于服毒者,不能再死于勒杀吊死,无法做两种死法的比较观。所以勒杀吊死永远代表着"牵丝攀藤",无人为之证明是非。

或云:勒杀是被动的,本人决无此好手劲可以勒杀自己,勒杀者计分两种:一种是被人谋毙,如"背娘舅"之类；一种是犯罪被勒,是为绞杀。俗语之勒杀,就是指绞犯。据说:绞犯执行时,不令即死,照例须要三收三放,要那犯人死去又还魂至三次之多,最后才在他的肚子上踢一脚,使他放一个断命屁,才能送终。绞犯能保全尸,罪名比杀头枪毙轻一级,所受痛苦却甚于杀头枪毙。记得今年有一个死罪犯,在公堂上要求痛痛快快的枪毙,不愿受绞刑,他就是不愿"勒杀吊死"的归天,宁可在尸首上破坏几个窟窿,这倒是爽气朋友。

除却用绳收切,致人于死,谓之"勒"外,"勒"字还有别解:(勒逼,勒索,勒捐,皆非俗语,不录。)

一、用线穿的一串东西,紧缚在身体上,谓之"勒",如女人的珠勒额,勒条鲜花,勒胸等。

二、穿在线绳或圆体上的东西,用力取之使下,谓之勒,如"勒光串头绳","勒下金钏臂"等。

三、用手拉紧,亦曰勒,如戏台唱的"勒住丝缰用目望"。

四、反复背诵,谓之勒,如再三叮嘱。谓之"多勒几遍"。

上海俗语之"勒杀",有人说就是指反复背诵。昆曲教师口传腔调,叫做"勒"；一遍一遍的勒下去,就把曲子勒会了,这就是"熟读《唐诗》三百首,不会吟诗也会吟"之意。

说书先生卖关子,翻来覆去总是那几句,这也叫做勒。说了再说,京话叫做"倒粪",上海俗语谓"炒冷饭",更加形容些,就是"老太婆焐粥",再粗俗些,便成为"陈年挖臭屁"了,这都是"勒杀吊死"的正确注解。

现在通行的"勒杀吊死",不限定指重言复语了,凡行为之带"牛皮糖"式者,皆勒杀吊死之流也。

追求女性者,像苍蝇叮癞痢,驱之不去,挥开又来,女人厌之,称他为"勒杀吊死"者。

借钱,讨借,谋事,外勤新闻记者访新闻,蹩脚报馆兜广告,皆须具"勒杀吊死"的精神,否则便难达目的。

"勒杀吊死"与"牵丝攀藤"意义相仿。

在下健忘,作上海俗语图说,每多重言复语,自己并不觉得,我也犯了"勒杀吊死"的毛病咧!

二三一 打　朋

君臣,父子,夫妇,昆弟,朋友,谓之五伦,亦曰五常。

君为臣纲,父为子纲,夫为妻纲,是为三纲。

三纲五常,为中国旧道德的精粹。新文化运动,主张打倒纲常,他们的理由以为这是专制帝王笼络愚民的一种政策。目的就在推打君为臣纲,其余父子夫妻两纲,不过作陪宾而已;至于兄弟朋友二常,更是宾中之宾,只是拉来凑数罢了。

旧法律也是根据纲常次序订的:臣杀君,须灭九族,君则可无条件杀臣;子杀父,须凌迟,父要子亡,则不得不亡;妻杀夫,须砍六刀,夫杀妻,则能减等治罪。这都是大不公平的事。

讲到兄弟朋友二伦,都是敌体相待,兄打弟一拳,弟踢兄一脚,事属平常,故兄弟阋墙,同室操戈,或同胞兄弟为争夺家产打得头破血淋,扭到衙门打官司,都是司空见惯,不足为奇。

至亲骨肉的同胞兄弟尚且如此,则比兄弟更疏远,所谓"撑得开的船头"的朋友,更不妨一刀一枪的来几出全武行的把戏。此上海人之所以将"打朋"当作玩耍也。

朋友交得熟了,不妨"一拳来,一脚去"的礼尚往来。所谓"忘形之交",结的是精神上的交谊,将形骸置诸脑后,吃耳光,当然是形骸稍受痛苦,与精神上绝无损害,故知己之交,今天你打他一记耳光,明天他打还你一记,打过即忘记,仍旧嘻嘻哈哈,谈笑如常,这样始能言交友。"打朋"也者,即朋友淘里打打白相也。

军阀当国时代,今年直联皖攻奉,明年皖联奉攻直,后年又变为直联皖攻奉了。其实直皖奉都尝自称友军,三方首领也许还是换过兰谱的好朋友,他们这样打来打

上海俗语图说 | 477

去,那才是真的"打朋"。现在几个朋友虽被打得滑塌精光,而国家的元气也被他们打成五痨七伤了!

传到现在,打朋已不是朋友之间真的要动手动脚的开打了。朋友对朋友,说说笑话寻寻开心,都归入打朋之列。并且打朋也不限于朋友一伦:优孟乔装孙叔敖讽刺楚王,是臣与君打朋;老莱子斑衣舞彩,是子与父打朋苏小妹三难秦少游,是妻与夫打朋。其余打朋之例甚多,举不胜举。

"善戏谑兮不为虐",是为打朋的限制,谑而虐的打朋,谓之恶作剧,上海俗语叫做"恶打朋"。以前舞后王小妹,被人冒名叫棺材店送一口小棺材到她家里去,这虽是恶打朋,王小妹却因此芳誉鹊起,未始非小棺材宣传之功也。

打朋不免说谎骗人,冒朋友的名字写请客票去请某甲赴宴,累某甲白跑一趟,他在傍边窃笑,此小打朋也。写匿名信去报告某乙家中私藏违禁品,大批警探惠临乙家实行查抄,此大打朋也。因打朋而使人蒙极大损失,似乎打朋得太过分一点。

西人最忌说谎,惟有四月一日,定为说谎节,天天的谎话尽在此日撒下,决无人怪你。可见打朋亦人类天性,外国人平日不敢撒谎打朋,将一年积压在肚中之朋,尽一日内大打而特打,借消胸中之宿朋,博得大家一笑。今年广东报纸在万愚节也大打其朋,说什么阮玲玉复活,各地信以为真,闹得满城风雨。正式报纸是否可以这样大打朋?倒是一个疑问咧!

上海俗语的打朋,现在已不限定是专指戏谑了。以下数义,亦归入打朋类中。

谋事发生阻碍,或从中有人作梗,皆曰打朋。如理乱丝,初得头绪,忽被人弄乱,可说"这又打朋了"。触壁脚者,亦可称"某人在内打朋"。

谈笑中获得实益,也说"此事是打朋打成功的"。

男女谈恋爱,必由打朋入手,打朋打大了小姑娘的肚皮,上海最多。

尝试曰打朋,本不想买的东西,不妨打打朋看,那就去试探物价。

面皮老的人还能将打朋作遮羞之具,他被人疾言厉色的辱骂一顿,或甚至于吃着了耳光,他能抚弄耳光对那人笑道:"好了,阿哥!你不要与我打朋罢,我明天请你吃大菜!"像这种人最得处世之道,将来必能飞黄腾达,不过我见了有些害怕他。

或云:打朋即"搭棚"之讹。芦席棚之类,望之俨然,像煞屋宇,实则内部空虚,一拉就倒,极言其不坚牢也。打朋也是架空为词,将无作有,只有蒙蔽一时,不久就要被人戳穿西洋镜,却是毫无价值可言。即使是马戏场的布棚,虽然装潢华丽,也是一打就坍的。这就是说,打朋的话,一攻就破,不足以取信于人。

三字经结句曰:"勤有功,戏无益。"这就是劝人少打朋为妙。我们常见极要好的朋友,因为打朋打急了,口钝的人便弄得面红耳赤,不欢而散,从此便像结有深仇宿怨似的,互相攻讦,各暴其短,亲家变成冤家,真是何苦来!

　　林白水在报上戏呼潘馨航为肾囊,这也不过是一句打朋话,而林先生因此卒遭杀身之祸,可见打朋须要识相,不识相的打朋,每能打出大祸来。爱打朋的朋友,大家都要当心点!

二三二 | **卖麻糕**

从前上海市上有一种平民食品，名叫"麻糕"，是茶食铺的出品，形式与糕团店的条头糕相仿，不过条头糕是方的，麻糕是圆的。

诸君再请闭目一想麻糕的形态，那是五六寸长，五六分对径，像皮棍子似的一根圆东西，类似香蕉，只是香蕉带些弧形，这是笔直的一条。

下流人说话往往把生殖器带在自己嘴上，他们不一定要糟蹋人，只是习惯成自然罢了。上海人常会把"操伊啦"当作赞美词，例如：

"操伊啦，胡蝶格《姊妹花》做得真崭"！

上海人满面春风的这样说，你能说他们是在骂胡蝶的山门吗？据说他们嘴里越是"操伊啦"得厉害，心中越是钦佩到万分，《姊妹花》之所以能连映二百多场，还是靠"操伊啦"观众的力量。

上海人嘴里还有一个"乱"字，能派用场的地方也很多，例如：

甲："有人说你发财票得了头彩，真的吗？"

乙："乱！"

这个"乱"字，表示否认之意。

甲："喂！你屡次撒烂污，老板歇你生意了。"

乙："那没乱！"

此"乱"含有失望之意。这句话译为文言，即"从此休矣"！

甲："你相信吗？报纸上说中国军队已攻进沈阳了！"

乙："乱！"

此"乱"字含有不信任之意。大概"乱"字都半用作否定词,等于英文的 No。

"乱"实在是最粗俗下流的字眼,然而很有许多上流阶级的上海斯文人,也在不知不觉之间吐出一二个"乱"字来,大家听惯了,也就不觉得十分触耳。就是普通阶级的女子,也常把"乱"来代替戏台上旦角的"呀啐"二字。"乱"是名词,若用动词代替便是"触",两个字都是最寻常的口头,意义是相等的。

大概因为"乱"和"触"都是单音字,在斯文人嘴里吐出来也无碍其风雅,如果将"乱"字译成国语,变作芭蕉树上的雄鸡,那就太不雅听了。

下流阶级为避免这个"乱"字的粗俗,乃为它取了一个别号叫做"麻糕",像其形也。

"麻糕"有时亦称"第八只"。我们伸开两个手掌,不论左右手。试从第一个大拇指数起,数到第八只,恰巧是中指,再由小指数起,第八只也是中指。四指尽曲,单伸出一个中指,此是中国人都知道这中指代表的是什么东西。以中指直对人的面孔,其人未有不生气的。"第八只"就是中指的别名,"麻糕"就是"第八只"。几何学原理:甲乙皆等于丙,则甲丙亦相等,所以"麻糕"亦等于中指。中指是什么东西的象征,人所共知,那末"麻糕"是什么?不言可喻了。

"卖麻糕",若照字义解释,应是专指男性而言,因麻糕乃男子特有之器官也。男子出卖麻糕,好像是妓女出卖性欲似的,其实非也。

"乱"虽普通口头禅,译成麻糕,便是一种骂人的口吻,"卖麻糕"者,言其人满嘴麻糕欲出卖与人也。简捷些说:卖麻糕就是骂山门。这种骂,并不指明一定对象,只是指桑骂槐式的空骂,因为没有对象,所以不成其为"相骂",上海俗语亦谓之"太平山门"。

卖麻糕者意存挑衅,他的满嘴麻糕,意在出卖,如果有人闻而不平,挺身出来接他的嘴,那是卖麻糕者就招到受领的主顾了。一个儿有心出卖麻糕,一个儿有意承买,也用自己的现成麻糕还敬,买卖成功,唇枪舌剑,各不相让,就有一场好戏演出来了。

不过世间怕招是非的朋友究居多数,凡属敢在人前大卖麻糕者,其人定是有财有势,地位较高于侪辈,听他卖麻糕者,自知势力不敌,只得充耳不闻,见怪不怪,其怪自败,麻糕卖了半天,见无人召主,也只得关门大吉!卖麻糕之所以异于太平山门,也就在此了。

麻糕除却出卖以外,还能用手抬之。野鸡拉客,在黑暗弄堂里实行抬乡下人的麻糕,以引起男子的性欲狂,这是常有的事。从前还有一位别号宁波梅兰芳的小朋友,专挤在游戏场群众堆里抬游客的麻糕,这未免太龌龊,我不愿污我的笔墨去细写了!

二三三　一对大拉酥

中国人是有对偶僻的,向来就把单数当作不祥的东西,因此旗杆要竖两根,蜡烛要点两支,石狮子要雕两头,大门要开两扇,茶几靠背椅都要成对,新年给小孩子的压岁钱,一块光洋之外须另包一个铜元在内,虽然一大一小,一白一黄,不大相称,但是"成成双双"总比单数吉利些。

除却新死人买棺材,无法凑成双数,此外即使入土为安,也要将一对对的棺材葬下去。

上海地方的东西,也有许多表现对偶精神的,南京路上先施公司造一座高塔尖,永安公司连忙跟进,也造一座形式相仿的凑成一对,新新公司后起,也来一个尖东西,与先施永安凑成么二式,似乎不大登样;幸喜有华安大厦后来居上的一个尖头与他配对,虽说形状不同,总算勉强成双,没有破坏上海好风水,人心始安。

其他成双的名件,上海还有咧:申报斜对门有新闻报,商务印书馆隔壁有中华书局,三马路有两家挂乌龟招牌的文魁斋,从前四马路之所以比大马路热闹,就为四马路之四字是双双数,打野鸡人也要讨吉利,故多麕集于此。

成双配对,社会风俗认为祥瑞。

上海俗语则称两件相仿的东西为"一对大拉酥"。

"大拉酥"是什么东西?许晓霞先生以为是英文银圆的译名,故画了两块大洋钱做形声,但是我记得在"元曲"上已经见过"大辣酥"的名称,可见此名称远在有 Dollar 以前。

据我的猜想:"大拉酥"也许是蒙古话的译音,在蒙古人占据中土的时代,此话定很风行,所以唱的曲子里都会填进去,不过曲中采用此语也有限制,大概在番兵番将口中才有此话。京戏的"查头关"中,好像也有"赏你两个大辣酥"的口白,"查头"也是表演"番营"中事,可见"大拉酥"定是番话了。

我问过一个老旗人,"大拉酥"究竟是什么东西?据他说:这是一种糕类小吃的名称,同上海同福斋等北京糖果店中卖的"萨希马"类似的东西,用面与糖混合,煮熟后,用手拉成,松而且酥,大的名"大拉酥",小的就名"小拉酥"。照此说来,这东西与"脆麻花"的名称相仿,并不是译音了。

又有人说:大拉酥应作"大拉杂",他引据古书为证道:

《乐府》:有所思,拉杂摧烧之,拉杂,不问好丑并于一处也。

今英谚于不整齐洁净者,谓之拉杂。(见吴下方言)

《晋书》:太元末,京江谣云:"黄雌鸡,莫作雄鸡啼,一旦去毛衣,衣被拉飒栖!"后人言垃圾,擸𢶍等均此意,仅用字有不同耳。

据此君的说数,"大拉酥"竟是"大垃圾"了,"拉酥"是美点,"垃圾"是污秽东西,二者意义,相去实属太远。

上海话的"一对大拉酥",实不是什么好字眼,大概是指两个性质与形态都很相像的丑恶东西,与"一只袜"没有什么分别。那末"拉酥"也许就是"垃圾"的象音,"一对大拉酥"应作"一堆大垃圾"了。

无论是"一对大拉酥"也好,"一堆大垃圾"也好,反正是形容一双同样的东西。"一只袜"人物兼可通用,"大拉酥"则专指人类而言。

卓别林与罗克,是美国电影界的"一对大拉酥",两个都是讨人欢喜的滑稽角色,他们的表演各有所长,可惜他们不能在一张影片中出现,未免美中不足。近来的劳莱哈台,能共同合作,他们的片子便占据了电影市场,恰巧他们一肥一瘦,珠联璧合,成双作对,讨中国人欢喜,故能风行一时。

中国的王先生与小陈,从漫画中跃登银幕,堪与劳莱哈台媲美,本图借他们这一双宝贝来表示"一对大拉酥",倒也十分确切,因为他们都是胡天胡帝,血汤血底的大撒烂痾朋友,深合上海俗语"一对大拉酥"的标准人物,他们大可以用此俗语来做宣传标语。

二三四

阿木林

中国人欢喜谈阴阳,天地之大,无所不容,万事万物,皆能归纳到阴阳二气中去:如天为阳,地为阴,山为阳,水为阴,人为阳,鬼为阴等,皆为总类,以下又分出许多子目:如水原为阴类,而又分河水为阳水,井水为阴水。人是阳类,又分男人为阳人,女人为阴人。如以人事亦分阴阳,则吃饭为阳,吃粥为阴。吃耳光为阳,吃屁股为阴。打野鸡为阳,轧姘头为阴。这未免太可笑了!

天下事物,包罗甚广,若全要消纳在阴阳二气中,有时候也会此路不通的。

譬如:河水因日晒夜露,所以为阳,井水暗藏在地底,所以为阴,然而自来水原料来自河水,水管深埋地底,又似井水,自来水究竟属阴属阳呢?男人为阳,女人为阴,雌孵雄便成超阴阳人了。吃饭为阳,吃粥为阴,吃有干有湿的汤面,又属什么呢?

因为阴阳二气不能包刮万物,于是又发明了金木水火土的五行说,以为万物皆由此五种原料化合而成,并发明了相生相克的原理,于是五行理论便格外奥妙了。

人类是血肉毛骨组合而成,在金木水火土中究竟属于哪一种呢?待我来分析一下:据外国的医学家说:人体内的原质,能制几枚绣花针,能制一支铅笔,当然有金质在内。人身有汗有尿,有鼻涕眼泪,当然有水。死人行火葬后能变炭灰,也许有土。不过火与木,只有抽象的名词,科学家只说人身所含磷质,能制几十支火柴,这是火柴头上的药,并不是火柴的木梗。

西洋人重科学实验,中国人爱谈玄学虚无,我们不能研究人体的原质,却能用无形的五行去支配人生,我们所根据的就是落地的生辰八字。因为天干地支早已由命理学家配就金木水火土了,再拿人生的八字去凑合,何字属金,何时属木……依此推算,就能算出人类的毕生运气。

最美满的命,就是金木水火土五行俱全,然而此非大富大贵的超人不可得,普通人都是五行残缺不全的。落地的时辰八字,我们认为前生命理注定,无可强求。五行中即使有了缺憾,聪明人自有补救方法。

这方法虽是自己哄骗自己,说出来倒也有趣。譬如:养了儿子命中缺金,取的名字中便含一个金字,有钱人家便取"鑫",或其代金字部的吉祥字;乡下人便直截痛快的叫儿子为"阿金"。其余如"阿木","阿水","阿火","阿土",都是补足五行的名字。如果命里五行缺了两行,便取名为"阿水金"等,也是常有的事。

假使命里的五行中之一行欠缺得太多,便索性在名字上加重些,"阿木林"就是父母因为儿子命里的木缺得太多,特为在儿子的名字上加工双料的多添些木质进去,以希补足他的命根。

这种风气,尤其以苏州的乡下人为最多,十个人名倒有九个半是叫金木水火土的。从前上海的妓院几乎是苏州乡下人包办的,即使非苏州人,也要冒充苏籍,不比近来,叫来的堂差有操纯粹上海土白者,大家也不以为异了。

苏州乡下男子,跟着阿姨婶娘同到上海来吃堂子饭的为数亦颇多,他们的职务也各各不同,识字的可当账房先生,代嫖客记局账,代妓女记夜厢,聪明的能学乌师先生,有气力可拉包车,最无用的便留在客堂里做"相帮",可算是人无弃材。

乡下人初到上海,好似刘姥姥初进大观园,目迷五色,难免要闹出许多笑话来。大约有一个时期,乡下人的八字中缺木者居多数,妓女里有大批"阿木林"常闹笑话。以后凡属不识不知的乡下人,皆漫呼为"阿木林",阿木林便成为此中总代表,变了普通名词。

一样是乡下人,何以不请"阿水金""阿金火"为代表,单单看中"阿木林"呢?这也有缘故的。

"呆若木鸡",一向就有此古语,俗语谓人之愚鲁粗笨者为"木头",阿木林亦指其呆如木头之意。

上海俗语,称皮肤痹麻,或感觉迟钝的人,都叫做"莫知莫觉",亦简称曰"莫",木与莫同音,"阿木林"共占三个木字,形容此人"莫知莫觉"到了极度。

上海的傻子,称为"莫觉人"。爱多亚路与河南路交接处,从前有一座三茅阁桥,上海人称之曰"三莫觉桥"。上海有一种传说,谓旧时此地住着三弟兄,都是莫觉人,闹的笑话极多,这座桥也是他们捐资兴建的,当初是一座木桥,用三块木板搭成桥面,兄弟三人每捐一块,大家便为此桥起名"三木搁",其实就是取笑他们三个"莫觉人"。

上海俗语图说 | 485

与阿木林齐名的，上海还有一位"阿土生"，这是形容其人土头土脑的意思，大家都说他们是"黄土桥头人"，大约都是苏州人的典故。阿土生的别号又称"寿头码子"，因为寿字的头部带一点儿土形，与称"四脚子"为"马"等一样，都是拆字格的隐语。传到现在，木土两位仁兄在上海，已永垂不朽了。

　　阿木林在上海，并不是如何惹人动气的称呼，尤其是从美人的檀口中叫出来，受者竟会麻到屁股尖，窝到心潭里。盖上海女子之呼人阿木林，正似慈母之呼爱子为猫狗畜生，所谓打情骂俏之一种也。

　　上海骂人，最客气者为"屈死"，语气严重些，便是"猪头三"，阿木林实是"外行"的别名，有时亦称"阿洋哥"，那就是洋盘的意思。任你一等一的上海老白相，在这花样百出，日新月异的世界中活着，总有几件新奇东西没有亲身经历的，那末人人都有做阿木林的资格咧！所以阿木林在上海实是稀松平常的头衔，并无侮辱意味，初到上海的人受此荣封，大可以不必动气！

二三五 泰 山

泰山未必见得是中国最大最高的山，但中国人的习惯，总是推泰山为山中之王，这是什么缘故？

大概因为中国的古代文化中心，在于黄河流域的下游，在这一带的山脉，泰山的确要算数一数二的高山了。因此古人不提起山则已，提起了山，都替泰山捧场，于是乎泰山就成为"山祖宗"，古书皆称它为"岱宗"，亦称"群岳长"（见《五经通志》）。

几千年来为泰山捧场的古人极多，且举几个最著名的出来：

孔子曰："登东山而小鲁登泰山而小天下。"这样的捧场，未免有些夸大狂，尤其可笑的是论衡一段记载说：

"颜渊与孔子俱上鲁泰山，孔子东南望吴阊门外有系白马，引颜渊指以示之曰：'若见吴阊乎？'颜渊曰：'见之。'孔子曰：'门外何有？'曰：'有如系练之状。'"

登泰山之巅，而能望见苏州阊门外的白马，这个牛皮未免吹得太豁其边！

韩愈是一代儒宗，当时学者尊他为"泰山北斗"，亦简称"泰斗"，后人便以此为拍马屁的颂词，受之者十分乐意；但未有自称泰斗者，有之则自伶人始。试翻戏目广告，泰山像垃圾堆一样多。

《司马迁文》——"人固有一死，死或重于泰山，或轻于鸿毛。"是以泰山喻物之重也。上海白相人称人有了相当声望，或钱囊充实，没有冻馁之虞，谓之曰"泰山"，也是重的意思。人的身体重了，一时不易打翻，像泰山一样稳固，则其人当然不会再跌下来孵豆芽了。

不过，身体的重，也大有分别，像不倒翁般重心在于下部，即使被暴力推翻，不久仍能卜笃爬起来；如果脚底没有分量，专重在上身，成为"头重脚轻"之势，那是暂时虽似泰山，实际等于冰山，转眼之间，就要崩溃跌翻，并且跌了下去，就难爬起来咧！

上海话在泰山之上，还有一句形容词叫做"笃定"。笃定者，不慌不忙，心平气和之谓也。人有了稳固的地盘，规定的进益，坐拥皋比，无忧无虑，任他狂风暴雨，也难侵蚀我半根汗毛，心里当然"笃定"得凉飕飕地。"笃定泰山"，盖言其人的位置，坐得像泰山一般安定。

"泰山"亦作"靠山"解，譬如照到了小开牌头，一身吃着花费，尽有小开破钞，其人亦能暂时泰山。又如靠到了大亨的牌头，到处无人欺侮，好似头上插了一面镖旗一般，亦能称为泰山。这就有些"泰山石敢当"的意味，借此可以镇压一切魑魅魍魉的作祟，此近年投师拜祖之风之所以大盛也。

泰山府君，俗以为治鬼之神。《后汉书乌桓传》："人死则神游赤山，如中国人死者魂归岱山也。"中国各地皆有东岳庙，祀的就是泰山之神。

又《乐府题解》："《泰山吟》言人死精魄归于泰山，亦薤露蒿里之类也。"

观此，泰山乃群鬼归宿之所，称人泰山，无异咒诅他到黄泉路去，似乎有些不祥之兆。

其实此言乃有至理，人类装进棺材，入土为安之后，方可以称得起真正的"笃定泰山"。活在世上，难免终要有跌筋斗的危险。

有人说：遗骸埋在土里，不幸遇见开辟公路，即使深山僻壤，亦不免抛尸露骨之祸，那末，人类终久是不能笃定得像泰山一般巩固的了。上海人嘴里的"笃定泰山"，不过是维持暂时的现状罢了。

上海人爱度"泰山生活"，譬如到陌生燕子窠里去过瘾，先要向窠主问明，"这地方是否泰山？"这就是问"你们这个燕子窠是否有保障？"这就是牌头问题了，如果牌头硬扎，开直了大门抽烟，也能泰山无事；否则额角头不在家里，被警探查明，难免要有被"扎大闸蟹"的危险。

上海还有一种人，终年不事生业，他们又都是穷光蛋出身，而过的生活却十分写意，住的是高楼大厦，出入都有黑牌汽车代步，秦楼楚馆，一掷千金，毫无吝色，真不知他们的钱是从哪里得来的？这是上海地方的特有产物，大家都尊称他们为"白相人"。白相人既不营商，又不服贾，还是目不识丁的居多，单靠白相相而能度着这种写意生活，无怪大家都羡慕着的说：

"上海百样事业都难做，惟有做白相人最泰山！"

不但白相人泰山，连白相人嫂嫂也大有可为。许晓霞先生却把她们所以泰山的原因揭穿了，你看图上的白相人的嫂嫂，她躺在家里抽福寿膏，一群如花似玉的摩登姑娘都叫她"姆妈"，赚下来的钱都归她享受，她的生活怎得不泰山呢？

二三六 **象牙肥皂**

皂荚,一名皂角,长在三四丈高的落叶乔木上,夏季开黄色小蝶形花,结实成荚,长扁如刀;又有一种开白花者,结荚较短而粗肥,是为肥皂荚,以之捣烂为丸,用以洗濯去垢污,我们也就叫它肥皂。

现在通用的肥皂,是一种化学工业品,其中主要原料为碱,故日本人称肥皂为石碱。

肥皂在中国,起初只有舶来品,近来始有华商设厂自制的国货肥皂。从前人洗衣去垢,都用生皂荚或整块的石碱,前者搓揉即如烂泥,后者坚硬如铁,用后且甚干燥,皆不甚相宜。

旧时妇女取猪胰浸在酒中,以之涂面及手,可免皴裂,称为胰子,后来洋货肥皂输入中国,因其滑腻,便称它为洋胰子,至

今内地尚有人称肥皂为洋胰子的,实则肥皂与胰子并不是一样东西,胰子的效用等于现在的香蜜,无去污功能。

中国土制肥皂,只有香粉店中有自制发卖,作淡蓝色,美其名曰兰花肥皂,实则一些兰花气息也没有。从前还看见人家有买来洗衣服的,近年来除非真正古董人家,已很少采用,大概这一种行业,也要被时代所淘汰了。

用途最繁的是粗制肥皂,从前只有"祥茂牌"的洋货占据市场,近来五洲药房的"固本肥皂"风行全国,总算挽回了一部权利。这种肥皂颜色嫩黄,好似象牙一样。

上等香肥皂,青黄赤黑白,五花八门,无奇不有,这些都是混合的香料色彩,原非肥皂的本色,普通肥皂如"固本牌"之类,因代价低廉,但利实用,不求美观,未必混合颜料进去,故象牙色乃是肥皂的正色。

如果用整块的真象牙雕成肥皂的形状，混在肥皂箱中，购买者也许看不出真假。买肥皂如无意中买着一块象牙做的假肥皂，买主是欢喜呢？还是发愁？我们且猜猜他们的心理看。

像肥皂大的一块象牙，价值当然要比真肥皂贵得多。假使被富翁买去，陈列在书桌上当装饰品，倒也未为不可。若是买者为靠洗衣服为生的穷老太婆，那就少不得要叫苦连天了。这块象牙肥皂，浸在水里不化，使劲摩擦，不能起泡沫，岂非毫无用场？

象牙肥皂，浑身光洁滑腻，望着好看，抚之可爱，然而任凭你怎样摩擦，总不能损伤它的体质，上海人便用这名词来代表一毛不拔的吝啬人，倒也确切有趣。

肥皂之所以可贵，就因为它本身富有肥满的脂肪，可以供人们继续不断的揩油，它宁可牺牲自身的油，被人慢慢的揩得无影无踪，而不唤半句冤枉，这种东西当然是人人欢喜的。象牙肥皂，虽有肥名，却无油水；所谓牙者，就是生在皮肤外面的骨头，它自身只有一块石壁铁硬的骨头，这分明表示它瘦得露骨，还有什么油供给别人去揩呢？

象牙肥皂的名词，是妓女们发明的。有一班嫖客，衣服丽都，举止豪贵，并且知道他们确是资产阶级，妓女们当然趋奉维谨，希望他们大大的布施；岂知米汤灌上去，好像倾倒在水门汀上一样，收不到一点效果。有时候他们牛皮吹得很大，以为总能破钞几文，又谁知桌面大的水花，钓起来却是一只白米虾，使人大大的失望。于是妓女们称这种嫖客为"象牙肥皂"，言其外貌好看，揩油却休想，被人用了长久，仍是四四方方整块的肥皂。

象牙肥皂所以能常久保持它们原有本质，实因它的面皮奇厚，是以面皮太嫩的人决无混充象牙肥皂的资格。不但在玩笑场中有象牙肥皂，就是朋友淘里也颇多此辈踪迹，所谓"面皮老老，肚皮饱饱"之流，常年吃白食，永远不名一文，这也就是象牙肥皂了。

象牙肥皂到处占便宜，似乎万无一失的了，然而万物皆有相生相克，"强人自有强人收，还有强人在后头"，克服象牙肥皂者，有一种"小锉刀"，他能下细磨工夫，慢慢地将象牙去一层，锉到后来，也会将象牙磨骨扬灰，全体消灭！

我记得上海有一个妓女的绰号，就叫做"小锉刀"，大概她是锉象牙肥皂的能手，总有不少象牙肥皂融化在她的洪炉中了。

二三七 鸭脚手

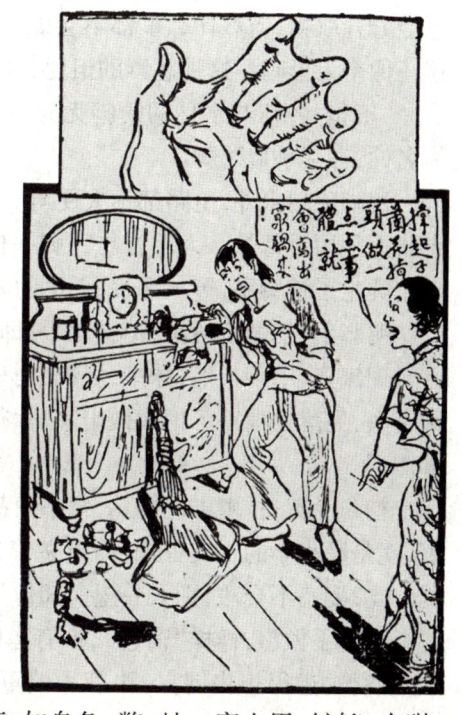

水鸟，鳞甲獭类等动物，皆生活在水滨，为适应环境起见，在陆地蹒跚爬行以外，还须学会游泳浮水的技能。"工欲善其事，必先利其器"，浮水既是它们的必修科，造物者自须赋予一种特别工具给它们，所以它们的脚趾与平常禽兽长得有些异样——上海人打话"另有一张弓"。

它们的脚趾间有一层薄膜连在一起，文言叫做"蹼"，俗语亦称"脚掌"。脚上有了掌，身体浮在水面上，划动双蹼，就如船之有双桨，进退都能如意。如果水禽的脚趾，也像鸡爪一样，中间并无肉膜，则游泳起来，水在爪缝里流过，正如船夫拿了细竹竿当划桨，不能与水力抵抗，行船的速率应比背大包裹的蜗牛更慢了。当初人类发明划船，也许就是偷水鸟的关子。

有蹼脚的畜生，种类甚多，除了水鸟不算，如乌龟，鳖，蛙。穿山甲，鲸鲵，水獭，以及马戏班中能顶大皮球的海狗，皆是。

鸟类有蹼脚的，鹜凫鸿雁鸳鸯等野味以外，最常见的是鹅鸭两种家禽，人家畜鹅的尚少，鸭最为普通，鸭脚是怎样的形式，人人见了都能够认识，平常人不知道这种连膜的脚叫什么名称，便用鸭脚来做总代表，凡一切有蹼的脚，都称"鸭脚"。

天下事物，有一利必有一弊，鸭脚利于游泳，却不良于行。我们在水滨看鸭，见它们浮住水面上时，或前或后，左右逢源，行动甚是活灵，但等牧鸭童子在岸上"鸭哩哩"的一声喊叫，群鸭鱼贯登陆，只见它们态度颟顸，举步迟缓，两条短腿，似乎不胜支持那笨重的身体，所以走路活像一个酸气直冲的腐败绅士在踱方步，又像是缠脚老太婆学时髦，穿了高跟皮鞋在马路上出风头，那种扭扭捏捏的滑稽形状，教人看了忍不住要笑出来。

上海俗语图说

鸡能决斗，古人以斗鸡为博胜的工具，与现在的跑狗赌输赢一样，却没有听见过斗鸭，有人说鸭是和平动物，实则鸭受了气恼也会动怒的，它们心里也想与人一决雌雄，却苦于没有决斗的武器，原因就在鸭脚不及鸡爪锐利，即使受气，也只得摆摆屁股向水里一钻。鸭子没有战斗力，惟有忍气吞声受辱，它与我们的国家一般可怜！

上海有句骂人的话，叫做"手指头并爿"，这就是说此人的五个指头并生一片，不能分开取物，当然什么事都不会做了。指头连生成片，两只手竟成两把小蒲扇，这还像个人形吗？这种恶毒的诅咒，都半是婆太太对儿媳妇说的话。

"五指并爿"与水鸟的蹼脚无异，是以别名又称"鸭脚手"。鸭脚是形容词，手为名词，言其手似鸭脚。

鸭脚除划水外，走路都不大便当。人非两栖动物，用不着划水，人又不是猢狲，走路无须用手帮忙。人手若与鸭脚一样，所有鸭脚应尽的责任，人类都无用处，所以人类生了鸭脚手，等于无手，无手的人，等于废物。

鸭脚手，不做事便罢，稍微动手，即闯穷祸。大少爷落难，老婆出去做女工，自己料理家务，动手扫地，抹桌，烧饭，倒马桶。便会弄得扫帚颠倒竖，桌子翻身，戳穿镬子底，失落马桶盖等把戏做出来，累得家主婆回来大骂山门："鸭脚手，做勿出好事体！"

初习手工，技术未能娴熟，拿东西都不像样儿，大家都笑他鸭脚手，休说做正经事，就是吸小小的一支香烟，两指夹着，也有相当的架子，向不吸香烟的人，偶尔尝试一支，姿态不合法，别人一望而知他是鸭脚手。故鸭脚手亦作"生手"解释。

鸭脚手做事，样样"斋爸"，惟有搓麻将，则鸭脚手未必吃亏，老麻将精于计算，顾此顾彼，患得患失，打一张牌须慎重考虑；结果，只因太会算计，反而容易输钱。初学打牌，不知利害，不依规矩，随便乱打；岂知他红运当道，错打就会错来，反而老麻将输钱给他，这叫做"鸭脚手，牌来凑"。这句俗语载于赌经，赌鬼都相信他有此神秘作用。

鸭脚手何以会有好牌来凑他？据赌鬼们传说：无论什么赌博性质的游戏，凡属初次尝试，多少总要使他赢进几文，让他占得一些小便宜，才能使他感到兴趣，引起他的再度尝试，以后便能渐渐上瘾，不赌就要手痒了。"鸭脚手，牌来凑"，据说是赌神菩萨收徒弟的一种策略，像"落水鬼骗上岸"一样。敬告鸭脚手，不要贪小便宜钻进圈套，以后唤上当来不及呵。

二三八 捏鼻头做梦

生活在这浑浊的世界里,只能做一日和尚撞一日钟,混过一天算两个半天,模模糊糊的过去,还不觉得什么,如果仔仔细细的思前想后一番,不由得不使人毛骨悚然!

国家是如此积弱,强邻眈眈虎视,一举手之劳就能将全国席卷而去。工商业受洋货压迫,不能抬头,金银流向国外,无法抑制,民穷财尽,只怕就在眼前。上海是中国繁华中心,请看今年的上海社会是什么现象?商业领袖所经营的事业,倒闭了多少?号称上海资产阶级的大地主,哪一个不在叫苦连天?有钱人尚栗栗危惧,失业者更呼吁无门。大家伸长了脖子希望打破不景气的氛围,然而除了希望以外,谁有挽回市面的力量呢?"上海滩",上海总一天要坍倒,这语谶的实现,只恐相距不远了!

生活程度一天比一天加高,日子一天比一天难过,回想"一二八"以前的上海情况,实同义皇盛世,以后只怕不能再逢了。从今往后,大家都要"收骨头"咧!

睁目所见,都是凄凉景况,无法生存的人太多,自杀案件见于报纸者日必多起,瞒过记者耳目的更不知有多少?我们要求身心愉快,醒着是难逢的了!只有做梦,在梦境中或许被我们逢到一个快乐的幻境。

做梦是可能事,而做的指定要甜蜜的梦,这就大不容易。俗语说:"日有所思,夜有所梦",白天所遇尽是不如意事,睡后未必会有好梦到来。虽然变戏法人有"梦中相会"的幻术出卖,据说可令美女在梦中与你谈爱情,但是你肯相信他有灵验吗?如果真能梦中相会,上海的咸肉庄生意被他抢光了。

聪明的上海人,却发明一种做好梦的妙法,据说:只要捏了鼻头做梦则心里想做什么梦,睡后自会有什么梦现出来。买航空券得头奖,开店在三分钟内发财,中国军队战胜了全世界,我们的仇人尽行枪毙,养个儿子做美国大总统,一切的一切,由我们左手拿如意,右手打算盘,都能身历其境,一一实现。

用自己的手,捏自己的鼻头,是最容易不过的事,只要不生杨梅疮,不将鼻头烂去,或十个指头只烂成两个;都能做得到的。不过做梦必待睡熟以后,酣睡后的指头是否能受你的指挥?这就发生问题了。你本是捏了鼻头睡的,渐渐睡熟,指头自会慢慢的松劲,到了做梦时,也许将当中指头塞到自己嘴巴里去了,好梦就会变成恶梦。

"捏鼻头做梦"看似容易,细细一想,竟是绝对做不到的事。也许恰巧有此事实发现,不过这机会是可遇而不可求的。所以上海人以"捏鼻头做梦"代表痴心妄想。

"要相逢除非是梦里团圆",这是京戏中的官众词章,凡遇死别、吊祭、哭坟等情节,皆能通用,也是代表绝望之意。做梦已经很渺茫的事,还要捏鼻头做好梦,更是幻中之幻,毫无把握。

"捏鼻头做梦"是一句骂人的话,譬如,开店老板,蚀杀老本,大减价,用噱头,都不能吸引顾客,正在垂头丧气的想关店,或节省开销勉强支持,不识相的伙计却笑嘻嘻地走去要求加薪水,老板对他圆睁怪目道:"捏鼻头做梦,好醒醒了!"

捏了鼻头做的好梦,谁也不愿就醒。古人的黄粱好梦,不知是否捏鼻头做的,书本无明文记载,无可考证。生活在这烦闷的世界中,我也极愿朝朝夜夜做好梦,只是试了多次捏鼻头,睡熟就不捏,因此始终不曾做着好梦!

二三九 | 一窝蜂

不要小看了蜂,它们的团体结得比一盘沙的人类更坚,它们的抵抗外侮精神,比吃粮不管事的军队勇敢得多。它们营的是合群生活,每一窝蜂就是一个国家,组织得有条不紊。

蜂有蜜蜂与土蜂两种,皆群聚而居,分工互助,合营生活。

蜜蜂的分工,计有两类,一类是专营生殖,不事工作。每一窝蜂中只有雌蜂一头,及少数雄蜂。雌蜂身体特大,推为蜂王。雌雄蜂以外,为多数没有性欲的职蜂,专司采花,酿蜜,守卫,饲幼虫等繁重工役。

雄蜂之体较职蜂稍大,无花粉囊及尾针,故文不能采花,武不能御敌,春夏二季伴蜂干看花赏月,到了秋季就被职蜂逐出巢外,一一刺死,以清君侧。足见蜂国的法律,凡不事工作,仅会养儿子的国民,等它的生殖力告终,就应处以死刑,以免空耗粮食。

蜂王在饲育的幼蜂中发现一位新的蜂王,职蜂即建筑王台,育养新王,待其羽化,旧王即推位让国,分群蜂为二,一部留与新王,一部由旧王率领,离巢另建新国,是为"分封"。它们不会因占据地盘而自相残杀。

上海人称细腰的各种土蜂,黄蜂,黑蜂等皆为胡蜂。胡蜂不能酿蜜,身体构造与蜜蜂大异,亦在花间往来,吸取花汁。胡蜂尾端有毒针,刺人甚痛,它们也合群而居,常于堤岸或树枝草茎上筑小球状蜂巢,形若莲房,集多数寸许长之小泥管于一处,每蜂一对各据一管,内藏螟蛉等食物,以哺其幼虫。它们度的颇似上海人的阁楼生活。

蜂虽微物,因知团结,故力足以抵抗外侮。不要说别的鸟兽不敢侵犯它们,就是聪明智慧的人类,见了胡蜂也要退避三舍。如果去侵害蜂窠,则它们一声号召,全体动员,向侵害者猛烈进攻,即使他生有三头六臂,也来不及应付百余只小飞机的袭击,管教杀得他走投无路!

因为蜂是集团生物,所以上海话用"一窝蜂"来形容群众的骚动。

无领袖统率的群众,理知常被感情所蔽。只要有人大声疾呼,大家便不问是非真假,都会跟着和调。是以群众的骚动,都半是盲目的。

蜂能在几里路外闻见花香,嗅觉甚灵敏,但蜂的眼睛未必能分析张三李四的面孔,张三毁了蜂窠,吓得逃走远去,适巧李四经过,群蜂也会借他身上出气;将他刺得头肿。上海话以"一窝蜂"形容群众,就是讥讽他们盲目的骚动。

马路上有人跌了一跤筋斗,或巡捕捉一个小瘪三到行里去,皆极平常的事,路上人自会不期而集,像潮水般涌上去看热闹,有许多吃饱了饭无事干的人,还要跟在后面,恭送瘪三到巡捕房门口,被人挥棍驱逐,才恋恋不舍的散去。

投机家利用社会盲从心理,造一个谣言登在报上霎时传遍社会,议论纷纷,投机家门庭如市,坐收渔利。上海靠这样发财的人也有不少。

某店大减价,大家要去揭便宜货,挤得水泄不通。某夜听说跑马厅里要放烟火,大家都挤去看热闹,将路牌广告一齐挤毁。

以上事实,皆上海滩"一窝蜂"之表现也。

蜂是古物,据说人类有历史以前即知养蜂。至于以蜂形容人群的扰乱,古人已先我发明,举例如次:

《汉蕃》:"九家之术,蜂出并作。"如蜂之出,言其多而杂乱。

沈约梁《鼓吹曲》:"逆徒蜂聚,旌旗纷飞。"如蜂之聚也。

《刘向传》:"蜂午并起。"蜂午犹杂沓也。

《史记》:"楚蠭起之将,皆争附君者。"蠭与蜂同,如蜂群飞,言其多也。

以上诸蜂,皆与"一窝蜂"相似,言其多而动乱。然而蜂在窠内按部就班的工作,都是很有秩序的,古人有把蜂的有秩序工作比之衙门中的参见礼,谓之"蜂排衙"。

陆放翁诗:小窗静处听蜂衙。

《埤雅》:蜂有两衙应潮。

可见"一窝蜂"并不怎样扰乱,蜂而有知,也许向人类提出损害蜂族名誉的交涉咧!

二四〇 辣底蹦

尝见作长距离赛跑者,有一位自命为飞毛腿的运动家,听见了起步的枪声,便一鼓作气拼命在起初的一段路程中,他得意洋洋,志高气昂的占着第一位,跨进了第二段路程,听得背后的脚步声渐走渐近,他怕被别人抢前,想催紧几步,谁知两条腿已不听他的指挥,眼看第一名被别人夺去了,全程仅跑了十份之三,距终点尚有好几里路,他还是不甘落后,努力追随别人屁股后面狂奔,但他已经气喘如牛了!

跑不到一半路程,此君已落在十名以后,十分力气已用去了九分九,但他为面子关系,总不肯中途退出,还是努力追随。此时他的心理但求到达终点,名次的前后也顾不得计及了。又跑了一程,两腿好似缚了几十斤重铅,无法奔跑,只得徐踱方步;再跑下去,喉咙口觉得一阵阵血腥气,如果再要努力下去,真要吐出鲜血来了。

这位先生起步时何等威风,结果是坐了红十字会的囚车抄近路,首先到达终点,第一名的锦标也能算被他夺去,倒也有趣!

《左传》曹刿曰:"一鼓作气,再而竭,三而衰。"

西谚曰:"成功须在最后五分钟。"

上海俗语曰:"辣底蹦。"

以上三句话,意思很是相像。为人在世,少年得志,并不是真得志,战场上初次接触的胜利,也非真胜利,做人须待断气以后,才能盖棺定论。打仗须待最后决战,才能分别胜负。所以西人重视"最后五分钟",上海人重视"辣底蹦"。

"辣底"即极底,也可以说是最后一秒钟。蹦者,跳也。最下层的一个,或最后面的一个,突然跃起,跳得最高,此之谓"辣底蹦"。

"辣底蹦"俗语,起源于摇会,上海摇会习惯,先摇与后摇,出入极大,因为同样的点子,先摇先得,故将会脚名字书于竹签藏入竹筒随意抽取一支依序而摇,先摇的人,如得大点,将名签压在预书的点子簿上,俟有追出此点者,乃取消前签,以后签代入。如果筒里的签子没有抽完,摇得大点子者总不能安心得会,即使他已经摇得三十五点,往往最后抽出的签子能够摇出三十六点来,最底下的签子,摇出最大的点子,是为"辣底蹦"。

搓麻将输得辣底,输到最后一副做庄家,连和三副辣子,翻本出赢钱,这也是"辣底蹦"。

做生意屡次蚀本,正要关店收束,忽来一个机会,将本钱捞转反而赚钱,是亦"辣底蹦"。

有人说:辣底蹦应作"着底爆",一向阴阳怪气的东西,大家总以为无发达之日,岂知挨到最后一霎那,突然出于意料的爆发起来,不鸣则已,一鸣惊人,所以谓之"着底爆"。

近年扑克牌风行甚广,"拉屎揩"也作最后机会解。我起初也不懂"拉屎揩"是什么意思,后来才打听出,原来就是 Last Card 的译音。意谓输钱朋友要想翻本就在这最后一副牌上了。时髦人也将此语代替"辣底蹦"。

在下写上海俗语图说初集共计二百四十篇,从"那摩温"开场,至"辣底蹦"为止,这是最后一篇,心里也想出些特别噱头来一个"辣底蹦"博人一笑,正似斗大艺名的好角儿第一天打泡,登场以后得不到一句彩声,临唱尾声时,拼命唤叫,希望博一个"辣底蹦"好儿,怎奈本钱有限,叫死在台上也无人理睬,时机已至辣底,蹦却蹦不起来,只得簌簌的战抖下场罢!

汪仲贤/文　丁悚 许晓霞/图

上海流行的俗语

汪仲贤先生除在《社会日报》刊发连载上海话俗语文章外，还在《社会周报》上刊发连载《上海流行的俗语》，计18篇上海话俗语文章（民国廿三年四月十二日至民国廿三年九月十二日）。

需要说明的是，《上海流行的俗语》"本由丁悚先生绘图，兹因丁先生笔政过忙，改请许晓霞先生担任"（见《社会周报》民国廿二年五月四日，第78页）。其中"黄熟梅子""跟屁头""滚钉板"三篇文章的插图由丁悚先生绘制，其余插图由许晓霞先生绘制。

之后这些篇目又作为《上海俗语图说》内容在《社会日报》刊发连载，但顺序不同，且插图均为许晓霞先生绘制（民国廿四年三月十九日至民国廿四年六月七日）。

附录一　作品篇目

一　黄熟梅子
二　跟屁头
三　滚钉板
四　泰山
五　卖麻糕
六　额角头
七　尖头把戏
八　鬼头关刀
九　黄绿
一〇　对百筋
一一　豁边
一二　勿领盆
一三　零碎伯伯
一四　急令牌
一五　牵丝攀籐
一六　横竖横
一七　无手洒锣
一八　吃屎忠臣

注：以上篇目内容详见前篇《上海俗语图说》中相关篇目，这里内容从略。其中此篇中的"无手洒锣"文章见前篇中的"呒手洒锣"文章。

附录二　丁悚插图

"黄熟梅子"插图

"跟屁头"插图

"滚钉板"插图

附　篇目笔画索引

一只袜　420
一对大拉酥　482
一窝蜂　495
一揿糊涂　217
人家人　162
十三块六角　158
十三点　39
三只手　273
三光　176
三脚猫　178
么二　35
么六夜饭　119
叉鱼头　314
大人物　21
小皮夹子　59
小先生　33
小房子　182
小扇子　269
干血痨　275
马马虎虎　374
勿杀头　393
勿要面孔　200
勿领盆　445
天晓得　289
开天窗　202
开方子　45
开房间　31

文旦壳子　253
无线电　23
牛奶棚　350
牛牵马绷　410
长三　37
仙人碰仙人　370
仙人跳　69
出后门　318
出锋头　89
叫化子吃死蟹　211
叫句子　360
外国火腿　196
对百筋　418
扒灰　75
打印子钱　146
打回票　306
打花会　192
打图书　184
打朋　477
打秋风　235
打弹子　180
玉皇大帝　378
电车路　332
电灯泡　142
白板对煞　47
白虎　312
白蚂蚁　5

白脚花狸猫　372
皮郎头　120
关亡讨口气　194
华容道　113
吃五梅花　338
吃斗　293
吃血　81
吃豆腐　229
吃屎忠臣　416
吃排头　231
吃精麻子　366
吊人中　414
吊膀子　77
地鳖虫　219
如意算盘　408
尖头把戏　422
扛皮　300
曲死　310
死人额角头　259
死蛇迸　354
红头阿三　156
纣王　459
老头子　91
老爷　227
老枪　79
老虎头上拍苍蝇　322
老虎党　320

老调 406	卖野人头 457	烂浮尸 172
老蟹 65	卖麻糕 480	牵丝攀藤 334,440
肉弄堂 130	垃圾马车 168	皇后 49
自扳砖头自压脚 304	定头货 429	种荷花 170
过桥拔桥 380	拆白党 107	穿扇面 316
过期票子 190	拆空老寿星 400	背娘舅 468
那摩温 3	拆姘头 51	胡桃肉 402
阴阳怪气 389	拉皮条 111	药水铃 368
两头大 61	拉黄牛 99	鬼头关刀 412
乱嗅大麦头 387	拍马屁 95	鬼迷张天师 186
吞土皮 249	拖车 57	鬼操皮 358
吹牛皮 63	拖油瓶 87	剥猪猡 29
吹横箫 302	放生意 164	夏侯惇 223
吼狮 436	放白鸽 15	娘舅家 287
呒手洒锣 463	放笼 255	捉蟋蟀 103
坍台 324	放野火 221	捏鼻头做梦 493
姊妹淘 85	放鹞子 144	捞锡箔灰 344
快马 134	斩咸肉 25	捞横塘 396
把脉 364	明星 41	桂花 27
抖乱 308	板板六十四 245	泰山 487
抛顶躬 122	板面孔 109	海外大奇谈 424
杨树头 348	狗皮倒灶 336	赶猪猡 71
私裤子 461	郎中 73	起码人 207
花瓶 19	郎德山 205	鸭屎臭 152
识相 342	陌生人吊孝 376	鸭脚手 491
赤老 132	顶山头 213	偷鸡勿着蚀把米 328
走脚路 7	驼子跌跟斗 297	勒杀吊死 474
邱六桥 263	养小鬼 237	唱滩簧 465
阿木林 484	急令牌 431	崇明人阿爹 356
陆稿荐 14	洋盘 9	捧角 279
饭桶 326	活招牌 295	掉枪花 247
卖羊三千 391	点大蜡烛 11	掮木梢 233
卖面孔 404	烂香蕉 17	掮钢叉 160

掼纱帽 261	粢饭团 128	寡老 225
瀊浴 140	翘辫子 330	掰臭猪头 124
猪头三 150	装笋头 209	敲竹杠 281
眼眼调碰得着 251	谢谢一家门 382	蜡烛小开 105
着棋 198	跌囚牢 267	辣底蹦 497
脚碰脚 13	跑弄堂 362	雌老虎 136
脱底棺材 384	酥桃子 352	劈把 154
象牙肥皂 489	黑吃黑 265	撬照会 239
野鸡 93	黑漆板凳 241	横竖横 449
雪茄烟 340	摆拆字摊 447	樱桃 257
领港 215	摆堆老 138	瘪三 83
黄三河阵 346	滚钉板 452	额角头 426
黄包车 101	滚蛋 67	燕子窠 53
黄绿 471	碰和台 174	磨镜子 148
黄熟梅子 443	解板 43	藏黄鱼 277
揩油 55	触煤头 271	豁边 434
搭壳子 166	跟屁头 454	戳壁脚 188
搭架子 243	跳老虫 117	翻戏 285
朝阳麻子 283	零碎伯伯 438	蹩脚生 291
棺材里伸手 398	孵豆芽 97	镶边 126